Erzielung freiberuflicher Einkünfte im Zeitalter der Digitalisierung

Bochumer Schriften zum Steuerrecht

Herausgegeben von Roman Seer

Band 46

PETER LANG

Christian Mirbach

Erzielung freiberuflicher Einkünfte im Zeitalter der Digitalisierung

Eine steuersystematische Untersuchung sich wandelnder Tätigkeiten und Monetarisierungswege am Beispiel unterrichtender Tätigkeiten

PETER LANG

Bibliografische Information der Deutschen Nationalbibliothek
Die Deutsche Nationalbibliothek verzeichnet diese Publikation in der Deutschen Nationalbibliografie; detaillierte bibliografische Daten sind im Internet über http://dnb.d-nb.de abrufbar.

Zugl.: Bochum, Univ., Diss., 2022

Abbildung auf dem Umschlag: Siegel der Universität Bochum.
Abdruck mit freundlicher Genehmigung der Universität Bochum.

D 294
ISSN 1613-933X
ISBN 978-3-631-89545-0 (Print)
E-ISBN 978-3-631-89873-4 (E-PDF)
E-ISBN 978-3-631-89874-1 (EPUB)
DOI 10.3726/b20654

Peter Lang – Berlin · Bruxelles · Lausanne · New York · Oxford

Diese Publikation wurde begutachtet.

www.peterlang.com

Vorwort

Die vorliegende Arbeit entstand während meiner Tätigkeit als wissenschaftlicher Mitarbeiter am Lehrstuhl für Steuerrecht an der Ruhr-Universität Bochum. Sie wurde dem Promotionsausschuss der juristischen Fakultät der Ruhr-Universität Bochum im Januar 2022 vorgelegt und im November 2022 schließlich als Dissertation angenommen.

Für mich war die Erstellung dieser Arbeit eine Herausforderung und persönlich bereichernde Erfahrung zugleich. Als ich mit der Anfertigung meiner Dissertation begann, konnte ich noch nicht ahnen, dass ich – wie es das „Baader-Meinhof-Phänomen" wohl vorhergesagt hätte – während der Ausarbeitung auch selbst immer weiter in die Position eines freiberuflich-unterrichtend Tätigen hineinwachsen würde. Wie das Leben so spielt, hatte das gewählte Thema für mich auch persönlich zunehmend an Bedeutung gewonnen, als meine moderne Unterrichtstätigkeit von der Finanzverwaltung in die Gewerblichkeit verschoben werden sollte. Durch die glückliche Fügung, auch selbst zunehmend Gegenstand meiner eigenen Untersuchung zu werden, wurden die Forschungsarbeiten letzten Endes zusätzlich beflügelt und konnten so von erheblichen Synergien profitieren.

Mein größter Dank gilt meinen Freunden und meiner Familie – allen voran meinem Bruder, Professor Dr. Sebastian Mirbach – ohne deren bedingungslosem Rückhalt ich den Schritt heraus aus der Finanzverwaltung zugunsten einer Promotionsstelle wohl niemals gewagt hätte.

Ein besonderer Dank gilt aber auch meinem Doktorvater, Herrn Professor Dr. Roman Seer, der mir den Weg zur Promotion überhaupt erst aufgezeigt und geebnet hat. Aber auch für seine darauffolgende hervorragende Unterstützung und die jederzeitige Diskussionsbereitschaft möchte ich mich in aller Form bedanken. Ebenfalls herzlich bedanken möchte ich mich bei Herrn Professor Dr. Lars Rehfeld für die freundliche Übernahme des Zweitgutachtens sowie bei Herrn Professor Dr. Sebastian Unger, der ebenfalls maßgeblich daran beteiligt war, dass mich mein Weg an den Steuerrechtslehrstuhl der Ruhr-Universität Bochum führte.

Von ganz besonderem Wert ist für mich aber auch die Freundschaft, die sich während der Promotionszeit zu meinem ehemaligen Kollegen Pascal Bräuer entwickelt hat. Mit seiner unermüdlichen Hilfsbereitschaft und der steten Bereitschaft für fachliche Diskussionen hat er maßgeblich zum Gelingen dieser Arbeit beigetragen, wofür ich ihm aufrichtig danken möchte. Aber auch meinen beiden ehemaligen Kollegen Leon Wittling und Armin Wulfinghoff möchte ich ganz herzlich sowohl für ihren steten motivierenden Zuspruch als auch für ihren unvergesslichen Beitrag zu dem nötigen Freizeitausgleich danken, an den ich immer gerne zurückdenke.

Gewidmet sei die vorliegende Arbeit meinem während der Promotionszeit leider verstorbenen Großvater Peter Mirbach, der immer mit gleichbleibend großer Begeisterung den Tag herbeigesehnt hat, an dem er auch die zweite Doktorarbeit seiner „beiden Jungens" stolz in den Händen halten kann.

Christian Mirbach Würselen, 2023

Inhaltsverzeichnis

Abkürzungsverzeichnis

AöR	Archiv des öffentlichen Rechts
AStW	Aktuelles aus dem Steuer- und Wirtschaftsrecht
BIBB	Bundesinstitut für Berufsbildung
BMBF	Bundesministerium für Bildung und Forschung
BVDW	Bundesverband Digitale Wirtschaft e. V.
CR	Computer und Recht
DÖV	Die Öffentliche Verwaltung
GRUR	Gewerblicher Rechtsschutz und Urheberrecht
INF	Die Information über Steuer und Wirtschaft
ITRB	IT-Rechtsberater
IWW	Institut für Wissen in der Wirtschaft
JA	Juristische Arbeitsblätter
jM	Juris – Die Monatszeitschrift
JZ	JuristenZeitung
ködsi	Kölner Steuerdialog
MBP	Mandat im Blickpunkt
MDR	Monatsschrift für Deutsches Recht
MMR	Multimedia und Recht – Zeitschrift für IT-Recht und Recht der Digitalisierung
npoR	Zeitschrift für das Recht der Non-Profit-Organisationen
PIStB	Praxis Internationale Steuerberatung
SPA	Schnellinformation für Personalmanagement und Arbeitsrecht
StB	Der Steuerberater
Stbg	Die Steuerberatung
StBp	Die steuerliche Betriebsprüfung
WRP	Wettbewerb in Recht und Praxis
ZD	Zeitschrift für Datenschutz
ZDRW	Zeitschrift für Didaktik der Rechtswissenschaft
ZDRW	Zeitschrift für Didaktik der Rechtswissenschaft
ZUM	Zeitschrift für Urheber- und Medienrecht

Im Übrigen wird verwiesen auf *Kircher*, Abkürzungsverzeichnis der Rechtssprache, 10. Auflage, Berlin, 2021.

Einführung und Grundlegung: Die freien Berufe und der duale Untersuchungsgegenstand

A. Einführung

I. Einordnung und Anlass der Untersuchung

Wie das Steuerrecht unterliegt auch die Lebenswirklichkeit einem steten Wandel. Namentlich durch die Digitalisierung, wenngleich sich diese in Deutschland bisweilen behäbig vollzieht, haben sich umfassende Metamorphosen ehedem klassischer Berufsbilder respektive der Ausübung und Einnahmeerzielung jener Berufe vollzogen. Dieser Tendenz hat zuletzt ausgerechnet die Corona-Pandemie nochmals einen deutlichen Schub verliehen, indem sie zu der Notwendigkeit geführt hat, Präsenztermine etwa durch Web-Meetings und Online-Unterricht zu substituieren. Sie war insofern für viele Unternehmen und Selbständige erhellend, als sie zu der Erkenntnis geführt hat, dass sich viele Tätigkeiten auch ohne die Inkaufnahme langer Reisezeiten bequem aus dem Homeoffice durchführen lassen. Durch die gleichsam oktroyierte Schaffung und das nunmehrige Vorhandensein der notwendigen technischen Voraussetzungen und der Akzeptanz dieser Kommunikationswege sowie der erheblichen darin erkannten Kosten- und Effizienzvorteile wird sich das Wirtschaftsleben wohl auch nach Überwindung der Pandemie erheblich digitaler gestalten als zuvor.

Die vorliegende Arbeit wird in diesem Kontext am Beispiel unterrichtender Tätigkeiten aufzeigen, welche Konsequenzen sich durch die Digitalisierung bei der steuerlichen Einordnung von klassischerweise als nach Maßgabe des § 18 Abs. 1 Nr. 1 EStG freiberuflich einzustufenden Tätigkeiten ergeben (können). Denn auch insoweit zeigen sich gravierende Änderungen sowohl in der Ausübung der jeweiligen Tätigkeiten einerseits sowie der Monetarisierung der erbrachten Leistungen andererseits (dazu ausführlich unten II. und III.). Die im Zuge dessen derivierten Ergebnisse werden sodann im Lichte steuersystematischer Erwägungen evaluiert sowie unter Hinzuziehung verfassungsrechtlicher Gesichtspunkte kritisch gewürdigt. Hierbei wird die vorgelegte Arbeit auch die Frage beantworten, ob eine trennscharfe und systemtragende Abgrenzung der freiberuflichen Tätigkeiten überhaupt noch möglich ist.

Die Unterscheidung zwischen gewerblichen Einkünften und solchen aus selbständiger Arbeit ist auf das preußische EStG von 1891[1] zurückzuführen und war somit bereits Bestandteil der ursprünglichen Fassung des Einkommensteuergesetzes von 1934[2]. Die Abgrenzungsproblematik zwischen gewerblichen und freiberuflichen Einkünften weist damit eine weitreichende Historie auf und ist bis heute von erheblicher theoretischer und praktischer Relevanz. Der wohl gewichtigste Grund für die Erforderlichkeit dieser Abgrenzung ist die auf das Reichsgewerbesteuergesetz vom 1.12.1936[3] zurückzuführende und bis heute vorliegende Inkongruenz hinsichtlich der gem. § 2 Abs. 1 GewStG nur bei Gewerbetreibenden eintretenden Gewerbesteuerpflicht,[4] zumal diese trotz Anrechnung auf die Einkommensteuer nach § 35 EStG regelmäßig eine wirtschaftliche Mehrbelastung für den gewerblich tätigen Steuerpflichtigen zur Folge hat[5]. Dagegen kommt es nicht zu einer Gewerbesteuerpflicht der erzielten Einkünfte, wenn diese aus selbständiger Arbeit resultieren, wobei die freien Berufe seit jeher den relevantesten Anwendungsfall bilden[6].[7]

Durch die Gewerbesteuerpflicht nur für Gewerbetreibende kommt es zu einer ungleichen Besteuerung von Unternehmenserträgen. Dies ist insbesondere

1 § 15 Preuß. EStG v. 24.6.1891, GesSlg. 1891, 175 (181 f.). Anders als die spätere Fassung des EStG sprach das Preuß. EStG noch von Einkünften aus „gewinnbringender" Beschäftigung, zu denen auch die Einkünfte aus schriftstellerischer, künstlerischer, wissenschaftlicher, unterrichtender und erzieherischer Tätigkeit zählten.

2 Vgl. § 2 Abs. 3 i. V. m. §§ 15, 18 EStG in der Fassung v. 24.10.1934, RStBl. 1934, 1261 (1262, 1265 ff.).

3 RStBl. 1936, 1149 ff. Mit einem ausführlichen Blick in die Historie *Keß*, FR 2000, 695 ff.; *Schick*, Die freien Berufe im Steuerrecht, S. 12 ff.; BVerfG v. 15.1.2008 – 1 BvL 2/04, BVerfGE 120, 1 (32 f.).

4 *Kellersmann*, Die Abgrenzung der Einkünfte, S. 91.

5 Dazu eingehend *Broer*, DStZ 2016, 208; *Herzig/Lochmann*, DB 2007, 1037 (1039); *Blaufus/Hechtner/Hundsdoerfer*, BB 2008, 80 (83). Inzwischen wurde der Ermäßigungsfaktor für Veranlagungszeiträume ab 2020 durch das Zweite Corona-Steuerhilfegesetz v. 29.6.2020, BGBl. I 2020, 1512, von dem 3,8-fachen auf das Vierfache erhöht, vgl. § 52 Abs. 35a EStG. Gleichwohl führt die Gewerbesteuerpflicht weiterhin regelmäßig zu einer Mehrbelastung des Steuerpflichtigen, vgl. *Korn*, DStR 2020, 1345 (1346 f.); *U. Förster*, in: FS Kessler, S. 267 ff.

6 Diese Einschätzung teilt auch der Gesetzgeber in seiner Gesetzesbegründung zu § 18 EStG in der Fassung v. 24.10.1934 (RStBl. 1935, 33 [42]).

7 Die Einkünfte aus Land- und Forstwirtschaft im Sinne des § 13 EStG, die gleichsam von einer Gewerbesteuerpflicht ausgenommen werden, sind nicht Gegenstand der vorliegenden Untersuchung.

deshalb kritisch zu sehen, weil Gewerbeerträge keine größere wirtschaftliche Leistungsfähigkeit verkörpern als Erträge aus selbständiger Arbeit.[8] Trotz erheblicher verfassungsrechtlicher Bedenken[9] an dieser Ungleichbehandlung hat das BVerfG die Vereinbarkeit der von § 2 Abs. 1 S. 2 GewStG begründeten Gewerbesteuerpflicht nur für Gewerbebetriebe im Sinne des § 15 Abs. 2 EStG mit dem Gleichheitssatz – wie zuvor im Jahre 1977[10] – zuletzt mit grundlegendem Beschluss vom 15.1.2008[11] erneut bestätigt. Seine Entscheidung hat das BVerfG insoweit vorwiegend auf das einst zur Rechtfertigung der Gewerbesteuer herangezogene[12], hierfür jedoch „längst totgeglaubte"[13] und in dem vorherigen Beschluss aus dem Jahre 1977[14] noch zur Rechtfertigung abgelehnte Äquivalenzprinzip gestützt[15]. Hiernach stelle die Gewerbesteuer weiterhin einen Ausgleich für die durch Betriebe der Industrie, des Handels und des Handwerks verursachten besonderen Lasten der Gemeinden dar[16]. Zwar hat sich der entscheidende Senat des BVerfG höchstselbst in seiner Argumentation der Tatsache bewusst

---

8 Vgl. die Ausführungen in dem Vorlagebeschluss des FG Niedersachsen v. 21.4.2004 – 4 K 317/91, juris, Rz. 117.

9 Dazu ausführlich FG Niedersachsen v. 21.4.2004 – 4 K 317/91, juris; *Müller-Gatermann*, FR 2018, 389 (399 ff.); *Seer*, BB 2021, 1433 (1434); *ders.*, DStJG 35, S. 6 f.; *Kathstede*, Die Verfassungsmäßigkeit der Gewerbesteuer, S. 91 ff.; *Keß*, FR 2008, 829 f.; *Jochum*, StB 2005, 254 ff.; *Wendt*, BB 1987, 1257 (1258 ff.); *Hey*, StuW 2002, 314 (315); *dies.*, in: Tipke/Lang, Steuerrecht, § 12 Rz. 6; *dies.*, FR 2001, 870 (878 ff.); *Keß*, FR 2000, 695 (698 ff.); *Kirchhof*, FR 2010, 961 (962); *Gosch*, DStZ 1998, 327 (330 ff.); *Seer*, FR 1998, 1022 ff.; *Schwendy*, INF 1998, 33 (34 f.); *Jachmann*, BB 2000, 1432 (1433 f.); *Mohl/Brand*, KStZ 1998, 181 (185); *Orth*, StuW 1979, 77 (78 ff.); *Tipke*, StRO II, S. 1131 ff. Trotz aller Kritik halten vereinzelte Stimmen im Fachschrifttum die Unterscheidung zwischen Einkünften aus selbständiger Arbeit und gewerblichen Einkünften und das Ausnehmen der persönlich erzielten Einkünfte aus selbständiger Arbeit von der Gewerbesteuerpflicht nach wie vor für vertretbar, vgl. z. B. *Korn*, in: Korn, EStG, § 18 Rn. 25 (Stand: August 2018), sowie *Levedag*, in: BeckOK EStG, § 18 Rn. 2.

10 BVerfG v. 25.10.1977 – 1 BvR 15/75, BVerfGE 46, 224.

11 BVerfG v. 15.1.2008 – 1 BvL 2/04, BVerfGE 120, 1. Gegenstand des Verfahrens war ebenfalls die (durch das BVerfG ebenfalls bejahte) Frage nach der Verfassungsmäßigkeit der Abfärberegelung des § 15 Abs. 3 Nr. 1 EStG, die allerdings nicht Gegenstand der vorliegenden Untersuchung ist.

12 Begründung zum Gewerbesteuergesetz v. 1.12.1936, RStBl. 1937, 693 (696).

13 *Keß*, FR 2008, 829.

14 BVerfG v. 25.10.1977 – 1 BvR 15/75, BVerfGE 46, 224 (236, unter B.I.2.).

15 Zu dem insoweit vorliegenden Widerspruch *Keß*, FR 2008, 829; *Müller-Gatermann*, FR 2018, 389 (401).

16 BVerfG v. 15.1.2008 – 1 BvL 2/04, BVerfGE 120, 1 (37 ff.).

erklärt, dass die „Konvergenz der Berufsbilder von freien Berufen und Gewerbetreibenden zur maßgeblichen Zeit des Veranlagungszeitraums 1988 in einzelnen Berufsfeldern ein bereits durchaus beachtliches Ausmaß erreicht haben und die Entwicklung seither noch weiter fortgeschritten sein mag“[17].[18] Gleichwohl sei diese Feststellung weder durch rechtstatsächliche Erkenntnisse gesichert, noch sei erkennbar, „dass der Typus des freien Berufs insgesamt [die] seine Struktur prägenden, ihn von den Gewerbetreibenden unterscheidenden Merkmale verloren hat“[19]. So würden sich die Freiberufler immer noch hinsichtlich Ausbildung, Stellung im Sozialgefüge, Einsatz von Arbeit und Kapital et cetera signifikant von Gewerbetreibenden unterscheiden.

Der Beschluss des I. Senats ist im Fachschrifttum[20] auf erhebliche Kritik gestoßen. Diese fußt insbesondere darauf, dass das Äquivalenzprinzip im Bereich des Steuerrechts allenfalls zur allgemeinen Steuerrechtfertigung und grenzüberschreitenden Verteilung von Steuerhoheiten taugt, jedoch weder zur Rechtfertigung einzelner Steuerarten noch kosten- oder nutzentheoretisch zur Begründung der inkongruenten Steuerpflicht als Sonderbelastung nur für Gewerbetreibende tragfähig ist. Auch ist mehr als fraglich, ob die Unterschiede

---

17 BVerfG v. 15.1.2008 – 1 BvL 2/04, BVerfGE 120, 1, (35).

18 Eine Annäherung der freien Berufe an die Gewerbetreibenden erkannte bereits der RFH in seinem Urteil v. 14.5.1924 – VI v A 5/24, RFHE 14 (19).

19 BVerfG v. 15.1.2008 – 1 BvL 2/04, BVerfGE 120, 1 (35). Der nach wie vor bestehende Typus des Freiberuflers werde „durch eine Reihe von Besonderheiten in der Ausbildung, der staatlichen und berufsautonomen Regelung ihrer Berufsausübung, ihrer Stellung im Sozialgefüge, der Art und Weise der Erbringung ihrer Dienstleistungen und auch des Einsatzes der Produktionsmittel Arbeit und Kapital geprägt, die sie in ihrem Typus als Berufsgruppe von den sonstigen Gewerbetreibenden unterscheiden“ würde, ebenso wie durch „die im Regelfall akademische oder vergleichbare besondere berufliche Qualifikation oder schöpferische Begabung als Voraussetzung für die Erlernung und Ausübung eines freien Berufs, die besondere Bedeutung der persönlichen, eigenverantwortlichen und fachlich unabhängigen Erbringung der Arbeit, verbunden mit einem häufig höchstpersönlichen Vertrauensverhältnis zum Auftraggeber, aber auch die spezifische staatliche, vielfach auch berufsautonome Reglementierung zahlreicher freier Berufe, insbesondere im Hinblick auf berufliche Pflichten und Honorarbedingungen“, BVerfG v. 15.1.2008 – 1 BvL 2/04, BVerfGE 120, 1 (35).

20 Vgl. insbesondere *Müller-Gatermann*, FR 2018, 389 (400 f.); *Selder*, FR 2014, 174 (177 f.); *Hey*, in: FS Lang, S. 133 (152 ff.); *Kathstede*, Die Verfassungsmäßigkeit der Gewerbesteuer, S. 93 f.; *Keß*, FR 2008, 829 ff.; *Hartmann*, BB 2008, 2490 ff.; *Seer*, DStJG 35, S. 6 f.; *Wendt/Elicker*, DöV 2001, 762 (770 f.); *Wendt*, BB 1987, 1257 (1261 ff.). Vgl. als Verfechter der Entscheidung BVerfG hingegen *Rittner*, JZ 2008, 998 f.

zwischen Freiberuflern und Gewerbetreibenden noch so weit reichen, dass sich eine Sonderbelastung der Gewerbetreibenden bzw. umgekehrt eine Herausnahme der freien Berufe aus der Gewerbesteuerpflicht sachlich rechtfertigen ließe. Jedenfalls sind der umfangreiche Abgrenzungskatalog der Finanzverwaltung[21] sowie auch die Anzahl der mittlerweile zu der Abgrenzung der beiden Einkunftsarten ergangenen finanzgerichtlichen Urteile[22] ein hinreichendes Indiz dafür, dass die steuerliche Grenze zwischen freiberuflicher und gewerblicher Tätigkeit nicht (mehr) trennscharf verläuft und das BVerfG insoweit „Unterschiede zwischen Gewerbetreibenden und Freiberufler für die Gesetzeslage an der Realität vorbei [...] bemüht“[23] hat.[24]

Bei aller Kritik an dem erneuten „verfassungsrechtlichen Segen“[25] des BVerfG gebietet er letzten Endes doch die Einsicht, dass – jedenfalls in naher Zukunft – nicht damit zu rechnen ist, dass sich nochmals eine Finanzgerichtsbarkeit die große Mühe aufbürden wird, sich mit einem Vorlagebeschluss zur Verfassungswidrigkeit der Gewerbesteuer den vermehrt als „prozessuales Roulette“[26] erscheinenden Zulässigkeitshürden des BVerfG in einer Weise zu stellen, wie es das FG Niedersachsen mit zwei gescheiterten Vorversuchen[27] getan hat.[28] Zudem tritt als erschwerende Hürde hinzu, dass sich die jüngste Entscheidung

---

21 Vgl. H 15.6 „Abgrenzung selbständige Arbeit/Gewerbebetrieb“ EStH 2020.

22 Eine Auflistung der schier unzähligen bislang gerichtlich entschiedenen Abgrenzungsfälle zwischen § 15 und § 18 EStG findet sich bei *Brandt*, in: H/H/R, EStG, § 18 Rz. 600 (Stand: Februar 2020). Vgl. beispielsweise BFH v. 24.2.1965 – I 349/61 U, BStBl. III 1965, 263 (Erbensucher); v. 26.11.1998 – IV R 59/97, BStBl. II 1999, 167 (Fußballspieler-Berater); v. 23.8.1966 – I R 96/66, BStBl. III 1966, 677 (Hebamme); v. 26.10.1998 – V R 78/98 – BFH/NV 1999, 528 (Musiktherapeut); v. 9.9.2015 – X R 2/13, BFH/NV 2015, 1746 (Rehabilitationszentrum); v. 18.6.2015 – VI R 77/12, BStBl. II 2015, 903 (Telefoninterviewer).

23 *Müller-Gatermann*, FR 2018, 389 (401).

24 Die erschwerte Abgrenzung zwischen freiberuflicher und gewerblicher Tätigkeit in der jüngeren Rechtsprechung zeigen *Jahn*, DB 2015, 641 ff., sowie *Hallerbach*, StuB 2011, 250 ff.

25 *Seer*, DStJG 35, S. 7.

26 *Heun*, AöR Bd. 122 (1997), 610 (628).

27 Zu den Richtervorlagen des FG Niedersachsen ausführlich *Selder*, FR 2014, 174 (176). Schließlich erfolgreich war sodann der dritte Vorlagebeschluss des FG Niedersachsen v. 21.4.2004 – 4 K 317/91, juris.

28 Diese Prognose teilen auch *Keß*, FR 2008, 829 (831), sowie *Hartmann*, BB 2008, 2490 (2496). Die mit dem wiederholten Scheitern zeitintensiver und gutbegründeter Vorlagen einhergehende Abschreckungswirkung vorlagewürdiger Gerichte darf insoweit nicht verkannt werden, vgl. *Drüen*, FR 1999, 289 (292, Fn. 39); ähnlich

des BVerfG zwar auf das Streitjahr 1988 bezieht, der Senat in seiner Entscheidung allerdings gleichwohl Entwicklungen angesprochen hat, die erst nach dem Streitjahr erfolgt sind, um hierdurch wohl einer möglichen erneuten Vorlage aufgrund dieser Entwicklungen vorzugreifen bzw. diese als unzulässig verwerfen zu können.[29] Für den infolgedessen zu erwartenden Fortbestand der Abgrenzungserforderlichkeit spricht überdies, dass auch der Gesetzgeber wohl weiterhin keinen Anlass dafür sehen wird, eine Beseitigung der gewerbesteuerlichen Zusatzbelastung zugunsten einer längst überfälligen Gewerbesteuerreform herbeizuführen.[30]

Dementsprechend überrascht es wenig, dass der Geschäftsverteilungsplan des BFH für das Jahr 2021 für Streitigkeiten betreffend die Abgrenzung zwischen Einkünften aus selbständiger Arbeit und Einkünften aus Gewerbebetrieb nach

---

Seer, in: Tipke/Lang, Steuerrecht, § 22 Rz. 282, im Hinblick auf die abschreckenden, „im Richteralltag kaum zu erfüllenden Zulässigkeitshürden" eines konkreten Normenkontrollantrages.

29 *Keß*, FR 2008, 829 (830). Vgl. ferner den Kammerbeschluss des BVerfG v. 17.11.1998 – 1 BvL 10/98, BStBl. II 1999, 509 (510), mit dem zuvor der zweite von drei Vorlagebeschlüssen des FG Niedersachsen v. 24.6.1998 – IV 317/91, EFG 1998, 1428, in Ermangelung einer Darlegung hinreichender tatsächlicher oder rechtlicher Veränderungen, die die Grundlage der früheren Entscheidung des BVerfG berühren und deren Überprüfung nahelegen würden, als unzulässig verworfen wurde. Mit berechtigter Kritik dazu *Tipke/Paus*, FR 1999, 532.

30 Vgl. *Hartmann*, BB 2008, 2490 (2491), dem zufolge der Gesetzgeber zurzeit „keine kritische Haltung des BVerfG gegenüber der Gewerbesteuer fürchten" müsse. Ebenso geht *Keß*, FR 2008, 829 (830), davon aus, dass man „auf eine zufriedenstellende Reform der Gewerbesteuer [...] weiter vergeblich warten können [wird]." Überdies weist *Hey*, in: FS Kessler, S. 7 f., überzeugend darauf hin, dass trotz des jüngsten Ausfalls des Gewerbesteueraufkommens im Zuge der Corona-Pandemie im Hinblick auf die „in bekannter Manier" vorgenommene Kompensation aus dem Bundes- und Landeshaushalt auch nicht mit Reformbestrebungen vonseiten der Kommunen gerechnet werden kann. Bemerkenswert ist jedoch, dass die FDP aufgrund dieser pandemiebedingten wirtschaftlichen Schieflage vieler Gemeinden unlängst die langfristige Abschaffung der Gewerbesteuer unter Ersatz durch einen kommunalen Zuschlag mit eigenem Hebesatzrecht auf die Körperschaftsteuer sowie auf die (zuvor abgesenkte) Einkommensteuer gefordert hat, vgl. BT-Drs. 19/28770, S. 1 f. Hieran zeigt sich mit den Worten des ehemals vorsitzenden BFH-Richters *Dietmar Gosch* (vgl. *Gosch*, DStZ 1998, 327 [334]), dass „die oft totgesagte Gewerbesteuer [...] noch immer eine Menge Zündstoff für Steuerpolitik und Steuerdogmatik" bringt.

wie vor eine spezielle Zuständigkeit (des VIII. Senats) vorsieht.[31] Denn trotz aller Zweifel und Kritik an dem Normengefüge ist – *nolens volens* – zu konzedieren, dass die Abgrenzungsfragen zwischen den §§ 15 und 18 EStG auf unbestimmte Zeit auch weiterhin Streitigkeiten zwischen Steuerpflichtigen und Finanzämtern evozieren sowie infolgedessen auch Quell zahlreicher Judikate bleiben werden.[32]

II. Digitalisierung des Freiberuflers am Beispiel unterrichtender Tätigkeiten

1. Der Wandel des Freiberuflers

Zu der ohnehin bereits seit jeher zweifel- und problembehafteten Abgrenzung zwischen Freiberuflern und Gewerbetreibenden und den damit einhergehenden ständigen Reibungspunkten zwischen Finanzverwaltung und Steuerpflichtigem tritt nun die eingangs bereits skizzierte Evolution zahlreicher herkömmlicher Freiberufler-Tätigkeiten hinzu, wodurch die Abgrenzung zunehmend schwieriger und streitanfälliger geworden ist und weiter werden wird.[33] Denn unweigerlich hat auch der freie Beruf mit der umfassenden Digitalisierung[34] des Wirtschaftslebens mittlerweile einen erheblichen Wandel erfahren.[35] Ursächlich sind einerseits die erheblichen Vorteile für den Freiberufler, andererseits jedoch vor allem die gewandelten Konsumgewohnheiten der Adressatenkreise sowie die

---

31 Abrufbar unter www.bundesfinanzhof.de/fileadmin/media/pdf/geschaeftsverteilungsplaene_der_senate/geschaeftsverteilungsplan_2021_stand_01_09_2021.pdf, S. 10 (zuletzt abgerufen am 27.12.2021). Siehe zuvor stellvertretend den Geschäftsverteilungsplan des Bundesfinanzhofs für das Jahr 1997, A. Sachliche Zuständigkeit der Senate, IV. Senat, Nr. 4 und XI. Senat, Nr. 6, BStBl. II 1997, 104 (105 f.).

32 Vgl. *Korn*, DStR 1995, 1249; *Frick/Spatschek*, DB 1995, 239.

33 Dies erkannte auch die Bundesregierung in dem Entwurf eines Gesetzes zur Reform der Gewerbesteuer, vgl. BT-Drs. 15/1517, S. 11, der seinerzeit vom Bundestag angenommen wurde, aber schließlich am Widerstand des Bundesrates gescheitert ist. Mit dem Für und Wider des Reformvorschlages im Detail *Keß*, FR 2003, 959 ff.; *Wiese/Klass*, GmbHR 2003, 1101 ff.; *Schnittker/Welling*, FR 2003, 990 ff.

34 Zur Vielschichtigkeit des Begriffs im Steuerrecht vgl. *Ruß/Ismer/Margolf*, DStR 2019, 409 ff.; *Drüen*, DStJG 42, S. 1 ff. Im vorliegenden Zusammenhang bedeutet Digitalisierung insbesondere die zunehmende Unterstützung analoger Tätigkeiten durch Soft- und Hardware, die Ausübung und Verbreitung derlei Tätigkeiten über das Internet sowie im äußersten Falle die vollständige Automatisierung von Tätigkeiten.

35 So hat mit dem technischen Fortschritt im Bereich der Übertragungstechnologien z. B. das Online-Angebot audio- und videobasierter Inhalte in den vergangenen Jahren stark zugenommen, vgl. BT-Drs. 19/6970, S. 253.

unausgesetzt steigende Nachfrage nach digitalisierten Werken, die sich über den Computer oder das Smartphone jederzeit und überall abrufen lassen. Gemeint sind vorliegend mithin nicht etwa die „neuartigen" Berufsbilder des EDV-Entwicklers oder des Diplominformatikers, mit denen sich der BFH[36] namentlich bereits im Jahre 1985 hat befassen müssen.[37] Vielmehr richtet die vorliegende Arbeit den Blick auf traditionelle Freiberuflertätigkeiten, die sich mit der Digitalisierung teilweise wesentlich verändert haben, wie etwa jene des selbständigen Dozenten oder Journalisten.

Eines tiefschürfenden Blickes auf die Norm des § 18 Abs. 1 Nr. 1 EStG bedarf es bei diesen Tätigkeiten insofern, als deren Wandel zahlreiche Zweifelsfragen zutage fördern. Bei schlichter Anwendung der hergebrachten Abgrenzungsregeln steht zu erwarten, dass die steuerliche Beurteilung – wie so oft – regelmäßig zugunsten der Gewerblichkeit ausfallen wird.[38] Denn entweder kann die gewandelte Tätigkeit dem tatbestandsmäßigen *Sammelsurium* des § 18 Abs. 1 Nr. 1 S. 2 EStG nicht mehr ohne Weiteres zugeordnet werden oder sie vermag die von Rechtsprechung, Finanzverwaltung und Fachschrifttum aus den traditionellen Berufsbildern abgeleiteten Voraussetzungen nicht zu erfüllen.

2. *Ansichten aus Rechtsprechung und Literatur*

Die Diskrepanz zwischen neuartiger Tätigkeit und traditionellem Tätigkeitsmuster offenbart sich unter Ansehung der einschlägigen Ausführungen im Fachschrifttum. So soll etwa die ertragsteuerliche Einordnung einer Tätigkeit als freiberuflich-unterrichtend im Sinne des § 18 Abs. 1 Nr. 1 S. 2 EStG entscheidend davon abhängen, ob die Tätigkeit im Rahmen einer traditionellen Präsenzveranstaltung oder in Form z. B. digitaler Fernlehre ausgeübt wird. Insofern sind etwa *Brunckhorst/Sterzinger*[39] unter Bezugnahme auf die von der ständigen Rechtsprechung[40] entwickelten Tätigkeitsmerkmale einer Unterrichtung der Auffassung, dass Nachhilfe per Online-Video nicht

---

36 BFH v. 19.7.1985 – III R 175/80, BStBl. II 1986, 15.

37 Vgl. *Hey*, in: Tipke/Lang, Steuerrecht, § 8 Rz. 428 m. w. N.

38 Vgl. *Metzler*, in dubio pro fisco, S. 128.

39 *Brunckhorst/Sterzinger*, DStR 2018, 1689 (1690); so wohl auch *Schäfer*, StB 2019, 209 (211).

40 BFH v. 16.11.1978 – IV R 191/74, BStBl. II 1979, 246 (248); v. 13.12.1973 – I R 138/71, BStBl. II 1974, 213 (214); v. 9.8.1990 – V R 87/85, BFH/NV 1991, 848 (849 f.) m. w. N.

als unterrichtende Tätigkeit erachtet werden könne, weil es an der hierfür erforderlichen persönlichen Beziehung zwischen Lehrer und Schüler fehle. Auf dieser Linie liegt auch die von *Köstler*[41] vertretene Gewerblichkeit eines Steuerpflichtigen, der Nachhilfe per Videos erteilt, in denen er nicht zu sehen, sondern nur zu hören ist. Darüber hinausgehend vertritt *Homuth*[42] die Auffassung, dass unterrichtende Tätigkeiten im *Social-Media*[43]-Bereich aufgrund der geltenden „engen Maßstäbe" per se nicht in Betracht kämen. Soweit ersichtlich soll die Annahme freiberuflichen Unterrichts nach *Schäfer*[44] einzig bei einem Repetitorium über ein virtuelles Klassenzimmer möglich sein, während dies in den sozialen Medien – so z. B. in Gestalt von Online-Nachhilfe – ausgeschlossen sei.[45] Aufgrund der im Schrifttum vorzufindenden Auffassungen liegt es nahe, dass auch die Finanzverwaltung und wohl ebenso die Rechtsprechung bei der Qualifizierung der Einkünfte aus dem facettenreichen Feld der Online-Lehre unter Anwendung der althergebrachten Grundsätze eine Tendenz zur Gewerblichkeit erkennen lassen werden.[46]

---

41 *Köstler*, MBP 2019, 207 (208).

42 *Homuth*, NWB 2018, 1891 (1894).

43 Social Media ist per Definition im Duden die „Gesamtheit der digitalen Technologien und Medien wie Weblogs, Wikis, soziale Netzwerke u. Ä., über die Nutzerinnen und Nutzer miteinander kommunizieren und Inhalte austauschen können", siehe www.duden.de/rechtschreibung/Social_Media (zuletzt abgerufen am 27.12.2021). Nach *Heßler*, Stbg 2012, 469, steht Social Media insbesondere für technische Plattformen im Internet, die ihren Nutzern einen freien Zugang gewähren und deren Inhalte im Wesentlichen durch die Nutzer selbst bereitgestellt werden.

44 *Schäfer*, StB 2019, 209 (211).

45 Zwar will auch *Brandt*, in: H/H/R, EStG, § 18 Rz. 122 (Stand: Februar 2020), die Tätigkeit eines Fernrepetitors unter den Begriff unterrichtender Tätigkeiten fassen. Offen bleibt allerdings, ob er hierbei (ebenfalls) nur die Fälle der virtuellen Echtzeitübertragungen vor Augen hat, oder aber sämtliche Formen des Fernlehrens – etwaig auch per Konserve – unter den ertragsteuerlichen Unterrichtsbegriff zu fassen vermag.

46 Ähnliches ahnt *Mertzbach*, in: Fuhrmann/Kraeusel/Schiffers, EStG, § 18 Rz. 19 (Stand: März 2019), aufgrund des Fehlens der notwendigen Eigenverantwortlichkeit bei *multimedialer* Unterrichtung.

3. *Das Tatbestandsmerkmal der freiberuflichen Unterrichtung im Leerlauf*

Für einen bislang ohne jeden Zweifel im Bereich des § 18 Abs. 1 Nr. 1 S. 2 EStG zu verortenden konventionellen Lehrer würde die Verlagerung seiner Unterrichtung in den Bereich des E-Learnings[47] damit zugleich eine Verlagerung seiner Einkünfte in den gewerblichen Bereich bedeuten.[48] In die Gewerblichkeit würden damit allerdings mitnichten lediglich Schul- oder Nachhilfelehrer emigrieren, die ihrer Lehrtätigkeit nunmehr statt vor einer leibhaftig anwesenden Teilnehmerschaft z. B. vor einem digitalen Aufnahmegerät nachgehen. Vielmehr könnte *jede* unterrichtend tätige Person hiervon betroffen sein, zumal es nach der ständigen Rechtsprechung des BFH auf den Gegenstand des Unterrichts nicht ankommt.[49] Zum Gewerbetreibenden würden daher beispielsweise auch Vortragende der Bundessteuerberaterkammer, die zum aktuellen Zeitpunkt Vorträge ohne Publikum aufzeichnet und anschließend online bereitstellt.[50] Darüber hinaus würden neben Einzelsteuerpflichtigen auch originär freiberufliche Mitunternehmerschaften, wie etwa Steuerberatungs- oder Rechtsanwaltssozietäten, die ihre externen Fort- und Weiterbildungsangebote für Mandanten oder Berufskollegen per Webinar oder Videoaufzeichnung ausführen, nunmehr Gefahr laufen, aufgrund der Gewerblichkeit dieser digitalen Tätigkeit in die gewerbliche Infektion des § 15 Abs. 3 Nr. 1 EStG zu

---

47 Unter E-Learning – aus dem Englischen zu übersetzen etwa mit „elektronisch unterstütztes Lernen" – werden sämtliche Formen des Lernens verstanden, bei denen elektronische oder digitale Medien für die Präsentation und Distribution von Lernmaterialien und/oder zur Unterstützung zwischenmenschlicher Kommunikation zum Einsatz kommen, vgl. *Dorgerloh/Wolf*, Lehren und Lernen mit Tutorials und Erklärvideos, S. 100. Siehe dazu weitergehend Erster Teil A.II. Abzugrenzen ist der Begriff des E-Learnings insoweit von dem „maschinellen Lernen", das begrifflich nicht eine digitale Form des Unterrichts umschreibt, sondern vielmehr die Fähigkeit der Technik etwa zur eigenständigen Ermittlung eines Algorithmus, vgl. *Specht*, GRUR 2019, 253.

48 Einzig könnte es wohl dann bei einer Freiberuflichkeit der Tätigkeit verbleiben, so sich der Lehrende mit *Schäfer*, StB 2019, 209 (211), bei der Unterrichtung eines virtuellen Klassenzimmers bedient.

49 Mithin kann Gegenstand einer unterrichtenden Tätigkeit all das sein, was irgendwie erlernbar ist, vgl. nur *Wacker*, in: Schmidt, EStG, § 18 Rz. 83 m. w. N., sowie RFH v. 18.2.1920 – II A 59/20, RFHE 2, 155 (157).

50 Vgl. *Sommer*, DStR 2020, 1397 (1398).

51 Vgl. hierzu insbesondere den einleitenden Wortlaut des § 15 Abs. 3 EStG: „Als Gewerbebetrieb gilt in vollem Umfang […]". Dies gilt auch dann, wenn im Einzelfall keine gesellschaftsrechtliche Ausweichgestaltung möglich ist, vgl. BFH

geraten[51].[52]

Quantitativ vermögen sich die Ausmaße des Vorgesagten insgesamt daran zu verdeutlichen, dass bereits im Jahre 2017 etwa die Hälfte aller Studierenden Lernmanagementsysteme und in diesem Zusammenhang insbesondere Videoangebote als Lehrmedium nutzte[53] und bereits mehr als 170 000 Teilnehmer am Fernunterricht deutscher Fernlehrinstitute verzeichnet werden konnten[54]. Damit wurde bereits vor einigen Jahren mehr als die Hälfte des Gesamtumsatzes im Zusammenhang mit E-Learning durch die Erstellung digitaler Lehrinhalte erwirtschaftet[55]. Korrelierend hat damit auch die Anzahl der digital lehrenden Personen sowie die Bedeutung von virtuellen Klassenräumen, Webinaren und Erklärvideos in den letzten Jahren erheblich zugenommen, bis sie aufgrund der zum Zeitpunkt der Erstellung der vorliegenden Arbeit vorherrschenden Corona-Pandemie sowie den damit erforderlich gewordenen Maßnahmen der

---

v. 29.11.2012 – IV R 37/10, BFH/NV 2013, 910 (912 f.). Dagegen käme es ausnahmsweise dann nicht zur gewerblichen Infektion der freiberuflichen Einkünfte, wenn die schädlichen Nettoumsatzerlöse entweder gewerbesteuerfrei wären oder nicht mehr als 3 % der Gesamtnettoumsätze der Gesellschaft betragen und 24 500 € nicht übersteigen, vgl. BFH v. 27.8.2014 – VIII R 6/12, BStBl. II 2015, 1002 Rn. 52 ff. m. w. N. Während sich die gewerbliche Infektion *pro futura* durch Ausgliederung der schädlichen Tätigkeit in eine separate Personengesellschaft noch vermeiden ließe (vgl. BFH v. 8.12.1994 – IV R 7/92, BStBl. II 1996, 264 [266]), lassen sich die Rechtsfolgen für bereits abgeschlossene Veranlagungszeiträume nicht mehr abwenden. Vgl. zu alledem instruktiv *Seer/Drüen*, BB 2000, 2176 ff.

52 Zur erforderlichen Digitalisierung der Fortbildungsangebote in (Groß-)Kanzleien von Steuerberatern und Wirtschaftsprüfern in Zeiten der Corona-Krise *Sommer*, DStR 2020, 1397 (1398).

53 Vgl. *MMB-Institut für Medien- und Kompetenzforschung*, Welche der folgenden Technologien und Anwendungen nutzen Sie bei welcher Gelegenheit zum Lernen?, Statistik abrufbar unter de.statista.com/statistik/daten/studie/733687/umfrage/nutzung-von-lerntechnologien-durch-studierende-in-deutschland (zuletzt abgerufen am 27.12.2021).

54 Vgl. *BIBB*, Anzahl der Teilnehmer am Fernunterricht an deutschen Fernlehrinstituten von 2003 bis 2019, Statistik abrufbar unter de.statista.com/statistik/daten/studie/36563/umfrage/teilnehmer-am-fernunterricht-seit-dem-jahr-2003 (zuletzt abgerufen am 27.12.2021).

55 Vgl. *MMB-Institut für Medien- und Kompetenzforschung*, Umsatzanteile einzelner E-Learning-Tätigkeitsfelder in Deutschland in den Jahren 2009 bis 2018, Statistik abrufbar unter de.statista.com/statistik/daten/studie/166077/umfrage/umsatzanteile-einzelner-e-learning-taetigkeitsfelder (zuletzt abgerufen am 27.12.2021).

Bundesregierung[56] jüngst ihren bisherigen Höhepunkt erreicht hat.[57] Auch langfristig ist damit zu rechnen, dass internetbasierte Aus- und Fortbildungsangebote einen erheblichen Anteil für sich beanspruchen werden.[58] Aufgrund der Vorteilhaftigkeit des digitalen Lehrens und Lernens und der Notwendigkeit, E-Learning einen dauerhaften und nachhaltigen Einzug in deutsche Schulen zu ermöglichen, hat auch der Bundestag erst kürzlich den Beschluss eines „Digitalpakt 2.0“ gefordert.[59]

Folgt man den vorstehend dargestellten, an die hergebrachte Rechtsprechung angelehnten Auffassungen im Fachschrifttum, so würden unzählige selbständige Lehrpersonen mit der (teilweise unumgänglichen) Migration ihrer Lehrtätigkeiten in digitale Sphären ihre Freiberuflerstellung verlieren. Selbst dann, wenn man die Unterrichtung über ein virtuelles Klassenzimmer noch im Bereich des Freiberuflichen verorten würde, folgte aus den vorgefundenen Rechtsauffassungen ein großflächiger Wegfall der Freiberuflichkeit selbständig unterrichtender Steuerpflichtiger. Mit einem weitergehenden Blick auf das nicht auszuschließende Szenario, in dem Lehre dereinst fast ausschließlich medial stattfindet, könnte der Tatbestand unterrichtender Tätigkeiten damit – zumindest in bestimmten Bereichen – längerfristig sogar sehr weitgehend leerlaufen.

4. *Ableitung des Untersuchungserfordernisses*

Mit Blick auf die vorherrschenden ertragsteuerlichen Beurteilungen neuartiger Unterrichtstätigkeiten, die eine sukzessive Verschiebung unterrichtender Tätigkeiten in die gewerbliche Sphäre zur Folge hätten, drängt sich unter verfassungsrechtlichen wie steuersystematischen Gesichtspunkten die Frage auf, mit welcher Rechtfertigung sich die Unterschiede zwischen konventioneller und digitaler Lehre bzw. das zur Ausübung der Tätigkeit verwendete Medium (z. B. Video oder virtuelles Klassenzimmer) derart signifikant auf die einkommensteuerliche Würdigung der Tätigkeit auswirken sollen, dass neuartige

56 Vgl. z. B. die zeitweise Schließung von Schulen gem. § 1 Abs. 1 CoronaBetrVO in der Fassung v. 2.4.2020, sowie die zeitweise Untersagung des Betriebes von Volkshochschulen, Musikschulen und sonstigen öffentlichen und privaten außerschulischen Bildungseinrichtungen durch § 3 Abs. 1 S. 1 Nr. 5 CoronaSchVO in der Fassung v. 22.3.2020.

57 Vgl. *Schmid/Goertz*, Die digitale Bildungswirtschaft in Zeiten von Corona, abrufbar unter https://www.mmb-institut.de/blog/die-digitale-bildungswirtschaft-in-zeiten-von-corona-profiteur-oder-opfer/ (zuletzt abgerufen am 27.12.2021).

58 *Sommer*, DStR 2020, 1397 (1398).

59 BT-Drs. 19/20554, S. 3.

Lehrpfade in einer Gewerblichkeit münden, während (nur) traditionelle Lehrformen im Anwendungsbereich der freiberuflichen Unterrichtung verbleiben. Diese Ungleichbehandlung im Lichte des Grundsatzes der Besteuerung nach der Leistungsfähigkeit[60] würde damit in jedem Falle einer sachlichen Rechtfertigung bedürfen, damit sie nicht aus verfassungsrechtlichen Gesichtspunkten abzulehnen wäre.[61]

Eine vertiefte Auseinandersetzung mit den im Zuge der Digitalisierung hinzugetretenen Abgrenzungsfragen ist überdies deshalb unumgänglich, weil die Veränderungen und Verschiebungen der Berufsbilder bislang weder zur Feststellung der Verfassungswidrigkeit der Ungleichbehandlung beider Einkunftsarten im Hinblick auf die Gewerbesteuerpflicht noch zu einer anderweitigen Änderung dieses Normenregimes geführt haben und damit nach aktuellem Stand in absehbarer Zeit auch nicht gerechnet werden kann. Wenngleich der Abgrenzung zwischen Freiberufler und Gewerbetreibendem im Lichte der Gewerbesteuerpflicht erhebliche verfassungsrechtliche Bedenken anlasten, so kann doch nur auf diesem Wege zumindest eine gleichheitskonforme und steuersystematisch valide Abgrenzung konventioneller und moderner Freiberuflertätigkeiten *untereinander* ermöglicht werden.

5. *Rechtfertigung der Fokussierung auf unterrichtende Tätigkeiten*

Mit der am Beispiel unterrichtender Tätigkeiten aufgezeigten Inkongruenz zwischen gewandelter Tätigkeit einerseits und tradierten Tätigkeitsvoraussetzungen andererseits liegt es nahe, dass sich neben unterrichtenden zugleich auch andere im Zuge der Digitalisierung gewandelte Freiberuflertätigkeiten aus dem Anwendungsbereich der freien Berufe zu absentieren drohen, wenn und weil sie in neuartigen Facetten auftreten und hierbei möglicherweise aus den althergebrachten Tätigkeitsmustern herausfallen.[62]

---

60 Vgl. dazu *Drüen*, in: Tipke/Kruse, AO/FGO, § 3 Rz. 50a (Stand: Januar 2017); *Hey*, in: Tipke/Lang, Steuerrecht, § 3 Rz. 41 ff.

61 Vgl. BVerfG v. 12.5.2009 – 2 BvL 1/00, BVerfGE 123, 111 Rz. 25; v. 21.6.2006 – 2 BvL 2/99, BVerfGE 116, 164 Rz. 70; v. 4.12.2002 – 2 BvR 400/98, BVerfGE 107, 27 Rz. 51.

62 Vgl. nur *Trachte/Helios*, BB 2001, 909 (912), die darauf hinweisen, dass die steuerrechtliche Behandlung der schriftstellerischen Tätigkeit in der heutigen Zeit „problembehafteter denn je" ist.

Nichtsdestotrotz ist an dieser Stelle zu vergegenwärtigen, dass die Ergründung dieser These in Anbetracht der heterogenen[63] bzw. willkürlich[64] anmutenden Zusammensetzung der freien Berufe erfordern würde, dass jede der fünf freiberuflichen berufsabhängigen Tätigkeiten und sämtliche der 24 Katalogberufe jeweils einer tiefgründigen Untersuchung im Hinblick auf etwaige gewandelte Facetten zu unterziehen wären, um sie dahingehend würdigen zu können, ob sich aufgrund der Digitalisierung möglicherweise Auswirkungen auf die Subsumtion unter § 18 Abs. 1 Nr. 1 EStG ergeben. Da dies den Rahmen der vorliegenden Arbeit bei Weitem übersteigende Ausmaße annehmen würde, konzentriert sich die Untersuchung auf die eingehende Analyse einer konkreten und, wie dargetan, ertragsteuerlich erheblich problembehafteten Tätigkeit. Da diese jedoch zum Teil als *pars pro toto* betrachtet werden kann, erlaubt die Fokussierung gleichwohl die Ableitung von Erkenntnissen und Schlussfolgerungen, die auch für andere freie Berufe bzw. den Freiberufler generaliter Gültigkeit besitzen.

III. Digitale Monetarisierung freiberuflicher Tätigkeiten

1. Neu- und Andersartigkeit der Einnahmeerzielung

Zu den vorbezeichneten Ungewissheiten betreffend die ertragsteuerliche Würdigung digitalisierter Unterrichtstätigkeiten tritt eine weitere technologieinduzierte Veränderung hinzu, die einer tiefgreifenden Auseinandersetzung bedarf. Diese ist darin zu sehen, dass sich mit der Digitalisierung auch neu- und andersartige Wege zur Verwertung von bzw. Einnahmeerzielung aus Freiberuflertätigkeiten, insbesondere über das Internet, aufgetan haben. Während eine freiberufliche Tätigkeit vor Zeiten der Digitalisierung zumeist für bestimmte Auftraggeber erbracht und von diesen honoriert wurde, ist es dem Freiberufler aufgrund der fortgeschrittenen Digitalisierung und Technisierung nunmehr zunehmend möglich, die Erzielung von Einnahmen aus seiner Tätigkeit

63 Das BVerfG spricht hier von einer „kasuistischen Regelung“, siehe BVerfG v. 25.10.1977 – 1 BvR 15/75, BVerfGE 46, 224 (242). Diese hat schließlich zur Folge, dass sich die freien Berufe nicht auf einen einzigen tragenden Gesichtspunkt zurückführen lassen, mithin eine jeweils tätigkeitsbezogene Betrachtung unumgänglich wäre, vgl. BVerfG v. 25.10.1977 – 1 BvR 15/75, BVerfGE 46, 224 (241), unter Verweis auf *Schick*, Die freien Berufe im Steuerrecht, S. 28.

64 So z. B. *Seeger*, FR 2002, 889. Nach BVerfG v. 15.2.1989 – 1 BvR 1696/88, juris, Rn. 4, bewege sich der Gesetzgeber bei der Aufstellung des Katalogs der freien Berufe jedoch im Bereich seines Gestaltungsspielraums.

durch deren Verwertung über das Internet autonom selbst zu übernehmen. Die Facetten hierbei sind zahlreich: So kann der Freiberufler seine Werke beispielsweise über eine eigene Webseite kostenpflichtig zum Abruf bereitstellen oder zur Monetarisierung auf hierfür vorgesehene Online-Verwertungsplattformen zurückgreifen. Eine Erzielung von Vermögensmehrungen über das Internet ist zudem etwa per Bannerwerbung, Produktplatzierung, Sponsoring oder durch freigebige Zuwendungen möglich, wodurch klassische synallagmatische Leistungsentgelte eines Auftraggebers in zahlreichen Fällen entfallen.[65]

2. *Ansichten in Rechtsprechung und Literatur*

Im Fachschrifttum[66] findet sich hinsichtlich der Erzielung von Einnahmen aus Werbeeinblendungen durch einen „Online-Freiberufler" die einhellige Auffassung, dass diese stets zu gewerblichen Einkünften führten. Ebenso sind in der Rechtsprechung zahlreiche Fälle ersichtlich, in denen im Zusammenhang mit einer originär freiberuflichen Tätigkeit stehende weitergehende Verwertungstätigkeiten teilweise[67] oder gar vollumfänglich[68] zu einer Gewerblichkeit der erzielten Einkünfte geführt haben.

3. *Ableitung des Untersuchungserfordernisses*

Soweit ersichtlich, sollen Vermögensmehrungen aus dem Beschreiten neuartiger digitaler Verwertungskanäle mithin nach derzeitigem Stand in der gewerblichen

---

65 Vgl. *Brunckhorst/Sterzinger*, DStR 2018, 1689 (1691).

66 *Brunckhorst/Sterzinger*, DStR 2018, 1689 (1691 f.); *Homuth*, NWB 2018, 1891 (1897); *Schäfer*, StB 2019, 209 (212); *Köstler*, MBP 2019, 207 (208).

67 Vgl. z. B. BFH v. 23.10.1975 – VIII R 60/70, BStBl. II 1976, 152 (Veräußerung unbebauter Grundstücke mit sog. Architektenbindung); v. 14.6.1984 – I R 204/81, BStBl. II 1985, 15 (Vermittlung von Möbelverkäufen durch Architekten); v. 26.5.1977 – V R 95/76, BStBl. II 1977, 879 (Verkauf von Medikamenten durch einen Arzt aus sog. ärztlicher Hausapotheke).

68 Vgl. BFH v. 15.12.1971 – I R 49/79, BStBl. II 1972, 291 (Verkauf schlüsselfertiger Häuser durch einen Architekten); v. 11.5.1976 – VIII R 111/71, BStBl. II 1976, 641 (642 f.) und v. 30.11.1978 – IV R 15/73, BStBl. II 1979, 236 (238) (ausschließlich gewerbliche Einkünfte eines schriftstellerischen Eigenverlegers unter Aufgabe der früheren Rechtsprechung, in der trotz eines einheitlichen Entgelts noch eine Aufteilung in freiberufliche und gewerbliche Einkünfte vorgenommen wurde, vgl. BFH v. 18.1.1962 – IV 270/60 U, BStBl. III 1962, 131 [132 f.]). Übereinstimmend mit der neueren Rechtsprechung auch die Literatur, vgl. nur *Tassius*, in: Bös/Schmieszek, GewStG, § 2 Rz. 94 (Stand: Juli 2021); *Brandt*, in: H/H/R, EStG, § 18 Rz. 76 (Stand: Februar 2020).

Sphäre zu verorten sein. Dies könnte bedeuten, dass ein Steuerpflichtiger zwar möglicherweise im Ausgangspunkt den Tatbestand einer freiberuflichen, z. B. unterrichtenden, Tätigkeit verwirklicht, die von ihm schließlich erzielten Einkünfte aufgrund der zur Verwertung erforderlichen Handlungen jedoch der gewerblichen Sphäre zuzurechnen wären.

Dabei stellt sich insbesondere unter steuersystematischen Gesichtspunkten die Frage, ob den vorgefundenen Auffassungen gefolgt werden kann oder diese möglicherweise doch zu kurz greifen. Akzentuiert sei das Untersuchungsinteresse exemplarisch dadurch, dass dem Schrifttum[69] zufolge Einnahmen aus digitalen Werbeanzeigen zu gewerblichen Einkünften führen sollen, während sich die Vermietung einer physischen Werbefläche etwa an einer Hauswand regelmäßig nicht als gewerbliche, sondern vermögensverwaltende Tätigkeit darstellt, die sich unterhalb der Schwelle zur Gewerblichkeit bewegt[70]. In Anbetracht dessen, dass unter steigender Tendenz allein im Jahr 2019 Umsätze in Höhe von rund 8,5 Mrd. €[71] mit Online-Werbung erzielt wurden und sich damit entsprechend auch die Verdienstmöglichkeiten der sich für Werbezwecke anbietenden Personen immens erhöht haben, vermag sich die Tragweite des Vorgesagten zu versinnbildlichen.

Im Zeitalter der Digitalisierung stellt sich daher erneut und verstärkt die Frage, ob und in welcher Weise, in welchem Umfang und in welchen Grenzen ein Freiberufler eine autonome Verwertung seiner im Ausgangspunkt freiberuflichen Tätigkeit vornehmen kann, ohne dass seine Betriebseinnahmen nicht mehr der freiberuflichen Sphäre zugerechnet werden können. Die hierbei am Beispiel eines Unterrichtenden beleuchteten Facetten sind insbesondere die Monetarisierung von Webseiten-Inhalten, die Einnahmeerzielung mittels Online-Verwertungsplattformen, der Erhalt freigebiger Zuwendungen sowie die unterschiedlichsten Konstellationen im Rahmen der Erzielung von Einnahmen im Zusammenhang mit Sponsoring, Marketing und Werbung.[72] Dort, wo sich

---

69 Vgl. *Köstler*, MBP 2019, 207 (208); *Brunckhorst/Sterzinger*, DStR 2018, 1689 (1691); *Schäfer*, StB 2019, 209 (212); *Homuth*, NWB 2018, 1891 (1897).

70 Vgl. z. B. *Stolz*, FR 1983, 235. Dazu weitergehend Zweiter Teil C.V.7.

71 Vgl. *PricewaterhouseCoopers*, Umsätze mit Onlinewerbung in Deutschland in den Jahren 2015 bis 2019 und Prognose bis 2024, Statistik abrufbar unter de.statista.com/statistik/daten/studie/165473/umfrage/umsatzentwicklung-von-onlinewerbung-seit-2005 (zuletzt abgerufen am 27.12.2021).

72 Hervorzuheben ist, dass es sich bei der alternativen Einnahmeerzielung über das Internet zwar auch, aber nicht ausschließlich um ein Phänomen handelt, welches speziell aufseiten eines unterrichtend tätigen Freiberuflers vorzufinden ist. So musste sich etwa das Bundesozialgericht bereits mit der Sozialversicherungspflicht eines

sachliche Berührungspunkte zwischen neuartiger Einnahmeerzielung und dem Tätigwerden als sog. Influencer[73], Blogger[74] oder YouTuber[75] ergeben, werden auch diese in die Untersuchung mit einbezogen, zumal die Besteuerung auch dieser neuartigen Tätigkeiten aufgrund der hohen Wachstumsraten sowie der hohen Erträge immer bedeutender wird[76].

IV. Ziel und Gang der Untersuchung

Zusammengefasst liegt das duale Ziel der vorliegenden Arbeit darin, dem digitalisierten und hierdurch (i.) bei der Ausübung sowie (ii.) der Monetarisierung seiner Tätigkeit gewandelten Freiberufler am Beispiel unterrichtender Tätigkeiten einer tiefschürfenden und zeitgemäßen ertragsteuerlichen Betrachtung zu unterziehen.

Im ersten Teil steht dabei *in concreto* die Ergründung des ertragsteuerlichen Unterrichtsbegriffs zur steuersystematischen Einordnung der neuartigen Facetten der Unterrichtung im Mittelpunkt. Hierzu werden die unterrichtenden Tätigkeiten im Zeitalter der Digitalisierung näher beleuchtet und hinsichtlich ihrer steuerlichen Einordnung umfassend gewürdigt.

Daran anschließend widmet sich der zweite Teil der Untersuchung den neuartigen Wegen zur Erzielung von Einnahmen in digitalen Sphären ebenfalls am

---

selbständigen Online-Journalisten befassen müssen, der fast ausschließlich Einnahmen aus dem Verkauf von Werbeflächen auf einer eigenen Webseite erzielte, vgl. BSG v. 21.7.2011 – B 3 KS 5/10 R, ZUM-RD 2012, 303. Mit Blick auf die auch ertragsteuerlich zu antizipierenden Reibungspunkte wird im Rahmen der Schlussfolgerungen zu der vorliegenden Arbeit auch auf die Übertragbarkeit der gewonnenen Erkenntnisse auf andere freie Berufe eingegangen werden.

73 Influencer – von englisch *to influence*: beeinflussen, mithin wörtlich übersetzt etwa „Beeinflusser" oder auch „Meinungsmacher" – sind Personen, die sich aufgrund ihres Ansehens und ihrer enormen Reichweite in sozialen Netzwerken besonders für Werbung und Vermarktung eignen und anbieten. Dazu im Detail unten Zweiter Teil C.V.8.

74 Der Begriff des Bloggers bezeichnet Personen, die Beiträge in sog. Weblogs herausgeben bzw. verfassen. Ein Weblog (Kurzwort: Blog) ist per Definition im Duden eine „tagebuchartig geführte, öffentlich zugängliche Webseite, die ständig um Kommentare oder Notizen zu einem bestimmten Thema ergänzt wird", siehe www.duden.de/rechtschreibung/Weblog (zuletzt abgerufen am 27.12.2021).

75 YouTuber ist eine von der Literatur anerkannte Tätigkeitsbezeichnung für Personen bzw. Anbieter, die auf der Video-Plattform YouTube (abrufbar unter www.youtube.com, zuletzt abgerufen am 27.12.2021) regelmäßig Videos einstellen, siehe dazu ausführlich unten Zweiter Teil C.V.5.

76 *Schäfer*, StB 2019, 209.

Beispiel unterrichtender Tätigkeiten. Hierbei handelt es sich unter steuersystematischer Betrachtung um einen zweiten Prüfungsschritt auf dem Weg zur Freiberuflichkeit, der sich an die (stets) in einem vorgelagerten Schritt vorzunehmende Prüfung, ob die ausgeübte Tätigkeit als solche im Kern freiberuflicher Natur ist, anschließt. Denn nur dann, wenn die Tätigkeit eines Steuerpflichtigen im Grundsatz als freiberuflich eingestuft werden kann, stellt sich überhaupt die (Anschluss-)Frage, ob bzw. in welchem Umfang und in welchen Grenzen der Rückgriff auf alternative Verwertungsmöglichkeiten durch den Freiberufler noch zur Begründung von Einkünften im Sinne des § 18 EStG führen kann.

Im Mittelpunkt der Untersuchung steht insofern nicht die verfassungsrechtliche Würdigung der Sonderbehandlung der freien Berufe, sondern vielmehr die Würdigung ausgewählter und vorwiegend der Digitalisierung geschuldeter Abgrenzungsprobleme zwischen Freiberufler und Gewerbetreibendem am Beispiel unterrichtender Tätigkeiten, um einerseits einen Beitrag zur Überwindung der bereits vorliegenden Abgrenzungsprobleme zu leisten. Andererseits soll den *pro futuro* zu erwartenden Abgrenzungsschwierigkeiten betreffend sowohl unterrichtende Tätigkeiten in ihrem Kern als auch die veränderte Art und Weise der generellen Verwertung von freiberuflichen Tätigkeiten (etwa unter Erzielung von Einnahmen durch Online-Werbung) am Beispiel eines Unterrichtenden mit einer steuersystematisch fundierten Einordnung vorgegriffen werden.

Diese Würdigung vollzieht sich insbesondere im Hinblick darauf, dass der Fortbestand der Abgrenzung zwischen Freiberufler und Gewerbetreibendem zwar mit erheblichen verfassungsrechtlichen Bedenken behaftet ist,[77] gleichwohl jedoch, solange der Gesetzgeber aller Widrigkeiten zum Trotz und abermals bestärkt durch das BVerfG[78] weiterhin sakrosankt an der Differenzierung zwischen Gewerbebetrieb und selbständiger Arbeit festhält, diese zumindest in sich folgerichtig, insbesondere im Sinne einer verfassungskonformen Auslegung der Abgrenzungsmerkmale, umgesetzt werden muss[79].

Bei allen Argumenten, aufgrund derer sich eine Verfassungswidrigkeit des vorherrschenden Normengefüges spätestens zuletzt im Jahre 2008 für den entscheidenden Senat des BVerfG nahezu hätte aufdrängen müssen, wenn man nicht „als Betrachter die Augen vor ihnen verschließt"[80], verlangt die Zielsetzung der vorliegenden Untersuchung aufgrund der Einsicht des faktischen

---

77 Vgl. dazu oben Einführung und Grundlegung A.I.

78 BVerfG v. 15.1.2008 – 1 BvL 2/04, BVerfGE 120, 1.

79 Vgl. BVerfG v. 10.11.1999 – 2 BvR 2861/93, BVerfGE 101, 151 (155).

80 *Keß*, FR 2008, 829 (830).

Fortwährens der Abgrenzungsrelevanz zwischen § 15 und § 18 EStG doch, dass sich die Rejektion nicht in einer reinen Grundsatzkritik verläuft, sondern sämtliche Argumente *contra legem* zugunsten einer zeitgemäßen und zumindest in sich verfassungsgemäßen Abgrenzung traditioneller und gewandelter Freiberuflertätigkeiten und Einnahmeerzielungswege Berücksichtigung finden. Insofern werden die vorherrschenden Abgrenzungsgrundsätze zur Vermeidung eines *weiteren bzw. weitergehenden* verfassungswidrigen Zustandes rund um die §§ 15, 18 EStG eingehend auf den Prüfstand gestellt. Im Sinne der Fokussierung insbesondere auf die ertragsteuerliche Einordnung und Abgrenzung eines ausgewählten freien Berufes sowie der dazugehörigen neuartigen Einnahmeerzielungswege unterstellt die vorliegende Arbeit mit Blick auf die bis auf Weiteres fortbestehende *Ungleichbehandlung* von Freiberufler und Gewerbetreibendem im Ausgangspunkt axiomatisch ihre Verfassungskonformität.

Schließlich werden die Übertragbarkeit der im Verlaufe der Untersuchung gewonnenen Erkenntnisse auch auf andere freie Berufe sowie ihre Auswirkungen auf die gesetzlich normierte Sonderbehandlung der Freiberufler und deren Zukunftsfähigkeit in einem Zeitalter sich maßgeblich wandelnder äußerer Umstände im Rahmen der Schlussfolgerungen zur vorliegenden Untersuchung aufgezeigt werden.

B. Grundlegung: Freiberufliche Einkünfte im Ertragsteuerrecht

I. Historie und Rechtsentwicklung der freien Berufe

Kulturgeschichtlich basiert der Begriff der freien Berufe auf den mittelalterlichen *artes liberales*.[81] In seiner heutigen Form geht der schon im EStG von 1934[82] enthaltene § 18 EStG auf § 15 des preußischen EStG von 1891[83] zurück, der zu den Einkünften aus „gewinnbringender“ Beschäftigung auch die Einkünfte aus schriftstellerischer, künstlerischer, wissenschaftlicher, unterrichtender und erzieherischer Tätigkeit rechnete. Bis heute hat die Vorschrift nur einige wenige Änderungen erfahren.[84] Dazu zählt insbesondere eine Erweiterung des Kataloges der freien Berufe namentlich um Zahnärzte, Tierärzte, Patentanwälte,

81 Dazu ausführlich *Hummes*, Sonderstellung der freien Berufe, S. 31 ff.

82 Vgl. § 18 EStG in der Fassung v. 24.10.1934, RStBl. 1934, 1261 (1266 f.).

83 § 15 Preuß. EStG v. 24.6.1891, GesSlg. 1891, 175 (181 f.).

84 Dazu ausführlich *Bauhaus*, Die ähnlichen Berufe im Steuerrecht, S. 5 ff.; *Brandt*, in: H/H/R, EStG, § 18 Rz. 2 (Stand: Februar 2020).

Vermessungsingenieure, beratende Volks- und Betriebswirte, vereidigte Buchprüfer, Helfer in Steuersachen, Krankengymnasten, Journalisten, Bildberichterstatter, Dolmetscher, Übersetzer und Lotsen sowie die Einschränkung der von der Rechtsprechung entwickelten Vervielfältigungstheorie jeweils durch das StÄndG vom 30.6.1960[85]. Weiterhin wurde durch das Steuerreformgesetz (StReformG) 1990 vom 25.7.1988[86] der besondere Freibetrag für freie Berufe des damaligen § 18 Abs. 4 EStG mit Wirkung ab 1990 ersatzlos gestrichen. Darüber hinaus wurden mit dem Steuersenkungsgesetz (StSenkG) vom 23.10.2000[87] sowie mit dem 5. Steuerbeamten-Ausbildungsänderungsgesetz vom 23.7.2002[88] jeweils die Verweisungen in § 18 Abs. 3 S. 2 EStG auf § 16 EStG für Fälle insbesondere der Aufgabe oder Veräußerung freiberuflicher Betriebe geändert. Weitere nennenswerte Entwicklungen hat die Vorschrift des § 18 EStG bislang nicht erfahren und es sind derzeitig auch keine Novellierungen absehbar.

II. Dogmatik des Freiberuflers

Ausweislich der Begründung zum Einkommensteuergesetz von 1934[89] ging der historische Gesetzgeber davon aus, dass die freien Berufe unter eigener Verantwortung und für eigene Rechnung ausgeübt werden, wobei ausschließlich oder fast ausschließlich die persönliche Arbeitskraft des Steuerpflichtigen im Vordergrund steht, während der Einsatz von gewerblichem Vermögen keinen maßgeblichen Faktor darstellt. Bis heute lassen sich in der Rechtsprechung[90] dahin gehende Ausführungen finden, die Ausübung einer selbständigen Tätigkeit unterscheide sich von einem Gewerbebetrieb dadurch, dass der Einsatz von Kapital gegenüber der geistigen Arbeit und der eigenen Arbeitskraft des Unternehmers in den Hintergrund tritt und insofern die Tätigkeit durch die unmittelbare, persönliche und individuelle Arbeitsleistung des Berufsträgers charakterisiert wird. Vereinzelt heißt es auch, bei der Ausübung eines freien Berufes stünde

85 StÄndG v. 30.6.1960, BGBl. I 1960, 616.
86 StReformG v. 25.7.1988, BGBl. I 1988, 1093.
87 StSenkG v. 23.10.2000, BGBl. I 2000, 1433.
88 5. Steuerbeamten-Ausbildungsgesetz v. 23.7.2002, BGBl. I 2002, 2715.
89 Gesetzesbegründung zu § 18 EStG in der Fassung v. 24.10.1934 (RStBl. 1935, 33 [42]).
90 BFH v. 31.5.2001 – IV R 49/00, BStBl. II 2001, 828 (829); v. 20.8.2012 – III B 246/11, BFH/NV 2012, 1959 (1961); v. 23.5.1984 – I R 122/81, BStBl. II 1984, 823 (824). In diesem Sinne auch zuvor z. B. BFH v. 29.7.1965 – IV 61/65 U, BStBl. III 1965, 557 (558); v. 25.10.1963 – IV 373/60 U, BStBl. III 1963, 595 (596); v. 5.12.1968 – IV R 125/66, BStBl. II 1969, 165 (166).

der Einsatz von Intellekt im Vordergrund.[91] Ähnlich versteht der EuGH[92] unter freien Berufen „Tätigkeiten, die ausgesprochen intellektuellen Charakter haben, eine hohe Qualifikation verlangen und gewöhnlich einer genauen und strengen berufsständischen Regelung unterliegen." Zudem habe „bei der Ausübung einer solchen Tätigkeit [...] das persönliche Element besondere Bedeutung, und diese Ausübung setzt auf jeden Fall eine große Selbständigkeit bei der Vornahme der beruflichen Handlungen voraus."

Parallel dazu rechtfertigte das BVerfG im Jahre 1969[93] die inkongruente Gewerbesteuerpflicht nur für Gewerbetreibende im Lichte des Art. 3 Abs. 1 GG damit, dass die Produktionsfaktoren Arbeit und Kapital bei Gewerbetreibenden – anders als typischerweise bei Freiberuflertätigkeiten – eindeutig im Vordergrund stehen und sich allein hieraus eine besondere (zusätzliche) Steuerbelastung rechtfertigen ließe[94]. Nur kurze Zeit später – im Jahre 1977[95] – relativierte das Gericht jedoch den Gesichtspunkt des zu vernachlässigenden Kapitaleinsatzes und erkannte an, dass es keinen einheitlichen Oberbegriff der freien Berufe gibt und typbildende Unterschiede zwischen den Berufsgruppen freie Berufe und Gewerbetreibende aus den Merkmalen geistige Leistung, Kapitaleinsatz und Beschäftigung von Arbeitnehmern nicht abgeleitet werden könnten.[96] Vielmehr umfasse der Katalog des § 18 Abs. 1 Nr. 2 EStG „durchaus heterogene Berufe unter dem Oberbegriff ‚freiberufliche Tätigkeit', ohne daß sich alle aufgezählten Berufe auf einen einzigen tragenden Gesichtspunkt zurückführen ließen"[97]. Insoweit sei weder das Merkmal der geistigen Leistung noch ein etwaiger nicht vorhandener Kapitaleinsatz typisch für den Freiberufler.[98] Nichtsdestotrotz – so

---

91 So etwa BFH v. 26.1.2011 – VIII R 19/08, BFH/NV 2011, 1311 (1313).

92 EuGH v. 11.10.2001 – C-267/99, EU:C:2001:534, Rz. 39 (*Adam*).

93 BVerfG v. 13.5.1969 – 1 BvR 25/65, BVerfGE 26, 1 (8).

94 Der daneben angeführte Produktionsfaktor „Boden" bezieht sich hingegen vorwiegend auf die Abgrenzung zu Einkünften aus Land- und Forstwirtschaft im Sinne des § 13 EStG, vgl. BVerfG v. 15.1.2008 – 1 BvL 2/04, BVerfGE 120, 1 (40 f.).

95 BVerfG v. 25.10.1977 – 1 BvR 15/75, BVerfGE 46, 224 (241).

96 Dies erkannten zuvor bereits BFH v. 12.12.1963 – IV 54/61 U, BStBl. III 1964, 136; v. 16.8.1955 – I 237/54 U, BStBl. III 1955, 295, jeweils m. w. N.

97 BVerfG v. 25.10.1977 – 1 BvR 15/75, BVerfGE 46, 224 (241), unter Verweis auf *Schick*, Die freien Berufe im Steuerrecht, S. 28. *Kellersmann*, Die Abgrenzung der Einkünfte, S. 81, kommt danach zu der These, dass dem Katalog des § 18 EstG – jedenfalls seit der letztmaligen Modifikation der Vorschrift im Jahre 1960 – kein Konzept (mehr) zu entnehmen und deshalb zu bezweifeln sei, dass der Gesetzgeber hier überhaupt bestimmte Vorstellungen hatte.

98 BVerfG v. 25.10.1977 – 1 BvR 15/75, BVerfGE 46, 224 (241).

das BVerfG – zeitige der freie Beruf unterschiedliche Merkmale, mit denen die Privilegierung der einzelnen freien Berufe innerhalb der „kasuistischen Regelung“ des § 18 EStG jeweils gerechtfertigt werden könne.

Richtig ist, dass es keinen einheitlichen Oberbegriff der freien Berufe gibt.[99] Gleichwohl ist die Wissenschaft seit jeher bemüht, ein einheitliches Wesensmerkmal herauszustellen, welches die freien Berufe im Steuerrecht insgesamt charakterisiert. Nach *Jahn*[100] soll sich der freie Beruf durch die Erbringung persönlicher Dienste höherer Art kennzeichnen, deren Ausübung von der allgemein höheren Bildung des Tätigen und einer gewissen ideellen Motivation gekennzeichnet ist und die das bloße Gewinnstreben überlagert. *Hummes*[101] etwa sieht die freien Berufe durch die Vertrauensstellung zum Patienten bzw. Mandanten geprägt, ebenso wie durch die wissenschaftliche Vorbildung und das ausgeprägte Standesrecht einschließlich der Gebührenregelung, deren Einhaltung durch eine Kammerselbstverwaltung überwacht wird. Nach *Levedag*[102] seien freiberufliche Tätigkeiten dadurch geprägt, dass sie auf einer qualifizierten eigenverantwortlichen und damit höchstpersönlichen Durchführung durch den Steuerpflichtigen beruhen. Auch *Pfirrmann*[103] zufolge überwiege bei einem Selbständigen idealtypisch der Einsatz der persönlichen Arbeitskraft im Verhältnis zu den sachlichen Hilfsmitteln. Übereinstimmend sehen *Fleischmann*[104] und *Taupitz*[105] den freien Beruf dadurch charakterisiert, dass der Berufsträger über eine gewisse Dauer hinweg eine im Wesentlichen geistige Leistung, die auf einer bestimmten fachlichen Vorbildung oder einem schöpferischen Vermögen

---

99 So neben BVerfG v. 25.10.1977 – 1 BvR 15/75, BVerfGE 46, 224 (241) auch der überwiegende Teil der Literatur, vgl. z. B. *Brandt*, in: H/H/R, EStG, § 18 Rz. 65 (Stand: Februar 2020); *Wacker*, in: Schmidt, EStG, § 18 Rz. 60; *Güroff*, in: L/B/P, EStG, § 18 Rz. 81 (September 2018); *Stuhrmann*, in: K/S/M, EStG, § 18 Rn. B 19 (September 2015); *Steiner/Wichert*, in: Lademann, EStG, § 18 Rz. 60 (Stand: März 2017). Dagegen ist *Caspers*, Die Besteuerung freiberuflicher Einkünfte, S. 48, 119 ff., der Auffassung, dass der Vorschrift des § 18 EStG sehr wohl ein einheitlicher Oberbegriff zugrunde liege, dieser sich jedoch angesichts des Kataloges heterogener Tätigkeiten mit sehr unterschiedlichen Merkmalen nicht (mehr) bestimmen lasse, sodass die Vorschrift an einer verfassungsproblematischen Unbestimmtheit leide.

100 *Jahn*, DB 2005, 692.

101 *Hummes*, Sonderstellung der freien Berufe, S. 56 f.

102 *Levedag*, in: BeckOK EStG, § 18 Rn. 3.

103 *Pfirrmann*, in: Kirchhof/Seer, EStG, § 18 Rn. 1.

104 *Fleischmann*, Die freien Berufe im Rechtsstaat, S. 41.

105 *Taupitz*, Die Standesordnungen der freien Berufe, S. 38 ff.

basiert, in wirtschaftlicher Selbständigkeit und unter Einsatz der eigenen Persönlichkeit erbringt. Ebenfalls sollen *Zaumseil*[106] zufolge die freien Berufe trotz einer nicht vorhandenen einheitlichen Definition zumindest in ihren Wurzeln auf einer überwiegend persönlichen und geistigen Tätigkeit beruhen. Diese Merkmale seien jedoch aufgrund der völlig unterschiedlichen Berufsbilder nicht bei allen Katalogberufen in gleicher Intensität ausgeprägt. Damit mag der geistige Gehalt der Tätigkeit bei den freien Berufen zwar bedeutsam sein; er ist jedoch nicht typisch.[107] Vielmehr ist der geistige Gehalt einer Tätigkeit Kennzeichen *jeder* persönlich erbrachten Arbeitsleistung, die ebenso gewerblicher Natur sein kann.[108] Damit könnte mit *Hutter*[109] das Merkmal der freiberuflichen als *höchstpersönliche* Tätigkeit zwar noch „am ehesten geeignet" sein, um als Abgrenzungskriterium gegenüber einer gewerblichen Betätigung zu dienen. Auch wenn jedoch bei freiberuflichen Tätigkeiten *in der Regel* der Einsatz von Kapital gegenüber der geistigen Arbeit und eigenen Arbeitskraft in den Hintergrund treten mag, ist eine eindeutige Abgrenzung auch anhand des Merkmals der persönlichen Arbeitsleistung nicht möglich.[110]

Aus Vorstehendem sowie der umfangreichen Rechtsprechung zur Abgrenzung freiberuflicher und gewerblicher Tätigkeiten wird ersichtlich, dass die Bemühungen der Fachwelt zur Herausstellung belastbarer Abgrenzungskriterien für eine Definition der freien Berufe zwar beträchtlich sind, gleichwohl aber aufgrund der Heterogenität bzw. des Facettenreichtums des § 18 Abs. 1 Nr. 1 S. 2 EStG derartige Kriterien nicht eindeutig deriviert werden können.[111] Zwar

---

106 *Zaumseil*, FR 2010, 353 (357).

107 So auch *Brandt*, in: H/H/R, EStG, § 18 Rz. 65 (Stand: Februar 2020).

108 Ebenso *Sarrazin*, in: Lenski/Steinberg, GewStG, § 2 Rn. 391 (Stand: September 2020). Vgl. auch *Kellersmann*, Die Abgrenzung der Einkünfte, S. 26 ff., anhand des Gegenbeispiels gewerblicher Verkaufstätigkeiten, die sich inzwischen ebenfalls als Erbringung einer geistigen Leistung aufgrund bestimmter Fachkenntnisse darstellen.

109 *Hutter*, in: Brandis/Heuermann, EStG, § 18 Rz. 29 (Stand: Juni 2020).

110 So auch *Wacker*, in: Schmidt, EStG, § 18 Rz. 6. Vgl. dazu auch *Kellersmann*, Die Abgrenzung der Einkünfte, S. 26 ff., anhand des Gegenbeispiels gewerblicher Verkaufstätigkeiten, die sich inzwischen ebenfalls als Erbringung einer geistigen Leistung aufgrund bestimmter Fachkenntnisse darstellen. Ebenso *Hummes*, Sonderstellung der freien Berufe, S. 110 f., am Beispiel der Tätigkeit als Fotomodell und selbständiger Berufssportler, sowie *Schettler*, Abgrenzung, S. 49, mit Blick auf die persönliche Arbeitstätigkeit von Sportlern, Artisten, Hausschneiderinnen und kleinen Handwerkern.

111 Vgl. auch *Caspers*, Die Besteuerung freiberuflicher Einkünfte, S. 57; *Hermann*, Die freien Berufe, S. 139.

lassen sich durchaus Merkmale finden, durch die der freie Beruf „in der Regel" oder „idealtypisch" gekennzeichnet sein mag, respektive die für eine Abgrenzung „am ehesten geeignet" sind. Diese Sichtweise tendiert allerdings letzten Endes zu einer *typologischen* Beschreibung des freien Berufes anhand einer Vielzahl prägender Merkmale, unter die es einen Lebenssachverhalt nicht zu subsumieren, sondern innerhalb eines wertenden Ähnlichkeitsvergleichs zum Gesetzesbegriff zu würdigen gilt[112]. Damit übereinstimmend vertreten etwa *Hummes*[113] und *Schmidt-Liebig*[114] den Standpunkt, dass terminologisch von einem Typus statt von einem Begriff des freien Berufes auszugehen sein soll. Auch *Stuhrmann*[115] zufolge schließt das Abstellen auf persönliche Tätigkeiten und Kenntnisse eine typisierende Betrachtungsweise ein; mithin erziele ein Steuerpflichtiger Einkünfte aus selbständiger Arbeit, wenn er dem Typus des selbständig Tätigen entspreche.[116] Die Einordnung als Freiberuflertypus teilt überdies nicht zuletzt auch das BVerfG, wenn es bis heute davon ausgeht, der *Typus des Freiberuflers* werde „durch eine Reihe von Besonderheiten in der Ausbildung, der staatlichen und berufsautonomen Regelung ihrer Berufsausübung, ihrer Stellung im Sozialgefüge, der Art und Weise der Erbringung ihrer Dienstleistungen und auch des Einsatzes der Produktionsmittel Arbeit und Kapital geprägt, die sie in ihrem *Typus* [Hervorh. d. Verf.] als Berufsgruppe von den sonstigen Gewerbetreibenden unterscheiden"[117]. Bei einer typusorientierten Betrachtung sollen die herkömmlichen Unterscheidungsmerkmale trotz der insbesondere technischen Entwicklungen nach wie vor tragfähig sein, um eine Sonderbehandlung der freien Berufe im Vergleich zu den der Gewerbesteuer unterliegenden Gewerbetreibenden zu rechtfertigen.

Hinsichtlich der Annahme eines generellen Freiberuflertypus kann allerdings die Kritik von *Caspers*[118] nicht von der Hand gewiesen werden, wonach es sich in Ermangelung einheitlicher Kriterien, auf die sich grundsätzlich alle freie Berufe zurückführen lassen, bei den typologischen Abgrenzungen lediglich um „Verlegenheitslösungen" handele, weil auch jeder Typus einen Wesenskern habe bzw. haben müsse, der allen dem Typus zugehörigen Erscheinungen innewohnt,

112 Zur typologischen Rechtsanwendung grundlegend Erster Teil B.II.2.

113 *Hummes*, Sonderstellung der freien Berufe, S. 84 ff.

114 *Schmidt-Liebig*, BB 2002, 2577 (2580, Fn. 38).

115 *Stuhrmann*, in: K/S/M, EStG, § 18 Rn. A 2 (Stand: September 2015).

116 Auch *Pfirrmann*, in: Kirchhof/Seer, EStG, § 18 Rn. 4, schreibt Typisierungen in Ermangelung eines einheitlichen Oberbegriffs eine besondere Bedeutung zu.

117 BVerfG v. 15.1.2008 – 1 BvL 2/04, BVerfGE 120, 1 (31 f.).

118 *Caspers*, Die Besteuerung freiberuflicher Einkünfte, S. 58 f.

während Unterschiede nur in Einzelheiten vorliegen. Zudem zeigt ein Blick auf die Regelung des § 18 EStG, dass der Gesetzgeber – anders als etwa in § 15 Abs. 2 EStG – im Rahmen der freien Berufe den Weg gewählt hat, die verschiedenen Tätigkeiten in Kategorien zu erfassen, statt ihnen ein typologisches Begriffsverständnis zugrunde zu legen.[119] Damit erscheint es eher im Sinne des Gesetzes, mit *Wacker*[120] zur Einkünftequalifikation letzten Endes maßgeblich darauf abzustellen, ob die jeweils ausgeübte Tätigkeit der Aufzählung in § 18 Abs. 1 Nr. 1 S. 2 EStG zugeordnet werden kann oder nicht, statt die zu beurteilende Tätigkeit an einem generellen Freiberuflertypus zu messen. Auch die Rechtsprechung hat sich in den letzten Jahrzehnten schlicht auf eine Einzelfallbeurteilung anhand des Tätigkeiten- und Berufekataloges beschränkt, statt nach einer Definition zur Abgrenzung zwischen freiberuflichen und anderen Einkünften zu suchen oder zumindest einen Freiberuflertypus herauszuarbeiten.[121] Die vorbezeichneten Versuche der Wissenschaft zur Herausstellung einheitlicher Freiberuflerkriterien konnten sich demnach nicht durchsetzen, respektive haben sich für die konkrete Gesetzesanwendung als nur bedingt zielführend erwiesen.[122] Auch den vonseiten des BVerfG festgestellten Kriterien kommt bei der Abgrenzung in der Rechtsprechung kaum eine Bedeutung zu.[123]

In Anbetracht dessen, dass mit den überzeugenden Ausführungen des FG Niedersachsen[124] entsprechende Freiberufler-Merkmale – selbst wenn man sie feststellen könnte – „weder die Beschränkung einer Unternehmensertragsteuer auf eine Gewerbeertragsteuer oder eine Freistellung der selbständig Tätigen und der Land- und Forstwirte von der Gewerbeertragsteuer fordern, noch auch nur nahelegen [würden]“ und darüber hinaus die „Anknüpfung der Steuerpflicht an diese Auswahlgesichtspunkte als willkürlich [erscheint]“, wird vorliegend auf die Vornahme eines weiteren Versuchs zur Definition der freien Berufe respektive zur Herausstellung eines generellen Freiberuflertypus verzichtet. Stattdessen erscheint es im Lichte des vorliegenden Untersuchungsziels zielführender, zur systemgerechten Abgrenzung insbesondere zwischen konventioneller Freiberuflertätigkeit und ihrem digitalisierten Pendant *untereinander* zu prüfen, ob

---

119 *Hey*, in: Tipke/Lang, Steuerrecht, § 8 Rz. 425.

120 *Wacker*, in: Schmidt, EStG, § 18 Rz. 6.

121 *Bauhaus*, Die ähnlichen Berufe im Steuerrecht, S. 158; *Korn*, in: Korn, EStG, § 18 Rn. 35 m. w. N. (Stand: August 2018); *Siewert*, in: Frotscher/Geurts, EStG, § 18 Rz. 4 (Stand: Juni 2018).

122 *Korn*, in: Korn, EStG, § 18 Rn. 35 m. w. N. (Stand: August 2018).

123 *Keß*, FR 2000, 695 (700).

124 FG Niedersachsen v. 21.4.2004 – 4 K 317/91, juris, Rz. 127.

eine typologische Rechtsanwendung im Rahmen des *einzelnen* freien Berufes in Betracht kommt, insbesondere wenn es um die Beantwortung der Frage geht, ob ihm ein Lebenssachverhalt zugeordnet werden kann oder nicht.[125]

III. Systematische Einordnung

Einkünfte aus selbständiger Arbeit unterliegen als enumerativer Bestandteil der sieben Einkunftsarten der Einkommensteuerpflicht (§ 2 Abs. 1 S. 1 Nr. 3 i. V. m. § 18 EStG). Zusammen mit Einkünften aus Land- und Forstwirtschaft im Sinne des § 13 EStG sowie jenen aus Gewerbebetrieb im Sinne des § 15 EStG bilden sie im Rahmen des Einkünftedualismus[126] das Trio der Gewinneinkunftsarten (§ 2 Abs. 2 S. 1 Nr. 1–3 EStG). Ihnen ist gemein, dass sie eigenverantwortlich und für eigene Rechnung ausgeübt werden.[127] Gegenüber den Einkünften aus nichtselbständiger Arbeit (§ 19 EStG) unterscheiden sie sich insbesondere durch die Selbständigkeit bei der Berufsausübung. Ebenfalls ist den einzelnen Gewinneinkunftsarten gemein, dass sie gegenüber den Einkünften aus Kapitalvermögen (§ 20 EStG), aus Vermietung und Verpachtung (§ 21 EStG) und den sonstigen Einkünften (§ 22 EStG) grundsätzlich Vorrang beanspruchen.[128]

Ein Blick auf das im Mittelpunkt der vorliegenden Arbeit stehende Verhältnis von gewerblichen Einkünften zu solchen aus selbständiger Arbeit zeigt, dass die Voraussetzungen und das äußere Erscheinungsbild beider Einkunftsarten weitgehend übereinstimmen[129]. Zudem stehen die beiden Einkunftsarten

---

125 Dazu unten Erster Teil B.II.2, sowie Erster Teil B.III.4.

126 Grundlegend *Söhn*, DStJG 30, S. 13 ff.; *Lang*, Bemessungsgrundlage, S. 219 ff. m. w. N.; *Seer*, in: Kirchhof/Seer, EStG, § 2 Rn. 18.

127 *Hutter*, in: Brandis/Heuermann, EStG, § 18 Rz. 4 (Stand: Juni 2020).

128 Vgl. §§ 20 Abs. 8, 21 Abs. 3, 22 Nr. 3 S. 1 EStG. Dazu weitergehend Zweiter Teil B.III.2.d)bb).

129 Sie betätigen sich namentlich gleichermaßen mit Gewinnerzielungsabsicht selbständig und nachhaltig und beteiligen sich am allgemeinen wirtschaftlichen Verkehr, vgl. *Nickel*, Abgrenzung von Einkunftstatbeständen, S. 81; *Hutter*, in: Brandis/Heuermann, EStG, § 18 Rz. 10 (Stand: Juni 2020); *Stapperfend*, in: H/H/R, EStG, § 15 Rz. 1071 (Stand: August 2017); *Wacker*, in: Schmidt, EStG, § 18 Rz. 5. Vgl. auch H 15.6 „Allgemeines“ EStH 2020, sowie BVerfG v. 15.1.2008 – 1 BvL 2/04, BVerfGE 120, 1 (31). Da es in den untersuchungsgegenständlichen Fallkonstellationen vorwiegend auf die Abgrenzung von freiberuflichen und gewerblichen Einkünften ankommt, stehen die nachfolgenden Ausführungen vorbehaltlich sich ergebener Besonderheiten unter der Maßgabe, dass die kongruenten allgemeinen Tätigkeitsvoraussetzungen des § 15 Abs. 2 S. 1 EStG vorliegen.

gleichrangig nebeneinander und schließen einander aus[130], zumal § 15 Abs. 2 S. 1 EStG die Einkünfte aus selbständiger Arbeit als negatives Tatbestandsmerkmal explizit aus dem weit gefassten Begriff des Gewerbebetriebs ausklammert[131]. Da einerseits ein Überwiegen der persönlichen Arbeitsleistung allerdings auch innerhalb einer gewerblichen Tätigkeit (beispielsweise bei einem Berufssportler[132]) und andererseits großer technischer Aufwand mit erheblichem Kapitaleinsatz im Rahmen des § 18 EStG (beispielsweise bei einem freiberuflich betriebenen Laboratorium[133]) anzutreffen ist, ist eine Einkünfteabgrenzung anhand des Merkmals der persönlichen Arbeitsleistung nicht trennscharf möglich. Weil Einkünfte aus selbständiger Arbeit und aus Gewerbebetrieb überdies überwiegend kongruente Voraussetzungen aufweisen,[134] kommt es für die Einkünftequalifikation einerseits maßgeblich darauf an, ob die Tätigkeit zusätzlich die Voraussetzungen des § 18 EStG erfüllt.[135] Andererseits jedoch ist auch die „Nicht-Gewerblichkeit“ der Tätigkeit, mithin das Fehlen von typischen gewerblichen Tätigkeitsmerkmalen, Voraussetzung für das Vorliegen freiberuflicher Einkünfte.[136] Dabei kommt dem Gesamteindruck sowie der Verkehrsanschauung eine maßgebliche Bedeutung zu.[137]

Insgesamt listet § 18 EStG verschiedene Arten selbständiger Einkünfte auf, wobei jene aus freiberuflicher Tätigkeit (§ 18 Abs. 1 S. 1 Nr. 1 EStG) den

---

130 BFH v. 4.3.1970 – I R 140/66, BStBl. II 1970, 428 (429).

131 *Beierl*, Einkünftequalifikation im Einkommensteuerrecht, S. 77 f.

132 Vgl. *Hummes*, Sonderstellung der freien Berufe, S. 110 f.; *Schettler*, Abgrenzung, S. 49.

133 Vgl. BVerfG v. 25.10.1977 – 1 BvR 15/75, BVerfGE 46, 224 (241).

134 Vgl. *Nickel*, Abgrenzung von Einkunftstatbeständen, S. 81; *Kellersmann*, Die Abgrenzung der Einkünfte, S. 84 f.; *Hutter*, in: Brandis/Heuermann, EStG, § 18 Rz. 10 (Stand: Juni 2020); *Wacker*, in: Schmidt, EStG, § 18 Rz. 5; H 15.6 „Allgemeines“ EStH 2020.

135 So auch *Nickel*, Abgrenzung von Einkunftstatbeständen, S. 114; *Wacker*, in: Schmidt, EStG, § 18 Rz. 6; *Krumm*, in: Kirchhof/Seer, EStG, § 15 Rn. 61; BFH v. 25.4.1978 – VIII R 149/74, BStBl. II 1978, 565 (567). Vgl. ferner BFH v. 7.5.2019 – VIII R 2/16, BStBl. II 2019, 528 Rn. 11. Dabei obliegt dem Steuerpflichtigen grundsätzlich die Feststellungslast für das Vorliegen freiberuflicher Einkünfte, vgl. BFH v. 8.10.2008 – VIII R 74/05, BStBl. II 2009, 238 (241); v. 30.3.1994 – I R 53/93, BFH/NV 1995, 210 (211).

136 *Schick*, Die freien Berufe im Steuerrecht, S. 76 f.

137 Vgl. *Pfirrmann*, in: Kirchhof/Seer, EStG, § 18 Rn. 8; *Schick*, Die freien Berufe im Steuerrecht, S. 77.

wichtigsten Anwendungsfall bilden.[138] Weil sich die freien Berufe des § 18 Abs. 1 Nr. 1 S. 2 EStG nicht auf einen einzigen tragenden Gesichtspunkt zurückführen lassen, wartet das Gesetz statt mit einer einheitlichen Definition mit einer kasuistischen Auflistung der anerkannten freien Berufe auf, deren Erfüllung den Tatbestand gewerblicher Einkünfte verdrängt. An vorderster Stelle stehen dabei die sog. intellektuellen[139] bzw. berufsunabhängigen[140] – namentlich wissenschaftlichen, künstlerischen, schriftstellerischen, unterrichtenden und erzieherischen – Tätigkeiten.[141] Diese in sich heterogene Auflistung von Nicht-Katalogberufen zeichnet sich durch vonseiten Rechtsprechung und Literatur entwickelter, völlig unterschiedlicher Merkmale und Kriterien aus.[142] Hieran anschließend wartet § 18 Abs. 1 S. 1 Nr. 1 S. 2 EStG mit den als *lex specialis*[143] in der Anwendung Vorrang beanspruchenden 24 Katalogberufen[144] sowie dem ähnlichen Beruf[145] auf.

IV. Besondere Voraussetzungen freiberuflicher Einkünfte

In Anbetracht dessen, dass die Tätigkeit eines Freiberuflers ihr besonderes Gepräge durch den unmittelbaren, persönlichen und deshalb individuellen

---

138 Vgl. die Gesetzesbegründung zu § 18 EStG in der Fassung v. 24.10.1934 (RStBl. 1935, 33 [42]).

139 So *Hey*, in: Tipke/Lang, Steuerrecht, § 8 Rz. 425.

140 Vgl. *Korn*, in: Korn, EStG, § 18 Rn. 37 (Stand: August 2018).

141 *Sarrazin*, in: Lenski/Steinberg, GewStG, § 2 Rn. 406 (Stand: September 2020), bezeichnet diese erstgenannte Kategorie der freien Berufe indes als „Tätigkeitsberufe". Weil jedoch auch die Katalogberufe auf ausgeübten Tätigkeiten beruhen, wird nachfolgend der Umschreibung als „Nicht-Katalogberufe" der Vorzug eingeräumt.

142 Siehe aber *Nickel*, Abgrenzung von Einkunftstatbeständen, S. 115, der insoweit von „allgemeinen Kennzeichen für freie Berufe" spricht.

143 *Schick*, Die freien Berufe im Steuerrecht, S. 19; *Nickel*, Abgrenzung von Einkunftstatbeständen, S. 115.

144 Das BVerfG nimmt innerhalb der Katalogberufe eine Einteilung in die fünf Kategorien der Heilberufe (Ärzte, Zahnärzte, Tierärzte, Heilpraktiker, Dentisten, Krankengymnasten), der rechts- und wirtschaftsberatenden Berufe (Rechtsanwälte, Notare, Patentanwälte, Wirtschaftsprüfer, Steuerberater, beratende Volks- und Betriebswirte, vereidigte Buchprüfer, vereidigte Bücherrevisoren, Steuerbevollmächtigte), der naturwissenschaftlich orientierten Berufe (Vermessungsingenieure, Ingenieure, Handelschemiker, Architekten), der Vermittler von geistigen Gütern und Informationen (Journalisten, Bildberichterstatter, Dolmetscher, Übersetzer) und der Lotsen vor, vgl. BVerfG v. 25.10.1977 – 1 BvR 15/75, BVerfGE 46, 224 (242 f.).

145 Dazu eingehend *Bauhaus*, Die ähnlichen Berufe im Steuerrecht.

Einsatz und den eigenen Kontakt mit den Klienten verbunden mit einem häufig höchstpersönlichen Vertrauensverhältnis zum Auftraggeber erhalten soll,[146] ist der RFH sowie nachfolgend die frühere Rechtsprechung des BFH davon ausgegangen, dass bereits die Mitarbeit einer (einzigen) fachlich vorgebildeten Hilfskraft, deren Tätigkeit jener des Berufsträgers gleichartig ist, zu einer Versagung der freiberuflichen Einkünfte führt[147]. Um den Bedürfnissen der Angehörigen der freien Berufe zur Abgrenzung von gewerblichen Tätigkeiten schließlich besser zu entsprechen, ist durch das Steueränderungsgesetz (StÄndG) vom 30.6.1960[148] unter Modifikation der Vervielfältigungstheorie[149] Satz 3 in § 18 Abs. 1 Nr. 1 EStG eingefügt worden.[150] Seit dieser Gesetzesänderung hängt die Freiberuflichkeit in Fällen der Mitarbeit (gar mehrerer) fachlich vorgebildeter Arbeitskräfte wesentlich davon ab, ob der Berufsträger gleichwohl weiterhin aufgrund eigener Fachkenntnisse leitend[151] tätig wird sowie hinsichtlich der

146 Vgl. BVerfG v. 15.1.2008 – 1 BvL 2/04, BVerfGE 120, 1 (31 f.); v. 25.10.1977 – 1 BvR 15/75, BVerfGE 46, 224 (242); *Hummes*, Sonderstellung der freien Berufe, S. 55 f.

147 Dazu ausführlich BFH v. 10.6.1988 – III R 118/85, BStBl. II 1988, 782 (783 f., m. u. w. N.).

148 StÄndG v. 30.6.1960, BGBl. I 1960, 616.

149 Vgl. zu der vorherigen Rechtslage und der Rechtsentwicklung rund um die Vervielfältigungstheorie BFH v. 7.11.1957 – IV 668/55 U, BStBl. III 1958, 34 (38) m. w. N.; *Kellersmann*, Die Abgrenzung der Einkünfte, S. 173 m. w. N.; *Pfirrmann*, in: Kirchhof/Seer, EStG, § 18 Rn. 90; *Brandt*, in: H/H/R, EStG, § 18 Rz. 225 m. w. N. (Stand: Februar 2020); *Korn*, in: Korn, EStG, § 18 Rn. 88 (Stand: August 2018).

150 Siehe dazu die Begründung des Regierungsentwurfs, BT-Drs. III/1811, S.11 f. Zur Rechtsentwicklung ferner *Kellersmann*, Die Abgrenzung der Einkünfte, S. 173 m. w. N.; *Pfirrmann*, in: Kirchhof/Seer, EStG, § 18 Rn. 90; *Brandt*, in: H/H/R, EStG, § 18 Rz. 225 m. w. N. (Stand: Februar 2020); *Korn*, in: Korn, EStG, § 18 Rn. 88 (Stand: August 2018). Ebenfalls eingefügt wurde § 18 Abs. 1 Nr. 1 S. 4 EStG, wonach eine Vertretung im Falle vorübergehender Verhinderung der Annahme einer leitenden und eigenverantwortlichen Tätigkeit im Sinne des Satzes 3 nicht entgegenstehen soll. Diese Fälle sind jedoch nicht Gegenstand der vorliegenden Arbeit.

151 Leitung bedeutet im Wesentlichen, dass der Berufsträger nicht nur den Organisationsablauf festlegt und dienstliche Aufsicht führt, sondern darüber hinaus auch über grundsätzliche Fragen entscheidet, die Arbeitsabläufe überwacht und die fachliche Aufsicht durch z. B. stichprobenartige Überprüfungen und Entscheidungen in Zweifelsfällen führt, vgl. BFH v. 25.11.1975 – VIII R 116/74, BStBl. II 1976, 155 (156 f.); *Pfirrmann*, in: Kirchhof/Seer, EStG, § 18 Rn. 92 m. w. N.; *Stuhrmann*, in: K/S/M, EStG, § 18 Rn. B 178 f. (Stand: September 2015).

berufstypischen Tätigkeit eigenverantwortlich[152] mitwirkt, mithin (auch) die von fachlich qualifizierten Mitarbeitern erbrachten Freiberuflerleistungen den Stempel seiner Persönlichkeit tragen.[153] Relevante Mitarbeiten sind dabei solche Tätigkeiten, welche die Kerntätigkeit des Berufsträgers jedenfalls in Teilbereichen ersetzen und nicht nur von untergeordneter Bedeutung sind, während die fachliche Vorbildung in dem Zusammenhang keine dem Berufsträger gleichwertige Ausbildung voraussetzt, sondern gleichermaßen auch weniger qualifizierte Berufsausbildungen umfasst.[154] Die Delegation rein mechanischer und untergeordneter Aufgaben ist hingegen für die Freiberuflichkeit unschädlich. Zur Umschreibung dieses Grundsatzes hat sich im Fachschrifttum der Begriff der Stempeltheorie etabliert.[155]

Ausweislich der ständigen Rechtsprechung[156] sowie der herrschenden Auffassung im Fachschrifttum[157] handelt es sich bei dem Erfordernis von Leitung und Eigenverantwortlichkeit um zwei selbständige Voraussetzungen, die für die gesamte Berufstätigkeit kumulativ vorliegen müssen und füreinander eine

---

152 Die neben der Leitung zusätzlich erforderliche Eigenverantwortlichkeit setzt nach ständiger Rechtsprechung voraus, dass der Berufsträger seine eigene Arbeitskraft so einsetzt, dass die Ausführung des einzelnen Auftrages nicht den Mitarbeitern, den technischen Hilfsmitteln oder dem Unternehmen als Ganzem, sondern dem Berufsträger selbst zuzurechnen ist, vgl. nur BFH v. 11.9.1968 – I R 173/66, BStBl. II 1968, 820 (822).

153 St. Rspr.: BFH v. 25.10.1963 – IV 373/60 U, BStBl. III 1963, 595 (596); v. 29.7.1965 – IV 61/65 U, BStBl. III 1965, 557 (558); v. 11.9.1968 – I R 173/66, BStBl. II 1968, 820 (822); v. 25.4.1974 – VIII R 166/73, BStBl. II 1974, 642 (643); v. 1.2.1990 – IV R 140/88, BStBl. II 1990, 507 (508); v. 14.3.2007 – XI R 59/05, BFH/NV 2007, 1319 (1321).

154 Vgl. BFH v. 21.3.1995 – XI R 85/93, BStBl. II 1995, 732 (735, st. Rspr.).

155 Vgl. statt vieler *Brandt*, in: H/H/R, EStG, § 18 Rz. 236 (Stand: Februar 2020).

156 BFH v. 5.12.1968 – IV R 125/66, BStBl. II 1969, 165 (166); v. 25.11.1975 – VIII R 116/74, BStBl. II 1976, 155 (156 f.) m. w. N.; v. 20.12.2000 – XI R 8/00, BStBl. II 2002, 478 (480).

157 *Schick*, Die freien Berufe im Steuerrecht, S. 82; *Stuhrmann*, in: K/S/M, EStG, § 18 Rn. B 176 (Stand: September 2015); *Pfirrmann*, in: Kirchhof/Seer, EStG, § 18 Rn. 93; vgl. auch *Korn*, in: Korn, EStG, § 18 Rn. 89 (Stand: August 2018); *Hutter*, in: Brandis/Heuermann, EStG, § 18 Rz. 56 (Stand: Juni 2020); a. A. *Kurth/Prinz*, Die steuerliche Qualifikation der Tätigkeit eines Arztes für Laboratoriumsmedizin, insbesondere S. 112, 126 f. (fachlich eigenverantwortliche Leitung); dagegen mit überzeugenderen Argumenten pro ständiger Rechtsprechung und herrschender Meinung *Kellersmann*, Die Abgrenzung der Einkünfte, S. 172 ff.; sowie BFH v. 7.10.1987 – X B 54/87, BStBl. II 1988, 17 (19 f.).

ergänzende Bedeutung haben. Denn (nur) durch kumulatives Vorliegen dieser beiden Voraussetzungen soll gewährleistet sein, dass die Tätigkeit des Berufsträgers – trotz der Mitarbeit von Arbeitskräften – noch auf seiner persönlichen Arbeitsleistung beruht.[158] Im Umkehrschluss bedeutet das, dass die fehlende Leitung und/oder Eigenverantwortlichkeit bei einzelnen Aufträgen dazu führt, dass der Betriebsinhaber *insoweit* gewerbliche Einkünfte erzielt, als sie von den fachlich vorgebildeten Mitarbeitern allein erledigt werden[159].[160] Insofern kann auch eine besonders intensive Leitung das fehlende Merkmal der Eigenverantwortlichkeit nicht ersetzen.[161] Wird folglich die gesamte Arbeitsleistung oder ein so großer Teil davon derart auf personelle oder sachliche Hilfsmittel übertragen, dass der Berufsträger nicht mehr aufgrund eigener Fachkenntnisse leitend und eigenverantwortlich tätig wird, ist die Ertragskraft des Unternehmens nicht mehr auf seine eigene Arbeitsleistung beschränkt und die freiberufliche wandelt sich in eine gewerbliche Tätigkeit um.[162] Bei dem Befund hierüber sind die Verhältnisse und Besonderheiten des einzelnen freien Berufes zu beachten.[163]

---

158 BFH v. 29.7.1965 – IV 61/65 U, BStBl. III 1965, 557 (558); v. 25.10.1963 – IV 373/60 U, BStBl. III 1963, 595 (596); *Hutter*, in: Brandis/Heuermann, EStG, § 18 Rz. 56 (Stand: Juni 2020).

159 Bei freiberuflichen Gesellschaften hingegen könnte sich hierdurch eine vollumfängliche (gewerbliche) Infektion der Einkünfte gem. § 15 Abs. 3 Nr. 1 EStG ergeben.

160 Vgl. BFH v. 8.10.2008 – VIII R 53/07, BStBl. II 2009, 143 (146). Die erzielten Einkünfte sind dann grundsätzlich – notfalls im Schätzungswege – in solche aus Gewerbebetrieb und selbständiger Arbeit aufzuspalten, vgl. BFH v. 25.10.1963 – IV 373/60 U, BStBl. III 1963, 595 (596 f.) m. w. N.

161 BFH v. 5.6.1997 – IV R 43/96, BStBl. II 1997, 681 (682); v. 21.3.1995 – XI R 85/93, BStBl. II 1995, 732 (735); *Korn*, in: Korn, EStG, § 18 Rn. 89 (Stand: August 2018).

162 *Zaumseil*, FR 2010, 353 (357).

163 BFH v. 29.4.2002 – IV B 29/01, BStBl. II 2002, 581 m. w. N. Bei einer im Einzelfall offensichtlich zu großen Anzahl an Aufträgen und Mitarbeitern soll eine sorgfältige Mitarbeit des Berufsträgers und somit eine hinreichende Eigenverantwortlichkeit bereits im Vorhinein ausgeschlossen sein, vgl. z. B. BFH v. 21.3.1995 – XI R 85/93, BStBl. II 1995, 732 (735 f.) (Ablehnung einer eigenverantwortlichen Tätigkeit bei durchschnittlich 1577 täglichen Untersuchungen unter Beschäftigung von etwa 50 Mitarbeitern).

Erster Teil: Unterrichtende Tätigkeiten im Zeitalter der Digitalisierung

A. Einordnung und Status quo unterrichtender Tätigkeiten

I. Ertragsteuerliche Grundlagen

Unterrichtende Tätigkeiten bilden seit jeher im Kollektiv mit schriftstellerischen, künstlerischen, wissenschaftlichen und erzieherischen Tätigkeiten die erste Kategorie der freien Berufe.[164] Ausweislich der ständigen Rechtsprechung[165] sowie der einhelligen Auffassung im Fachschrifttum[166] setzt eine unterrichtende Tätigkeit die Vermittlung von Wissen, Fähigkeiten, Fertigkeiten, Handlungsweisen und Einstellungen durch Lehrer an (menschliche[167]) Schüler in organisierter und institutionalisierter Form voraus. Hierbei kann grundsätzlich jede Art von Unterricht Gegenstand einer freiberuflichen Tätigkeit sein.[168] Mithin zählen nicht nur geistige Wissensvermittlungen, sondern auch die Vermittlung sportlicher, technischer, handwerklicher oder anderer mechanischer Fähigkeiten zu den Facetten unterrichtender Tätigkeiten.[169] Da zudem eine besondere fachliche Ausbildung des Unterrichtenden nicht erforderlich ist[170] und die (Lehr-) Tätigkeit auch nicht wissenschaftlich ausgerichtet qualifiziert oder gehoben sein

---

164 Vgl. § 15 Preuß. EStG v. 24.6.1891, GesSlg. 1891, 175 (181 f.); sowie § 18 EStG in der Fassung v. 24.10.1934, RStBl. 1934, 1261 (1266 f.).

165 BFH v. 13.1.1994 – IV R 79/92, BStBl. II 1994, 362.

166 *Brandt*, in: H/H/R, EStG, § 18 Rz. 121 (Stand: Februar 2020); *Hutter*, in: Brandis/ Heuermann, EStG, § 18 Rz. 103 (Stand: Juni 2020); *Wacker*, in: Schmidt, EStG, § 18 Rz. 83; *Stuhrmann*, in: K/S/M, EStG, § 18 Rn. B 75 (Stand: September 2015); *Güroff*, in: L/B/P, EStG, § 18 Rz. 115 (Stand: September 2018).

167 BFH v. 9.5.2017 – VIII R 11/15, BStBl. II 2017, 911 Rn. 12 ff. Dagegen mit Zweifeln an der Gewerblichkeit von Hundeschulen im Hinblick auf die meist vorwiegende Unterrichtung des Hundehalters *Herkens*, EStB 2017, 453 (455).

168 BFH v. 16.11.1978 – IV R 191/74, BStBl. II 1979, 246 (248).

169 Vgl. z. B. RFH v. 18.2.1920 – II A 59/20, RFHE 2, 155 (Reit- und Tanzschule); BFH v. 27.9.1956 – IV 601/55 U, BStBl. III 1956, 334 (Fahrschule); v. 1.4.1982 – IV R 130/79, BStBl. II 1982, 589 (Sportschule); v. 13.2.2003 – IV R 49/01, BStBl. II 2003, 721 (Sprachheilpädagogin).

170 Vgl. BFH v. 24.4.1959 – VI 29/59 S, BStBl. III 1959, 193 (194); *Güroff*, in: L/B/P, EStG, § 18 Rz. 115 (Stand: September 2018).

muss[171], steht die Türe zu einer freiberuflich unterrichtenden Tätigkeit grundsätzlich jedermann offen, sofern die Vermittlung in einer organisierten und institutionalisierten Form erfolgt und hierbei – insoweit als drittes Merkmal unterrichtender Tätigkeiten – eine für die Lehrtätigkeit charakteristische persönliche Beziehung zwischen Lehrer und Schüler hergestellt wird.[172]

II. Grundtatsachen zur gegenwärtigen Realität des Lehrens und Lernens

1. Von analoger Lehre zum E-Learning

Die Zeiten, in denen das Internet ebenso wenig wie Smartphones und Computer aus dem alltäglichen Leben wegzudenken sind, haben nahezu in jedem Lebensbereich einen Wandel herbeigeführt. So hat die Digitalisierung etwa dazu geführt, dass analoge Tätigkeiten zunehmend durch Soft- und Hardware ergänzt und hierdurch in digitalen Sphären stattfinden können. Auch der Bereich der freien Berufe des § 18 Abs. 1 Nr. 1 EStG, der sich seit jeher durch den Einsatz der persönlichen Arbeitsleistung auszeichnen soll, blieb und bleibt von der Technisierung und stellenweisen Automatisierung von Tätigkeiten nicht unberührt.[173] Namentlich hat damit auch die traditionelle analoge Unterrichtung in den letzten Jahren einen bedeutenden Wandel hin zum E-Learning erfahren.

Die fundamentale Bedeutung von E-Learning hat jüngst im Zuge der Covid-19-Pandemie ihren Höhepunkt erreicht, als sie unverhofft und abrupt zur einzigen möglichen Form der Lehre avancierte.[174] Dies ist zuvorderst darauf zurückzuführen, dass E-Learning ein räumlich persönliches Zusammentreffen von Lehrer und Schüler entbehrt, weil der Unterrichtende über elektronische Medien (z. B. Liveübertragung des Unterrichts) auftritt und auf der anderen Seite der Schüler auf digitalem Wege lernt.[175] Lehre in digitalen Sphären findet somit

---

171 Vgl. BFH v. 27.9.1956 – IV 601/55 U, BStBl. III 1956, 334 (335). Denkbar ist jedoch, dass eine Tätigkeit zugleich den Maßstäben unterrichtender sowie wissenschaftlicher Tätigkeiten genügt, vgl. BFH v. 30.4.1952 – IV 73/52 U, BStBl. III 1952, 165 (166 f.).

172 St. Rspr.: BFH v. 16.11.1978 – IV R 191/74, BStBl. II 1979, 246 (248); v. 13.12.1973 – I R 138/71, BStBl. II 1974, 213 (214); v. 9.8.1990 – V R 87/85, BFH/NV 1991, 848 (849 f.). So auch die herrschende Literaturauffassung, siehe statt vieler z. B. *Pfirrmann*, in: Kirchhof/Seer, EStG, § 18 Rn. 49; *Stuhrmann*, in: K/S/M, EStG, § 18 Rn. B 75 (Stand: September 2015).

173 Vgl. dazu bereits *Hummes*, Sonderstellung der freien Berufe, S. 13 f.

174 *Roßnagel*, ZD 2020, 296.

175 So auch *Korn*, in: Korn, EStG, § 18 Rn. 51 (Stand: August 2018).

immer orts- und manchmal auch zeitversetzt statt. Einzig unter Ausnutzung dieser insoweit vorteilhaften Rahmenbedingungen der elektronischen Lehre war es überhaupt möglich, das Bildungssystem unter Wahrung der infektionspräventiven interpersonellen Sicherheitsabstände auch während der Pandemie aufrechterhalten zu können. Aufgrund dieses zwangsweisen Ausweichens auf digitale Lehre haben sich die krisenbedingten Schulschließungen als Triebfeder für Digitalisierungsprozesse an deutschen Schulen und Universitäten erwiesen und mithin zur Etablierung digitaler Lehr- und Lernformate geführt, die ohne die Institutsschließungen vermutlich erst wesentlich später oder gar nicht umgesetzt worden wären.[176] So mussten und müssen sich in Zeiten der Pandemie auch jene Lehrinstitute und -personen unweigerlich mit digitalen Lehrmedien auseinandersetzen und ihre Unterrichtsinhalte in digitale Sphären transferieren, die bis dato noch ausschließlich in klassischer Form persönlich vor einer Gruppe von Schülern und Studenten unterrichteten. Während Deutschland im direkten Vergleich mit anderen Ländern im Bereich digitalisierter Lehre zuletzt noch weit hinterher hing,[177] scheint es so, als würden die aktuellen Umstände die Digitalisierung der Lehre erheblich vorantreiben. Es steht freilich zu erwarten, dass nach Eindämmung und Überwindung der Pandemie wieder eine Rückkehr zur präsenzbasierten Lehre erfolgen wird, die viele Lehrende und Lernende bereits herbeisehnen. Gleichviel ist davon auszugehen, dass E-Learning auch nach der Pandemie ein fester Bestandteil der „neuen Normalität“ an Schulen, Universitäten und anderen Lehr- und Weiterbildungseinrichtungen sein wird, da nunmehr einerseits die technischen Möglichkeiten geschaffen und das Know-how erworben wurde und andererseits die Vorteile online-basierter Lehre für alle Beteiligten evident geworden sind.[178]

---

176 *Das Deutsche Schulportal*, Erstmals repräsentative Daten zum Fernunterricht, abrufbar unter www.deutsches-schulportal.de/unterricht/das-deutsche-schulbarometer-spezial-corona-krise (zuletzt abgerufen am 27.12.2021).

177 Während es etwa in Dänemark bereits im Jahre 2001 einen ersten Digitalpakt für die Schulen gab, wurde ein solcher in Deutschland erstmalig in 2019 beschlossen. Darüber hinaus wurden seitdem von über fünf Mrd. Euro Budget gerade einmal 150 Mio. Euro abgerufen, siehe BT-Drs. 19/20554, S. 1.

178 Ähnlich *Sommer*, DStR 2020, 1397 (1398).

2. *Facetten elektronischer Lehre*

Die Facetten, innerhalb derer elektronisch gelehrt und gelernt werden kann, sind aufgrund der weitreichenden technischen Möglichkeiten nahezu unbegrenzt.[179] Daher wird nachfolgend der Fokus auf die gängigsten elektronischen Lehr- und Lernwege gelegt.

a) Videobasierte Lehre

In den Anfängen der Digitalisierung wurde die konventionelle Lehre lediglich durch den Einsatz medialer Hilfsmittel (z. B. *PowerPoint*-Präsentationen) ergänzt.[180] Nun aber ist ein zusätzlicher Wandel insbesondere dahingehend auszumachen, dass traditionelle Präsenzlehrveranstaltungen durch digitale Lehrmethoden abgelöst werden, indem der Unterricht z. B. in Echtzeit in das Internet übertragen wird (synchrones E-Learning) oder als Aufzeichnung bereitgestellt wird (asynchrones E-Learning). Die Rede ist insoweit von virtueller Lehre, die begrifflich das elektronische Abbild der Komponenten und Funktionen einer konventionellen, realen Lehre umschreibt[181] und vorrangig online ausgeführt bzw. übertragen wird, während Präsenzlehrveranstaltungen nicht stattfinden oder allenfalls einen peripheren Faktor darstellen. Hierbei können die Lehrinhalte – wie auch im reellen Unterricht – visuell beispielsweise durch die Einblendung von Grafiken, Schaubildern oder Präsentationen ergänzt und veranschaulicht werden.[182]

Denkbare Anwendungsfälle, in denen Lehrtätigkeiten virtuell zutage treten, sind *in praxi* insbesondere das Live-Streaming[183] innerhalb eines virtuell nachempfundenen Klassenzimmers sowie – besonders in Fernstudiengängen – die

---

179 Zu dem Thema Online-Learning in Deutschland vor allem in der Corona-Krise instruktiv www.deutschland.de/de/online-lernen-in-deutschland (zuletzt abgerufen am 27.12.2021).

180 Vgl. zum Einsatz medialer Hilfsmittel in der Juristenausbildung *Zwickel*, JA 2018, 881 (884 ff.).

181 Vgl. *Flisek*, CR 2004, 62.

182 So z. B. bei der Vermittlung der Grundlagen der technischen Informatik an der Hamburg Open Online University, siehe beispielsweise www.podcampus.de/channels/qPAkn (zuletzt abgerufen am 27.12.2021). Dazu auch *Zwickel*, ZDRW 2020, 128; *Sommer/Beyer*, DStR 2002, 1782.

183 Unter dem Begriff „Streaming“ versteht man das gleichzeitige Empfangen und Wiedergeben von Audio- und/oder Videodaten aus einem Rechnernetz, vgl. *Büscher/Müller*, GRUR 2009, 558; *Busch*, GRUR 2011, 496 (497 f.); *Stieper*, MMR 2012, 12 (12 f.).

Aufzeichnung von Unterricht, der die Lernenden hierdurch von anderen Orten und zu anderen Zeiten (wiederholt) beiwohnen können[184]. Beispielhaft sei neben aufgezeichneten Online-Vorlesungen der *Hamburg Open Online University*[185] sowie der virtuellen Hochschule Bayern[186] überdies die Möglichkeit der Liveübertragung von Vorlesungen – so z. B. an der Universität zu Köln[187] – genannt.[188] Daneben hat E-Learning auch in privaten Lehreinrichtungen eine zentrale Rolle eingenommen, wie etwa innerhalb der videobasierten Angebote von (Fern-)Repetitorien im juristischen Bereich[189]. Insgesamt ist elektronische Lehre damit in vielen Facetten bereits zu einem wesentlichen Bestandteil zukunftsorientierter, internetbasierter Lehrangebote von (Hoch-)Schulen, Unternehmen und anderen Bildungseinrichtungen avanciert. In Zahlen gesprochen nutzten bereits im Jahre 2017 etwa die Hälfte aller Studierenden Lernmanagementsysteme und in dem Zusammenhang insbesondere Videoangebote als Lehrmedium.[190]

---

184 Aufzeichnungen von Unterricht haben sich als günstiges Einstiegsmittel in das multimediale E-Learning erwiesen, da keine zusätzlichen Inhalte erstellt werden müssen, sondern lediglich die ohnehin erfolgende Lehrtätigkeit durch Aufzeichnung medial konserviert wird, vgl. *Beurskens*, ZDRW 2016, 1 (9). Da sich derlei Aufzeichnungen für den Lernenden nicht selten als langwierig erwiesen haben, finden sich neben dem digitalen Abbild analoger Unterrichtseinheiten Unterrichtsinhalte zunehmend auch in komprimierter Form, zumal sich auch komplexe Fragestellungen in einem kurzen Lehrvideo vermitteln lassen, vgl. *Zwickel*, ZDRW 2020, 128 (131 f.); *Beurskens*, ZDRW 2016, 1 (10).

185 Eine Übersicht der aufrufbaren Online-Vorlesungen befindet sich unter www.podcampus.de/institutions/hoou (zuletzt abgerufen am 27.12.2021).

186 Siehe dazu die Webseite der virtuellen Hochschule Bayern, abrufbar unter www.vhb.org (zuletzt abgerufen am 27.12.2021).

187 Siehe dazu www.rrzk.uni-koeln.de/live-streaming.html (zuletzt abgerufen am 27.12.2021).

188 Zu der fortschreitenden Digitalisierung als Herausforderung für die moderne Hochschullehre ausführlich *Schärtl*, ZDRW 2018, 336. Besonders gute E-Learning-Konzepte wurden zeitweise etwa von der Ruhr-Universität Bochum mit einem entsprechenden Qualitäts-Label ausgezeichnet, siehe www.rubel.rub.de/projekte/ehemalige/elearning-label-der-rub (zuletzt abgerufen am 27.12.2021).

189 Vgl. dazu die digitalen Lehrangebote von www.jura-online.de und www.juracademy.de (zuletzt abgerufen am 27.12.2021).

190 *MMB-Institut für Medien- und Kompetenzforschung*, Welche der folgenden Technologien und Anwendungen nutzen Sie bei welcher Gelegenheit zum Lernen?, Statistik abrufbar unter de.statista.com/statistik/daten/studie/733687/umfrage/

E-Learning ist gleichwohl mitnichten einzig ein Phänomen in Schuleinrichtungen. Denn audiovisuelles Lehren und Lernen kann gleichermaßen über eine eigene Webseite des Lehrenden erfolgen, ebenso wie über bekannte und stark frequentierte kommerzielle Internetplattformen. Allen voran hat dabei beispielsweise Youtube mittlerweile eine unerwartet hohe Bedeutung für den Bildungsbereich gewonnen, zumal inzwischen mehr als die Hälfte aller Schülerinnen und Schüler Youtube für die Schule als wichtig bis sehr wichtig empfinden, insbesondere wenn es um die Wiederholung von Inhalten aus dem Unterricht, die Vertiefung des Wissens und die Vorbereitung auf Prüfungen geht.[191] Damit wirkt die Video-Plattform auf der einen Seite als weiterer Akteur intensiv an den schulbezogenen Bildungsprozessen mit, während sie zugleich mit unzähligen „Tutorials" aufwartet, die namentlich die Erläuterung von Sachverhalten, Begriffen oder des Umgangs mit einem Gegenstand in Kurzform erklären.[192]

b) Auditive Lehre

Neben audiovisuellen Lehrmedien, d. h. Übertragungen von Bild *und* Ton, gehören auch rein auditive Stoffvermittlungen in Form von z. B. Lehr-Podcasts[193] zu den aufstrebenden Facetten des E-Learnings. So erfreut sich auch der Markt audiobasierter Kurse oder Podcasts[194], die auf die Vermittlung von insbesondere Wissen und Fakten ausgerichtet sind, einer immer größeren Beliebtheit, wie eine repräsentative Studie aus dem Jahre 2018 aufgezeigt hat. Hiernach höre

---

nutzung-von-lerntechnologien-durch-studierende-in-deutschland (zuletzt abgerufen am 27.12.2021).

191 Vgl. *Rat für Kulturelle Bildung*, Repräsentative Umfrage unter 12- bis 19-Jährigen zur Nutzung kultureller Bildungsangebote an digitalen Kulturorten, S. 8 (abrufbar unter www.bosch-stiftung.de/de/publikation/jugend-youtube-kulturelle-bildung-horizont-2019, zuletzt abgerufen am 27.12.2021). Vgl. auch *Wolf*, merz 59 (2015), 30.

192 Siehe dazu auch die Definition im Duden als „schriftliche oder filmische Übungseinheit, Anleitung zum Gebrauch eines Computerprogramms", abrufbar unter www.duden.de/rechtschreibung/Tutorial (zuletzt abgerufen am 27.12.2021).

193 Unter Podcasts werden im allgemeinen Sprachgebrauch Beiträge insbesondere in Audioform verstanden, die über das Internet abgespielt oder heruntergeladen werden können, vgl. www.duden.de/sprachwissen/sprachratgeber/Podcast (zuletzt abgerufen am 27.12.2021).

194 Insgesamt finden sich audiobasierte Lehrinhalte nahezu ausschließlich in konservierter Form, während verbale Liveübertragungen die Ausnahme darstellen. Damit ist auditives Lehren und Lernen zumeist in der Kategorie des asynchronen E-Learnings zu verorten.

fast jeder Dritte im Alter von 18 bis 29 mehrmals in der Woche oder häufiger Podcasts, wobei ein Drittel der gesamten Hörerschaft Podcasts aus der Rubrik „Wissen und Bildung“ konsumiere.[195] Als beliebiges Beispiel hierfür sei der Podcast „Nussschale“ genannt, der nach eigenen Angaben zum Ziel hat, dem Hörer einzelne Themen – wie z. B. den Aufbau und die Funktion unseres Wahlsystems oder den „Doppler-Effekt“ – in komprimierter, verständlicher und einfacher Form nahezubringen.[196]

Auch universitäre und schulische Lehrplattformen warten zunehmend auch mit rein auditiven Lehrinhalten auf.[197] Erfahrungsberichten zufolge soll es dabei allein über die Stimme möglich sein, einen besonderen Kontakt herzustellen, durch den die Studierenden das Gefühl bekommen, den Lehrenden persönlich zu kennen.[198] Dies, während die Erstellung von Podcasts für den Lehrenden mit weniger Aufwand verbunden sein kann als die Erstellung von Lehrvideos[199] und überdies eine komprimierte auditive Vermittlung der Unterrichtsinhalte im Vergleich zu langwierigen (audiovisuellen) Aufzeichnungen von Vorlesungen bevorzugenswert sein kann.[200]

c) *Textuelle Lehre*

Ein bereits vor der Digitalisierung etablierter Weg, auf dem der Lehrende die Unterrichtsinhalte an den Lernenden herantragen kann, stellt die

---

195 *Splendid Research*, Studie „Trendmedium Podcast“, abrufbar unter www.splendid-research.com/de/studie-podcasts.html (zuletzt abgerufen am 27.12.2021).

196 Abrufbar unter www.wissenschaftspodcasts.de/podcasts/nussschale und unter www.nussschale-podcast.de (zuletzt abgerufen am 27.12.2021).

197 So statt vieler z. B. der rechtshistorische Podcast der Universität Trier, abrufbar unter www.podcampus.de/channels/nwEmD (zuletzt abgerufen am 27.12.2021). Hierbei handelt es sich regelmäßig nicht um einen bloßen Ton-Mitschnitt einer Vorlesung, sondern meist um eine eigenständige, z. B. komprimierte und zusammenfassende Darstellung des Lehrinhalts.

198 Vgl. *FAZ*, Mit Podcasts zum Bachelor, abrufbar unter www.faz.net/aktuell/beruf-chance/campus/angebot-fuer-studierende-mit-podcasts-zum-bachelor-16268233-p2.html (zuletzt abgerufen am 27.12.2021).

199 *Zwickel*, ZDRW 2020, 128 (132), verweist in dem Zusammenhang exemplarisch auf das Tool *Anchor* (siehe www.anchor.fm, zuletzt abgerufen am 27.12.2021), mit dessen Hilfe sich Pod-casts problemlos und auch von unterwegs auf dem Smartphone erstellen lassen sollen.

200 So auch *Zwickel*, ZDRW 2020, 128 (131).

Kommunikation per Schriftform dar. Geläufige Beispiele sind etwa die Erstellung von Skripten oder Lehrbüchern.

Auch in Zeiten *von* E-Learning kommt der Textform als Lehrmedium weiterhin eine zentrale Rolle zu. Insbesondere im Bereich des autodidaktischen Lernens sowie innerhalb von Fernstudiengängen stellt das Selbstlernen anhand von Skripten und Lehrbriefen längst keine Seltenheit mehr dar. Die hierzu erforderlichen Lernmaterialien finden sich nun zunehmend auch – teilweise frei zugänglich – im Internet auf unzähligen Webseiten in Form von Textbeiträgen oder als herunterladbare Datei.

Eine weitere Facette des schriftbasierten Lehrens, die sich im Zuge der Digitalisierung aufgetan hat, stellt die Moderation eines Live-Unterrichts einer anderen Person über eine unterrichtsbegleitende Chat-Funktion dar. Gerade in Zeiten der Corona-Pandemie, in denen die Lehre teilweise abrupt in digitale Sphären verlagert werden musste, erreichte die Teilnehmeranzahl von Online-Unterricht rapide ungeahnte Dimensionen. Aufgrund der Einsicht, dass der Dozent im Rahmen der Liveübertragung und der systematischen Vermittlung der Lehrinhalte nicht parallel auf die Fragen eines jeden Einzelnen eingehen kann, hat es sich bewährt, den Schülern zur Äußerung von Fragen und Problemstellungen stattdessen eine Chatfunktion als Interaktionsmedium bereitzustellen, innerhalb derer entweder der Lehrende selbst oder aber eine separate Lehrperson als Moderator bzw. Co-Dozent den Anliegen der Lehrenden in Form aufgekommener Fragestellungen gerecht zu werden versucht.[201]

d) Softwarebasierte Lehre

Als vierte und letzte hier vorgestellte Facette des digitalen Lehrens und Lernens ist schließlich die Verwendung von Lernsoftware zu nennen. Ihre Wurzeln hat das Lernen mit dem Computer bereits in den 80er-Jahren, in denen Lernprogramme beispielsweise für Sprachtrainings oder EDV-Schulungen Verwendung fanden.[202] Die Funktion einer Lernsoftware besteht im Wesentlichen darin, dass der Lernende in keinem Kontakt zu dem Lehrenden steht, sondern über ein von dem Programm vorgegebenen Lernpfad geführt wird, wodurch die Software die wesentlichen Lehrerfunktionen (z. B. Fragen stellen, Antworten auswerten, Hilfestellung geben) übernimmt. So können beispielsweise Lernkontrollen am PC ausgeführt werden, die programmgesteuert ausgewertet und zur Nacharbeit durch zuvor eingefügte Textpassagen ergänzt werden.[203] Dieses sog.

201 Dazu auch *Zwickel*, ZDRW 2020, 128 (130).
202 *Sommer*, DStR 2004, 745 (747).
203 Vgl. *Sommer/Beyer*, DStR 2002, 1782 (1783).

Computer-Based-Training (CBT) bildet die älteste Form des softwaregestützten Lehrens.[204]

Hieran anknüpfend stellt Lernsoftware in der heutigen Zeit im Rahmen von *Web-Based-Trainings* (WBT)[205] nunmehr einen festen Bestandteil zahlreicher Online-Lernplattformen oder Lernmanagementsysteme (LMS)[206] dar, wo sie etwa als Pause von oder Alternative zu der „normalen" Lernstoffpräsentation beispielsweise das Erlernte mittels vorgefertigtem Frage-Antwort-Katalog vertiefen soll. In Zeiten, in denen Smartphones, Tablets etc. einen orts- und zeitunabhängigen Abruf von Software ermöglichen, haben aber auch E-Learning-Anwendungen[207] für Smartphones und Tablets (sog. Apps) in den letzten Jahren fundamental an Bedeutung gewonnen.[208] Als praktische Anwendungsbeispiele sei nur auf die zahlreichen Projekte des Bundesministeriums für Bildung und Forschung (BMBF) hingewiesen.[209] Neben der Wiederholung und Vertiefung von z. B. Begriffen und Konzepten in Karteikartenform sollen hierbei auch praktische Tätigkeiten (z. B. die Vorgehensweise bei der Installation von Heizungsanlagen) in spielerischer Form erlernt werden können.

3. *Vor- und Nachteile digitaler Lehre*[210]

Die etablierten Facetten des elektronischen Lehrens und Lernens sind mittlerweile mannigfaltig. Dies fußt insbesondere darauf, dass elektronisches Lehren

---

204 *Mentzel*, SPA 2016, 36 (37).

205 Kennzeichnend für WBTs ist insofern insbesondere der Abruf der Lehrinhalte über das Internet von dem Web-Server eines Bildungsanbieters, vgl. dazu *Beurskens*, ZDRW 2016, 1 (10).

206 *Zwickel*, ZDRW 2020, 128 (132), nennt als gängige Beispiele etwa *Moodle*, *ILIAS* oder *Blackboard*.

207 Vgl. nur die Vielzahl der angebotenen mobilen Applikationen der Kategorien „Bildung" und „Lernen", abrufbar unter itunes.apple.com/de/genre/ios-bildung/id6017?mt=8, sowie unter play.google.com/store/apps/category/EDUCATION?hl=de (jeweils zuletzt abgerufen am 27.12.2021).

208 Vgl. *Internet World Business*, Entwicklung der App-Nutzung nach Kategorien weltweit im 1. Quartal 2020 (im Vergleich zum Vorjahr), Statistik abrufbar unter de.statista.com/statistik/daten/studie/1114936/umfrage/anstieg-der-app-nutzung (zuletzt abgerufen am 27.12.2021).

209 Diese finden sich auf der Webseite des BMBF, abrufbar unter www.qualifizierungdigital.de/qualifizierungdigital/de/projekte/praxisbeispiele/mobiles-lernen/mobiles-lernen_node.html (zuletzt abgerufen am 27.12.2021).

210 Eine ausführliche tabellarische Gegenüberstellung der „Pro und Contra E-Learning" findet sich bei *Mentzel*, SPA 2016, 36 (38).

und Lernen im direkten Vergleich zu Präsenzveranstaltungen zahlreiche Vorteile bietet. So erfreute sich elektronische Lehre schon in Zeiten vor dem notwendigen Rückgriff auf E-Learning aufgrund der Covid-19-Pandemie mitunter deshalb einer rasant und stetig wachsenden Beliebtheit und Verwendung, weil z. B. Echtzeitübertragungen von Vorlesungen und die damit einhergehende Entbehrlichkeit der leibhaftigen Anwesenheit von Lehrendem und Lernendem die Möglichkeit eröffnen, nachteiligen Rahmenbedingungen von real stattfindendem Unterricht – wie teilweise erheblichen Reisezeiten und -kosten[211], dem Mangel an Lehrkräften bei zunehmenden Studierendenzahlen sowie räumlichen (Platz-)Problemen – gezielt entgegenzuwirken.[212] Darüber hinaus führt die Aufzeichnung von Lehrtätigkeiten zu einer gesteigerten Nachhaltigkeit gemessen an konventionellen Präsenzveranstaltungen, zumal auch solchen Schülern die Teilnahme ermöglicht wird, die an einer Präsenzveranstaltung bzw. Echtzeitübertragung aus zeitlichen Gründen nicht hätten teilnehmen können.[213] Durch die Möglichkeit der Speicherung ermöglicht E-Learning somit eine vollständige Entkopplung von Lernraum und -zeit, wodurch Lehren und Lernen ubiquitär wird.[214] Hierdurch kann Lehre den persönlichen Lebensbedingungen der Studierenden gerechter denn je werden, da sie mit der permanenten Verfügbarkeit von Lernressourcen beliebig über Zeit, Ort, Umfang und Intensität des Lernens entscheiden.[215] So besteht für den Lernenden die Möglichkeit, bestimmte Unterrichtsinhalte bei Bedarf erneut aufzurufen, zu pausieren oder eine nicht verstandene Passage erneut abzuspielen, wodurch Schüler individueller denn je gefördert werden und den Lernstoff ihrem eigenen Lernrhythmus nach Belieben anpassen können.[216] Damit vermag es kaum zu überraschen, dass aufseiten der Studierenden der Wunsch nach Vorlesungsaufzeichnungen sehr hoch ist.[217]

---

211 *Sommer/Beyer*, DStR 2002, 1782 (1783). Vgl. auch *Beurskens*, ZDRW 2016, 1 (4), der die große Begeisterung für Vorlesungsaufzeichnungen darüber hinaus darauf zurückführt, dass die Verfolgung der Vorlesung „bequem vom heimischen Sessel" für viele Studierende wohl verlockender gegenüber der teilweise unangenehmen Anreise zu einem überfüllten Hörsaal sei.

212 *Roßnagel*, ZD 2020, 296.

213 *Zwickel*, ZDRW 2020, 128 (130).

214 Vgl. *Krüper*, ZDRW 2017, 22 (32).

215 *Schärtl*, ZDRW 2018, 336 (340).

216 Vgl. *Sommer/Beyer*, DStR 2002, 1782 (1783); BT-Drs. 19/20554, S. 2.

217 So hat etwa eine Befragung an der Heinrich-Heine-Universität Düsseldorf ergeben, dass rund 80 % der Studierenden Vorlesungsaufzeichnungen als wünschenswert empfinden, siehe dazu www.elearning.hhu.de/fileadmin/E-Learning/pdfreport_Studierende.pdf (zuletzt abgerufen am 27.12.2021).

Neben der Flexibilität innerhalb der einzelnen Lehrquelle gestaltet sich überdies auch die Auswahl des geeigneten Lernsubstrats reichhaltiger denn je, zumal identische Unterrichtsinhalte nunmehr auf vielfältigere Weise aufbereitet und präsentiert werden können, namentlich entweder auf die Grundlagen reduziert, umfassend und detailgenau oder besonders spielerisch und unterhaltsam.[218] Damit kann sich der Lernende ausgehend von seinem individuellen Lernfortschritt und -typen für ihn geeigneter Lehrmedien bedienen, während Präsenzlehre naturgemäß überwiegend synchron für alle anwesenden Schüler verläuft. Es obliegt insoweit dem Lernenden, sich der digitalen Quelle zu bedienen, die ihm am besten entspricht. Durch diese gesteigerte Transparenz der Lehre werde der Wettbewerb um die bestmögliche Vermittlung von Lehrinhalten beflügelt und führt so zur Optimierung und Fortentwicklung digitaler Lehre.

Neben aller Vorteilhaftigkeit und der daraus resultierenden regen Inanspruchnahme des elektronischen Lehrens und Lernens darf allerdings nicht ungesehen bleiben, dass den zahlreichen Vorteilen auf der anderen Seite verglichen mit Präsenzlehre auch einige Nachteile gegenüberstehen. Über die Beanspruchung meist nicht unerheblicher zeitlicher und finanzieller Ressourcen und der dem Wandel geschuldeten Herausforderung an Lehrende und Lernende hinaus führt der Wegfall von klassischen Präsenzveranstaltungen zugunsten des Lehrens und Lernens per Video & Co. dazu, dass unmittelbare Echtzeitinteraktionen zwischen Lehrer und Schüler meist praktisch nicht mehr möglich sind. Dieser Umstand birgt die Gefahr, dass der persönliche Kontakt zwischen Lehrer und Schüler verloren geht.[219] Mitunter hierdurch verliert die schulische Einrichtung ihren herkömmlichen prägenden Einfluss auf Zeit und Ort des Lernens,[220] wodurch Schülerinnen und Schüler zunehmend sich selbst überlassen sind und entsprechend mehr Verantwortung für ihren Lernprozess tragen müssen.[221] Diese durchaus auch vorteilhaft anmutende Förderung von Disziplin und

218 *Schärtl*, ZDRW 2018, 336 (344).

219 *Zwickel*, ZDRW 2020, 128. Vgl. aber *Sommer/Beyer*, DStR 2002, 1782 (1783), die in dem Zusammenhang darauf hinweisen, dass Interaktionen zwischen Lehrer und Schüler jedoch im Nachgang über festgelegte „Sprechzeiten" online per E-Mail oder Live-Chat möglich sein dürften. *Mentzel*, SPA 2016, 36 (38), sieht in den zahlreichen digitalen Kommunikationswegen sogar einen besonderen Vorteil von vernetztem E-Learning.

220 *Schärtl*, ZDRW 2018, 336 (340 f.).

221 So ausweislich einer repräsentativen Lehrer-Umfrage auch rund zwei Drittel der in Zeiten der Corona-Krise befragten Lehrkräfte, abrufbar unter www.deutsches-schu

Eigenverantwortlichkeit aufseiten des Lernenden kann sich indes rasch als zweischneidiges Schwert entpuppen: Während sie einerseits zur flexiblen und eigenständigen Entwicklung und Fortbildung des Lernenden vorteilhaft sein kann, birgt sie zugleich auch mitunter Risiken hinsichtlich des Lernentschlusses („ob“), der Lernmethode („wie“), der Lernzeit („wann“, „wie oft“ und „wie lange“) sowie der Aufmerksamkeitsspanne und -tiefe, da Ablenkungsmöglichkeiten zu Hause oder gar unter freiem Himmel noch leichter gefunden und genutzt werden können als im Hörsaal oder Klassenzimmer. Darüber hinaus wird digitaler Lehre als ein didaktischer Nachteil nachgesagt, dass – anders als in Präsenzveranstaltungen – weder das gelernte Wissen permanent überprüft noch soziale Kontakte geknüpft und eine gruppendynamische Motivation erzeugt werden könne.[222] Der einst aktive Lehrer droht sich insoweit zum passiv agierenden Lehrbegleiter zu wandeln.

Festzuhalten ist, dass die zunehmende Verlagerung konventioneller Lehrtätigkeiten in digitale Sphären sowohl die Lehrenden als auch die Lernenden vor neue Herausforderungen gestellt hat und fürderhin auch weiterhin stellen wird. Dies, zumal E-Learning die traditionelle Lehre je nach Unterrichtsbereich zwar möglicherweise nicht vollständig ersetzen, aber jedenfalls im gesamten Lernprozess sinnvoll ergänzen kann.[223] Als „Königsweg innovativer Lernformen“[224] hat sich daher das sog. *Blended-Learning* (integriertes Lernen) erwiesen, bei dem elektronisches Lernen und Präsenzveranstaltungen derart miteinander kombiniert werden, dass sich die jeweiligen Vorteile ausnutzen und damit die jeweiligen Nachteile beider Lernformen egalisieren lassen. Beispielhaft sei an dieser Stelle nur der *Enhanced Inverted Classroom*[225] genannt, bei dem die Teilnehmer in einem systematischen (audiovisuellen) Online-Vorbereitungskurs bereits erlernten Stoff wiederholen, durch Selbsttests verifizieren und zudem in neuen Theoriestoff eingeführt werden. In den ergänzenden Präsenzphasen erfolgt eine vertiefte praktische Arbeit des Lehrers mit den Studierenden. Anschließend wird

---

lportal.de/unterricht/das-deutsche-schulbarometer-spezial-corona-krise (zuletzt abgerufen am 27.12.2021). Vgl. auch *Roßnagel*, ZD 2020, 296.

222 So *Schärtl*, ZDRW 2018, 336 (341 f.).

223 Vgl. *Eirich*, Computergestützte Lehre in der Jurisprudenz, S. 186; *Zwickel*, ZDRW 2020, 128 (129); *Mentzel*, SPA 2016, 36 (37); *Zwickel*, JA 2018, 881 (886); *Roßnagel*, ZD 2020, 296.

224 *Sommer*, DStR 2020, 1397 (1398).

225 Dazu grundlegend *Schärtl*, ZDRW 2016, 18 (18 ff.); vgl. auch *Beurskens*, ZDRW 2016, 1 (7).

das vorhandene Wissen in einer Online-Nachbereitungsphase mittels Lehrmodulen oder Lehrvideos gefestigt und vertieft.[226]

Unabhängig davon, ob digitale Lehre die Präsenzveranstaltungen nun künftig vollständig ersetzen oder aber lediglich im gesamten Lernprozess sinnvoll ergänzen soll, erscheint es aufgrund der Vorteile des E-Learnings angezeigt, Lernangebote künftig *digital first* zu konzipieren, mithin Lernmaterialien und -inhalte vorzugsweise (auch) digital bereitzustellen, damit Lernende zeit- und ortflexibel auf diese zugreifen und sie nutzen können.[227] Sind die elektronischen Lehrmedien einmal vorhanden, können sie entweder autark verwendet, in ein *Blended-Learning*-Konzept integriert oder etwa in Ausnahmesituationen wie der Covid-19-Pandemie als vollwertiges Ausweichprogramm eingesetzt werden. Damit soll klargestellt werden, dass das Vorhandensein von Medien ihren Einsatz in der Lehre bzw. ihre Inanspruchnahme zum Lernen nicht erzwingt, sondern vielmehr, dass die damit verbundene Vorteilhaftigkeit die aufwendige Implementierung und Erstellung solcher Lehrmedien rechtfertigt sowie sich deren Verwendung als gleichwertige Alternative zu Präsenzlehrveranstaltungen erwiesen hat.

B. Eigene Auslegung unterrichtender Tätigkeiten im Lichte der Digitalisierung

I. Nukleus der Untersuchung

Zu Beginn[228] der vorliegenden Arbeit wurde bereits dargelegt, dass im Status quo die Unterrichtung in ihrer digitalisierten Erscheinung gemessen an den vorherrschenden Merkmalen freiberuflich-unterrichtender Tätigkeiten in den meisten Fällen ein Aliud darstellen soll, mithin die Vermittlung von Wissen etc. in den digitalen Sphären des Internets ausweislich der bisherigen Auffassungen im Fachschrifttum regelmäßig zu gewerblichen Einkünften führen soll,[229] so sie nicht im Rahmen eines virtuellen Klassenzimmers erfolgt.[230] Infolgedessen würden zum Digitallehrer avancierte Lehrpersonen nunmehr zum Gewerbetreibenden, weil

226 Mit dazugehörigen Beispielen *Zwickel*, JA 2018, 881 (886).

227 *Getto/Kerres*, in: Flexibles Lernen mit digitalen Medien, S. 20 f.

228 Einführung und Grundlegung A.II.2.

229 Vgl. insbesondere *Brunckhorst/Sterzinger*, DStR 2018, 1689 (1690); *Schäfer*, StB 2019, 209 (211); *Homuth*, NWB 2018, 1891 (1894).

230 Diese (alleinige) Ausnahme von dem Grundsatz der Gewerblichkeit nennt *Schäfer*, StB 2019, 209 (211).

sie die einst gebildeten Merkmale unterrichtender Tätigkeiten vermeintlich nicht hinreichend zu erfüllen vermögen. Verfassungsrechtliche Bedenken hinsichtlich dieser Ausgrenzung wurden im Lichte des Art. 3 Abs. 1 GG eingangs ebenfalls bereits angedeutet, weil zumindest fragwürdig ist, ob sich für die Schlechterstellung des *prima facie* nicht leistungsfähigeren Digitallehrers sachliche Rechtfertigungsgründe finden lassen, wenn E-Learning mittlerweile als gleichwertige Alternative zu Präsenzunterricht angeboten und die Auswahlentscheidung oftmals dem individuellen Lerncharakter überlassen wird.

Die vorliegenden Zweifel geben im Lichte des weiteren Abgrenzungserfordernisses zwischen unterrichtenden und gewerblichen Tätigkeiten nachfolgend Anlass, den Status quo der vorherrschenden Abgrenzungsgrundsätze auf den Prüfstand zu stellen. Im Zentrum steht hierbei die tiefschürfende Ergründung des Begriffs der freiberuflich-unterrichtenden Tätigkeit insbesondere im Hinblick auf die Untersuchungsfrage, ob bzw. unter welchen Voraussetzungen eine unterrichtende Tätigkeit im Sinne des § 18 Abs. 1 Nr. 1 EStG vorliegen kann, wenn ein Steuerpflichtiger nicht (mehr) in traditioneller Form unmittelbar und im direkten räumlichen Kontakt zu den Schülern tätig wird, sondern über neuartige, facettenreiche elektronische Lehrmedien agiert. Hierbei werden zunächst die von Rechtsprechung und Literatur entwickelten Merkmale einer freiberuflich-unterrichtenden Tätigkeit ergründet, ehe hiervon ausgehend die im Schrifttum vorherrschende, rigide erscheinende Auslegung des freiberuflichen Anwendungsbereichs betreffend E-Learning einer kritischen Betrachtung unterzogen wird. Die Validierung der vorherrschenden Abgrenzungsmerkmale ist unter dem Gesichtspunkt der normativen Wirkung höchstrichterlicher Rechtsprechung, die sich aus dem Grundsatz der Rechtssicherheit ergibt,[231] der zu bevorzugende Weg, während ein grundlegend neuer Auslegungsansatz nur die *ultima ratio* darstellt.

II. Merkmalsorientierte Auslegung des ertragsteuerlichen Unterrichtsbegriffs

1. Unbestimmtheit des Unterrichtsbegriffs

Das Gesetz führt nicht näher aus, unter welchen Voraussetzungen eine unterrichtende Tätigkeit vorliegt. Ein Verstoß gegen die Gesetzes- bzw. Tatbestandsbestimmtheit liegt insoweit allerdings nicht

231 *Hartmann/Walter*, Auslegung von Steuergesetzen, S. 81, 102 ff.

vor.[232] Vielmehr handelt es sich bei der unterrichtenden Tätigkeit um einen unbestimmten Rechtsbegriff, der im Wege der juristischen Auslegung durch die Erschließung von Untermerkmalen näher erläutert werden muss, bevor geprüft werden kann, ob ein Lebenssachverhalt die Voraussetzungen dieses Begriffs erfüllt oder nicht.[233] Damit ist das Gesetz für die Fortentwicklung herkömmlicher Berufsinhalte grundsätzlich offen,[234] sodass jedenfalls in Grenzbereichen die geänderten Verhältnisse und neuen Anforderungen angemessen berücksichtigt werden können.[235]

2. *Methodologische Einordnung des Unterrichtsbegriffs*

Im Hinblick auf unbestimmte Rechtsbegriffe unterscheidet die juristische Methodenlehre weitergehend zwischen Klassen- und Typusbegriffen.[236] Während Erstere durch eine feste Anzahl von Untermerkmalen gekennzeichnet sind, deren ausnahmslos kumulative Erfüllung Voraussetzung einer erfolgreichen Subsumtion ist, weist ein Typusbegriff eine „offene Merkmalsmenge“[237] auf.[238] Damit sind die maßgeblichen Untermerkmale nicht abschließend definiert, sodass auch einzelne Merkmale fehlen und gegebenenfalls durch andere Merkmale ersetzt werden können.[239] Insofern muss keine Merkmalsidentität zwischen dem einzuordnenden Lebenssachverhalt und dem Gesetzesbegriff vorliegen, sondern die überwiegende Ähnlichkeit zwischen beidem.[240] Mit

232 Vgl. BVerfG v. 8.3.1983 – 2 BvL 27/81, BVerfGE 63, 312 (323 f.); v. 10.10.1961 – 2 BvL 1/59, BVerfGE 13, 153 (161 f.); BFH v. 24.11.2005 – V B 197/04, BFH/NV 2006, 624 (625); v. 26.5.1981 – IV R 128/78, BStBl. II 1981, 675 (676).

233 Vgl. *Schmidt-Liebig*, BB-Beilage 1994, Nr. 20, 1 (2 f.).

234 Vgl. *Pfirrmann*, in: Kirchhof/Seer, EStG, § 18 Rn. 6; *Kirchhof*, in: FS Reichsfinanzhof, S. 288.

235 Ebenso appelliert *Korn*, DStR 1995, 1249 (1250). Vgl. auch BFH v. 29.1.1970 – IV R 78/66, BStBl. II 1970, 319.

236 Vgl. nur *Drüen*, in: Tipke/Kruse, AO/FGO, § 4 Rz. 395 (Stand: Oktober 2020).

237 So etwa *Strahl*, kösdi 2017, 20170 (20178) m. w. N.

238 Grundlegend *Schmidt-Liebig*, BB-Beilage 1994, Nr. 20, 1 (3 ff.); *Drüen*, StuW 1997, 261 (264 f.); *Larenz*, Methodenlehre der Rechtswissenschaft, S. 303 f., 461 ff.; *Engisch*, Konkretisierung in Recht und Rechtswissenschaft, S. 237 ff.; *Wolff*, Studium generale, S. 195 (203 f.); *Kaufmann*, Analogie und Natur der Sache, S. 47 ff.; *Strahl*, Die typisierende Betrachtungsweise im Steuerrecht, S. 188 ff.; *Schnapp*, JuS 1998, 873 (875).

239 *Tipke*, Grundstücksveräußerungen im Steuerrecht, S. 28; *Mössner*, in: FS Kruse, S. 161 (170 f.).

240 *Zugmaier*, Einkünftequalifikation im Einkommensteuerrecht, S. 44; *Schmidt-Liebig*, FR 1995, 100 (102).

anderen Worten ist anhand der die Tätigkeit prägenden Merkmale innerhalb eines wertenden Ähnlichkeitsvergleichs zu prüfen, ob der Lebenssachverhalt dem Gesetzesbegriff entspricht oder nicht.[241] Damit kommt der Einordnung als Typus- oder Klassenbegriff – auch für die vorliegende Untersuchung – eine signifikante Bedeutung zu.[242]

Nach wohl herrschender Auffassung soll es sich bei der unterrichtenden Tätigkeit um einen Typusbegriff handeln.[243] Diese Einordnung vermag insofern zu überzeugen, als der Begriff nicht originär steuerrechtlicher Herkunft ist, sondern aus anderen Lebensbereichen stammt und Typusbegriffe eine bessere Lebensnähe aufweisen als abstrakte Begriffe.[244] Zudem spricht für die Einordnung als Typusbegriff, dass das Lehren und Lernen in der Realität einem stetigen Wandel unterliegt, wodurch der ertragsteuerliche Unterrichtsbegriff nur vorläufig umschrieben werden kann.[245] Überdies versinnbildlicht sich die Undefinierbarkeit des Unterrichtsbegriffs an der Inkonsistenz der in pädagogischen Nachschlagewerken vorzufindenden Definitionen von Unterricht[246]. Damit würde selbst der Versuch scheitern, zumindest ausgehend von dem Status quo eine belastbare Definition der unterrichtenden Tätigkeit zu formulieren. Insofern mögen sich zwar einzelne Erscheinungsformen von Unterricht definieren lassen, nicht jedoch der übergeordnete Unterrichtsbegriff als Ganzes.

Ebenfalls für eine typologische Rechtsanwendung spricht der Umstand, dass im Rahmen der Nicht-Katalogberufe generell nicht auf ein bestimmtes Berufsbild, sondern auf die Art und Weise der ausgeübten Tätigkeit abgestellt wird.[247] Denn insofern kann im Zweifelsfalle nur anhand einer typologischen Rechtsanwendung geprüft werden, ob der Lebenssachverhalt einer (heute) typischen Unterrichtstätigkeit überwiegend ähnlich ist oder nicht[248]. Für die Einordnung

241 Vgl. grundlegend *Schmidt-Liebig*, BB-Beilage 1994, Nr. 20, 1 (3).

242 Mit Kritik an der scharfen Trennung zwischen Begriff und Typusbegriff *Drüen*, StuW 1997, 261 (265).

243 Vgl. BFH v. 9.5.2017 – VIII R 11/15, BStBl. II 2017, 911 Rn. 12, dazu Anm. *Hartmann*, EStB 2017, 345 (346); *Brandt*, in: H/H/R, EStG, § 18 Rz. 130 (Stand: Februar 2020); *Musil*, in: H/H/R, EStG, § 2 Rz. 90 (Stand: Januar 2019); *Zugmaier*, Einkünftequalifikation im Einkommensteuerrecht, S. 163; *ders.*, FR 1999, 997 (999).

244 *Schmidt-Liebig*, BB-Beilage 1994, Nr. 20, 1 (3 f.).

245 Vgl. *Giesberts*, UR 1993, 279 (280).

246 Vgl. *Lüders*, Zeitschrift für Pädagogik 58 (2012) 1, 109 (117 ff.).

247 *Caspers*, Die Besteuerung freiberuflicher Einkünfte, S. 108.

248 Vgl. *Drüen*, StuW 1997, 261 (267), der exemplarisch auf die Abgrenzung des gewerblichen Grundstückhandels von der privaten Vermögensverwaltung verweist, im

als Typusbegriff spricht insofern ganz entscheidend, dass zwar der Kern der Unterrichtung – seine „Vollform“[249] – vorhanden und greifbar ist, die Grenzen dagegen fließend und die Randbereiche unscharf sind, wodurch im Einzelfall nur auf ein „Mehr“ oder „Weniger“ an Typuselementen abgestellt werden kann, die den Lebenssachverhalt ausmachen.[250] Dem weitverzweigten und sich in einem stetigen Wandel befindenden Sachverhaltsspektrum unterrichtender Tätigkeiten liegt daher eher ein typologisches als ein klassenbegriffliches Verständnis zugrunde.[251]

Auf der einen Seite wird die Rechtsprechung dem typologischen Begriffsverständnis gerecht, wenn sie bei der Beurteilung einer Tätigkeit als unterrichtend im Zweifelsfalle auf das „Gesamtbild der Verhältnisse“ abstellt[252] oder über eine typisierende Betrachtungsweise des Unterrichtsbegriffs zur Abgrenzung des Unterrichts als Tätigkeit gegenüber Menschen zum „Trainieren“ von Tieren gelangt[253]. Auf der anderen Seite erweckt der BFH jedoch zugleich den Eindruck, er fasse den Begriff der unterrichtenden Tätigkeiten doch als Klassenbegriff auf, der in den judizierten Tätigkeitsmerkmalen seine abstrakte Definition gefunden hat. Dies namentlich dann, wenn er die Annahme einer unterrichtenden Tätigkeit in einzelnen Entscheidungen ohne Vornahme eines wertenden Ähnlichkeitsvergleichs starr deshalb negiert, weil *ein* Tätigkeitsmerkmal nicht erfüllt war.[254] Auf dieser Linie scheinen überdies auch diejenigen vorgenannten Verfasser im Fachschrifttum[255] zu liegen, die Online-Unterricht mit der Begründung aus dem Bereich freiberuflicher Unterrichtung ausgrenzen,

---

Rahmen derer nunmehr auf die „neuzeitlichen Typen“ des Grundstückhändlers, Bauunternehmers und des Erschließungsunternehmers abzustellen sei.

249 *Schmidt-Liebig*, BB-Beilage 1994, Nr. 20, 1 (5).

250 Vgl. *Caspers*, Die Besteuerung freiberuflicher Einkünfte, S. 58 f.; *Koller*, Abgrenzung von Einkunftstatbeständen, S. 186.

251 Vgl. *Schmidt-Liebig*, BB-Beilage 1994, Nr. 20, 1 (3 f.).

252 So z. B. in BFH v. 13.1.1994 – IV R 79/92, BStBl. II 1994, 362 (363); FG Düsseldorf v. 27.1.1994 – 15 K 74/88 G, juris, Rn. 38 (NZB mit Beschluss v. 10.2.1995 als unbegründet zurückgewiesen, BFH Az. XI B 158/94).

253 BFH v. 9.5.2017 – VIII R 11/15, BStBl. II 2017, 911 Rn. 12.

254 So etwa BFH v. 13.1.1994 – IV R 79/92, BStBl. II 1994, 362 (keine Vermittlung von Wissen und Fähigkeiten); v. 11.6.1997 – XI R 2/95, BStBl. II 1997, 687 (689) (keine organisierte und institutionalisierte Form); v. 16.11.1978 – IV R 191/74, BStBl. II 1979, 246 (248) (keine persönliche Beziehung zwischen Lehrer und Schüler).

255 Namentlich *Brunckhorst/Sterzinger*, DStR 2018, 1689 (1690); *Schäfer*, StB 2019, 209 (211); *Köstler*, MBP 2019, 207 (208).

dass es an dem Merkmal einer für die Lehrtätigkeit charakteristischen persönlichen Beziehung zwischen Lehrer und Schüler fehle, während auch hier eine Gesamtgewichtung des einen Typusbegriff prägenden offenen Merkmalgefüges ausblieb. Damit scheint ein Widerspruch zwischen der rechtstheoretischen Einordnung unterrichtender Tätigkeiten als Typusbegriff auf der einen und der wiederholt klassifikatorisch anmutenden Rechtsanwendungspraxis auf der anderen Seite vorzuliegen.

Zur Auflösung dieser scheinbaren Kontradiktion hat *Zugmaier*[256] erhellend festgestellt, dass eine typologische Rechtsanwendung im Bereich der Nicht-Katalogberufe zwar möglich, aber aufgrund der von der Rechtsprechung gefundenen „Definitionen" oder „Voraussetzungskataloge"[257] im Regelfall nicht erforderlich ist. In den meisten Fällen genüge „die Subsumtion unter die entwickelten Definitionsmerkmale." Nach gefestigter Auffassung lässt sich ein Typusbegriff methodisch zwar nicht *definieren*, sondern aufgrund seiner Eigenart nur *beschreiben* – ein Sachverhalt sich entsprechend nicht unter den Typusbegriff *subsumieren*, sondern ihm nur *wertend zuordnen*.[258] Nichtsdestotrotz trifft in der Sache zu, dass Rechtsprechung und Literatur zumeist anhand der in Annäherung an den steuerrechtlichen Typus des Unterrichts einst gefundenen Merkmale schlicht prüfen, ob eine Tätigkeit danach als unterrichtend einzuordnen ist oder nicht. Insofern hat die Rechtsprechung zumindest eine *definitionsähnliche* Umschreibung gefunden, die dem Typus Unterricht bislang in den meisten Fällen gerecht wurde. Diese Vorgehensweise ist nicht per se abzulehnen, zumal sich der Versuch zur Definition eines Typusbegriffs grundsätzlich nicht verbietet.[259] Vielmehr ist die Herausbildung tätigkeitsspezifischer Merkmale geboten, um die freiberufliche von der gewerblichen Tätigkeit abgrenzen zu können.[260] Auch

256 *Zugmaier*, Einkünftequalifikation im Einkommensteuerrecht, S. 163.

257 *Caspers*, Die Besteuerung freiberuflicher Einkünfte, S. 108.

258 *Drüen*, StuW 1997, 261 (264). Ähnlich *Korn*, in: Korn, EStG, § 18 Rn. 42 (Stand: August 2018), hinsichtlich des steuerrechtlichen Typus „Kunst". Gleichwohl scheint die Verwendung des Terminus „Definition" im Zusammenhang mit den Umschreibungen der Nicht-Katalogberufe bei *Zugmaier* keine Ausnahme zu sein, vgl. etwa *Brandt*, in: H/H/R, EStG, § 18 Rz. 101, 103, und 130 m. w. N. (Stand: Februar 2020), sowie auch *Tassius*, in: Bös/Schmieszek, GewStG, § 2 Rz. 98 (Stand: Juli 2021), der von „Tatsbestandsmerkmal[en]" unterrichtender Tätigkeiten spricht. Vgl. nicht zuletzt auch FG Hessen v. 20.7.2016 – 8 K 86/11, EFG 2016, 1619 Rn. 41 („*Definition* [Hervorh. d. Verf.] der unterrichtenden Tätigkeit").

259 *Florstedt*, StuW 2007, 314 (316).

260 So ausdrücklich BFH v. 23.9.1998 – XI R 71/97, BFH/NV 1999, 460 (461).

hinsichtlich der unterrichtenden Tätigkeit hat dieser *modus operandi* soweit ersichtlich bislang meist zu überzeugenden Ergebnissen geführt und sich wohl gerade deshalb in der Rechtsanwendungspraxis etabliert.

Den aufwendigeren Weg der typologischen Rechtsanwendung bestreitet die Finanzgerichtsbarkeit dagegen (nur) dann, wenn sie die mit den gefestigten Tätigkeitsbeschreibungen gewonnenen Ergebnisse im Zweifelsfalle verifizieren bzw. überprüfen will.[261] So ist dies auch etwaig in der vorbezeichneten Entscheidung betreffend die Abgrenzung des „Trainings" von Tieren auf der einen und die „Unterrichtung" (nur) von Menschen auf der anderen Seite geschehen: Während die Tätigkeit der Betreiberin der Blindenführhundeschule wohl ohne besondere Schwierigkeiten unter die determinierten Tätigkeitsmale der Vermittlung von Fähigkeiten in organisierter und institutionalisierter Form hätte gefasst werden können, nahm der BFH unter typologischen Gesichtspunkten eine Restriktion der bis dato als Maßstab praktizierten Tätigkeitsmerkmale vor.[262] Aus den Fällen hingegen, in denen der BFH seine Entscheidung strikt anhand der etablierten Tätigkeitsmerkmale orientierte, kann damit nicht gefolgert werden, dass sich der BFH von der Typologie des Unterrichtsbegriffs abkehren wollte. Vielmehr ist zu vermuten, dass die entscheidenden Senate eine typologische Verifikation insoweit schlichtweg nicht für erforderlich hielten.

Für die nachfolgende Ergründung des ertragsteuerlichen Unterrichtsbegriffs und der ihn nach der Rechtsprechung auszeichnenden Merkmale ist damit festzuhalten, dass sich der Typus „unterrichtende Tätigkeit" nicht abschließend und einheitlich definieren lässt und somit auch in den vorherrschenden Merkmalen

---

261 Vgl. *Zugmaier*, Einkünftequalifikation im Einkommensteuerrecht, S. 163, unter Verweis auf BFH v. 22.3.1990 – IV R 145/88, BStBl. II 1990, 643; v. 11.7.1991 – IV R 33/90, BStBl. II 1992, 353 und v. 26.11.1992 – IV R 109/90, BStBl. II 1993, 235. Vgl. dazu auch *Brandt*, in: H/H/R, EStG, § 18 Rz. 102 m. w. N. (Stand: Februar 2020), wonach „die Erg. dieser materialwertbezogenen Definition der Kunst" nach der Rechtsprechung des BVerfG mitunter anhand einer formal-typologischen Betrachtung zu überprüfen seien.

262 Auf diesem Wege gelangte einst auch der RFH im Zusammenhang mit der Ausgrenzung der Tätigkeit eines „Trabertrainers" (Betreuung und „Einfahren" von Pferden) aus der Sphäre unterrichtender Tätigkeiten zu vergleichbaren Ergebnissen, als er sich – damals in Ermangelung einer herrschenden Umschreibung unterrichtender Tätigkeiten – auf die hinter dem Wortlaut des „Unterrichts" stehenden gesetzgeberischen Motive des Tätigwerdens einzig gegenüber Menschen (ebenfalls) in Abgrenzung zum Dressieren, Abrichten und Trainieren von Tieren berief, vgl. RFH v. 13.8.1941 – VI 259/41, RStBl. 1941, 678 (679).

keine abschließende Definition gefunden hat. Gleichwohl hat die Rechtsprechung eine belastbare *definitionsähnliche* Umschreibung des gewöhnlichen Inhalts – der „Vollform“ – einer unterrichtenden Tätigkeit gefunden, mithilfe derer in zahlreichen Fällen eine typologische Rechtsanwendung entbehrlich wird. Diese Vorgehensweise ist deshalb zu begrüßen, weil sie dem „einfachen Rechtsanwender“ ermöglicht, eine typische unterrichtende Tätigkeit auch ohne vertiefte typologische Erwägungen mit hinlänglicher Sicherheit einordnen zu können.[263] Gleichwohl darf nicht übersehen werden, dass in den Grenzbereichen – in denen sich die nachfolgende Untersuchung mehrheitlich bewegen wird – der Typus unterrichtender Tätigkeiten zwingend zur Überprüfung der anhand der Tätigkeitsmerkmale vorgenommenen Einordnungen heranzuziehen ist. Auf das Zusammenwirken von Tätigkeitsmerkmalen auf der einen und typologischer Rechtsanwendung auf der anderen Seite wird nach einer tiefgreifenden Untersuchung der vorherrschenden Tätigkeitsmerkmale mit Blick auf die im Zuge dessen gewonnenen Erkenntnisse noch einmal rekurriert werden.[264]

3. *Spezifika zur Auslegung des Begriffs unterrichtender Tätigkeiten*

Mit Blick auf die restriktiv anmutende Ausgrenzung medialer Unterrichtung aus dem Anwendungsbereich des § 18 Abs. 1 Nr. 1 S. 2 EStG im Schrifttum stellt sich nachfolgend insbesondere die Frage, ob sich innerhalb des juristischen Auslegungskanons ausgehend von den begriffsspezifischen Besonderheiten des Typusbegriffs „unterrichtende Tätigkeit“ Anhaltspunkte insbesondere dafür finden lassen, ob bei der Auslegung tendenziell engere oder großzügigere Maßstäbe anzulegen sind.

a) Grammatikalische Auslegung

Der Wortsinn bildet den Ausgangspunkt und grundsätzlich zugleich die Grenze der Gesetzesauslegung.[265] Zur Auslegung des ertragsteuerlichen

---

263 Mitunter deshalb sind Rechtsprechung und Schrifttum wohl seit jeher bemüht, etwa auch für den inhaltlich hochumstrittenen Inhalt des Typus der künstlerischen Tätigkeit eine konkrete und nachvollziehbare Definition zu entwickeln, vgl. *Kempermann*, FR 1992, 250 (251); *Brandt*, in: H/H/R, EStG, § 18 Rz. 101 (Stand: Februar 2020); ähnlich *Gerstenberg*, FR 2015, 984: „Erforderlich ist eine steuerrechtliche Begriffsbestimmung dennoch [...]“. Zur Einordnung des steuerrechtlichen Begriffs „Kunst“ als Typus siehe nur *Korn*, in: Korn, EStG, § 18 Rn. 42 (Stand: August 2018).

264 Dazu unten Erster Teil B.III.4.

265 *Larenz*, Methodenlehre der Rechtswissenschaft, S. 320, 322; *Gersch*, in: Klein, AO, § 4 Rz. 26 f.

Unterrichtsbegriffs kommt dem Wortsinn über diesen allgemeinen Grundsatz hinaus insbesondere deshalb eine markante Bedeutung zu, weil in Ermangelung einer steuergesetzlichen Definition nur der Rückgriff auf das sprachgebräuchliche Verständnis von Unterricht verbleibt.[266] Wie dargetan ist der Terminus „unterrichtende Tätigkeit" – ähnlich wie die Termini der künstlerischen, schriftstellerischen, wissenschaftlichen und erzieherischen Tätigkeiten – nicht originär steuerrechtlicher Herkunft, sondern entstammt anderen Lebens- und Rechtsbereichen, deren Charakteristika bei der Begriffsauslegung zu berücksichtigen sind.[267]

Bei der Auslegung nach dem Wortsinn ist grundsätzlich auf den Sprachgebrauch zurzeit der Entstehung des Gesetzes abzustellen, es sei denn, die Bedeutung des Ausdrucks „unterrichtende Tätigkeit" war zur Entstehungszeit des Gesetzes nicht in einem bestimmten Sinne festgelegt.[268] Anhaltspunkte dafür, dass der historische Gesetzgeber ein bestimmtes Tätigkeitsbild bei der Aufnahme unterrichtender Tätigkeiten in das Konglomerat der freien Berufe vor Augen hatte, können nicht ersehen werden. Daher kann zugunsten einer dem Zweck oder Grundgedanken der Norm besser gerecht werdenden Auslegung auf den heute möglichen Wortsinn abgestellt werden.[269] Infolgedessen sind bei der Auslegung des Unterrichtsbegriffs auch der Sprachgebrauch und tatsächliche Entwicklungen in anderen Bereichen zu berücksichtigen.[270] Mit der nach allgemeinem Sprachverständnis gewachsenen Weite des Unterrichtsbegriffs steht damit einer tendenziell weiten Auslegung des ertragsteuerlichen Unterrichtsbegriffs nichts entgegen, zumal eine einengende Handhabung des Begriffs der unterrichtenden Tätigkeit mit der allgemeinen Bedeutung des Wortes „Unterricht" nicht vereinbar wäre.[271]

---

266 So auch *Brandt*, in: H/H/R, EStG, § 18 Rz. 111 (Stand: Februar 2020); *Güroff*, in: L/B/P, EStG, § 18 Rz. 108 (Stand: September 2018). Vgl. mit einer wortlautorientierten Auslegung des ertragsteuerlichen Unterrichtsbegriffs BFH v. 9.5.2017 – VIII R 11/15, BStBl. II 2017, 911 Rn. 16, sowie bereits v. 27.9.1956 – IV 601/55 U, BStBl. III 1956, 334 (335). Vgl. auch BFH v. 17.11.1981 – VIII R 121/80, BStBl. II 1982, 492 (493 f.).

267 Vgl. *Hüttemann*, in: FS Kessler, S. 521 ff., zur steuerrechtlichen Begriffsbildung der wissenschaftlichen Tätigkeit im Sinne des § 18 Abs. 1 Nr. 1 S. 2 EStG.

268 *Larenz*, Methodenlehre der Rechtswissenschaft, S. 323 f.

269 Vgl. *Larenz*, a. a. O.; BFH v. 17.11.1981 – VIII R 121/80, BStBl. II 1982, 492 (493 f.).

270 *Schick*, Die freien Berufe im Steuerrecht, S. 19; siehe ferner grundlegend zur *„interpretatio ex nunc"* *Engisch*, Einführung in das juristische Denken, S. 136 f.

271 In diesem Sinne bereits BFH v. 27.9.1956 – IV 601/55 U, BStBl. III 1956, 334 (335).

b) Steuersystematische Auslegung

Damit stellt sich nachfolgend die Frage, ob die grammatikalische Auslegungsweite im vorliegenden Kontext unter steuersystematischen Gesichtspunkten eine Eingrenzung findet. *Nickel*[272] zufolge soll der Tatbestand des § 18 EStG getreu der Auslegungsmaxime *singularia non sunt extendenda* als *lex specialis* zu § 15 EStG insgesamt eng auszulegen sein. Konsequenterweise wäre damit auch der ertragsteuerliche Unterrichtsbegriff einzig einer restriktiven Auslegung zugänglich. Demgegenüber plädierte *Schick*[273] sogar bereits zu Zeiten vor der Gewerbesteueranrechnung nach § 35 EStG dafür, dass der Anwendungsbereich des § 18 EStG generell großzügig auszulegen sei, weil die Vergünstigungen meist verhältnismäßig gering seien, sodass es vernünftig erscheine, sie im Zweifel zu gewähren.

Zu bemerken ist auf der einen Seite, dass es einen allgemeinen Grundsatz in dem Sinne, dass Ausnahme- oder Vergünstigungsvorschriften aus ihrer Natur heraus stets eng auszulegen sein sollen, nicht gibt. Vielmehr sind auch sie wie allgemeine Vorschriften auszulegen.[274] Auf der anderen Seite erscheint es weder mit dem Sinne des Gesetzes noch mit der Tatbestandsmäßigkeit der Besteuerung vereinbar, unter Bezugnahme auf die überschaubare Mehrbelastung eines Gewerbetreibenden per se eine Ausdehnung des Anwendungsbereichs der freien Berufe vorzunehmen. Aus der Stellung des § 18 EStG ergeben sich daher keine tragfähigen Anhaltspunkte für die Auslegung des Unterrichtbegriffs.

Etwas anderes könnte sich möglicherweise mit einem entsprechend unvoreingenommenen Blick in die Systematik des § 18 Abs. 1 Nr. 1 EStG ergeben. Zunächst gilt es hierbei festzustellen, dass der Begriff der unterrichtenden Tätigkeit in der ersten Kategorie der freien Berufe verortet wurde. Daraus kann zum einen gefolgert werden, dass der Gesetzgeber – anders als im Bereich der Katalogberufe – gerade kein bestimmtes Berufsbild des „Unterrichtenden" vor Augen hatte, welchem er allein die Freiberuflerprivilegierung zusprechen wollte. Vielmehr hängt die Freiberuflichkeit innerhalb der Nicht-Katalogberufe generell von dem eigentlichen Inhalt und Kern der Tätigkeit ab, anstatt von dem äußeren Erscheinungsbild des Berufstätigen. Dies bringt bereits der Wortlaut des § 18 Abs. 1 Nr. 1 S. 2 EStG zum Ausdruck, der von „ausgeübte[n] […] Tätigkeit[en]"

---

272 *Nickel*, Abgrenzung von Einkunftstatbeständen, S. 120.

273 *Schick*, Die freien Berufe im Steuerrecht, S. 22.

274 So auch die mittlerweile herrschende Auffassung, vgl. *Drüen*, in: Tipke/Kruse, AO/FGO, § 4 Rz. 224 f. (Stand: Oktober 2020); *Bydlinski*, Methodenlehre, S. 440, jeweils m. u. w. N.

spricht. Folgerichtig wird daher – anders als zumeist im Bereich der Katalogberufe – seit jeher nicht darauf abgestellt, ob der Unterrichtende eine besondere fachliche Ausbildung aufweist oder eine Zulassung für die Ausübung seines Berufes besitzt.[275]

Für den Begriff der unterrichtenden Tätigkeiten kann daraus ebenso für alle weiteren freien Nicht-Katalogberufe gefolgert werden, dass ihnen ein gegenüber den Katalogberufen vergleichsweise weiter Anwendungsbereich zuteilwird.[276] Mit dieser Feststellung stimmt es überein, wenn nach gefestigter Auffassung vorrangig eine Zuordnung zu den enger gefassten Katalogberufen als *lex specialis* zu prüfen ist.[277]

Unter steuersystematischen Gesichtspunkten können daher keine Anhaltspunkte ersehen werden, die für eine restriktive Auslegung des Unterrichtsbegriffs sprechen könnten. Vielmehr steht die unterrichtende Tätigkeit innerhalb des § 18 Abs. 1 Nr. 1 S. 2 EStG einem vergleichsweise weiten Anwendungsbereich gegenüber.

c) Historische Auslegung

Fraglich ist, ob sich unter gesetzeshistorischen Gesichtspunkten Anhaltspunkte für die Auslegung des Unterrichtsbegriffs ergeben. Wie eingangs bereits erwähnt, war die unterrichtende Tätigkeit bereits Bestandteil der Ursprungsfassung des § 18 EStG.[278] Mit Blick auf die vergleichsweise überschaubaren Facetten der Unterrichtung zur Zeit der Entstehung des Gesetzes könnte daher für einen engen Anwendungsbereich der Unterrichtung sprechen, dass der Gesetzgeber zur Zeit der Aufnahme des Begriffs der unterrichtenden Tätigkeit nur einige – aus heutiger Sicht traditionelle – Formen von Unterricht vor Augen haben konnte. Hieraus könnte gefolgert werden, dass der Gesetzgeber auch nur diese in der freiberuflichen Sphäre verorten wollte.

Mit Blick auf die Auflistung der berufsbildbezogenen Katalogberufe zeigt sich jedoch, dass es in dem Falle dem Gesetzgeber mit der Überschaubarkeit

275 Vgl. BFH v. 24.4.1959 – VI 29/59 S, BStBl. III 1959, 193 (194).

276 Vgl. BFH v. 9.2.1967 – IV 291/64, BStBl. III 1967, 310, unter Ablehnung strenger Anforderungen an eine wissenschaftliche Tätigkeit im Sinne des § 18 Abs. 1 Nr. 1 S. 2 EStG im Hinblick auf die daneben im Gesetz aufgeführten freien künstlerischen, schriftstellerischen, der unterrichtenden oder der erzieherischen Tätigkeiten.

277 Vgl. *Schick*, Die freien Berufe im Steuerrecht, S. 19; *Nickel*, Abgrenzung von Einkunftstatbeständen, S. 115.

278 Vgl. Einführung und Grundlegung B.I.

der damaligen Unterrichtsfacetten ein Leichtes gewesen wäre, die von ihm vermeintlich gesehenen Berufsbilder eines Unterrichtenden, etwa des Lehrers, Hochschulprofessors oder Dozenten, mit in die Katalogberufe aufzunehmen, so ihm entscheidend an der formellen Berufsausübung statt an dem eigentlichen Inhalt der Tätigkeit gelegen gewesen wäre. Aus der bewussten Entscheidung gegen die Formulierung eines Katalogberufes zugunsten des tätigkeitsorientierten Terminus „unterrichtende Tätigkeit“ kann hingegen gefolgert werden, dass der Gesetzgeber nicht nur gewisse Formen der Unterrichtung privilegieren, sondern wohl „jede Art persönlicher Lehrtätigkeit“[279] bzw. „Unterrichtserteilung jeder Art“[280] in der Sphäre des § 18 EStG verorten wollte.

d) Teleologische Auslegung

Während die kategorische Einordnung des Unterrichtsbegriffs unter die freien Nicht-Katalogberufe noch Aufschluss über die gesetzgeberischen Motive liefern konnte, kann eine besondere Zweckbestimmung, aufgrund derer unterrichtende Tätigkeiten überhaupt in der heterogenen Auflistung des § 18 Abs. 1 Nr. 1 S. 2 EStG enthalten sind, den Gesetzesmaterialien nicht entnommen werden.

Im Lichte des übergeordneten Zwecks des Tatbestandes der freien Berufe, der unter wirtschaftlichen und steuerpolitischen Gesichtspunkten vor allem darin liegt, sie im Zusammenspiel mit § 15 Abs. 2 EStG und § 2 Abs. 1 GewStG aus der Gewerbesteuerpflicht auszunehmen,[281] könnte der Aufnahme des Begriffs der unterrichtenden Tätigkeit in den Katalog des § 18 Abs. 1 Nr. 1 S. 2 EStG möglicherweise der Zweck innewohnen, sie von der Gewerbesteuerpflicht zu befreien. Einer an diesem Zweck ausgerichteten Auslegung steht allerdings entgegen, dass gerade keine tragfähigen sachlichen Rechtfertigungsgründe für die Vereinbarkeit der Gewerbesteuer insbesondere[282] mit dem allgemeinen Gleichheitsgrundsatz des Art. 3 Abs. 1 GG ersichtlich sind, sodass die Gewerbesteuerfreiheit auch nicht zur Auslegung des § 18 Abs. 1 Nr. 1 EStG herangezogen werden kann.[283]

Möglicherweise jedoch könnte der Grund für die Sonderbehandlung speziell unterrichtender Tätigkeiten im Hinblick auf die Gesetzesbegründung

---

279 BFH v. 16.11.1978 – IV R 191/74, BStBl. II 1979, 246 (248).

280 BFH v. 27.9.1956 – IV 601/55 U, BStBl. III 1956, 334.

281 *Kellersmann*, Die Abgrenzung der Einkünfte, S. 92 f.

282 Mit der gewerbesteuerbedingten Sonderbelastung für bestimmte Berufstätigkeiten kommt überdies auch ein Verstoß gegen die Berufsausübungsfreiheit (Art. 12 Abs. 1 S. 2 GG) in Betracht, vgl. dazu *Seer*, FR 1998, 1022 f.

283 Vgl. *Kellersmann*, Die Abgrenzung der Einkünfte, S. 94.

zum EstG 1934[284] darin liegen, dass der Gesetzgeber auch in unterrichtenden Tätigkeiten eine freiberuflertypische Tätigkeitsausübung unter eigener Verantwortung und für eigene Rechnung gesehen hat, wobei ausschließlich oder fast ausschließlich die persönliche Arbeitskraft des Steuerpflichtigen im Vordergrund steht, während der Einsatz von gewerblichem Vermögen keinen maßgeblichen Faktor darstellt. Diesem Auslegungsansatz steht allerdings entgegen, dass es einen einheitlichen Oberbegriff der freien Berufe *de facto* nicht gibt, mithin sich der heterogene Freiberuflerkatalog nicht auf einen tragenden Gesichtspunkt zurückführen lässt. Daher ist eine teleologische Abgrenzung der Einkunftsarten untereinander grundsätzlich nicht möglich.[285] Soweit es allerdings um den Vergleich traditioneller und moderner Formen eines freien Berufes geht, dürfte eine teleologische Auslegung im Rahmen des möglichen Wortsinns bedenkenlos möglich sein, soweit die Neuform diejenigen Freiberuflermerkmale, die innerhalb der traditionellen Tätigkeit identifiziert werden können, ebenfalls erfüllt. Dies ist im Bereich der Unterrichtung etwa der Einsatz der persönlichen Arbeitskraft des Steuerpflichtigen und eine besondere Vorbildung als Grundlage der Tätigkeit.

Mit Blick auf den Tatbestand der unterrichtenden Tätigkeit ist darüber hinaus zu bemerken, dass der Gesetzgeber seit jeher Beweggründe für eine Daseinsberechtigung dieses Tatbestandes neben der erzieherischen und der wissenschaftlichen Tätigkeit gehabt haben muss. Denn die Tatbestände der unterrichtenden und erzieherischen bzw. unterrichtenden und wissenschaftlichen Tätigkeit können zwar grundsätzlich zugleich erfüllt sein.[286] Gleichwohl unterscheiden sie sich im Kern signifikant voneinander. Während auf der einen Seite das Vorliegen einer erzieherischen Tätigkeit nach der ständigen Rechtsprechung[287] eine unmittelbare Einwirkung zur Formung der gesamten Persönlichkeit voraussetzt, mithin über die Vermittlung von Kenntnissen und Fähigkeiten hinausgeht[288], genügt bei der unterrichtenden Tätigkeit eben jene (bloße) Vermittlung. Ebenfalls muss eine unterrichtende Tätigkeit nicht wissenschaftlich ausgerichtet, qualifiziert oder gehoben sein, sodass auch „unwissenschaftliche" Lehre im Bereich der Unterrichtung zu verorten ist.[289]

---

284 Gesetzesbegründung zu § 18 EStG in der Fassung v. 24.10.1934, RStBl. 1935, 33 (42).

285 Vgl. auch *Drüen*, StuW 1997, 261 (267).

286 Vgl. *Schick*, Die freien Berufe im Steuerrecht, S. 26; BFH v. 30.4.1952 – IV 73/52 U, BStBl. III 1952, 165 (166).

287 BFH v. 11.6.1997 – XI R 2/95, BStBl. II 1997, 687 (688) m. w. N.

288 Ausdrücklich zuletzt BFH v. 29.9.2020 – VIII R 10/17, juris, Rn. 16.

289 Vgl. BFH v. 27.9.1956 – IV 601/55 U, BStBl. III 1956, 334 (335).

Im Verhältnis der unterrichtenden zu der erzieherischen und wissenschaftlichen Tätigkeit zeigt sich, dass die Anforderungen an eine unterrichtende Tätigkeit gegenüber der Einwirkung und Formung der gesamten Persönlichkeit eines Kindes auf der einen sowie der hochstehenden, besonders qualifizierten Arbeit auf der anderen Seite verhältnismäßig gering sind. Aus der Aufnahme des Tatbestandes der unterrichtenden Tätigkeit lassen sich damit die gesetzgeberischen Motive vermuten, dass wohl sämtliche Fälle, in denen ein Steuerpflichtiger anderen Personen erwerbsmäßig Wissen und Fähigkeiten vermittelt, einen freien Beruf darstellen. Unter teleologischen Gesichtspunkten erscheint der Anwendungsbereich unterrichtender Tätigkeiten damit von einer verhältnismäßig geringen Hürde geprägt.

e) Zwischenfazit und verfassungsmäßige Validierung

Ausgehend von den üblichen Interpretationsregeln konnten keine Anhaltspunkte ersehen werden, aufgrund derer der Typusbegriff der unterrichtenden Tätigkeit zwingend restriktiv auszulegen wäre. Vielmehr ist in Übereinstimmung mit den vorherrschenden Auffassungen[290] eine tendenziell großzügige Auslegung des Begriffs der unterrichtenden Tätigkeit möglich. Daher steht einer Einbeziehung auch gewandelter Lehrtätigkeiten in den Anwendungsbereich des ertragsteuerlichen Unterrichtsbegriffs grundsätzlich nichts im Wege.

Dieses Ergebnis ist allerdings auch im Lichte des Gebots der verfassungskonformen Auslegung zu betrachten. Diese dient in erster Linie der verfassungsrechtlichen Kontrolle des gefundenen Auslegungsergebnisses und gibt vor, dass unter mehreren möglichen Auslegungen stets derjenigen Auslegung der Vorzug zu gewähren ist, die im Einklang mit der Verfassung steht.[291] *In concreto* wäre eine Ausdehnung des ertragsteuerlichen Unterrichtsbegriffs auch auf moderne Lehrtätigkeiten geboten, wenn (nur) die Zuordnung der gewandelten Unterrichtstätigkeit zu § 18 Abs. 1 Nr. 1 S. 2 EStG mit dem Grundgesetz vereinbar

---

290 BFH v. 27.9.1956 – IV 601/55 U, BStBl. III 1956, 334 (335); *Güroff*, in: L/B/P, EStG, § 18 Rz. 115 (Stand: September 2018); *Stuhrmann*, in: K/S/M, EStG, § 18 Rn. B 76 (Stand: September 2015), FG München v. 21.9.1999 – 13 K 1283/95, EFG 2000, 130 (rkr.); FG Düsseldorf v. 27.1.1994 – 15 K 74/88 G, juris, Rn. 37; FG Berlin v. 29.7.1976 – V 38–39/76, EFG 1977, 316 (317); FG Hamburg v. 10.4.1992 – VI 331/90, Anhang I, Nr. 2 der Entscheidungsgründe, in einer – wie sich zeigen wird – wegweisenden (Vor-)Entscheidung für die Auslegung des ertragsteuerlichen Unterrichtsbegriffs, siehe insbesondere Erster Teil B.II.4.a)aa).

291 Vgl. grundlegend *Englisch*, in: Tipke/Lang, Steuerrecht, § 5 Rz. 92 m. w. N.; *Drüen*, in: Tipke/Kruse, AO/FGO, § 4 Rz. 238 m. u. w. N. (Stand: Oktober 2020).

wäre, während unter restriktiver(er) Auslegung des Unterrichtsbegriffs eine sachlich nicht zu rechtfertigende Schlechterstellung der gewandelten Lehrtätigkeiten zur traditionellen Lehre zutage träte. Zur Entscheidung hierüber werden nachfolgend die einzelnen Merkmale unterrichtender Tätigkeiten einer tiefgreifenden Betrachtung unterzogen, um schließlich eine steuersystematisch valide und mit der Verfassung im Einklang stehende Ein- und Abgrenzung des ertragsteuerlichen Unterrichtsbegriffs vornehmen zu können.

4. Die einzelnen Merkmale unterrichtender Tätigkeiten

a) Vermittlung von Wissen, Kenntnissen etc.

aa) Provenienz und Status quo

Das erste der drei Tätigkeitsmerkmale einer unterrichtenden Tätigkeit bildet die Vermittlung von Wissen, Kenntnissen, Fähigkeiten, Fertigkeiten, Handlungsweisen und Einstellungen. Es ist in seinem Kern auf eine – in Anbetracht der weitreichenden Historie der freiberuflich unterrichtenden Tätigkeit – relativ junge Entscheidung des FG Hamburg aus dem Jahre 1992[292] zurückzuführen, als sich der VI. Senat betreffend die Streitjahre 1987 und 1988 mit der umstrittenen Gewerblichkeit des Betriebs eines Sport- und Fitnessstudios befassen musste.[293] Im Zuge der Zurückweisung der zulässigen Klage definierte der entscheidende Senat – ohne nähere Angabe der Herkunft seines Verständnisses – Unterricht als „eine auf das Vermitteln von Kenntnissen und Fähigkeiten gerichtete Tätigkeit."[294] Im anschließenden Revisionsverfahren modifizierte der entscheidende Senat des BFH sein Begriffsverständnis marginal unter Übernahme der von

---

292 Die (Vor-)Entscheidung des FG Hamburg v. 10.4.1992 – VI 331/90 wurde zwar nicht amtlich veröffentlicht, dem Verfasser der vorliegenden Arbeit jedoch von der Geschäftsleitung des FG Hamburg für wissenschaftliche Zwecke anonymisiert zur Verfügung gestellt, siehe Anhang I.

293 Bemerkenswert ist, dass sich das Fachschrifttum bereits viele Jahre zuvor zu einer Umschreibung des ertragsteuerlichen Unterrichtsbegriffs bemühte. *Seeger*, in: Schmidt⁹, EStG, § 18 Rz. 13 etwa beschrieb die unterrichtende Tätigkeit als „eine auf das Vermitteln von Kenntnissen und Fähigkeiten gerichtete Tätigkeit". Nahezu übereinstimmend bezeichnete *Schick*, Die freien Berufe im Steuerrecht, S. 26 unterrichtende Tätigkeiten im Jahre 1973 als solche, bei der „die Vermittlung von Wissen und Fertigkeiten an Dritte im Vordergrund [steht]". Ähnlich verstand *Fleischmann*, Die freien Berufe im Rechtsstaat, S. 25 f., bereits im Jahre 1970 die unterrichtende Tätigkeit als „Weitergabe von Wissen, Fertigkeiten und Erfahrungen oder als Anregung und Anleitung anderer Menschen zu eigener Tätigkeit".

294 FG Hamburg v. 10.4.1992 – VI 331/90, Anhang I, Nr. 2 der Entscheidungsgründe.

Nieland[295] aus *Meyers Enzyklopädisches Lexikon*[296] entnommenen Definition von Unterricht als „die Vermittlung von Wissen, Kenntnissen, Fähigkeiten, Fertigkeiten, Handlungsweisen und Einstellungen durch Lehrer an Schüler [...]"[297].[298] In dieser Form ist das Merkmal zur ständigen Rechtsprechung[299] avanciert und wird entsprechend auch in der Literatur[300] adaptiert.[301]

---

295 *Nieland*, in: Littmann/Bitz/Hellwig, EStG, § 18 Rz. 115 (Stand: Juni 1995). Diese Ausführungen werden im Kern – jedoch ohne ausdrückliche Bezugnahme auf *Meyers Enzyklopädisches Lexikon* – bis heute zu fortgeführt durch den mit der Kommentierung des § 18 EStG beerbten *Güroff*, in: L/B/P, EStG, § 18 Rz. 115 (Stand: September 2018).

296 Meyers Enzyklopädisches Lexikon, Band 24, S. 200.

297 BFH v. 13.1.1994 – IV R 79/92, BStBl. II 1994, 362. Basierend hierauf lehnte der BFH schlussendlich die Annahme einer unterrichtenden Tätigkeit im Streitfall (zutreffend) mit der Begründung ab, dass die bloße Einweisung in die Nutzung der Sportgeräte hinter der gewerblichen Tätigkeit in der Überlassung der Geräte an seine Kunden zurückgetreten sei, weil die Einweisung (nur) die Gerätenutzung ermöglicht habe. Zugleich wies der IV. Senat jedoch – ebenfalls zutreffend – darauf hin, dass auch Fälle denkbar sind, „in denen die persönliche Begleitung des Trainings durch den Studioinhaber einen Umfang annimmt, der die Maschinen lediglich als Mittel zum Erteilen von Sportunterricht erscheinen läßt", mithin der Betrieb eines Fitnessstudios abhängig von den Umständen des Einzelfalls des Fitnessstudios durchaus eine freiberuflich-unterrichtende Tätigkeit darstellen kann, vgl. unter 4. der Entscheidungsgründe.

298 Zwar musste sich die Finanzgerichtsbarkeit auch schon zuvor mit Streitigkeiten betreffend (vermeintlich) freiberuflich-unterrichtend tätigen Personen befassen. Allerdings beliefen sich die dortigen Streitfragen zumeist auf andere Problemfelder, so etwa die Abgrenzung zwischen haupt- und nebenberuflicher Lehrtätigkeit (vgl. BFH v. 27.1.1955 – IV 504/54 U, BStBl. III 1955, 229), die Frage nach qualitativen Anforderungen an den Unterrichtsgegenstand (vgl. BFH v. 27.9.1956 – IV 601/55 U, BStBl. III 1956, 334 [335]) und die Einkünftequalifikation des Leiters einer Unterrichtsanstalt (BFH v. 13.12.1973 – I R 138/71, BStBl. II 1974, 213). Dabei stand scheinbar nicht infrage, dass die Tätigkeit als solche grundsätzlich unterrichtender Natur war.

299 Vgl. z. B. BFH v. 9.5.2017 – VIII R 11/15, BStBl. II 2017, 911 Rn. 15.

300 Statt aller *Brandt*, in: H/H/R, EStG, § 18 Rz. 121 (Stand: Februar 2020); *Mertzbach*, in: Fuhrmann/Kraeusel/Schiffers, EStG, § 18 Rz. 19 (Stand: März 2019); *Hutter*, in: Brandis/Heuermann, EStG, § 18 Rz. 103 (Stand: Juni 2020).

301 Auch die Finanzverwaltung hat sich dieser Interpretation – zwar nicht wörtlich, aber jedenfalls in der Sache – angeschlossen, vgl. H 18.1 „Beispiele für selbständige Nebentätigkeit" und „Lehrtätigkeit" EStH 2020, in dem die Tätigkeit eines Vortragenden an einer Hochschule, eines Honorarprofessors sowie eines an Berufs- und Meisterschulen tätigen Handwerksmeisters als unterrichtend qualifiziert werden.

bb) Vorliegender Rekurs auf den allgemeinen Sprachgebrauch

Mit der ausdrücklichen Bezugnahme des BFH ist die Aufnahme des erstgenannten Merkmals unterrichtender Tätigkeiten in die Rechtsprechung auf *Meyers Enzyklopädisches Lexikon* zurückzuführen. Die Herkunft dieses Tätigkeitsmerkmals liegt damit in dem allgemeinen, sprachgebräuchlichen Verständnis von Unterricht begründet. Dieser Bezugnahme kann insofern beigepflichtet werden, als in Ermangelung einer gesetzlichen Definition nur der Rückgriff auf das sprachgebräuchliche Verständnis einer unterrichtenden Tätigkeit verbleibt.[302] Zugleich bewegt sich die Auslegung des Unterrichtsbegriffs damit innerhalb der Auslegungsgrenze des sprachlich möglichen Wortsinns.[303] Dass dies auch heutigen Maßstäben entspricht, vermag etwa ein Blick in die derzeitige Unterrichtsdefinition der *Brockhaus Enzyklopädie*[304] zu belegen, die Unterricht nahezu identisch als „gezielte und geplante Vermittlung von Wissen, Fähigkeiten und praktischem Können" versteht. Dem Grunde nach kann damit an dem vorliegenden Tätigkeitsmerkmal festgehalten werden.

cc) Reichweite unterrichtender Tätigkeiten

Nach herrschender Auffassung kann grundsätzlich Unterrichtserteilung jeder Art Gegenstand einer freiberuflich unterrichtenden Tätigkeit sein.[305] Damit kommt es nicht darauf an, ob Gegenstand der Unterrichtung die Vermittlung einer Allgemeinbildung oder aber mehr oder weniger entbehrlicher Kenntnisse und Fähigkeiten ist[306].[307] Dieser Grundsatz soll allerdings dort seine Grenze

---

302 Vgl. *Brandt*, in: H/H/R, EStG, § 18 Rz. 111 (Stand: Februar 2020); *Güroff*, in: L/B/P, EStG, § 18 Rz. 108 (Stand: September 2018).

303 Vgl. *Larenz*, Methodenlehre der Rechtswissenschaft, S. 320, 322; *Gersch*, in: Klein, AO, § 4 Rz. 27; *Bydlinski*, Methodenlehre, S. 441.

304 Die Kurzform der Definition ist ohne Weiteres abrufbar unter www.brockhaus.de/ecs/enzy/article/unterricht, während es für zum Abruf des vollständigen Akteninhalts eines (kostenlosen) Benutzerkontos bedarf. Der vollständige Artikel befindet sich unter www.brockhaus.de/ecs/permalink/E5DAD2A79A302CC9C7949244E27DA462.pdf (jeweils zuletzt abgerufen am 27.12.2021).

305 Vgl. oben Erster Teil A.I.

306 Zutreffend *Tassius*, in: Bös/Schmieszek, GewStG, § 2 Rz. 80 (Stand: Juli 2021).

307 Abzugrenzen sind unterrichtende Tätigkeiten im Sinne des EStG somit von dem engeren Unterrichtsbegriff im umsatzsteuerrechtlichen Sinne. Hierzu sei nur exemplarisch auf die Differenzierung hinsichtlich der umsatzsteuerlichen Beurteilung der Erteilung von Tanzunterricht verwiesen, wonach es darauf ankommen soll, ob die erlernten Fähigkeiten durch die Schüler in erster Linie zur Freizeitbetätigung oder aber für Wettkampfzwecke genutzt werden, vgl. Abschn. 4.22.1 Abs. 4 UStAE, unter

finden, wo es sich nicht mehr um einen *allgemeingültigen* Unterrichtsgegenstand handelt, sondern der Inhalt der Unterrichtung speziell auf die Bedürfnisse einer Person abgestimmt ist und sich insoweit aus einem „Know-how-Mix“ aus mehreren Fachbereichen zusammensetzt.[308]

Der grundsätzlich unbegrenzten Weite unterrichtender Tätigkeiten ist zuzustimmen, zumal dem Steuerrecht keine Beurteilung des Inhalts einer unterrichtenden Tätigkeit zusteht.[309] Damit ist der sachliche Anwendungsbereich unterrichtender Tätigkeiten grundsätzlich auch für neu- und andersartige Gegenstände der Unterrichtung offen, die sich im digitalen Zeitalter aufgetan haben. Zudem kann sich die Vermittlung ebenso auf einzelne mosaikartige Fragestellungen oder Themenbereiche eines Unterrichtsgebiets fokussieren. Fraglich ist jedoch, wie sich der Grundsatz der unbegrenzten sachlichen Weite der Unterrichtung mit der Begrenzung auf allgemeingültige Unterrichtsinhalte vereinbaren lässt. Da die Rechtsprechung diese Einschränkung aus dem Merkmal einer „organisierten und institutionalisierten Form“ der Lehre ableitet, wird dieser Fragestellung in dem dazugehörigen Untersuchungsabschnitt nachgegangen[310].

dd) Voraussetzungen an die Vermittlung eines Unterrichtsinhalts

(1) Problemstellung

Rechtsprechung und Fachschrifttum sind einander einig, dass eine unterrichtende Tätigkeit lediglich die Vermittlung eines beliebigen Unterrichtsgegenstandes voraussetzt. Ebenso übereinstimmend sucht man jedoch vergeblich weitergehende Ausführungen darüber, unter welchen Voraussetzungen überhaupt die „Vermittlung“ eines Unterrichtsgegenstandes vorliegt.[311] Im Hinblick

---

Bezugnahme auf BFH v. 27.4.2006 – V R 53/04, BStBl. II 2007, 16. Demgegenüber fällt die Erteilung jedweder Formen des Tanzunterrichts seit jeher unter die Spannweite unterrichtender Tätigkeiten im Sinne des § 18 Abs. 1 Nr. 1 EStG, vgl. RFH v. 18.2.1920 – II A 59/20, RFHE 2, 155 (157).

308 Vgl. z. B. BFH v. 11.6.1997 – XI R 2/95, BStBl. II 1997, 687 (Beratung von Führungskräften); v. 2.2.2000 – XI R 38/98, BFH/NV 2000, 839 (Hypnosetherapeut); v. 23.10.2018 – VIII B 44/18, BFH/NV 2019, 108 Rz. 6 (Produktschulungen); FG Hessen v. 20.7.2016 – 8 K 86/11, EFG 2016, 1619 Rn. 47 (Karriereberater, rkr.).

309 So auch *Schick*, Die freien Berufe im Steuerrecht, S. 26.

310 Siehe Erster Teil B.II.4.b).

311 Auch zuletzt hat die Rechtsprechung das Merkmal der „Vermittlung von Wissen, Fähigkeiten, Fertigkeiten, Handlungsweisen und Einstellungen“ ohne nähere Definition lediglich wortgetreu übernommen, vgl. BFH v. 29.9.2020 – VIII R 10/17, juris, Rn. 23.

auf die Facetten des E-Learnings, in denen stets physische sowie häufig auch verbale Echtzeitinteraktionsmöglichkeiten zwischen Lehrpersonen und Schüler ausbleiben, drängt sich jedoch die Frage auf, ob respektive unter welchen Voraussetzungen, Wissen etc. insbesondere durch eine auf digitalem Wege ausgeübte Tätigkeit „vermittelt" werden kann.

(2) Lehrbefähigung als Ausgangspunkt des Lehrens

Die Vermittlung eines Unterrichtsgegenstandes setzt zunächst einmal voraus, dass der Lehrende die Befähigung aufweist, die Kenntnisse und Fähigkeiten an lernwillige Personen vermitteln zu können.[312] Mit anderen Worten muss der Lehrende dazu imstande sein, mit seiner Tätigkeit (kausal) einen Lernerfolg hinsichtlich des betroffenen Unterrichtsgegenstandes aufseiten eines Lernenden[313] herbeiführen zu können. Eines formellen Nachweises über die Lehrbefähigung bedarf es hierzu allerdings ebenso wenig[314] wie einer besonderen fachlichen

---

312 So zutreffend FG Hamburg v. 10.4.1992 – VI 331/90, Anhang I, Nr. 2 der Entscheidungsgründe, sowie *Fleischmann*, Die freien Berufe im Rechtsstaat, S. 26. Vgl. auch BFH v. 1.4.1982 – IV R 130/79, BStBl. II 1982, 589 (590), sowie FG Baden-Württemberg v. 12.12.2007 – 7 K 283/04, EFG 2008, 795 (796). Ähnlich im Ergebnis wohl *Güroff*, in: L/B/P, EStG, § 18 Rz. 117 (Stand: September 2018), wonach „die tatsächliche Vermittlung von Wissen, Kenntnissen und Fertigkeiten aufgrund von *(hoffentlich vorhandener) Befähigung* [Hervorh. d. Verf.] hierzu" genügen solle, obschon genau genommen – wie vorstehend dargelegt – andersherum die tatsächlich stattfindende Vermittlung von Wissen etc. gerade eine hinreichende Lehrbefähigung *voraussetzt.*

313 Maßgeblich ist hierbei insbesondere der Horizont des Adressatenkreises der Unterrichtstätigkeit. Daher sind bei der Frage nach der möglichen Erlernbarkeit des Unterrichtsgegenstandes auch die in der Regel vorhandenen Vorkenntnisse sowie das übrige Lernumfeld des Adressaten der Unterrichtung zu berücksichtigen, sodass auch fachbezogenes Spezialwissen Gegenstand der Vermittlung sein kann.

314 Statt vieler *Korn*, in: Korn, EStG, § 18 Rn. 50 (Stand: August 2018). Erfordert die Lehrtätigkeit im Einzelfall eine Zulassung oder Erlaubnis (z. B. bei einem Fahrlehrer), so wird das Vorliegen der notwendigen Kenntnisse sowie der Lehrbefähigung jedenfalls dann zu bejahen sein, wenn der Lehrende diese erforderliche Zulassung besitzt. Mangelt es hingegen an dieser, so kann dies zwar ein Indiz gegen hinreichende Kenntnisse und Lehrbefähigung sein. Gleichwohl führt die fehlende Zulassung – anders als bei den mit geschützten Bezeichnungen versehenen Katalogberufen – nicht per se zu einer Versagung der Möglichkeit des Vorliegens einer freiberuflichen (unterrichtenden) Tätigkeit, vgl. *Schick*, Die freien Berufe im Steuerrecht, S. 26 f. A. A. *Güroff*, in: L/B/P, EStG, § 18 Rz. 117 (Stand: September 2018).

Ausbildung[315].[316]

Fraglich ist jedoch, in welchem Maße die betreffende Person eine entsprechende Lehrbefähigung besitzen muss, damit im vorbezeichneten Sinne eine Vermittlung des Unterrichtsgegenstandes angenommen werden kann. Bereits vorstehend wurde festgehalten, dass ein hohes Niveau der unterrichtenden Tätigkeit für die Qualifikation der Tätigkeit nicht entscheidend ist.[317] Zwar soll sich der Freiberufler mitunter durch seine besondere Qualifikation auszeichnen. Allerdings versinnbildlicht ein Blick in Rechtsprechung zu freiberuflich-schriftstellerischen Tätigkeiten, dass hieraus nicht gefolgert werden darf, die Tätigkeit müsse sich stets auf hochtrabendem Niveau bewegen. So hat bereits der RFH[318] ausdrücklich klargestellt, dass es neben herausragenden ausdrücklich auch „schlechte Schriftsteller“ geben kann. Dieses Credo vermag einerseits deshalb zu überzeugen, weil die ertragsteuerliche Einordnung einer Tätigkeit ansonsten stark von subjektiven Maßstäben abhängen würde, die sich im Lichte der verpflichtend gleichheitskonformen Abgrenzung freiberuflicher Einkünfte als untauglich erwiesen haben.[319] Andererseits ist bei der ertragsteuerlichen Einordnung eines Erwerbshandelns wesentlich auf den Inhalt der Tätigkeit als solchen abzustellen.[320] Das bedeutet, dass es – vereinfacht gesagt – zur Einordnung einer Tätigkeit entscheidend auf den Inhalt der ausgeübten Tätigkeit als solchen ankommt und nicht auf die im Zuge der Tätigkeitsausübung erreichten

---

315 Vgl. BFH v. 24.4.1959 – VI 29/59 S, BStBl. III 1959, 193 (194); *Güroff*, in: L/B/P, EStG, § 18 Rz. 115 (Stand: September 2018).

316 Dies trifft insofern zu, als dem Begriff der unterrichtenden Tätigkeit gerade keine (gegebenenfalls geschützte) Berufsbezeichnung zugrunde liegt. Entscheidend ist somit nicht die Ausübung eines bestimmten Berufs, sondern die *inhaltliche* Beurteilung der Tätigkeit ihrem Wesen nach als unterrichtend. Dementsprechend kommt es bei der Einkünftequalifikation nicht darauf an, ob der Steuerpflichtige eine zur Berufsausübung gegebenenfalls erforderliche Zulassung besitzt, weil das Fehlen einer nach außersteuerlichen Gesetzen erforderlichen formellen Zulassung den (ertragsteuerlichen) Gehalt der Tätigkeit nicht zu tangieren vermag.

317 So auch *Fleischmann*, Die freien Berufe im Rechtsstaat, S. 26; BFH v. 27.9.1956 – IV 601/55 U, BStBl. III 1956, 334 (335).

318 Vgl. RFH v. 16.2.1940 – V 296/38, RStBl. 1940, 415, wonach es neben herausragenden ausdrücklich auch „schlechte Schriftsteller“ im Sinne des § 18 Abs. 1 Nr. 1 S. 2 EStG geben kann. Dabei verlangt allerdings *Stuhrmann*, in: K/S/M, EStG, § 18 Rn. B 68 (Stand: September 2015), dass die schriftstellerische Äußerung zumindest das Ergebnis einer intellektuellen Wertung sein muss.

319 So auch *Schneider*, DStR 1993, 301 (306).

320 So auch *Führer*, Abgrenzung der privaten Vermögensverwaltung, S. 55 m. w. N.

Resultate. Anderenfalls würde die Einkünftequalifikation ganz wesentlich von den individuellen Belangen des Leistungsempfängers und damit letzten Endes vom Zufall abhängen. Entscheidend z. B. für die Zuordnung einer Tätigkeit zu den Heilberufen ist daher weniger ein tatsächlicher Behandlungserfolg als die Feststellung, dass eine Tätigkeit ausgehend von einer ärztlichen Befähigung erfolgt, anhand derer eine Heilung objektiv möglich erscheint.[321] Ähnlich verhält es sich auch bei einem freiberuflichen Schriftsteller, für den es entscheidend darauf ankommt, dass er für die Öffentlichkeit schreibt; nicht jedoch, dass die Öffentlichkeit auch tatsächlich liest.[322]

Für das einer unterrichtenden Tätigkeit immanente Merkmal der „Vermittlung" eines Unterrichtsgegenstandes kann daher nicht vorausgesetzt werden, dass die Kenntnisse und Fähigkeiten dem Destinatär auch tatsächlich erfolgreich vermittelt werden konnten. Infolgedessen kommt es insbesondere nicht darauf an, ob der Lehrende dem einzelnen Lerntyp bei seiner Tätigkeitsausübung gerecht wird und das Auftreten von Missverständnissen und Problemen durch eine individuelle Unterstützung und Betreuung ausgeschlossen werden kann. Zugleich kann aus dem Umstand, dass dem Steuerrecht keine – von subjektiven Maßstäben geprägte – Beurteilung des Inhalts einer unterrichtenden Tätigkeit zusteht, gefolgert werden, dass nicht bloß hochqualitative und didaktisch wertvolle Lehre als unterrichtend im Sinne des § 18 Abs. 1 Nr. 1 S. 2 EStG eingestuft werden kann, sondern ebenso mittelmäßiger bis hin zu mangelhaftem Unterricht. Für die Annahme der erforderlichen Lehrbefähigung ist damit ausreichend, wenn sie in einem solchen (Mindest-)Maß vorhanden ist, dass der kausale Übergang des Unterrichtsinhalts unter Berücksichtigung der Rahmenbedingungen[323] der Lehre unter objektiven Gesichtspunkten in seinen Grundzügen oder zumindest in Teilen möglich ist.

---

321 Vgl. BFH v. 26.5.1977 – V R 95/76, BStBl. II 1977, 879 (880).

322 Vgl. z. B. BFH v. 10.9.1998 – IV R 16/97, BStBl. II 1999, 215 (216). Ähnlich verhält es sich auch bei einem freiberuflichen Journalisten, zu dessen Wesen es gehört, dass er sich mit den Ergebnissen seiner Arbeit über ein Medium an die Öffentlichkeit wendet; nicht jedoch, dass die Öffentlichkeit diese Tätigkeit auch tatsächlich wahrnimmt, vgl. BFH v. 16.9.2014 – VIII R 5/12, BStBl. II 2015, 217 Rn. 25 m. w. N.

323 Neben den Umständen der gewählten elektronischen Lehrfacetten ist dabei auch zu berücksichtigen, dass sich die Erlernbarkeit eines Unterrichtsgegenstands möglicherweise erst dadurch ergeben kann, dass die einzelne Tätigkeit Bestandteil eines vorgefertigten *Blended-Learning*-Konzeptes ist. So kann etwa ein Flugschüler, der einmal pro Woche eine Flugstunde erhält, ein Lehrvideo dazu nutzen, sich das Erlernte – beispielsweise die Grundzüge und den Ablauf einer Landung – im Nachgang nochmals erklären und zeigen zu lassen, und auf diese Weise zu wiederholen, Lernlücken zu

Im Umkehrschluss mangelt es (nur) dann an der für die „Vermittlung" erforderlichen Lehrbefähigung, wenn eine Erlernbarkeit des Unterrichtsgegenstandes ausgehend von der Tätigkeit des Lehrbemühten (gar) nicht möglich ist, insbesondere wenn und weil er selber nicht die zu vermittelnden Kenntnisse und Fähigkeiten besitzt.

(3) Lehrausrichtung als Kern der Tätigkeit

Weist ein Steuerpflichtiger die nötige Lehrbefähigung auf, um ein Unterrichtsgegenstand vermitteln zu können, so ist seine Tätigkeit damit nicht *eo ipso* eine unterrichtende. Vielmehr stellt die Lehrbefähigung lediglich den erforderlichen Grundstein zur Unterrichtung dar. Weiterhin ist im Lichte der streng tätigkeitsbezogenen Betrachtungsweise erforderlich, dass die tatsächlich ausgeübte Tätigkeit auch *primär auf die Vermittlung des Unterrichtsgegenstandes ausgerichtet* ist.[324] Denn nicht sämtliche Tätigkeiten, die eine Person ausübt, welche die Voraussetzung zur Ausübung eines freien Berufes erfüllt, sind per se Berufstätigkeiten im Sinne des § 18 Abs. 1 Nr. 1 S. 2 EStG.[325]

Diese Feststellung geht überdies auch mit dem *Typus einer unterrichtenden Tätigkeit* einher, für den es wesentlich prägend ist, dass der Unterrichtende derart unidirektional-lehrtypisch auf den Lernenden einwirkt, dass innerhalb dieses

---

schließen und etwaig nochmals zusätzliche Tipps zu erlangen. In diesem Fall könnte dem Ersteller des Videos wohl nur schwerlich die Einordnung als unterrichtend tätiger versagt werden, nur weil das Video alleine wohl nicht zum Erfolg führen würde. Siehe zu der Grundsatzfrage nach der Vermittelbarkeit eines Unterrichtsgegenstandes auf digitalem Wege z. B. per „Lehrkonserve" ausführlich unten Erster Teil B.II.4.a)dd)(4).

324 Ähnlich *Schick*, Die freien Berufe im Steuerrecht, S. 26 f., der für die Annahme einer unterrichtenden Tätigkeit verlangt, dass die Vermittlung von Wissen etc. „im Vordergrund" steht. Zu beachten ist indes, dass sich nachfolgend im Wesentlichen (nur) der Frage gewidmet wird, ob innerhalb der Einkünfteerzielung zugrunde liegenden Tätigkeit überhaupt eine primär auf die Vermittlung von Wissen und Fähigkeiten ausgerichtete Komponente ausgemacht werden kann. Der sich hieran nicht selten anschließenden Frage, ob die Kollision einer bejahten freiberuflichen Tätigkeitskomponente mit etwaigen – jedenfalls isoliert betrachtet – andersartigen Tätigkeiten eine abweichende Einkünftequalifikation zur Folge haben kann, wird sich die vorliegende Untersuchung ausführlich im zweiten Teil widmen. Vorliegend bleibt der Fokus indes darauf, ob und wann eine Tätigkeit überhaupt als „auf die Vermittlung von Wissen etc. ausgerichtet" angesehen werden kann, mithin das erstgenannte Merkmal einer freiberuflich-unterrichtenden Tätigkeit grundsätzlich erfüllt wäre.

325 So auch *Kanzler*, FR 2015, 288 (290); *Pfirrmann*, in: Kirchhof/Seer, EStG, § 18 Rn. 39. Vgl. ferner *Schick*, Die freien Berufe im Steuerrecht, S. 31 f.

Einwirkungsprozesses die zu erlernenden Inhalte von der Lehrperson (kausal) auf den Schüler übergehen können.[326] Daher sind Unterrichtstätigkeiten insbesondere abzugrenzen von solchen, bei denen *lediglich nebensächliche Lerneffekte* als tätigkeitsimmanente Begleiterscheinung auftreten.[327] Hierzu vermögen als Exempel die Tätigkeit eines Journalisten dienen, der über die politische Lage eines Landes berichtet, sowie die Tätigkeit eines Elektronikhändlers, der seinem erwerbsinteressierten Kunden die Funktionen eines elektronischen Geräts vermittelt. Obschon der Empfänger der jeweiligen Tätigkeit – regelmäßig unbewusst – etwas lernt, avisieren derlei Tätigkeiten aufgrund ihrer andersartigen Ausrichtung nicht primär die lehrtypische Vermittlung von Wissen und Fähigkeiten. Vielmehr handelt es sich bei der erläuternden Komponente lediglich um Nebensächlichkeiten, die hinter der eigentlichen Tätigkeit (hier: Berichterstattung über aktuelle Geschehnisse bzw. Anbahnung eines Umsatzgeschäfts) zurücktreten. Damit ist dem BFH zuzustimmen, wenn er das Verfassen sowie den Vortrag eines Rundfunk-Essays (nur) im Bereich journalistischer oder schriftstellerischer Tätigkeiten verortet, nicht jedoch im Bereich des freiberuflichen Unterrichts.[328] Dies nicht etwa, weil es an einer Einflussnahme durch den persönlichen Kontakt mit den Hörern fehlt, sondern weil eine unterrichtstypische Ausrichtung auf das Vermitteln eines Unterrichtsgegenstandes mehr verlangt als die (bloße) Niederlegung und anschließende Wiedergabe von allgemeinbildenden Informationen im Rahmen eines Essays, das lediglich Einblicke in ein Themengebiet liefern und dahingehende Denkanstöße eröffnen soll, während das gedankliche Fazit dem Leser bzw. Zuhörer überlassen wird.[329]

Wie schmal der Grat zwischen einer Ausrichtung auf die Vermittlung von Wissen auf der einen und der Vermittlung von Wissen als (untergeordneter) Nebeneffekt auf der anderen Seite ist, vermag überdies ein Blick in die Rechtsprechung betreffend die Tätigkeit eines Reiseleiters sowie eines Informationsfahrtbegleiters

---

326 Aufgrund der streng tätigkeitsbezogenen Betrachtungsweise kommt es dabei nicht darauf an, ob die Unterrichtstätigkeit synallagmatisch unmittelbar an den Schüler gelangt oder Leistungsempfänger der Unterrichtstätigkeit z. B. eine (zwischengeschaltete) Institution ist.

327 Dies korreliert abermals mit der zeitgenössischen Begriffsdefinition von Unterricht der *Brockhaus Enzyklopädie* als „gezielte und geplante Vermittlung von Wissen, Fähigkeiten und praktischem Können" in Abgrenzung zu rein zufälligen Belehrungen, vgl. www.brockhaus.de/ecs/enzy/article/unterricht (zuletzt abgerufen am 27.12.2021).

328 Vgl. BFH v. 17.10.1991 – IV R 106/90, BStBl. II 1992, 176 (177).

329 Auf dieser Linie liegt auch die treffende Argumentation der Vorinstanz, vgl. FG Berlin v. 16.1.1989 – VIII 257/88, EFG 1990, 15.

zu veranschaulichen. Denn im Einklang mit den vorbezeichneten Grundsätzen hat der BFH die Tätigkeit eines Reiseleiters, innerhalb derer der Erläuterung von Wissen und Sehenswürdigkeiten über das bereiste Land nur eine untergeordnete Bedeutung zukam, als gewerblich eingeordnet.[330] Dahingegen wurde die Tätigkeit eines Informationsfahrtbegleiters als freiberuflich-unterrichtend qualifiziert, weil seine Tätigkeit (fast) ausschließlich in der Vermittlung von umfassendem Wissen über eine Weltstadt bestand.[331]

Abzugrenzen sind unterrichtende Tätigkeiten demgemäß ebenso von der bloßen Demonstration von Fähigkeiten und Fertigkeiten, weil in dem schlichten Vormachen kein lehrtypisches Einwirken erblickt werden kann, vermittels dessen die Fähigkeiten auch auf den Zuschauer übergehen können, mithin die Tätigkeit nicht im Vordergrund auf die Vermittlung der Fähigkeit oder Fertigkeit ausgerichtet ist, sondern lediglich auf eine (Selbst-)Darstellung.[332] Die schlichte Möglichkeit der Nachahmung durch den Zuschauer verleiht der ausgeübten Tätigkeit nicht den Charakter einer Unterrichtung.

Beispiel 1: YouTuber A veröffentlicht regelmäßig Videos, in denen er zu jüngst erschienener Musik selbst erdachte Tanzschritte aufführt, die die Zuschauer ausweislich seiner Videobeschreibung „gerne auch nachmachen können".

Zwar besitzt A die Fähigkeiten, die der Zuschauer des Videos gerne erlernen möchte. Damit steht der Annahme einer Lehrbefähigung in der Regel nichts entgegen. Gleichwohl stellt sich die ausgeübte Tätigkeit nicht als „Vermittlung" der Tanzschritte dar, zumal der Kern der Tätigkeit des A in der bloßen Praktizierung seiner Fähigkeit besteht, mithin keine primäre Ausrichtung der Tätigkeit auf die Vermittlung der Tanzfähigkeiten vorliegt. Insofern unterscheidet sich die Tätigkeit des A kaum von üblichen Musikvideos, in denen beispielsweise choreografisch getanzt wird. Auch hier könnte der Zuschauer, wenn er sich hinreichend bemüht, zumindest einen Teil der Schrittfolge imitieren.

---

330 FG Nürnberg v. 25.5.1962 – V 35/62, EFG 1963, 63; so auch *Korn*, in: Korn, EStG, § 18 Rn. 52 (Stand: August 2018); *Stuhrmann*, in: K/S/M, EStG, § 18 Rn. B 270 (Stand: September 2015).

331 FG Berlin v. 29.7.1976 – V 38–39/76, EFG 1977, 316 (317); *Korn*, in: Korn, EStG, § 18 Rn. 52 (Stand: August 2018).

332 Ähnlich *Moritz/Baumgartner*, in: Bordewin/Brandt, EStG, § 18 Rn. 267 (Stand: Dezember 2019). Insoweit würde es sich eher um eine unterhaltende Tätigkeit handeln, die vorbehaltlich künstlerischer Gestaltungshöhe grundsätzlich nicht in der freiberuflichen Sphäre anzusiedeln ist, vgl. *Steiner/Wichert*, in: Lademann, EStG, § 18 Rz. 357 (Stand: September 2019).

Beispiel 2: Handwerker B veröffentlicht auf einer eigenen Webseite Kurzvideos, in denen er bei der Ausführung einfachster handwerklicher Arbeiten zu sehen ist. Seine verbalen Ausführungen beschränken sich dabei auf eine bloße Beschreibung seiner Handlungen. Weitergehende Erläuterungen der einzelnen Arbeitsschritte nimmt B nicht vor.

Obgleich B seine vorgemachten Arbeiten zusätzlich kommentiert, beschränkt sich seine Tätigkeit doch insgesamt auf eine reine Dokumentation seiner persönlichen Fähigkeiten. Eine Erlernbarkeit mag zwar auch hier grundsätzlich möglich sein. Nichtsdestotrotz wohnt der Tätigkeit des B eher der Charakter einer Gebrauchsanweisung inne statt einer unterrichtstypischen Ausrichtung auf die gezielte Vermittlung der Fähigkeiten.

Beispiel 3: Unternehmen U ersetzt physische Handbücher zunehmend durch Video-Tutorials, in denen dem Kunden die wesentlichen Funktionen der einzelnen Produkte sowie Handlungsmaßnahmen zur Behandlung etwaiger Probleme erklärt werden.

In der Erstellung der videobasierten Bedienungsanleitung für die Produkte von U kann keine unterrichtende Tätigkeit erblickt werden, weil sich die Handlungen auf eine rein vorführende Darstellung beschränken. Eine lehrtypische Vermittlung von Wissen oder Fähigkeiten liegt nicht vor.

Anhand der vorbezeichneten Beispiele sei verdeutlicht, dass „How-to-Videos" bzw. „Video-Tutorials", die sich in der Regel auf eine gegebenenfalls zwar verbal begleitete, gleichwohl jedoch rein performative Handlung beschränken, d. h. im Kern zum Nachmachen vorgemacht werden,[333] zumeist in ihrer schlichten Form nicht primär auf die Vermittlung von Wissen und Fähigkeiten ausgerichtet sind. Sie sind vielmehr als eine unterhaltsame Art von Bedienungsanleitungen abzugrenzen von einer medialen Unterrichtstätigkeit, innerhalb derer explizit auf die Vermittlung einer Fähigkeit gerichtete, lehrtypische verbale Anleitungen und Erläuterungen erfolgen.[334]

Fortsetzung Beispiel 1 und 2: Zusätzlich zu der Demonstration der eigenen Fähigkeiten ergänzen A und B ihre Aufzeichnungen um aufwendige Erläuterungen, innerhalb derer sie mitunter minutiös erklären, worauf bei der Ausführung im Einzelnen jeweils zu achten ist und antizipieren dabei übliche Probleme und Fehler, die im Zuge des Lernens sowie der Anwendung der Fähigkeit auftreten.

Die Tätigkeiten von A und B sind nunmehr in ihrer Gesamtheit auf die Vermittlung einer Fähigkeit ausgerichtet. Ortsgebundenem Tanz- oder Handwerksunterricht stehen sie in ihrem Kern kaum nach.

---

333 *Wolf*, merz 59 (2015), 30.

334 Vgl. *Busemann/Gilson*, DStR 2019, 2178 (2181), unter Verweis auf BMF v. 25.11.2010 – IV C 3–S 2303/09/10002, FMNR5df000010, Rn. 17.

Daran zeigt sich plakativ, dass auch besonders unterhaltsame Lehre (sog. *Edutainment*[335]) im Kern eine Tätigkeit darstellen kann, die primär auf die Vermittlung eines Unterrichtsgegenstandes gerichtet ist. Ein gewisser Unterhaltungswert und das Vorliegen von Unterricht schließen einander insbesondere nicht aus; vielmehr leben Lehrvideos im Internet – gerade auf kommerziellen Videoplattformen wie YouTube – von ihrem besonderen Unterhaltungswert und erfreuen sich gerade deshalb einer so großen und zunehmenden Beliebtheit und Resonanz, weil sie die angestrebten Lernziele spielerisch, lebhaft und nicht selten auch mit humoristischen Elementen versetzt vermitteln.[336] Insbesondere aufgrund der besonderen Art und Weise, wie Produzenten wie „Wissen2Go“[337] oder „Mathe by Daniel Jung“[338] den Unterrichtsinhalt vermitteln, galt YouTube im Jahre 2020 erneut als beliebtestes Lernwerkzeug[339].

Resümierend festzuhalten bleibt, dass eine auf die Vermittlung von Wissen und Fähigkeiten gerichtete Tätigkeit zum einen verlangt, dass der Erwerbstätige die hierzu erforderliche Lehrbefähigung aufweist und zum anderen additiv voraussetzt, dass die ausgeübte Tätigkeit als solche auch über eine lehrtypische Einwirkung auf den Destinatär primär auf die Vermittlung des Unterrichtsgegenstandes ausgerichtet ist. Hierüber ist im Einzelfall unter Berücksichtigung aller Charakteristika des jeweiligen Lehrmediums zu befinden.

---

335 Der sprachgebräuchlich etablierte Begriff setzt sich zusammen auf den englischen Wörtern *education* (Bildung) und *entertainment* (Unterhaltung) und umschreibt in Kombination das spielerische bzw. unterhaltsame Lernen.

336 Vgl. etwa den Mathematik-Song des YouTubers *DorFuchs* zur Herleitung und Einprägung der Binomischen Formeln, der mit inzwischen über 4 Mio. Aufrufen eindrucksvoll unter Beweis stellt, dass die Kombination der Lehre mit Unterhaltung synergetisch sein kann, vgl. www.youtube.com/watch?v=EYbvhWEG6kE (zuletzt abgerufen am 27.12.2021). Insofern wäre sogar denkbar, dass das eigenschöpferische Moment soweit reicht, dass die Tätigkeit zugleich als künstlerisch zu qualifizieren sein könnte. Da sich die intellektuellen freiberuflichen Tätigkeiten aber nicht ausschließen, sondern vielmehr nebeneinander vorliegen können, wäre dies für die hier vorzunehmende Einordnung der Tätigkeit als unterrichtend unschädlich.

337 YouTube-Kanal abrufbar unter www.youtube.com/user/MrWissen2go (zuletzt abgerufen am 27.12.2021).

338 YouTube-Kanal abrufbar unter www.youtube.com/channel/UCPtUzxTfdaxAmr4i e9bXZVA (zuletzt abgerufen am 27.12.2021).

339 Dies ergab eine jährliche internationale Umfrage von *Jane Hart*, abrufbar unter www.toptools4learning.com (zuletzt abgerufen am 27.12.2021).

(4) *Digitale Vermittelbarkeit eines Unterrichtsgegenstandes*

(a) *Problemstellung*

Zur Beantwortung der Frage, ob eine Tätigkeit auf die Vermittlung eines Unterrichtsgegenstandes ausgerichtet ist, bleibt nach den vorbezeichneten Feststellungen im Lichte der digitalen Lehrfacetten und den damit verbundenen Rahmenbedingungen schließlich die Frage, ob die (digitale oder reelle) Anwesenheit bzw. Greifbarkeit der Unterrichtsprotagonisten und die damit verbundenen Echtzeitinteraktionsmöglichkeiten zwischen Lehrer und Schüler eine hierzu unverzichtbare Komponente darstellen. Die nachfolgenden Ausführungen blicken somit entscheidend darauf, ob eine Tätigkeit auf die Vermittlung von Wissen etc. ausgerichtet sein kann, wenn die Lehrform im äußersten Falle jedweder unmittelbaren Interaktionsmöglichkeit mit dem Edukanden in Echtzeit entbehrt, mithin ob die Vermittlung von Wissen, Kenntnissen, Fähigkeiten, Fertigkeiten, Handlungsweisen und Einstellungen auch rein medial z. B. über eine „Lehrkonserve" erfolgen kann.

(b) *Vermittlung kognitiver Fähigkeiten*

Für die Unabdingbarkeit eines interaktiven und kommunikativen Lehrer-Schüler-Austauschs könnte sprechen, dass seit jeher mitunter zum zentralen Aufgabenbereich eines Lehrers gehört, den Lernerfolg zu kontrollieren, gegebenenfalls auftretende Fragestellungen und Fehler zu identifizieren und zu korrigieren sowie Anregungen und Motivation für eine weitere Vertiefung zu geben.[340]

Hierzu ist allerdings zuvorderst anzumerken, dass (Hochschul-)Lehrer mit ihrer selbständigen Tätigkeit, beispielsweise als Dozent auf Fachtagungen oder als Lehrbeauftragter an einer Universität, zwar typischerweise unter den ertragsteuerlichen Unterrichtsbegriff fallen mögen, gleichwohl jedoch der Begriff unterrichtender Tätigkeiten mit der Beliebigkeit des Unterrichtsgegenstandes[341] einen bedeutend weiteren Anwendungsbereich umfasst als die Tätigkeit eines Lehrers, wie er in schulischen Einrichtungen vorzufinden ist. Infolgedessen würde eine eng am Bild eines traditionellen (Hoch-)Schullehrers orientierte Auslegung des ertragsteuerlichen Unterrichtsbegriffs zu kurz greifen.

Gleichwohl vermag selbst ein Blick auf konventionelle Hochschullehrer zu zeigen, dass seit jeher auch dann gelehrt und gelernt wird, wenn Interaktionen zwischen Lehrendem und Lernenden aufgrund der Rahmenbedingungen der

340 Vgl. *Schärtl*, ZDRW 2018, 336 (343).
341 Vgl. Erster Teil B.II.4.a)cc).

Lehre nicht stattfinden. So liegt etwa der Wert einer universitären Massenveranstaltung, in welcher der Lehrende die Studierenden aufgrund der Hörsaalgröße kaum noch identifizieren kann, jedenfalls nicht im guten Kontakt zu jedem einzelnen Teilnehmer und der persönlich-individuellen Unterstützung und Einwirkung, sondern vielmehr in der Lernmotivation, dem persönlichen, emotional relevanten Eindruck und dem Austausch mit Kommilitonen[342].

Überdies zeigt sich unter zeitgemäßer Betrachtung des Schul- und Hochschulunterrichts, dass auch dort unter Einsatz von Lehrmanagementsystemen Videoangebote als Lehrmedium verstärkt zum Einsatz kommen.[343] Wenngleich es dem tradierten Bild eines Lehrers noch entsprechen mochte, dass ein leibhaftiges Zusammentreffen aller Unterrichtsprotagonisten üblich war, so zeigt doch die heutige Realität, dass dies spätestens in Zeiten von E-Learning flächendeckend nicht mehr der Fall ist. So lassen sich beispielsweise universitäre Vorlesungen als denkbare Alternative zu Präsenzveranstaltungen digital als Veranstaltung in Echtzeit oder als vorbereitete Aufzeichnung durchführen.[344] Dies entspricht auch der weiteren Definition von Unterricht in dem historischen *Meyers Enzyklopädischem Lexikon*, aus welchem der BFH in 1994 sein Verständnis von Unterricht speiste[345]. So hieß es bereits in der Fassung des Jahres 1979, dass der persönliche Kontakt zwischen Lehrendem und Lernenden „für den U. [Unterricht – Anm. d. Verf.] nicht mehr konstitutiv [ist]“[346].

Mit dieser grundsätzlichen Gleichwertigkeit von Präsenz- und medienbasierter Lehre ist derzeit der Wunsch nach Vorlesungsaufzeichnungen aufseiten der Studierenden sehr hoch.[347] Entsprechend wurde den Studierenden die

---

342 Treffend *Beurskens*, ZDRW 2016, 1 (5). Gleichwohl wäre die Vortragstätigkeit ohne besondere Schwierigkeiten im Bereich freiberuflich-unterrichtender Tätigkeiten zu verorten.

343 Vgl. *MMB-Institut für Medien- und Kompetenzforschung*, Welche der folgenden Technologien und Anwendungen nutzen Sie bei welcher Gelegenheit zum Lernen?, Statistik abrufbar unter de.statista.com/statistik/daten/studie/733687/umfrage/nutzung-von-lerntechnologien-durch-studierende-in-deutschland (zuletzt abgerufen am 27.12.2021).

344 *Zwickel*, ZDRW 2020, 128.

345 BFH v. 13.1.1994 – IV R 79/92, BStBl. II 1994, 362.

346 Meyers Enzyklopädisches Lexikon, Band 24, S. 200.

347 Ausweislich einer Befragung an der Heinrich-Heine-Universität Düsseldorf empfinden rund 80 % der Studierenden Vorlesungsaufzeichnungen als wünschenswert, vgl. www.elearning.hhu.de/fileadmin/E-Learning/pdfreport_Studierende.pdf (zuletzt abgerufen am 27.12.2021).

digitale Unterrichtsvariante z. B. in Gestalt von Lehrvideos teilweise bereits vor der Corona-Pandemie als gleichrangige Alternative zu Präsenzveranstaltungen angeboten und ihnen insoweit eine freie Auswahlmöglichkeit gelassen. Damit hängt die zum Lehren und Lernen gewählte Unterrichtsvariante letzten Endes von den subjektiven Vorstellungen des einzelnen Lehrers sowie Lerntyps[348] ab, die in der Erstellung dem Dozenten und in der Auswahl dem Lernenden obliegt und im Hinblick auf die didaktische Freiheit des Lehrenden weiterhin obliegen soll.[349]

Aus ertragsteuerlicher Sicht jedoch bleiben die subjektiven Vorstellungen des Schülers außen vor, zumal – wie oben herausgestellt[350] – ein tatsächlicher Lernerfolg ausgehend von den subjektiven Vorlieben sowie den Stärken und Schwächen des einzelnen Lerntyps nicht für die Einkünftequalifikation maßgeblich ist. Jede andere steuerliche Beurteilung würde zudem nicht nur der insgesamt vorzufindenden Gleichgewichtung beider Lehrformen zuwiderlaufen, sondern auch dazu führen, dass die ertragsteuerliche Qualifikation der Tätigkeit eines Lehrenden von dem bevorzugten Lernweg der einzelnen Teilnehmer abhängig gemacht, sich somit aus dem Einflussbereich des Lehrenden entziehen und damit in die Hände des Zufalls gelegt würde.

Einen weiteren Beleg für die nicht live erfolgende Vermittelbarkeit eines Unterrichtsgegenstandes liefert darüber hinaus der Umstand, dass vermehrt auch zur Normalität wird, dass Schüler zunehmend auf YouTube-Videos zur Vor- und Nachbereitung des Unterrichts sowie zur Klausurvorbereitung zurückgreifen. Denn insbesondere dort, wo es um die Vermittlung von Gedankengut z. B. in Gestalt von Fakten- oder Theoriewissen geht (z. B. Deutschunterricht[351], theoretischer Fahrschulunterricht, der juristische Gutachtenstil[352]), mithin um einem Lehr- bzw. Lernvorgang, der auf rein kognitiver Ebene stattfindet, hat sich E-Learning als ausgezeichnete Weiterbildungsmethode erwiesen.[353] Da physische Elemente nicht Bestandteil des Unterrichtsgegenstandes sind, ist ein physisches Aufeinandertreffen beider Parteien hier auch nicht erforderlich, um

---

348 Vgl. den Überblick der gängigen Lernwege bei *Sommer*, DStR 2004, 745 (747).

349 So auch *Zwickel*, ZDRW 2020, 128 (137).

350 Erster Teil B.II.4.a)dd)(2).

351 Dies zeigt eine Übersicht der bekanntesten YouTube-Kanäle zum Erlernen der deutschen Sprache, abrufbar unter www.deutschland.de/de/topic/wissen/deutsch-lernen-mit-youtube (zuletzt abgerufen am 27.12.2021).

352 Als Beispiel mag das YouTube-Video der *Bucerius Law School* dienen, abrufbar unter www.youtube.com/watch?v=wxGvEYDjQqc (zuletzt abgerufen am 27.12.2021).

353 *Sommer/Beyer*, DStR 2002, 1782 (1784).

einen Übergang des Wissens und der Kenntnisse des Lehrers auf den Schüler zu ermöglichen. Damit kann eine Vermittlung auf kognitiver Ebene grundsätzlich in jedweder Form erfolgen, auch über das Internet.[354]

Dies konnte nicht zuletzt auch in Zeiten der Covid-19-Pandemie erwiesen werden, als selbst der abrupte Wegfall von Präsenzveranstaltungen unter zwingender Verlagerung der Unterrichtsinhalte in digitale Sphären nicht zum flächendeckenden Wegfall des Lernens geführt hat, obwohl aufgrund eines akuten Mangels an digitalen Endgeräten gerade einmal 14 % des Unterrichts digital in Echtzeit per Videokonferenz stattfinden konnte[355]. Vielmehr empfand einer Umfrage zufolge lediglich ein ebenso geringer Anteil (14 %) der Lehrkräfte den fehlenden persönlichen und regelmäßigen Kontakt zu den Schülern überhaupt als besondere Herausforderung.[356] Wäre der Besuch von Präsenzveranstaltungen oder digitale Echtzeitlehre etwa per virtuellem Klassenzimmer mit *Schäfer*[357] notwendige Bedingung für den Unterricht, so hätte ein Großteil der Schüler bzw. insbesondere Studenten scheitern müssen, als sie unverhofft auf die Verwendung von digitalen Lehrkonzepten, die vielfach auch im Vorfeld aufgezeichnet wurden, zurückgreifen mussten. Dass dies jedoch nicht eingetreten ist, spricht gegen das Erfordernis von Präsenz- bzw. Echtzeitlehre um jeden Preis.[358]

Schwieriger könnte sich die mediale Vermittlung eines Unterrichtsinhalts hingegen gestalten, wenn eine aktive Einübung wesentlich für den Lernerfolg mitverantwortlich ist. So ist etwa *Zwickel*[359] der Auffassung, dass der bloße Einsatz von z. B. Vorlesungsaufzeichnungen im Bereich der juristischen Ausbildung zur Erreichung der Lernziele eher weniger förderlich sein soll, wohingegen sich eine Vermittlung per Lehrvideo etwa zur Erläuterung der wissenschaftlichen Arbeitsmethode anbiete, zumal es sich um eine reine Wissensvermittlung ohne die aktive Einübung handele.[360] Gleichwohl darf nicht vergessen werden, dass

---

354 Siehe dazu im Detail die abschließende ertragsteuerliche Würdigung der gängigen digitalen Lehrfacetten unter Erster Teil B.III.5.

355 BT-Drs. 19/20554, S. 1.

356 So standen ausweislich einer repräsentativen Lehrer-Umfrage mehr als ein Drittel der Lehrkräfte nur mit einigen wenigen Schülern in regelmäßigem Kontakt, vgl. www.deutsches-schulportal.de/unterricht/das-deutsche-schulbarometer-spezial-corona-krise (zuletzt abgerufen am 27.12.2021).

357 *Schäfer*, StB 2019, 209 (211).

358 Vgl. *Beurskens*, ZDRW 2016, 1 (5).

359 *Zwickel*, ZDRW 2020, 128 (133, 136).

360 Daher betonen *Sommer/Beyer*, DStR 2002, 1782 (1784), die Wichtigkeit von Präsenzveranstaltungen bei der Einübung von Verhaltensmustern und des Trainings kommunikativer Fähigkeiten.

es zur Beurteilung der Tätigkeit auf das Maß des möglichen Lernerfolges nicht ankommt, mithin eine „schlechtere" Lehrqualität im direkten Vergleich von digitaler und analoger Lehre kein ausschlaggebender Aspekt für die ertragsteuerliche Qualifikation der ausgeübten Tätigkeit darstellt.[361] Damit kann auch die Vermittlung solcher Fähigkeiten, die idealerweise in einem individuellen Einübungsprozess zwischen Lehrer und Schüler vermittelt werden, grundsätzlich per medialer Konserve erfolgen.

(c) Vermittlung physischer Fähigkeiten und Fertigkeiten

Demgegenüber könnte die fehlende Interaktionsmöglichkeit zwischen Lehrendem und Lernendem einen folgenschweren Nachteil von E-Learning darstellen, wenn es um die Vermittlung technischer oder praktischer Fähigkeiten und Fertigkeiten geht. Denn bei physisch zu erlernenden und anzuwendenden (z. B. handwerklichen) Fähigkeiten könnte möglicherweise unabdingbar sein, dass der Lehrer auf die Schüler bei der praktischen Übung und Erlernung auch in Echtzeit und gegebenenfalls gleichermaßen in physischer Weise einwirkt, um diese bei ihrem Lernprozess beispielsweise mit körperlichen Hilfestellungen (Führen der Hände o. Ä.) zu unterstützen, zu korrigieren und zu fördern. An dieser Stelle könnte die ausschließliche Verwendung eines Lehrmediums an ihre Grenzen stoßen, da eine physische Einwirkung und Einübung – selbst bei Liveübertragungen des Unterrichts – schlichtweg nicht möglich ist, weil sich Lehrer und Schüler an verschiedenen Orten befinden.[362] Entscheidend hierfür ist, ob dieses Hemmnis so weit reicht, dass derlei Unterrichtsinhalte per se nicht auf digitalem Wege vermittelt werden können.

Aufschluss könnte insoweit ein Blick in das generelle Angebot digitaler Lehrinhalte liefern. Dort finden sich neben der Vermittlung konventioneller schulischer Unterrichtsinhalte bzw. komplexen oder abstrakten Zusammenhängen und Begriffen auch solche Lehrmedien, die dem Zuschauer das Malen eines

361 Vgl. Erster Teil B.II.4.a)dd)(2).

362 Dieses Problem erübrigt sich allerdings namentlich dann, wenn zwar der Lehrende nicht selbst auf den Lernenden einwirkt, das von ihm erstellte Lehrmedium jedoch in ein *Blended-Learning*-Konzept einfließt, innerhalb dessen es insbesondere der Nacharbeit bzw. Vertiefung von in Präsenzphasen (gegebenenfalls durch andere Personen) vermittelten Fähigkeiten dient. Insofern kann sich die Vermittelbarkeit physischer Fähigkeiten und Fertigkeiten auch erst aus der Gesamtbetrachtung aller Umstände des Einzelfalles insbesondere unter Berücksichtigung des bestimmungsgemäßen Schülerkreises und der Rahmenbedingungen der Lehre ergeben, vgl. Erster Teil B.II.4.a)dd).

Acrylbildes[363], die Beherrschung einzelner Tanzschritte[364], das Spielen eines bestimmten Musikinstruments[365], das Zeichnen von Gesichtern[366] oder die selbständige Ausführung handwerklicher Gewerke[367] vermitteln. Auch zur Vor- und Nachbereitung des Musik-, Kunst- und Theaterunterrichts wird vermehrt auf YouTube-Videos zurückgegriffen.[368] Auch wenn die mediale Vermittlung insoweit möglicherweise noch nicht an die Qualität eines reellen Unterrichts heranreicht, erfreuen sich derlei Medien gleichwohl einer großen Beliebtheit, weil sie einen Lernerfolg dennoch tatsächlich hervorzurufen vermögen. Dies ist mitunter darauf zurückzuführen, dass die Nachteilhaftigkeit des fehlenden physischen Kontakts durch die Ausgestaltung der hinter dem Lehrmedium stehenden Tätigkeit etwa unter Antizipation von Rückfragen und Problemen aufseiten des Lernenden zumindest derart abgefedert werden kann, dass der Grundstein der Unterrichtung, namentlich die objektive Erlernbarkeit des Unterrichtsgegenstandes in seinen Grundzügen, weiterhin vorliegen kann. Insofern darf generell nicht übersehen werden, dass der Nachteilhaftigkeit der fehlenden Einwirkungsmöglichkeit im Bereich des E-Learnings auch zahlreiche Vorteile gegenüberstehen, die Präsenzlehre wiederum nicht bieten kann, etwa die Möglichkeit, die Lehrinhalte beliebig oft pausieren und erneut abzuspielen zu können.[369] Umgekehrt weist die Unterrichtung von Fähigkeiten und Fertigkeiten in Echtzeit

---

363 Vgl. etwa das YouTube-Video mit dem Titel „Abstraktes Bild in Acryl, mit Folie, Struktur, Anleitung, auch für Anfänger", abrufbar unter www.youtube.com/watch?v=RoCrsMbwVWE (zuletzt abgerufen am 27.12.2021).

364 So z. B. das englischsprachige Erklärvideo zum „*Shuffle-Dance*", abrufbar unter www.youtube.com/watch?v=yBZ0Y2t0ceo (zuletzt abgerufen am 27.12.2021).

365 So z. B. www.youtube.com/watch?v=NEXQ49rQqNY, unter dem Titel „Klavier spielen lernen für Anfänger. Ein Tutorial in deutsch für Einsteiger ohne Vorkenntnisse" (zuletzt abgerufen am 27.12.2021). Siehe ferner die eigens für die Erlernung von Instrumenten eingerichteten Internetseiten wie z. B. www.werdemusiker.de, die eine umfangreiche Sammlung an Video-Anleitungen bereithalten (zuletzt abgerufen am 27.12.2021).

366 Vgl. beispielsweise das englischsprachige Video „*How to Draw Faces*", abrufbar unter www.youtube.com/watch?v=iMEBSQJYaAY (zuletzt abgerufen am 27.12.2021).

367 So etwa das Video „Anleitung: Randsteine Setzen", abrufbar unter www.youtube.com/watch?v=EYYlOQlWknI (zuletzt abgerufen am 27.12.2021).

368 Vgl. *Rat für Kulturelle Bildung*, Repräsentative Umfrage unter 12- bis 19-Jährigen zur Nutzung kultureller Bildungsangebote an digitalen Kulturorten, S. 8 (abrufbar unter www.bosch-stiftung.de/de/publikation/jugend-youtube-kulturelle-bildung-horizont-2019, zuletzt abgerufen am 27.12.2021).

369 Vgl. dazu ausführlich oben Erster Teil A.II.3.

ebenso Nachteile im Vergleich zu elektronischer Lehre auf, die für sich betrachtet jedoch nicht ausreichen, um eine Erlernbarkeit gänzlich auszuschließen.

Festgehalten werden kann demnach, dass ein physisches Einwirken auch zur Erlernung körperlich geprägter Fähigkeiten zwar seit bislang üblich gewesen sein mag und auch weiterhin didaktisch vorteilhaft sein kann, gleichwohl jedoch – und dies für die vorliegende Untersuchung entscheidend – auch hier für das Erreichen eines Lernerfolges nicht per se unabdingbar ist. Vielmehr ist hierüber im Einzelfall unter Berücksichtigung der Gesamtumstände der digitalen Lehrmethode und -inhalte zu entscheiden. Dabei mögen die folgenden Beispielsfälle behilflich sein.

Beispiel 1: Fußballtrainer F verfilmt einige selbst überlegte Trainingseinheiten seiner Mannschaft mithilfe einer Kamera, während er zugleich verbal ausführliche Anleitungen und Erläuterungen zu den jeweiligen Übungen vornimmt, indem er den Zuschauern mitunter die Konzeption, die Besonderheiten, den Ablauf und die Zielsetzungen der Übungen detailliert erläutert.

Die Tätigkeit des F ist primär auf die Vermittlung von erforderlichen Kenntnissen rund um das Fußballtrainerdasein gerichtet, auch wenn er auf den Zuschauer im Moment der Wahrnehmung nicht über die Aufzeichnung hinaus Einfluss nehmen kann, um ihn etwa bei technischen Fehlern zu korrigieren oder die jeweiligen Techniken repetitiv mit ihm einzuüben.

Beispiel 2: Der Handwerker H bietet an einigen Tagen im Jahr Seminare an, in denen er den Teilnehmern handwerkliche Grundkenntnisse für den Haushalt vermittelt. Interaktionen mit einzelnen Personen sind aufgrund der großen Teilnehmerzahlen nicht möglich. Er bietet die Seminare sowohl als Präsenzveranstaltung als auch als Online-Kurs an, in welchem die Teilnehmer mit Lehrvideos versorgt werden, deren Inhalte mit jenen des Präsenzseminars übereinstimmen.

Die Abhaltung des Handwerker-Seminars ist auf die Vermittlung von Kenntnissen und Fähigkeiten gerichtet. Die fehlenden Interaktionsmöglichkeiten mit den Schülern stehen dieser Würdigung nicht entgegen, weil sie keine notwendige Bedingung für einen kausalen Lehrerfolg darstellen. Für die ertragsteuerliche Beurteilung seiner Tätigkeit kommt es daher nicht darauf an, ob der einzelne Teilnehmer den Präsenzkurs oder die Online-Teilnahme präferiert.

ee) Zusammenfassung

Zusammenfassend ist festzuhalten, dass eine Echtzeitinteraktionsmöglichkeit zwischen Lehrendem und Lernendem nicht unabdingbar erforderlich ist, damit ein Unterrichtsgegenstand vermittelt werden kann. Anders gesagt macht es in der heutigen Zeit keinen Unterschied (mehr), ob der Lehrende seiner Unterrichtstätigkeit nun vor einer *körperlich* oder *digital* anwesenden Audienz nachgeht oder aber seine Tätigkeit zunächst aufzeichnet, um das hieraus entstandene Lehrmedium den Lernwilligen anschließend zur Verfügung zu stellen.[370] Vielmehr ist bereits etabliert, dass Unterricht nicht mehr nur im traditionellen Rahmen per Klassenzimmer oder Hörsaal stattfindet, sondern der Lehrende gleichsam in digitalen Sphären auftreten kann, indem die Lehrtätigkeit z. B. live übertragen oder dem Lernwilligen als Konserve zur Verfügung gestellt wird;[371] und zwar ebenso bei der Vermittlung von reinem Faktenwissen wie bei technischen oder praktischen Unterrichtsinhalten. Dies vermag auch das gegenwärtige, im Laufe der vorliegenden Untersuchung wiederholt bemühte sprachgebräuchliche Verständnis von Unterricht zu verifizieren, wonach der Lehrende „nicht immer eine anwesende Person sein [muss]", denn „Medien und Informationssysteme können seine Funktion übernehmen."[372] Damit mag *Blended Learning* als „Königsweg innovativer Lernformen"[373] unter Kombination von Präsenz- und Online-Lehre eine Ausnutzung der jeweiligen Vorteile und dadurch Kompensation der jeweiligen Nachteile ermöglichen und so ein bestmögliches Lernerlebnis darstellen. Gleichwohl führen die jeweils auszumachenden Vor- und Nachteile von Präsenz- bzw. Online-Unterricht nicht dazu, dass der einen oder anderen Lehrfacette der Unterrichtscharakter abgesprochen werden konnte. Damit ist weder die Kombination beider Lehrformen erforderlich noch das Beschreiten eines spezifischen der beiden Lehrwege.

Abschließend kann daher festgehalten werden, dass die Unterrichtsstoffvermittlung über elektronische Medien dieselbe ist wie bei persönlicher Anwesenheit – lediglich unter geänderten, aber längst etablierten Rahmenbedingungen.[374] Zur Beurteilung vermeintlicher Unterrichtstätigkeiten ist daher analog wie digital im Rahmen einer Gesamtwürdigung darüber zu entscheiden, ob der Lehrende erstens die Befähigung aufweist, einen Unterrichtsgegenstand

---

370 Mit gerechtfertigten Zweifeln an der (weiteren) Notwendigkeit eines reellen Gegenüberstehens von Lehrer und Schüler daher *Pfirrmann*, in: Kirchhof/Seer, EStG, § 18 Rn. 49 (Fn. 17); *Wendt*, FR 1999, 128 (130).

371 So wohl auch *Brandt*, in: H/H/R, EStG, § 18 Rz. 122 (Stand: Februar 2020), sowie *Moritz/Baumgartner*, in: Bordewin/Brandt, EStG, § 18 Rn. 280 (Stand: Dezember 2019), wenn sie die Herausgabe eines *Fern*repetitoriums ebenfalls im Bereich freiberuflich-unterrichtender Tätigkeiten verorten.

372 Dieses Verständnis hegt wortident die *Brockhaus Enzyklopädie* in einem umfassenden Artikel über den Unterrichtsbegriff, abrufbar (für angemeldete Nutzer) unter www.brockhaus.de/ecs/permalink/E5DAD2A79A302CC9C7949244E27DA462.pdf (zuletzt abgerufen am 27.12.2021).

373 *Sommer*, DStR 2020, 1397 (1398).

374 Diese Einschätzung teilt *Korn*, in: Korn, EStG, § 18 Rn. 51 (Stand: August 2018).

(gegebenenfalls medial) zu vermitteln, und zweitens seine Tätigkeit auch unterrichtstypisch überwiegend auf die Vermittlung ausgerichtet ist.

b) Organisierte und institutionalisierte Form

aa) Provenienz und Status quo

Unter erstmaliger Beschreibung des ertragsteuerlichen Unterrichtsbegriffs als Vermittlung von Wissen, Fähigkeiten etc. führte der IV. Senat[375] im selben Atemzug die Notwendigkeit einer „organisierten und institutionalisierten Form" der Unterrichtung an. Seinen Ursprung findet das zweitgenannte Merkmal einer unterrichtenden Tätigkeit somit ebenfalls in der an *Nieland*[376] angelehnten Übernahme aus *Meyers Enzyklopädisches Lexikon*[377].[378]

Nur kurze Zeit später – namentlich im Jahre 1997 – hat der XI. Senat[379] sein Verständnis einer organisierten und institutionalisierten Form der Unterrichtung näher ausgeführt. So soll die organisierte und institutionalisierte Form „u. a. ein auf ein bestimmtes Fachgebiet bezogenes schulmäßiges Programm zur Vermittlung von Kenntnissen an den/die Lernwilligen voraus[setzen]". In Betracht kommende Fachbereiche seien hierbei etwa Mathematik, Betriebs- und Volkswirtschaftslehre, Führungs- und Betriebspsychologie und Soziologie. Dahingegen solle es an einer organisierten und institutionalisierten Form mangeln, wenn die Lehrkraft ein speziell auf die Bedürfnisse einer individuellen Person abgestimmtes, nicht auf einen Fachbereich beschränktes Programm („Know-how-Mix") erarbeitet und entwickelt, zumal es sich dann um eine (gewerbliche) beratende Tätigkeit handele. Einzelunterricht solle demzufolge (nur) dann freiberuflicher Natur sein, wenn dieser basierend auf einem für ein bestimmtes Fachgebiet allgemeingültigen, im Einzelfall abwandlungsfähigen Lehrprogramm erfolgt. Dieses weitergehende Verständnis einer organisierten

375 BFH v. 13.1.1994 – IV R 79/92, BStBl. II 1994, 362.

376 *Nieland*, in: Littmann/Bitz/Hellwig, EStG, § 18 Rz. 115 (Stand: Juni 1995).

377 Meyers Enzyklopädisches Lexikon, Band 24, S. 200.

378 Anders als hinsichtlich des erstgenannten Merkmals der „Vermittlung von Wissen und Fähigkeiten" erwähnte das FG Hamburg in seiner vorinstanzlichen Entscheidung keine derartige (weitere) Voraussetzung, vgl. FG Hamburg v. 10.4.1992 – VI 331/90, Anhang I, Nr. 2 der Entscheidungsgründe.

379 BFH v. 11.6.1997 – XI R 2/95, BStBl. II 1997, 687 (689).

und institutionalisierten Form ist in dieser Ausprägung zur ständigen Rechtsprechung[380] avanciert und ist auch im Fachschrifttum bis heute zu herrschend[381].

Über das Verständnis des XI. Senats hinaus wird im Fachschrifttum aus dem Merkmal der organisierten und institutionalisierten Form der Lehre vereinzelt das Postulat formuliert, die Unterrichtstätigkeit müsse eine „planmäßige und regelmäßige […] mit dem Ziel eines kontrollierten Lehrerfolgs“[382] sein. Ähnlich soll ausweislich einer Praxishilfe des Bundesministeriums für Wirtschaft und Energie[383] die Vermittlung in organisierter und institutionalisierter Form voraussetzen, dass „alle Unterrichtsteilnehmer ein einheitliches Verfahren durchlaufen und zum Beispiel an Prüfungen teilnehmen, die einer allgemeingültigen Form unterliegen.“ Ähnlich ist das FG Düsseldorf[384] der Auffassung, dass es an einer Institutionalisierung mangele, wenn keine lehrgangsmäßige Einbindung der Schüler in feste Kurse und zeitlich bestimmte Zielvorgaben vorliegt.

bb) Vorliegender Rekurs auf den allgemeinen Sprachgebrauch

Ebenso wie bei dem Merkmal der „Vermittlung von Wissen und Fähigkeiten“ liegen auch die Wurzeln des zweitgenannten Merkmals unterrichtender Tätigkeiten in dem sprachgebräuchlichen Verständnis von Unterricht aus *Meyers Enzyklopädisches Lexikon*[385].[386] Die generelle Zulässigkeit und Sinnhaftigkeit dessen im Lichte des ertragsteuerlichen Unterrichtsbegriffs wurde oben[387] bereits festgestellt und beansprucht insoweit auch vorliegend Geltung.

Fraglich ist indes, ob eine „organisierte und institutionalisierte Form“ auch dem heutigen Verständnis von Unterricht entspricht. Während nicht einmal ein Fünftel der in pädagogischen Nachschlagewerken vorzufindenden Definitionen

---

380 BFH v. 23.10.2018 – VIII B 44/18, BFH/NV 2019, 108 Rz. 6; v. 9.5.2017 – VIII R 11/15, BStBl. II 2017, 911 Rn. 15; v. 2.2.2000 – XI R 38/98, BFH/NV 2000, 839 (840).

381 Vgl. z. B. *Brandt*, BB 2018, 2334 (2336); *Herkens*, EStB 2017, 453 (454); *Korn*, in: Korn, EStG, § 18 Rn. 50 (Stand: August 2018).

382 *Güroff*, in: L/B/P, EStG, § 18 Rz. 115 (Stand: September 2018).

383 Die Praxishilfe ist abruf- bzw. herunterladbar unter www.existenzgruender.de/SharedDocs/Downloads/DE/Praxishilfen/PRAXISHILFE-Lehrende-Trainer-Coaches-freiberufliche-oder-gewerbliche-Taetigkeit.pdf (zuletzt abgerufen am 27.12.2021).

384 So ausdrücklich FG Düsseldorf v. 27.1.1994 – 15 K 74/88 G, juris, Rn. 40 (NZB mit Beschluss v. 10.2.1995 als unbegründet zurückgewiesen, vgl. BFH Az. XI B 158/94).

385 Meyers Enzyklopädisches Lexikon, Band 24, S. 200.

386 Vgl. BFH v. 13.1.1994 – IV R 79/92, BStBl. II 1994, 362.

387 Erster Teil B.II.4.a)bb).

(auch) institutionelle Aspekte der Lehre beinhalten,[388] ist ein entsprechendes Unterrichtskriterium soweit ersichtlich in zeitgemäßen Enzyklopädien gar nicht enthalten. Vielmehr wird in der *Brockhaus Enzyklopädie*[389] sogar explizit darauf hingewiesen, dass nicht (mehr) aller Unterricht in (Bildungs-)Institutionen stattfindet. Im Hinblick darauf, dass zur Interpretation unterrichtender Tätigkeiten Veränderungen im Sprachgebrauch und anderen Bereichen zu berücksichtigen sind,[390] könnte sich die Forderung nach einer organisierten und institutionalisierten Form der Lehre somit grundsätzlich erübrigen, so sie nicht unter anderen Gesichtspunkten zu erheben wäre. Dies jedenfalls dann, wenn der heutige Wortsinn als Auslegungsgrenze eine dem Zweck oder Grundgedanken der Norm besser gerecht werdende Auslegung ermöglicht, zumal die Bedeutung des Begriffs „unterrichtende Tätigkeit“ zur Entstehungszeit des Gesetzes nicht in einem bestimmten Sinne festgelegt war.[391]

cc) Mögliche Unerheblichkeit einer organisierten und institutionalisierten Form der Unterrichtung

(1) Problemstellung

Ausgehend von der Feststellung, dass gegenwärtig eine organisierte und institutionalisierte Form der Lehrtätigkeit in dem sprachgebräuchlichen Verständnis von Unterricht zumindest nicht mehr prägend zu sein scheint, stellt sich zugleich die Frage, ob dieses von Rechtsprechung und Literatur beharrlich mitgeführte Tätigkeitsmerkmal inzwischen möglicherweise obsolet geworden ist. Dies könnte insbesondere dann der Fall sein, so das Merkmal fernab von dem einst vorgenommenen Rekurs auf das in *Meyers Enzyklopädisches Lexikon* niedergelegte (damalige) Verständnis von Unterricht unter steuersystematischen Gesichtspunkten keine anderweitig herzuleitende Daseinsberechtigung besitzt.

---

388 Vgl. *Lüders*, Zeitschrift für Pädagogik 58 (2012) 1, 109 (121). Eine eindeutige(-re) Definition von Unterricht hätte hier jedoch tendenziell den Vorzug vor dem sprachgebräuchlichen Verständnis zugesprochen bekommen, vgl. *Bydlinski*, Methodenlehre, S. 438 f.

389 Siehe dazu den vollständigen Artikel zum Unterrichtsbegriff, abrufbar unter www.brockhaus.de/ecs/permalink/E5DAD2A79A302CC9C7949244E27DA462.pdf (zuletzt abgerufen am 27.12.2021). Dort heißt es explizit, dass „nicht aller Unterricht [...] in pädagogischer Absicht und in Bildungsinstitutionen [erfolgt]“.

390 *Schick*, Die freien Berufe im Steuerrecht, S. 19; *Engisch*, Einführung in das juristische Denken, S. 136 f.

391 Vgl. *Larenz*, Methodenlehre der Rechtswissenschaft, S. 324.

(2) (Un-)Abdingbare definite Rahmenbedingungen der Unterrichtung

Unter erneuter Bezugnahme auf den allgemeinen Sprachgebrauch hinsichtlich der Teilmerkmale „organisiert“ und „institutionalisiert“ könnte gefolgert werden, dass eine unterrichtende Tätigkeit nur dann vorliegen kann, wenn sie sowohl planmäßig, wiederholt und systematisch vorbereitet (organisiert) als auch innerhalb einer reglementierten, anerkannten und festen Form (institutionalisiert) erfolgt, mithin umgekehrt nicht jedwede Formen und Varianten einer auf die Vermittlung eines (beliebigen) Unterrichtsgegenstandes gerichteten Tätigkeit als freiberuflich-unterrichtend zu qualifizieren sein sollen. Diese Würdigung käme den von *Güroff* und dem Bundesministerium für Wirtschaft und Energie verlangten Rahmenbedingungen der Lehre nahe.

Fraglich ist jedoch, ob auch der BFH jenen Gedanken vor Augen hatte, als er dieses Merkmal unterrichtender Tätigkeiten im Jahre 1994 herausstellte.[392] Während sich der IV. Senat selbst nicht näher zu seinem Verständnis dieses Merkmals äußerte, konstituierte nur kurze Zeit später der XI. Senat als Voraussetzung einer organisierten und institutionalisierten Form des Unterrichts „ein auf ein bestimmtes Fachgebiet bezogenes (schulmäßiges) Programm zur Vermittlung von Wissen an den/die Lernwilligen“[393]. Ein näherer Blick auf den entscheidungserheblichen Sachverhalt zeigt, dass die Einordnung der Tätigkeit eines Beraters von Führungskräften im zwischenmenschlichen Bereich zwecks Bewältigung der Führungsaufgaben streitgegenständlich war. Hierbei gelangte der BFH mithilfe der o. a. Ausführungen zu dem Ergebnis, dass die Tätigkeit von dem Kläger speziell aufgrund der Persönlichkeit und der Stellung im Unternehmen des jeweiligen Klienten erarbeitet wurde und sich damit in Ermangelung eines auf ein bestimmtes Fachgebiet bezogenen Lehrprogramms nicht als freiberuflich-unterrichtende, sondern als gewerblich-beratende Tätigkeit darstellte. Hieran zeigt sich plakativ, worin das eigentliche Telos des hier untersuchungsgegenständlichen Merkmals unterrichtender Tätigkeiten liegt, und zwar weniger in der Anerkennung der Vermittlung von Wissen etc. nur in formalisierter, konventioneller z. B. (Hoch-)Schulform als vielmehr – wie im Streitfall – in der Abgrenzung unterrichtender gegenüber im Bereich des § 15 EStG anzusiedelnder *beratender Tätigkeiten*. Auch die nachfolgende Rechtsprechung

392 BFH v. 13.1.1994 – IV R 79/92, BStBl. II 1994, 362.

393 BFH v. 11.6.1997 – XI R 2/95, BStBl. II 1997, 687 (689), mittlerweile st. Rspr., vgl. z. B. BFH v. 23.10.2018 – VIII B 44/18, BFH/NV 2019, 108 Rz. 6; v. 9.5.2017 – VIII R 11/15, BStBl. II 2017, 911 Rn. 15.

bemühte sich dieses Merkmals ausschließlich zur Ausgrenzung beratender Tätigkeiten aus der freiberuflichen Sphäre.[394]

Festgehalten werden kann, dass eine organisierte und institutionalisierte Form der Unterrichtung insbesondere voraussetzt, dass die Lehrtätigkeit aufgrund eines für das bestimmte Fachgebiet allgemeingültigen, im Einzelfall abwandlungsfähigen, jedoch nicht auf die speziellen Bedürfnisse einer Person abgestellten Lehrprogramms erfolgt.[395] Damit stellt sich das Postulat nach einer „organisierten und institutionalisierten Form“ mit Blick auf die hieraus im Schrifttum und in der Rechtsprechung vereinzelt verlangte Formalisierung der Unterrichtung als trügerisch heraus. Dies vermag ein weiterer Blick in die Rechtsprechung zu verdeutlichen. Denn nicht ersehen werden kann, dass die Annahme einer freiberuflich-unterrichtenden Tätigkeit jemals unter der Begründung negiert wurde, dass es etwa an einer planmäßigen und regelmäßigen Lehre unter Kontrolle des Lehrerfolges oder der Ausübung der Tätigkeit innerhalb anerkannter Bildungsinstitutionen gefehlt hat. Vielmehr wurde zutreffend auch die Vermittlung von Wissen durch einen (bloßen) Informationsfahrtbegleiter[396], die Erteilung von Reitunterricht auf einem eigenen Reiterhof[397] oder die Moderation von Fortbildungsveranstaltungen eines Pharmaunternehmens[398] als im Bereich des freiberuflichen Unterrichts angesiedelt erachtet, wenngleich derlei Tätigkeiten eine institutionalisierte, *schulähnliche Formalisierung* der Lehre gerade nicht innewohnt.

Die Einordnung einer Tätigkeit als unterrichtend unabhängig von den Rahmenbedingungen der Unterrichtungen vermag insbesondere deshalb zu überzeugen, weil sich spätestens in der heutigen Zeit kaum Beweggründe dafür finden lassen, nach denen das Tätigwerden in einer fixierten schulischen Organisation zur Ausübung einer unterrichtenden Tätigkeit unerlässlich sein sollte, zumal in Zeiten der Digitalisierung und der zunehmenden Verfügbarkeit digitaler Technologien und Medien die Grenze zwischen formalen, d. h. schulischen, und informalen, d. h. von organisierten Schulen losgelösten, Lernszenarien

394 Vgl. z. B. BFH v. 23.10.2018 – VIII B 44/18, BFH/NV 2019, 108 Rz. 6; v. 2.2.2000 – XI R 38/98, BFH/NV 2000, 839 (840); FG Hessen v. 20.7.2016 – 8 K 86/11, EFG 2016, 1619 Rn. 41 ff. (rkr.).

395 Vereinzelt wird auch von einer „abstrakte[n] Vermittlung“ gesprochen, vgl. FG Münster v. 17.12.2010 – 4 K 3554/08 G, juris, Rn. 24 (rkr.).

396 FG Berlin v. 29.7.1976 – V 38–39/76, EFG 1977, 316 (317).

397 BFH v. 16.11.1978 – IV R 191/74, BStBl. II 1979, 246 (248).

398 FG München v. 21.9.1999 – 13 K 1283/95, EFG 2000, 130.

verschwunden ist.[399] So haben auf der einen Seite Schulen, Universitäten und andere anerkannte Bildungsinstitutionen in Zeiten der Digitalisierung ihre Exklusivitätsstellung als Quelle für wissenschaftliche Informationen längst verloren[400], während auf der anderen Seite im Internet anerkannten und dort stark frequentierten autonom lehrenden Personen trotz meist fehlender Kontrolle und Regelmäßigkeit nicht selten ein besserer Lernerfolg zugesprochen wird als ihren sich in einem institutionellen Rahmen bewegenden Berufskollegen,[401] obgleich eine schultypische Plan- und Regelmäßigkeit etwa auf kommerziellen Video-Plattformen wie YouTube eher die Ausnahme darstellt.

Festzuhalten ist, dass unterrichtende Tätigkeiten weder das Erfordernis einer Plan- oder Regelmäßigkeit der Lehre zeitigen noch, dass die Ausübung unterrichtender Tätigkeiten nur innerhalb reglementierter und hierfür anerkannter Institution stattfinden kann. Überdies ist auch nicht ersichtlich, dass der Nukleus unterrichtender Tätigkeiten, namentlich insbesondere die Vermittlung von Wissen und Können von Lehrer an Schüler, entscheidend davon abhängen soll, ob die Tätigkeit nur einmalig oder wiederholt, mit anschließenden Prüfungen oder ohne sowie innerhalb schulischer Einrichtungen oder per Internet stattfindet. Eine Regelmäßigkeit und Organisation der Lehre als Immanenz des erstgenannten Merkmals unterrichtender Tätigkeiten ist mithin grundsätzlich nicht erforderlich. Vielmehr ist ausreichend, aber auch erforderlich, dass die Tätigkeit in ihrer Ausgestaltung noch auf die Vermittlung des Unterrichtsgegenstandes ausgerichtet ist, mithin unter objektiven Maßstäben insbesondere zumindest eine teilweise Erlernbarkeit des Unterrichtsgegenstandes ermöglicht wird und damit einem bestimmten (Lehr-)Konzept folgt.[402]

---

399 *Moskaliuk/Cress*, in: Schule 4.0, S. 21.

400 Vgl. *Schärtl*, ZDRW 2018, 336 (340).

401 So ermöglichen insbesondere qualitativ hochwertig aufbereitete Lehrbeiträge im Internet oftmals eine effizientere, umfassendere, vielfältigere und zudem unterhaltsamere Vermittlung des Unterrichtsgegenstandes als ad hoc-Präsentationen in Hörsaal oder Klassenzimmer, vgl. *Schärtl*, ZDRW 2018, 336 (340 f.). Beispielhaft sei an dieser Stelle nur auf die unzähligen Videos des Mathematik-YouTubers *Daniel Jung* verwiesen, dessen Videos mitunter nur wenige Minuten umfassen, jedoch hunderttausende Aufrufe und positive Bewertungen vonseiten der Zuschauer aufweisen, vgl. z. B. www.youtube.com/watch?v=difR8pYGSeI mit einer Dauer von 3:24 Min. und über 1 Mio. Aufrufen (zuletzt abgerufen am 27.12.2021).

402 So *Korn*, in: Korn, EStG, § 18 Rn. 50 (Stand: August 2018).

(3) Ausgrenzung beratender Tätigkeiten aus der Sphäre freiberuflicher Unterrichtung

Festgestellt werden konnte, dass das Telos des Merkmals einer organisierten und institutionalisierten Form der Unterrichtung ausweislich der Rechtsprechung in der Abgrenzung von freiberuflich-unterrichtenden zu gewerblich-beratenden Tätigkeiten liegt. Dabei stellt sich jedoch die Frage, warum etwa Tätigkeiten im Bereich der Produktschulung aus der Sphäre unterrichtender Tätigkeiten auszugrenzen sein sollen, zumal auch diese dem Grunde nach primär auf die Vermittlung von Wissen oder Können ausgerichtet sind und überdies dem Gegenstand der Unterrichtung grundsätzlich keine Grenzen gesetzt sind. Explizite Beweggründe hierfür sind weder in der Rechtsprechung noch im Fachschrifttum ersichtlich.

Aufschluss über die vorzunehmende Ausgrenzung könnte insoweit möglicherweise die Vergegenwärtigung des Umstandes liefern, dass es sich bei dem Begriff der unterrichtenden Tätigkeit trotz in Rechtsprechung und Schrifttum gefestigter Tätigkeitsumschreibung um einen Typusbegriff handelt.[403] Denn Unterricht wird ganz entscheidend durch das Vorliegen eines typischen Lehrer-Schüler-Verhältnisses geprägt, innerhalb dessen der Lehrende überwiegend lehrtypisch-unidirektional auf den Schüler einwirkt.[404] Mit anderen Worten ist für Unterricht typisch, dass der Unterrichtende einen abstrakten Unterrichtsgegenstand beherrscht, den er zumeist in nämlicher Form an beliebig fluktuierende Schüler vermittelt, während die äußerste Grenze der individuellen Anpassung an die Bedürfnisse des Lernwilligen darin liegt, die etwa die bei der Lehre gesetzten Schwerpunkte auf die Stärken und Schwächen der einzelnen Schüler maßzuschneidern, wobei sich an dem eigentlichen Lehrinhalt nichts verändert.

Anders verhält es sich demgegenüber bei beratenden Tätigkeiten, die wesentlich durch einen *Interaktionsprozess* zwischen Ratsuchendem und Beratendem geprägt werden, innerhalb dessen ein gegenseitiger Austausch erfolgt, in den der Beratende sein Wissen und seine Vorstellungen mit einbringt, um *gemeinsam* eine Lösung oder Antwort für ein vorliegendes Problem oder eine Fragestellung zu erarbeiten. Eine lehrtypische Einwirkung basierend auf allgemeingültiger – einer Institutionalisierung zugänglicher – Lehrinhalte liegt insofern bei beratenden Tätigkeiten nicht vor.[405] Damit ist es unter steuersystematischen

403 Vgl. Erster Teil B.II.2.

404 Vgl. Erster Teil B.II.4.a)dd)(3).

405 Im Ergebnis damit zutreffend FG Hessen v. 20.7.2016 – 8 K 86/11, EFG 2016, 1619 Rn. 47 (rkr.) m. Anm. *Böck*, wonach bei einer gemeinsamen Erarbeitung der Zielsetzung eines Klienten anhand von Checklisten und Arbeitshilfen zur individuellen

Gesichtspunkten zutreffend, wenn beratende Tätigkeiten, die eine individuelle Ausarbeitung anhand des zu beratenden Individuums erfordern, aus dem Bereich unterrichtender Tätigkeiten ausgeklammert werden. Im Zweifelsfalle sind Abgrenzungsprobleme im Grenzbereich zwischen unterrichtender und beratender Tätigkeit durch die Bildung von Typ (freiberufliche Unterrichtung) und Gegentyp (gewerbliche Beratung) zu lösen.[406]

Festgehalten werden kann demnach, dass das Merkmal einer organisierten und institutionalisierten Form der Unterrichtung weder eine formalisierte Lehre vorschreibt noch eine sachliche Beschränkung der möglichen Unterrichtsinhalte darstellt, sondern insofern lediglich sicherstellen will, dass die Ausarbeitung des Gegenstands der Unterrichtung anhand der Bedürfnisse einzelner Personen mangels unterrichtstypischer Tätigkeit aus der Sphäre freiberuflicher Unterrichtung ausgegrenzt wird. Dies sei noch einmal daran verdeutlicht, dass Tätigkeiten eines Management-Beraters oder im Bereich von Produktschulungen zwar grundsätzlich als gewerblich zu qualifizieren sind, weil die Vermittlung auch insofern anhand der individuellen Bedürfnisse des Auftraggebers erfolgt, mithin auf die spezifischen Belange dieses Unternehmens und dessen Produkte und Mitarbeiter zugeschnitten ist.[407] Gleichwohl können Schulungstätigkeiten durchaus auch im Bereich freiberuflicher Unterrichtung zu verorten sein, sofern die Unterrichtung in abstrakter theoretischer Form im Rahmen feststehender Unterrichts- und Seminarpläne sowie unter Verwendung immer desselben Unterrichtsmaterials erfolgt, auch wenn hierbei die Schwerpunktsetzung an die speziellen Interessen der Schulungsteilnehmer angepasst wird.[408] Ganz

---

Karriereplanung „im gesamten Prozess eine charakteristische Lehrer-Schüler-Beziehung [fehlt], in der ein allgemeingültiges Lehr-Programm vermittelt werden könnte und vermittelt wird." Dabei gilt es jedoch zu beachten, dass die Annahme einer unterrichtenden Tätigkeit zwar im Ergebnis zutreffend abgelehnt wurde, dies jedoch bei zutreffender Argumentation *nicht* auf das Fehlen des Merkmals einer „charakteristische[n] Lehrer-Schüler-Beziehung" zurückzuführen ist, sondern vielmehr auf die Ermangelung eines allgemeingültigen Lehrprogramms, mithin einer organisierten und institutionalisierten Form der Unterrichtung. Das Merkmal der charakteristischen Lehrer-Schüler-Beziehung verfolgt insoweit einen anderweitigen Abgrenzungszweck als jenen zur beratenden Tätigkeit, siehe dazu unten Erster Teil B.II.4.c).

406 Vgl. *Larenz*, Methodenlehre der Rechtswissenschaft, S. 470 ff.; *Musil*, in: H/H/R, EStG, § 2 Rz. 91 (Stand: Januar 2019).

407 So auch die Argumentation des BFH v. 23.10.2019 – VIII B 44/18, BFH/NV 2019, 108 (108 f.), unter Bezugnahme auf die vorinstanzliche Argumentation des FG Nürnberg v. 17.1.2018 – 5 K 391/17, EFG 2018, 767.

408 Damit zutreffend FG Nürnberg v. 15.1.2003 – V 147/2000, DStRE 2003, 586 (587).

entscheidend ist letzten Endes, ob der Unterrichtsgegenstand in seiner Abstraktheit einer *Institutionalisierung* zugänglich wäre, er also nicht nur auf die Belange eines Auftraggebers zugeschnitten ist. Damit lässt sich letzten Endes auch die Namensgebung dieses Abgrenzungsmerkmals durch den BFH als verlangte *institutionalisierte* Form der Unterrichtung erklären, die allerdings wohl treffender als institutionalisier*bare* Form hätte umschrieben werden können.

dd) Zusammenfassung

Zusammengefasst liegt das Telos des Merkmals einer „organisierten und institutionalisierten Form" des Unterrichts in der Ausklammerung individuell-beratender Tätigkeiten aus der freiberuflichen Sphäre. Diese Ausgrenzung hat sich im Lichte des Typus der unterrichtenden Tätigkeit als zutreffend erwiesen.

Zur Abgrenzung zwischen unterrichtender Tätigkeit einerseits und beratender Tätigkeit andererseits ist entscheidend darauf abzustellen, ob der Gegenstand der Unterrichtung aufgrund seiner Allgemeingültigkeit *institutionalisierbar wäre*; eine tatsächlich auch erfolgte Organisierung und Institutionalisierung im Sinne des Vorliegens bestimmter, beispielsweise schulähnlicher Rahmenbedingungen ist hingegen nicht erforderlich. Hierüber ist bei digitaler Lehre letzten Endes nicht anders zu befinden als bei Präsenztätigkeiten.[409] In Anbetracht dessen, dass sich die einst durch den IV. Senat gewählte Formulierung als missverständlich erwiesen hat, erscheint es gleichwohl angezeigt, in Gestalt eines abweichenden Formulierungsvorschlages den eigentlichen Gehalt dieses Abgrenzungsmerkmals zum Ausdruck zu bringen.[410]

Abschließend bleibt im Hinblick auf das Ziel der vorliegenden Untersuchung festzuhalten, dass die Digitalisierung der Lehre im Hinblick auf das Merkmal der „organisierten und institutionalisierten Form" der Unterrichtung gerade keine neuen Abgrenzungsprobleme zutage gefördert hat, zumal die Entscheidung darüber, ob die in Rede stehende Tätigkeit unterrichtender oder beratender Natur ist, bei digitaler Lehre nicht anders zu treffen ist als bei Präsenztätigkeiten.

---

409 Dementsprechend würden z. B. per Video erfolgende Beratungstätigkeiten ebenso wenig zu freiberuflichen Einkünften führen wie dieselbe Tätigkeit im konventionell lebensnahen Kontakt zu den zu schulenden Mitarbeitern.

410 Vgl. dazu unten Erster Teil B.III.3.

c) *Für die Lehrtätigkeit charakteristische persönliche Beziehung zwischen Lehrer und Schüler*

aa) *Provenienz und Status quo*

Neben der Vermittlung von Wissen und Fähigkeiten in organisierter und institutionalisierter Form setzt das Vorliegen einer unterrichtenden Tätigkeit nach ständiger Rechtsprechung schließlich noch voraus, dass sie die für eine Lehrtätigkeit charakteristische persönliche Beziehung zwischen Unterrichtendem und Schüler herstellt.[411] Diese als drittes Merkmal unterrichtender Tätigkeiten im Schrifttum einhellig[412] vertretene Tätigkeitsvoraussetzung trägt ihre Wurzeln in einem Urteil des BFH aus dem Jahre 1973, in welchem der I. Senat über die Einkünftequalifikation des Betreibers einer privaten Handelsschule mit zahlreichen beschäftigten Lehrkräften und 260 bis 500 Schülern zu entscheiden hatte.[413] Hierzu führte der entscheidende Senat unter expliziter Bezugnahme auf § 18 Abs. 1 Nr. 1 S. 3 EStG aus, dass die Mithilfe fachlich vorgebildeter Arbeitskräfte (hier: Lehrkräfte) im Hinblick auf die Freiberuflichkeit des Betreibers der Schule (nur) solange als unschädlich erachtet werden könne, wie er – trotz der mitarbeitenden Lehrpersonen – noch aufgrund eigener Fachkenntnisse leitend und eigenverantwortlich tätig würde.[414] In Anlehnung an die von der Rechtsprechung entwickelte Stempeltheorie[415] führte der I. Senat weiter aus, dass Voraussetzung für die Annahme einer eigenverantwortlichen Unterrichtstätigkeit sei, dass „die für diese Tätigkeit charakteristische persönliche Beziehung des Unterrichtenden zum Schüler hergestellt wird." Diese könne grundsätzlich auch dann erfüllt sein, wenn der Schulleiter regelmäßig in den Unterricht seiner mitarbeitenden Lehrkräfte eingreift und die Unterrichtsveranstaltungen hierdurch selbst

---

411 BFH v. 16.11.1978 – IV R 191/74, BStBl. II 1979, 246 (248).

412 Vgl. z. B. *Pfirrmann*, in: Kirchhof/Seer, EStG, § 18 Rn. 49; *Stuhrmann*, in: K/S/M, EStG, § 18 Rn. B 75 (Stand: September 2015); *Mertzbach*, in: Fuhrmann/Kraeusel/Schiffers, EStG, § 18 Rz. 19 (Stand: März 2019).

413 BFH v. 13.12.1973 – I R 138/71, BStBl. II 1974, 213.

414 BFH v. 13.12.1973 – I R 138/71, BStBl. II 1974, 213 (214).

415 Vgl. grundlegend BFH v. 25.10.1963 – IV 373/60 U, BStBl. III 1963, 595, wonach die durch den Freiberufler oder seine Hilfskräfte erbrachten Leistungen „immer noch den Stempel seiner Persönlichkeit tragen [müssen]." Nur so könne sichergestellt werden, dass die Tätigkeit entsprechend dem Wesen des Freiberuflers weiterhin auf der persönlichen Arbeitsleistung des Betriebsinhabers beruht. Dazu ausführlich oben Einführung und Grundlegung B.II.

mitgestaltet.[416] Das bedeutet *in concreto*, dass der Freiberufler den Unterricht ganz oder teilweise selbst erteilen oder aber zumindest regelmäßig in den Unterricht mitarbeitender Lehrer eingreifen muss.[417]

Ausgehend von dieser Voraussetzung, die bis heute zu Niederschlag in der Rechtsprechungspraxis findet,[418] soll dem Fachschrifttum zufolge die Vermittlung von Wissen über das Internet in Ermangelung einer persönlichen Beziehung zwischen Lehrer und Schüler als gewerblich zu qualifizieren sein.[419] Wie dargetan soll in digitalen Sphären – soweit ersichtlich – einzig die Unterrichtung über ein virtuelles Klassenzimmer den Voraussetzungen an eine unterrichtende Tätigkeit gerecht werden.[420]

bb) Entschlüsselung der Auffassungen im Fachschrifttum

Ausweislich des Fachschrifttums sind digitale Lehrtätigkeiten zumeist in der Sphäre des § 15 EStG zu verorten. Dies wird im Wesentlichen damit begründet, dass im Rahmen medialer Unterrichtung nicht die erforderliche persönliche Beziehung zwischen Lehrer und Schüler hergestellt werden könne. Zurückzuführen ist dies wohl darauf, dass eine Einwirkung durch den Lehrer auf den Schüler im Zeitpunkt der Konsumierung der medialen Lehrkonserve meist nicht möglich ist und sich der Schüler insofern selbst überlassen ist.[421] So beruft

---

416 Da die von der Vorinstanz getroffenen erforderlichen Feststellungen nicht ausreichten, um über den vorliegenden Einzelfall entscheiden zu können, wurde die Sache letzten Endes zurück an das FG verwiesen, siehe BFH v. 13.12.1973 – I R 138/71, BStBl. II 1974, 213 (214 f.).

417 BFH. v. 13.12.1973 – I R 138/71, BStBl. II 1974, 213 (214); v. 16.11.1978 – IV R 191/74, BStBl. II 1979, 246 (248). Vgl. dazu auch BFH v. 1.4.1982 – IV R 130/79, BStBl. II 1982, 589 (590) (Betreiber einer Sportschule); v. 4.10.1966 – I 249/63, BStBl. III 1966, 685, und v. 9.8.1990 – V R 87/85, BFH/NV 1991, 848 (Betreiber einer Fahrschule). Je nach den Umständen des Einzelfalls soll es auch dann zum Vorliegen einer eigenverantwortlichen Unterrichtstätigkeit gelangen können, wenn der Betriebsinhaber selbst *keine* Unterrichtseinheiten abgehalten hat, vgl. BFH v. 23.1.1986 – IV R 24/84, BStBl. II 1986, 398.

418 Vgl. zuletzt FG Köln v. 23.5.2019 – 1 K 1430/16, EFG 2019, 1989 Rn. 56 (rkr.).

419 Vgl. *Brunckhorst/Sterzinger*, DStR 2018, 1689 (1690); *Schäfer*, StB 2019, 209 (211); *Homuth*, NWB 2018, 1891 (1894); *Köstler*, MBP 2019, 207 (208).

420 Vgl. *Schäfer*, StB 2019, 209 (211).

421 Jedenfalls bezogen sich die im Fachschrifttum zurate gezogenen Beispielsfälle allesamt auf autonom tätige Einzelpersonen, die etwa Nachhilfe per Video über das Internet erteilen, sodass nicht ersichtlich ist, dass die Verfasser gezielt auf den Tatbestand des

sich beispielsweise *Mertzbach*[422] argumentativ darauf, dass „für den Lehrer keine Möglichkeit besteht, den Lernerfolg der Schüler zu überwachen, ggf. korrigierend einzugreifen und nötigenfalls den Stoff nochmals mit anderen Worten zu erläutern". Auch begründen *Brunckhorst/Sterzinger* das Fehlen einer persönlichen Lehrer-Schüler-Beziehung bei der Erteilung von Nachhilfeunterricht per Video damit, dass die Schüler „sich selbst überlassen sind."[423] Nur dann, wenn die technischen Gegebenheiten eines virtuellen Klassenzimmers Echtzeitinteraktionsmöglichkeiten zwischen Lehrer und Schüler ermöglichen, soll die erforderliche Lehrer-Schüler-Beziehung nach *Schäfer*[424] hergestellt werden können.

cc) (Un-)Schädliche Eigenverantwortlichkeit des Unterrichteten

Auf der Linie der vorbezeichneten Auffassungen im Schrifttum könnte auch eine Entscheidung des BFH aus dem Jahre 1996[425] liegen, in welcher der IV. Senat einst die Annahme einer persönlichen Beziehung zwischen Lehrer und Schüler mitunter deshalb als nicht möglich ansah, weil der Lernende lediglich zeitweise angeleitet und im Wesentlichen „sich selbst überlassen" wurde.[426] Im Mittelpunkt des Streitfalls stand die ertragsteuerliche Würdigung der Tätigkeit eines Fitnessstudio-Betreibers, die letzten Endes insbesondere aufgrund der vorbezeichneten Beweggründe als gewerblich beurteilt wurde. Damit geht unmittelbar die Frage einher, ob ein „Sich-selbst-überlassen-Sein" des Schülers stets zur Folge hat, dass eine persönliche Lehrer-Schüler-Beziehung nicht vorliegen kann, mithin eine ununterbrochene Anleitung in Echtzeit ein unabdingbares Merkmal unterrichtender Tätigkeiten darstellt.

Zur Beantwortung dieser Fragestellung soll nachfolgend einmal tiefer in die Entscheidungsgründe des vorzitierten Urteils des IV. Senats geblickt werden. Ausweislich der vorinstanzlichen Sachverhaltsfeststellung hat der Betreiber des Fitnessstudios neben der lehrenden Anleitung der Kursteilnehmer auch andere, dem Grunde nach gewerbliche Leistungen – insbesondere die Nutzung von

---

§ 18 Abs. 1 Nr. 1 S. 3 EStG hinaus wollten, vgl. *Brunckhorst/Sterzinger*, DStR 2018, 1689 (1690); *Schäfer*, StB 2019, 209 (211); *Homuth*, NWB 2018, 1891 (1894).

422 *Mertzbach*, in: Fuhrmann/Kraeusel/Schiffers, EStG, § 18 Rz. 19 (Stand: März 2019), unter Bezugnahme auf BFH v. 18.4.1996 – IV R 35/95, BStBl. II 1996, 573 (dazu sogl.).

423 *Brunckhorst/Sterzinger*, DStR 2018, 1689 (1690).

424 *Schäfer*, StB 2019, 209 (211).

425 BFH v. 18.4.1996 – IV R 35/95, BStBl. II 1996, 573 (574).

426 Vgl. *Mertzbach*, in: Fuhrmann/Kraeusel/Schiffers, EStG, § 18 Rz. 19 (Stand: März 2019), der seine „Befürchtung" hinsichtlich der Gewerblichkeit medialer Unterrichtung ausführlich auf die vorbezeichnete Entscheidung des BFH zurückführt.

Trainingsmaschinen und -geräten – angeboten, die, anders als z. B. die Überlassung des PKW eines Fahrschullehrers[427], nicht ausschließlich unmittelbar der unterrichtenden Tätigkeit als solcher dienten. Vielmehr stand es den Kunden teilweise gänzlich frei, die vom Kläger angebotene Nutzungsmöglichkeit der Geräte auch ohne dessen Anleitung in Anspruch zu nehmen.[428] Damit zeigt sich ganz entscheidend, worin der eigentliche Streitpunkt des Revisionsverfahrens lag: Es stand die Frage im Mittelpunkt, ob die nur vereinzelte Anleitung und Einweisung in die Gerätenutzung ausreichend war, um insgesamt zur Annahme einer freiberuflich-unterrichtenden Tätigkeit zu gelangen, welche die (gewerbliche) Raum- und Gerätenutzung hätte überlagern können. Dies ist mit dem erkennenden Senat zutreffend abzulehnen, wenn und weil der unterrichtenden Komponente aufgrund der nur punktuellen Anleitung bei im Übrigen frei zugänglicher, sich selbst überlassener Gerätenutzung nur eine untergeordnete Bedeutung zuteilwird und die gewerbliche Überlassung von Trainingsmaschinen in den Vordergrund der Tätigkeit gerückt ist.[429] Denn die bloße Nutzung der Geräte gehört auch dann nicht mit zur unterrichtenden Tätigkeit, wenn sie unter Anwendung der zuvor vermittelten Kenntnisse und Fähigkeiten erfolgt.[430] Insofern war die gesteigerte Eigenverantwortlichkeit der Kunden deshalb schädlich, weil sie zur Folge hatte, dass die gewerbliche Komponente der Geräteüberlassung in den Vordergrund der Tätigkeit gelangte.[431]

Im Lichte der vorliegenden Untersuchungsfrage muss daher konstatiert werden, dass es sich bei dem Streitfall mitnichten um eine mit digitaler Lehre vergleichbare Fallkonstellation handelt, zumal es in letztgenanntem und hier untersuchungsgegenständlichem Falle mitunter in Ermangelung eines physischen Aufeinandertreffens zumeist (gar) keine eine Raum- und Geräteüberlassung vergleichbare konkurrierende gewerbliche Komponente gibt, welche im Rahmen einer Gesamtwürdigung zugunsten einer nur peripheren Bedeutung der Unterrichtskomponente in den Vordergrund treten könnte. In den wenigen in Betracht kommenden Ausnahmefällen, wie etwa der Bereitstellung eines mobilen Endgeräts zur Wahrnehmung der Lehrinhalte z. B. an der Hochschule

427 BFH v. 13.1.1994 – IV R 79/92, BStBl. II 1994, 362.

428 BFH v. 18.4.1996 – IV R 35/95, BStBl. II 1996, 573 (574).

429 Ähnlich bereits zuvor BFH v. 13.1.1994 – IV R 79/92, BStBl. II 1994, 362; FG Düsseldorf v. 27.1.1994 – 15 K 74/88 G, juris, Rn. 38 (NZB mit Beschluss v. 10.2.1995 als unbegründet zurückgewiesen, vgl. BFH Az. XI B 158/94).

430 Zutreffend BFH v. 23.2.1995 – V R 135/92, BFH/NV 1995, 1031 (1032).

431 So wohl auch *MK*, DStR 1996, 1478.

für Finanzen NRW[432], wird es sich im Regelfall ähnlich wie bei dem PKW eines Fahrschullehrers verhalten, mithin die in der Überlassung isoliert zu sehende Gewerblichkeit dadurch überlagert, dass sie als unmittelbares Hilfsmittel zur freiberuflichen Kerntätigkeit von dieser mit umfasst wird.[433]

Entgegen der ausdrücklichen Bezugnahme von *Mertzbach*[434] kann somit jedenfalls aus der vorzitierten Entscheidung des BFH nicht gefolgert werden, dass die freiberufliche Unterrichtung unabdingbar von Echtzeitinteraktionsmöglichkeiten zwischen Lehrer und Schüler abhängt.

dd) Stempeltheoretische Deliberation des IV. Senats[435]

Damit stellt sich weiterhin die Frage, ob Echtzeitlehre zur Herstellung einer für die Lehrtätigkeit charakteristischen Lehrer-Schüler-Beziehung mit den vorherrschenden Auffassungen im Fachschrifttum aus anderen Gründen als unabdingbar zu erachten ist. Zu ihrer Beantwortung sei abermals der Ursprung dieses Tätigkeitsmerkmals in den Blick genommen. Diesbezüglich wurde vorstehend bereits herauskristallisiert, dass die Forderung des BFH nach der Herstellung einer für die (unterrichtende) Tätigkeit charakteristischen persönlichen Beziehung zwischen Unterrichtendem und Schüler ihre Wurzeln in dem gesetzlich normierten Grundsatz des § 18 Abs. 1 Nr. 1 S. 3 EStG trägt, wonach die Mithilfe fachlich vorgebildeter Arbeitskräfte für die Freiberuflichkeit des Betriebsinhabers nur dann als unschädlich erachtet werden kann, wenn dieser aufgrund eigener Fachkenntnisse leitend und eigenverantwortlich tätig wird. Mit anderen Worten hat der I. Senat in 1973 mit seinem Postulat nach einer für die Lehrtätigkeit charakteristischen persönlichen Beziehung zwischen Lehrer und Schüler schlicht die *für unterrichtende Tätigkeiten spezifische Ausprägung* der für alle freien Berufe übergreifend geltenden Stempeltheorie bzw. insbesondere des dieser inhärenten Merkmals der Eigenverantwortlichkeit tätigkeitsspezifisch näher bestimmt,[436] wie er dies später auch etwa bezüglich der Tätigkeit eines Arztes für

432 Damit wirbt die Finanzverwaltung vermehrt in Broschüren und auf ihrer Internetseite, siehe z. B. www.finanzverwaltung.nrw.de/de/berufe-mit-zukunft (zuletzt abgerufen am 27.12.2021).

433 Zu dem möglichen Umfang freiberuflicher Erwerbstätigkeiten ausführlich Zweiter Teil B.II.

434 *Mertzbach*, in: Fuhrmann/Kraeusel/Schiffers, EStG, § 18 Rz. 19 (Stand: März 2019).

435 BFH v. 16.11.1978 – IV R 191/74, BStBl. II 1979, 246 (248).

436 BFH v. 20.4.1989 – IV R 299/83, BStBl. II 1989, 727 (728); v. 7.10.1987 – X B 54/87, BStBl. II 1988, 17 (19).

Laboratoriumsmedizin[437] sowie für freiberuflich-künstlerische Tätigkeiten[438] getan hat.[439] Damit ist die verlangte Lehrer-Schüler-Beziehung keine unmittelbare Ausprägung des Unterrichtsbegriffs, sondern vielmehr Ausfluss der in § 18 Abs. 1 Nr. 1 S. 3 EStG tatbestandlich verlangten Eigenverantwortlichkeit der Tätigkeit bei der Mithilfe durch fachlich vorgebildete Arbeitskräfte.

Im Hinblick auf die im Fachschrifttum zu findenden Auffassungen ist nun zuvorderst die Erkenntnis geboten, dass das Merkmal einer „persönlichen Beziehung" des Unterrichtenden zum Unterrichteten nicht im Sinne eines gegenseitigen persönlichen Kennens und fortwährenden Interagierens verstanden werden darf. Vielmehr muss das Vorliegen einer für die Lehrtätigkeit charakteristischen persönlichen Beziehung zwischen Unterrichtendem und Unterrichtetem, wie sie die Rechtsprechung verlangt, überhaupt nur dann geprüft werden, wenn ein Anwendungsfall des § 18 Abs. 1 Nr. 1 S. 3 EStG vorliegt, mithin der Betriebsinhaber nicht allein, sondern unter Mithilfe fachlich vorgebildeter Arbeitskräfte tätig wird. Wird der Lehrende hingegen autonom tätig, wäre der Anwendungsbereich des § 18 Abs. 1 Nr. 1 S. 3 EStG bereits tatbestandlich nicht eröffnet. Mit den überzeugenden Worten des I. Senats liegt eine persönliche Lehrer-Schüler-Beziehung im vorbezeichneten Sinne daher „ohne Frage immer dann" vor, „wenn jemand selbst unterrichtet"[440].

---

437 Das Merkmal der Eigenverantwortlichkeit des § 18 Abs. 1 Nr. 1 S. 3 EStG soll hierbei in dem Sinne zu verstehen sein, dass der (Labor-)Betriebsinhaber „jeden eingegangenen Untersuchungsauftrag nach Inhalt und Fragestellung zur Kenntnis nehmen, die Bearbeitung durch die zuständigen Abteilungen sowie die Auswahl und Anwendung der Untersuchungsmethode kontrollieren und die Plausibilität des Ergebnisses (Befunderhebung und Befundauswertung) nachprüfen [muss]", vgl. BFH v. 21.3.1995 – XI R 85/93, BStBl. II 1995, 732 (735).

438 Im Bereich freiberuflich-künstlerischer Tätigkeiten heißt es etwa, dass zur Anwendung des § 18 Abs. 1 Nr. 1 S. 3 EStG erforderlich sei, „daß der Künstler auf sämtliche zur Herstellung eines Kunstwerks erforderlichen Tätigkeiten, soweit sie nicht in künstlerischer Hinsicht von untergeordneter Bedeutung sind, den entscheidenden gestaltenden Einfluß ausübt", BFH v. 2.12.1980 – VIII R 32/75, BStBl. II 1981, 170 (172).

439 Tätigkeitsspezifische Ausprägungen der Stempeltheorie sind somit mitnichten ein Phänomen nur im Bereich unterrichtender Tätigkeiten, sondern vielmehr die Folge der Heterogenität der freien Berufe, die gleichsam unterschiedliche Anforderungen an eine leitende und eigenverantwortliche Tätigkeit ausgehend von der jeweiligen Art der Tätigkeit sowie dem jeweiligen Berufsbild erfordern, vgl. BFH v. 8.10.2008 – VIII R 53/07, BStBl. II 2009, 143 (146) m. w. N.

440 BFH v. 13.12.1973 – I R 138/71, BStBl. II 1974, 213 (214). Vgl. in diesem Sinne auch BFH v. 1.4.1982 – IV R 130/79, BStBl. II 1982, 589 (590); v. 25.11.1975 – VIII R 116/74, BStBl. II 1976, 155 (157); FG Köln v. 23.5.2019 – 1 K 1430/16, EFG 2019,

Auch darüber hinaus ist die vom BFH gewählte Formulierung treffend, wenn er eine für Unterrichtstätigkeiten charakteristische persönliche Beziehung „des Unterrichtenden *zum* [Hervorh. d. Verf.] Schüler“ verlangt, nicht jedoch etwa eine (gleichsam *bidirektionale*) persönliche Beziehung *zwischen* dem Unterrichtendem und seinen Schülern.

ee) Eigenverantwortliche Unterrichtung via Lehrmedium

Dabei stellt sich nun abschließend die Frage, ob ein Lehrender auch dann im vorbezeichneten Sinne einer eigenverantwortlichen Unterrichtstätigkeit „selbst unterrichtet“, wenn sich seine Tätigkeit als Erstellung sowie anschließende Zurverfügungstellung eines Lehrmediums darstellt.

Dieser Annahme könnte auf der einen Seite entgegenstehen, dass der Lehrende insofern nicht *in persona* gegenüber dem Edukanden in Erscheinung tritt, sondern der Schüler anhand der ihm überlassenen Medien selbständig lernt. Denn ausweislich der Rechtsprechung soll der Begriff der Eigenverantwortlichkeit im Bereich unterrichtender Tätigkeiten den (persönlichen und individuellen) „unmittelbaren, persönlichen und deshalb individuellen Einsatz des Betriebsinhabers *vor Ort* [Hervorh. d. Verf.]“[441] voraussetzen. Das FG Münster[442] etwa hat auch „im multimedialen Zeitalter“ explizit die körperliche Anwesenheit eines Lehrbetriebsinhabers bei der Mitbeschäftigung anderer Lehrkräfte gefordert, wenn diese ihrerseits physischen Präsenzunterricht vor Ort ausüben. Dies leuchtet deshalb ein, weil der Lehrbetriebsinhaber den Präsenzlehrtätigkeiten Dritter den Stempel seiner Persönlichkeit überhaupt nur dadurch verleihen kann, dass er gleichermaßen unter *reeller Präsenz* in den Unterricht eingreift. In den Fällen hingegen, in denen die mitarbeitenden Lehrkräfte im Rahmen von Fernunterrichtung tätig werden, ist eine körperliche Anwesenheit eines Lehrbetriebsinhabers zur Verwirklichung einer eigenverantwortlichen Unterrichtstätigkeit

---

1989 Rn. 56 (rkr.); FG Hamburg v. 20.1.2015 – 3 K 157/14, EFG 2015, 912 Rn. 45 (rkr.); FG Münster v. 18.5.2006 – 8 K 4599/03 F, EFG 2008, 382 (384) (insoweit nicht Gegenstand des Revisionsverfahren, vgl. BFH v. 9.3.2010 – VIII R 56/07, BFH/NV 2010, 1777). Dem hat sich die herrschende Auffassung im Schrifttum angeschlossen, vgl. statt vieler *Brandt*, in: H/H/R, EStG, § 18 Rz. 123 (Stand: Februar 2020).

441 FG Köln v. 23.5.2019 – 1 K 1430/16, EFG 2019, 1989 Rn. 56 (rkr.); FG Hamburg v. 20.1.2015 – 3 K 157/14, EFG 2015, 912 Rn. 45 (rkr.); FG Münster v. 18.5.2006 – 8 K 4599/03 F, EFG 2008, 382 (384).

442 FG Münster v. 18.5.2006 – 8 K 4599/03 F, EFG 2008, 382 (384) (insoweit offengelassen im Revisionsverfahren, vgl. BFH v. 9.3.2010 – VIII R 56/07, BFH/NV 2010, 1777 Rz. 20).

konsequenterweise nicht erforderlich. Dann ist vielmehr ausreichend, aber auch erforderlich, dass der Lehrbetriebsinhaber „per Bildschirm“ erkennbar als Lehrkraft auftritt.[443]

Zu folgern ist hieraus zugleich zweierlei: Zum einen ist der in ständiger Rechtsprechung erforderliche „Einsatz des Betriebsinhabers vor Ort“ nicht zwangsläufig als Erfordernis einer *körperlichen* Anwesenheit an einem *reellen Ort* zu verstehen, sondern verlangt vielmehr, dass der Betriebsinhaber zur Bewahrung der Eigenverantwortlichkeit *an demselben (realen oder digitalen) Ort* der Tätigkeiten seiner fachlichen Mitarbeiter in diese eingreift. Zum anderen – und das vorliegend ganz entscheidend – führt die Annahme einer eigenverantwortlichen Unterrichtstätigkeit durch ein digitales Eingreifen in die Fernunterrichtung der Mitarbeiter im Sinne eines „Erst-Recht-Schlusses“ dazu, dass eine autonome Unterrichtung auf digitalem Wege stets eine eigenverantwortliche Unterrichtung darstellt. Entscheidend ist insofern, dass der Steuerpflichtige die entsprechenden Lehrmedien selbst erstellt.[444] Die für eine Lehrtätigkeit charakteristische Lehrer-Schüler-Beziehung liegt dann bereits in der Natur der Sache, weil der Lehrende selbst – und niemand sonst – auf die Schüler lehrtypisch einwirkt.

Dabei entspricht der Steuerpflichtige dem Typus eines Unterrichtenden nicht minder, wenn seine Tätigkeit nicht in Echtzeit an den Schüler gelangt, sondern zunächst eine Medialisierung erfährt und somit erst anschließend als mediale Konserve durch den Lernenden konsumiert wird. Denn selbst wenn es hierbei beispielsweise an der (allerdings regelmäßig doch zumindest im Nachgang vorliegenden) Möglichkeit zur Stellung von Rückfragen an den Unterrichtenden fehlt, wird hiervon weder der Kern der ausgeübten Tätigkeit tangiert noch geht insofern die grundsätzliche Vermittelbarkeit des Unterrichtsgegenstandes[445] verloren. Vielmehr gehört es unter zeitgemäßer Betrachtung nunmehr schlicht zum Wesen unterrichtender Tätigkeiten – wie es etwa seit jeher zum Wesen der Tätigkeit eines Journalisten[446] oder eines Schriftstellers gehört[447], dass diese

---

443 So auch FG Münster v. 18.5.2006 – 8 K 4599/03 F, EFG 2008, 382 (384).

444 Infrage gestellt werden kann die Eigenverantwortlichkeit des Lehrenden insoweit nur dann, wenn sich der Lehrende bereits vorhandener – nicht selbst erstellter – Lehrmedien bedient. In diesem Falle müsste der Lehrende anderweitig auf den Lernenden persönlich einwirken, um insgesamt noch von einer eigenverantwortlichen Tätigkeit ausgehen zu können, vgl. *Korn*, in: Korn, EStG, § 18 Rn. 51 (Stand: August 2018).

445 Dazu oben Erster Teil B.II.4.a)dd)(4).

446 Vgl. BFH v. 16.9.2014 – VIII R 5/12, BStBl. II 2015, 217 Rn. 25 m. w. N.

447 Damit sei verdeutlicht, dass die freiberufliche Tätigkeit zwar durch die persönliche Leistung des Berufsträgers geprägt sein soll. Die Folge dessen ist jedoch nicht, dass

weit verbreitet erst nach einer vorherigen Konservierung an ihrem Empfänger gelangen.

ee) Zusammenfassung

Nach alldem kann festgehalten werden, dass das Merkmal einer persönlichen Lehrer-Schüler-Beziehung entgegen der vorgenannten Auffassungen im Fachschrifttum nicht in dem Sinne zu verstehen ist, dass Lehrer und Schüler per Präsenzlehre oder virtuellem Klassenzimmer in Echtzeit miteinander interagieren können müssen. Vielmehr soll das positive Vorliegen einer Lehrer-Schüler-Beziehung (nur) in Fällen der faktischen Unterrichtung durch Dritte im Sinne der Stempeltheorie sicherstellen, dass die Tätigkeit auf der persönlichen Arbeitsleistung des Betriebsinhabers beruht und somit eigenverantwortlich ausgeübt wird. Kommt es demgegenüber gar nicht erst zur Mitarbeit fachlich vorgebildeter Dritter, so liegt eine unterrichtstypische Lehrer-Schüler-Beziehung aus der Natur der Sache heraus bereits dadurch vor, dass der Lehrende z. B. über das selbst erstellte Lehrmedium eine lehrtypische Einwirkung auf den Schüler evoziert.

III. Resümee

1. Fortentwicklung des Unterrichtsbegriffs

Das Lehren und Lernen hat im Zuge der Digitalisierung teilweise nur eine Ergänzung, teilweise jedoch auch einen grundlegenden Wandel erfahren. Die wohl signifikanteste Veränderung liegt darin, dass Lehre nunmehr zunehmend digital stattfindet, indem der Lehrende seine Unterrichtstätigkeit entweder in Echtzeit in das Internet überträgt oder diese zunächst mithilfe technischer Aufzeichnungsgeräte medial konserviert, um sie anschließend als „Lehrkonserve" zur Verfügung zu stellen. Mit diesem tatsächlichen Wandel sieht sich auch der ertragsteuerliche Unterrichtsbegriff einer Fortentwicklung ausgesetzt.[448] Denn der gegenwärtigen Realität des Lehrens und Lernens kann und muss bei der

die persönlich ausgeübte Tätigkeit auch *interaktiv* an ihren Empfänger gelangen muss. Vielmehr kommt es ganz entscheidend auf die persönliche, mithin eigenverantwortliche Ausführung der freiberuflichen Kerntätigkeit an, die ebenso zunächst in einem freiberuflichen Werk münden kann, über das sie schließlich an ihren Konsumenten gelangt.

448 So auch *Korn*, in: Korn, EStG, § 18 Rn. 51 (Stand: August 2018). Ähnlich *Trachte/Helios*, BB 2001, 909 (912), betreffend schriftstellerische Tätigkeiten.

Auslegung des Unterrichtsbegriffs unter Ablösung bzw. zeitgemäßer Weiterentwicklung des althergebrachten Verständnisses Rechnung getragen werden, um die Sonderregelung für freiberufliche Einkünfte durch eine beharrliche Anknüpfung nur an traditionelle Tätigkeitsformen nicht sukzessive auszuhöhlen.[449]

Auch unter dem Gesichtspunkt der verfassungskonformen Auslegung[450] erscheint eine zeitgemäße Anpassung des ertragsteuerlichen Unterrichtsbegriffs durch Anwendung dieses Tatbestandes auch auf digitale Unterrichtstätigkeiten der einzig richtige Weg. Denn insofern konnte festgestellt werden, dass sich aus ertragsteuerlicher Sicht durch den vollzogenen Wandel zwar die Rahmenbedingungen geändert haben, innerhalb derer Lehren und Lernen stattfindet. Wenngleich insofern insbesondere das digitale Lernen per „Lehrkonserve" für manch einen Lerntyp nicht frei von Nachteilen sein mag, so ist doch letzten Endes der eigentliche Kern einer unterrichtenden Tätigkeit (insbesondere in der unterrichtstypischen Ausrichtung primär auf die Vermittlung eines Unterrichtsgegenstandes) immer noch derselbe. Damit können Anhaltspunkte dafür, dass die Schlechterstellung digitaler im Vergleich zu traditioneller Lehre durch die Ausgrenzung neuartiger Unterrichtsfacetten aus der Sphäre der freiberuflichen Unterrichtung im Rahmen von Art. 3 Abs. 1 GG sachlich gerechtfertigt sein könnte, nicht ersehen werden. Unter verfassungsrechtlichen Gesichtspunkten wäre eine entsprechend restriktive Auslegung des ertragsteuerlichen Unterrichtsbegriffs daher abzulehnen und der zeitgemäßen Fortentwicklung des Anwendungsbereichs unterrichtender Tätigkeiten der Vorzug zu gewähren.

2. Zusammenfassende Würdigung der Tätigkeitsvoraussetzungen

Mit der grundsätzlichen Anwendung des ertragsteuerlichen Unterrichtsbegriffs auch auf digitale Lehre ist letzten Endes unabhängig davon, ob die Tätigkeit in Präsenz oder digital ausgeübt wird, zunächst einheitlich unter einer Gesamtwürdigung aller Umstände zu entscheiden, ob die Tätigkeit (i.) ausgehend von einer Lehrbefähigung des Unterrichtenden erfolgt sowie (ii.) primär auf die Vermittlung eines Unterrichtsgegenstandes ausgerichtet ist.

Während es dabei weder auf die Qualität der praktizierten Unterrichtstätigkeit noch auf den Gegenstand der Unterrichtung ankommt, scheidet die Annahme einer unterrichtstypischen Tätigkeit allerdings dann aus, wenn der Lehrende nicht sein vorhandenes, abstraktes und damit institutionalisierbares Wissen

449 Vgl. *Schick*, Die freien Berufe im Steuerrecht, S. 78.
450 Vgl. oben Erster Teil B.II.3.e).

und Können vermittelt, sondern den Unterrichtsgegenstand zuerst gemeinsam anhand der Vorstellungen und Bedürfnisse des Auftraggebers erarbeiten und entwickeln muss. Derlei beratende Tätigkeiten sind aus der Sphäre des ertragsteuerlichen Unterrichts auszugrenzen. Dieses Telos verbirgt sich hinter dem einst durch den IV. Senat[451] konstituierten Merkmal, wonach eine Unterrichtung innerhalb einer organisierten und institutionalisierten Form zu erfolgen habe. Konventionelle Rahmenbedingungen der Unterrichtung, etwa eine Regelmäßigkeit der Lehre oder eine formelle Lehrinstitution, wie sie aus einer wortgetreuen Interpretation des Merkmals hergeleitet werden könnten, sind indes nicht erforderlich. Insoweit ergeben sich damit keine besonderen Abgrenzungsschwierigkeiten im Hinblick auf digitale Lehrfacetten.

Als weniger unproblematisch hat sich hingegen die im Schrifttum vorherrschende Interpretation des erforderlichen Merkmals einer für die Lehrtätigkeit charakteristischen persönlichen Beziehung vom Lehrer zum Schüler erwiesen, ausweislich derer eine Kommunikations- und Einwirkungsmöglichkeit zwischen Unterrichtendem und Unterrichtetem in Echtzeit unerlässlich sein soll. Dieses (zu) nah am Wortlaut orientierte Verständnis konnte letzten Endes insofern nicht überzeugen, als das Postulat einer unterrichtstypischen Lehrer-Schüler-Beziehung explizit als Ausprägung der in § 18 Abs. 1 Nr. 1 S. 3 EStG verlangten „Eigenverantwortlichkeit" im Falle der Mitarbeit fachlich vorgebildeter Arbeitskräfte (Lehrkräfte) zu begreifen ist. Das bedeutet, dass es einer Prüfung dieses Merkmals nicht bedarf, wenn der Lehrende ohne die Mithilfe Dritter lehrt, weil sich dann die Eigenverantwortlichkeit des Tätigwerdens und somit die lehrtypische Beziehung des Lehrers zum Schüler bereits aus der Natur der Sache heraus ergibt. Eine eigenverantwortliche Unterrichtstätigkeit liegt in derlei Fällen schließlich auch unabhängig davon vor, ob die Lehrtätigkeit unmittelbar in Echtzeit an den Schüler gelangt oder aber zunächst eine mediale Konservierung erfährt. Denn insbesondere ist die ausgeübte Tätigkeit in ihrem Nukleus immer noch dieselbe und besitzt zudem auch dann als eigenverantwortliche Tätigkeit den Stempel der Persönlichkeit des Aufgezeichneten, wenn sie erst über ein Medium an ihren Empfänger gelangt.

3. *Klarstellende Modifikation der Tätigkeitsmerkmale*

Die bis heute zu verwendeten Merkmale zur Umschreibung des Typusbegriffs unterrichtender Tätigkeiten erweisen sich als ambivalent. Auf der einen Seite

451 BFH v. 13.1.1994 – IV R 79/92, BStBl. II 1994, 362.

haben sie mit Blick auf die vorgefundenen Interpretationen im Schrifttum in ihrer Formulierung Raum für Fehlinterpretationen eröffnet. Auf der anderen Seite jedoch haben sich die in Rechtsprechung und Fachschrifttum verankerten Abgrenzungsmerkmale zur Abgrenzung der unterrichtenden Sphäre unter steuersystematischen Geschichtspunkten – so man sie zutreffend auslegt – gleichwohl als sachdienlich erwiesen, weil sie im Regelfall die zutreffende Beurteilung eines Sachverhalts ohne eine typologische Rechtsanwendung ermöglichen. Deshalb sollte nach hier vertretener Auffassung an dem Fortbestand einer definitionsartigen Umschreibung des Typusbegriffs der unterrichtenden Tätigkeit dem Grunde nach festgehalten werden. Inhaltlich bedarf es gleichwohl einer modifizierten, klarstellenden Formulierung, innerhalb derer die vorstehenden Ergebnisse der Untersuchung hinreichend zum Ausdruck kommen. Nur auf diesem Wege kann dafür Sorge getragen werden, dass auch nach dem grundlegenden Wandel des Unterrichts künftighin im Regelfall zutreffende Tätigkeits- und Einkünftequalifikationen vorgenommen werden können, ohne dass es hierzu einer typologischen Rechtsanwendung bedarf.

Innerhalb dieser Modulierung soll erstens der vergleichbar mit *Seeger*[452] und *Pfirrmann*[453] einst vom FG Hamburg gewählten Formulierung, wonach eine unterrichtende Tätigkeit „auf die Vermittlung [...] gerichtet"[454] sein muss, der Vorzug vor der Formulierung des IV. Senats[455] gegeben werden. Denn die erstgenannte Fassung vermag treffend(-er) zum Ausdruck zu bringen, dass eine abgeschlossene Vermittlung im Sinne eines tatsächlichen Lernerfolgs kein maßgebliches Kriterium für die Einordnung einer Tätigkeit als unterrichtend ist. Vielmehr kommt es wesentlich darauf an, dass die Tätigkeit primär auf das Erreichen eines Lernerfolges ausgerichtet ist. Durch die Ergänzung, dass die Tätigkeit hierbei „vorrangig" auf die Vermittlung eines Unterrichtsgegenstandes ausgerichtet sein muss, wird zudem zugleich zum Ausdruck gebracht, dass die Herbeiführung von nebensächlichen Lehreffekten durch eine Tätigkeit, die nicht primär auf eine Vermittlung ausgerichtet ist, nicht zum Vorliegen einer unterrichtenden Tätigkeit führt.

---

452 *Seeger*, in: Schmidt[9], EStG, § 18 Rz. 13: „eine auf das Vermitteln von Kenntnissen und Fähigkeiten gerichtete Tätigkeit".

453 *Pfirrmann*, in: Kirchhof/Seer, EStG, § 18 Rn. 49: „Fähigkeiten und Kenntnisse [...] zu vermitteln sucht."

454 FG Hamburg v. 10.4.1992 – VI 331/90, Anhang I, Nr. 2 der Entscheidungsgründe.

455 BFH v. 13.1.1994 – IV R 79/92, BStBl. II 1994, 362: „Unterricht ist die Vermittlung von [...]".

Zweitens sollte durch den Wegfall des fehlinterpretativen Merkmals einer „organisierten und institutionalisierten Form" der Lehre sichergestellt werden, dass eine Formalisierung, Reglementierung oder Regelmäßigkeit der Lehre nicht mehr irrigerweise als tragfähiges Abgrenzungskriterium herangezogen wird. Anstelle dessen sollte fürderhin präzise der seit jeher verfolgte Zweck dieses Abgrenzungsmerkmals treten, namentlich eine eindeutige flagrante Ausgrenzung beratender Tätigkeiten aus der unterrichtenden Sphäre dadurch, dass der Unterrichtsgegenstand zwar grundsätzlich beliebig sein, jedoch nicht erst anhand der Bedürfnisse einer Person entwickelt worden sein darf, zumal es dann an einer unterrichtstypischen Konstellation mangelt, innerhalb derer der Lehrende sein allgemeingültiges Wissen und Können auf den Lernenden zu transferieren versucht.

Zuletzt soll schließlich auch das Merkmal einer für die Lehrtätigkeit charakteristischen Beziehung zwischen Lehrer und Schüler durch eine Formulierung ersetzt werden, die explizit das Telos der dem Jahre 1973 entsprungenen Merkmalsausformung treffend zum Ausdruck bringt und somit Missverständnissen insbesondere zur Vermeidung unsachgerechter Ausgrenzungen der Unterrichtung „per Konserve" aus dem ertragsteuerlichen Unterrichtsbegriff vorbeugt. Die oben genannte Formulierung ist damit wie folgt zu ergänzen: „Bei der Mithilfe fachlich vorgebildeter Arbeitskräfte muss neben der erforderlichen Leitung insbesondere gewährleistet sein, dass der Betriebsinhaber weiterhin eigenverantwortlich tätig wird, mithin selbst eine unterrichtstypische Lehrer-Schüler-Beziehung herstellt, indem er z. B. regelmäßig in den Unterricht eingreift (vgl. § 18 Abs. 1 Nr. 1 S. 3 EStG)." Die damalige Ergänzung des BFH, wonach „diese Voraussetzung […] ohne Frage immer dann erfüllt [ist], wenn jemand selbst unterrichtet"[456], trägt nach der hier vertretenen Auffassung ebenfalls konstruktiv zur Abgrenzungsklarheit bei und sollte daher gemeinsam mit einer Klarstellung der Gleichwertigkeit von reeller und digitaler Unterrichtung die Umschreibung unterrichtender Tätigkeiten schlussendlich abrunden. Damit sollte der ertragsteuerliche Begriff der unterrichtenden Tätigkeit fortan insgesamt wie folgt umschrieben werden:

> „Unterricht ist eine vorrangig auf die Vermittlung eines beliebigen, jedoch nicht im Rahmen individueller Beratung entwickelten, sondern allgemeingültigen Unterrichtsgegenstands ausgerichtete Tätigkeit. Bei der Mithilfe fachlich vorgebildeter Arbeitskräfte muss neben der erforderlichen Leitung insbesondere gewährleistet sein, dass der Betriebsinhaber weiterhin eigenverantwortlich tätig wird, mithin selber eine unterrichtstypische

456 BFH v. 13.12.1973 – I R 138/71, BStBl. II 1974, 213 (214).

Lehrer-Schüler-Beziehung herstellt, indem er z. B. regelmäßig in den Unterricht eingreift (vgl. § 18 Abs. 1 Nr. 1 S. 3 EStG). Eine eigenverantwortliche Unterrichtstätigkeit liegt dagegen – auch bei digitaler Unterrichtung – ohne Frage immer dann vor, wenn und soweit der Betriebsinhaber selber unterrichtet."

4. Typologische Rechtsanwendung

In Anknüpfung an die Modifikation der Beschreibung des Begriffs unterrichtender Tätigkeiten ist abermals zu vergegenwärtigen, dass es sich bei unterrichtenden Tätigkeiten um einen Typusbegriff handelt.[457] Damit darf auch die modellierte Umschreibung nicht als abschließende Definition verstanden werden, unter die es Lebenssachverhalte stets starr zu subsumieren gälte. Vielmehr wird auch hier in Zweifelsfällen eine typologische Rechtsanwendung vonnöten sein, um das anhand der Tätigkeitsmerkmale gewonnene Ergebnis zu überprüfen.

Nicht ersichtlich ist in dem Zusammenhang, dass einzelne Merkmale der aufgestellten Tätigkeitsumschreibung in Gänze fehlen können, ohne dass deshalb die Zugehörigkeit zum Unterrichtstypus entfällt. So kommt beispielsweise nicht in Betracht, dass das vollständige Fehlen einer auf die Vermittlung von Wissen etc. gerichteten Tätigkeit anderweitig kompensiert werden könnte. Ebenso wenig vermag eine besonders intensiv auf die Vermittlung ausgerichtete Tätigkeit auszugleichen, dass es an einem allgemeingültigen Lehrprogramm fehlt und die Tätigkeit damit eine beratende ist. Gleiches gilt auch für die erforderliche Eigenverantwortlichkeit der Unterrichtung insbesondere bei der Mitarbeit fachlich vorgebildeter Arbeitskräfte, die sich sogar tatbestandlich aus § 18 Abs. 1 Nr. 1 S. 3 EStG ergibt.

Die vorstehende Diskrepanz – dehnbarer Typusbegriff auf der einen und nahezu subsumtionsartige Unverzichtbarkeit der Tätigkeitsmerkmale auf der anderen Seite – ist damit zu erklären, dass die merkmalsbasierte Umschreibung unterrichtender Tätigkeiten *keine Enumeration der Typusmerkmale* einer Unterrichtstätigkeit darstellt. Vielmehr versucht die gewonnene Umschreibung die typische Unterrichtstätigkeit durch bestimmte Tätigkeitsmerkmale definitionsähnlich zu begreifen. Das bedeutet, dass die eigentlichen Typusmerkmale, durch die sich der Typus „Unterricht" auszeichnet, genau genommen eine *Vorstufe* der hiernach abgeleiteten Tätigkeitsumschreibung darstellen. Mit anderen Worten ist die gefundene Tätigkeitsumschreibung *Ausfluss der Typusmerkmale* von unterrichtenden Tätigkeiten. Die Typusmerkmale gilt es deshalb nur dann heranzuziehen, wenn beispielsweise fraglich ist, ob die Tätigkeit *auf die*

457 Dazu grundlegend Erster Teil B.II.2.

Vermittlung eines Unterrichtsgegenstandes ausgerichtet ist. Relevante Merkmale wären dabei z. B. die didaktische Aufbereitung der zu vermittelnden Inhalte, ein lehrtypisches Einwirken durch den Lehrenden auf den Lernenden, eine Echtzeitinteraktionsmöglichkeit zwischen Lehrer und Schüler sowie die Möglichkeit, Rückfragen zu stellen und das vermittelte Wissen anhand von Prüfungen und Abfragen zu überprüfen.

Festgehalten werden kann demnach, dass die einzelnen Merkmale aus der Umschreibung unterrichtender Tätigkeiten jeweils eine Fülle von Typusmerkmalen beinhalten, anhand derer sich letzten Endes innerhalb einer Gesamtwürdigung maßgeblich zeigt, ob das jeweilige Tätigkeitsmerkmal erfüllt ist oder nicht. Infolgedessen können einzelne Typusmerkmale des Unterrichts durchaus in Gänze fehlen, wie etwa die Echtzeitinteraktionsmöglichkeit zwischen Lehrer und Schüler. Entscheidend kommt es darauf an, ob die Tätigkeit gleichwohl ihrem Typus nach eine unterrichtende ist. Dabei darf der Typusbegriff jedoch – wie *Weber-Grellet*[458] treffend ermahnt – nicht als „Zauberformel" genutzt werden, um ein im Vorhinein voluntativ festgelegtes Ergebnis zu erreichen. Denn Typusbegriffe sollen gerade keine freie Intuition des Rechtsanwenders erlauben, sondern erlegen ihm umgekehrt eine besondere Begründungsbürde auf.[459] Insofern bedarf es bei der Überprüfung der anhand der in Grenz- oder Zweifelsfällen mit der vorstehenden Umschreibung des Unterrichtsbegriffs gefundenen Ergebnisse einer eingehenden Dokumentation der im Zuge der typologischen Rechtsanwendung geführten Argumentation.

5. *Lehrfacettenspezifisches Ergebnis*

Unter Rekurs auf die eingangs aufgeworfene Untersuchungsfrage der ertragsteuerlichen Beurteilung der Haupterscheinungsformen des E-Learnings bleibt nun abschließend darüber zu befinden, für welche neuartigen Lehr- und Lernwege eine Freiberuflichkeit konkret in Betracht kommt.

Dabei kann übergreifend für sämtliche Facetten der Unterrichtung vorweggenommen werden, dass sich die Frage nach der Allgemeingültigkeit der Unterrichtsinhalte, mithin die Abgrenzung von unterrichtenden zu beratenden Tätigkeiten, in digitalen Sphären nicht anders vollzieht als innerhalb analoger Präsenzlehre. Auch die Eigenverantwortlichkeit einer Unterrichtstätigkeit

458 *Weber-Grellet*, in: FS Beisse, S. 551 (568).

459 *Pahlke*, DStR-Beih. 2011, 66 (68); *Wernsmann*, DStR-Beih. 2011, 72 (76). Ansonsten würde die „Argumentation" nach *Giesberts*, UR 1993, 279 (280), zur Kundgabe einer pauschalen Rechtsmeinung, zur inhaltslosen Phrase.

unterliegt in digitalen Sphären grundsätzlich denselben Prüfungsmaßstäben wie traditionelle Unterrichtung. Damit verbleibt es maßgeblich bei der Entscheidung darüber, ob die ausgeübte Tätigkeit vorrangig auf die Vermittlung eines Unterrichtsgegenstandes ausgerichtet ist. An dieser Stelle könnte den Rahmenbedingungen, innerhalb derer die Tätigkeit ausgeübt wird, eine dezisive Bedeutung zukommen.

a) Videobasierte Lehre

Die Live-Unterrichtung über das Internet stellt die wohl persönlichste Variante der Onlinelehre dar und wird deshalb selbst von den restriktiven Stimmen im Fachschrifttum noch im Bereich der freiberuflichen Unterrichtssphäre verortet.[460] Besonderheiten ergeben sich insoweit im Wesentlichen bei der Vermittlung physisch-technischer Fähigkeiten, bei denen eine gleichermaßen physische und gemeinsame Übung seit jeher üblich und vermeintlich unverzichtbar ist. In derlei Fällen muss der Lehrende die Befähigung aufweisen und umsetzen, den fehlenden physischen Kontakt durch entsprechende Erläuterungen und verbale Hilfestellungen – z. B. in Form besonderer verbaler Anleitung und der Antizipation möglicher Anwendungsfehler – zu kompensieren, damit eine Erlernbarkeit weiterhin objektiv ermöglicht wird. Das Fehlen des reellen Aufeinandertreffens von Lehrer und Schüler führt dahingegen (nur) dann zur Negation einer unterrichtenden Tätigkeit, wenn die zur möglichen Kompensation erforderlichen verbalen Erläuterungen ausbleiben.

Entgegen der im Übrigen wohl einhellig[461] vorherrschenden Ausgrenzung digitaler Lehrfacetten aus dem Anwendungsbereich des § 18 Abs. 1 Nr. 1 S. 2 EStG wurde vorliegend festgestellt, dass eine unterrichtende Tätigkeit nicht voraussetzt, dass die Tätigkeit in Echtzeit an den Schüler gelangt und damit eine unterrichtende Tätigkeit ebenso in der Erstellung von audiovisuellen Lehrmedien als Konserve vorliegen kann. Denn die Unterscheidung, ob die Übertragung in Echtzeit oder mit Zeitversatz erfolgt, vermag den Nukleus der Tätigkeit insoweit nicht entscheidend zu tangieren. Auch im Vergleich zu Präsenzlehre zeitigt das Wesen der ausgeübten Tätigkeit unter Ablösung der körperlichen Anwesenheit durch eine Bildschirmanwesenheit keine tragfähigen Unterschiede. Mit der gebotenen strikt tätigkeitsbezogenen Betrachtung ist die Tätigkeit damit nach wie vor dieselbe. Dies korreliert auch mit dem empirischen Befund, dass Fernlehre

---

460 Vgl. *Schäfer*, StB 2019, 209 (211).

461 *Brunckhorst/Sterzinger*, DStR 2018, 1689 (1690); *Schäfer*, StB 2019, 209 (211); *Homuth*, NWB 2018, 1891 (1894).

und Selbststudium sowie die Verwendung digitaler Lehrmedien gerade deshalb längst zur Normalität geworden sind, weil sie sich mit ihrer Gleichwertigkeit als Unterrichtsform bewährt haben.

Auszugrenzen aus dem Anwendungsbereich des ertragsteuerlichen Unterrichts sind hingegen insbesondere – ebenso wie bei Präsenzlehre – solche Tätigkeiten, die vorrangig in der bloßen Demonstration von Wissen oder Fähigkeiten ohne eine unterrichtstypische Lehrereinwirkung bestehen. In digitalen Sphären ist hiervon insbesondere die Erstellung von Tutorials betroffen, die sich inhaltlich auf ein „Vormachen“ beschränken und somit keine vorrangige Ausrichtung auf die unterrichtstypische Vermittlung ihres Inhaltes aufweisen.

b) Auditive Lehre

Nun fragt sich, ob eine unterrichtende Tätigkeit auch dann vorliegen kann, wenn die Tätigkeit zulasten einer visuellen Komponente auf einem rein auditiven Weg erfolgt. Dies wiederum kann nur entscheidend davon abhängen, ob eine optische Wahrnehmung des Unterrichtenden für die Vermittlung von Wissen oder Fähigkeiten unabdingbar erforderlich ist.

Mit einem Blick zunächst auf die Vermittlung von reinem Faktenwissen kann ohne besondere Schwierigkeiten festgestellt werden, dass diese ebenfalls auditiv erfolgen kann. Zeichnet beispielsweise ein Steuerberater in seiner Freizeit Podcasts auf, in denen er dem Hörer Schritt für Schritt die Grundzüge des Umsatzsteuergesetzes erklärt und diese anhand selbst erstellter Beispielsfälle vertieft, so ist die vorliegende Tätigkeit als freiberuflich-unterrichtend zu qualifizieren, insbesondere weil sie in ihrem Kern auf die Vermittlung eines (allgemeingültigen) Unterrichtsgegenstandes ausgerichtet ist.

Aber auch im Bereich der Vermittlung physisch geprägter Fähigkeiten und Fertigkeiten können – so sie ausnahmsweise rein audiobasiert stattfindet – insbesondere dezidierte Erläuterungen und Erklärungen in manchen Fällen eine Kompensation der fehlenden Sichtbarkeit erreichen, sodass die Tätigkeit auch rein verbal unterrichtstypisch auf die Vermittlung eines Unterrichtsgegenstandes ausgerichtet sein kann. Dies jedenfalls unter der Voraussetzung, dass der Lehrende eine hinreichende Befähigung aufweist, eine Erlernbarkeit des Unterrichtsgegenstands auf diesem Wege unter objektiven Maßstäben zumindest in seinen Grundzügen zu ermöglichen.

c) Textuelle Lehre

In weiterer Abstufung der Nähe zwischen Lehrendem und Lernendem stellt sich nunmehr die Frage, ob eine unterrichtende Tätigkeit auch rein textuell erfolgen kann.[462] Die von dieser Fragestellung betroffenen Tätigkeiten sind insbesondere die Verfassung von Lehrbriefen, Skripten, lehrreichen Blogbeiträgen im Internet sowie die chatbasierte Moderation von Online-Lehrveranstaltungen. Dem FG Thüringen[463] zufolge soll das Verfassen von Lehrbriefen als schriftstellerische Tätigkeit anzusehen sein, mithin das streitgegenständliche Honorar daher für die Mitarbeit an der Erstellung der Lehrbriefe, nicht jedoch für eine Unterrichtstätigkeit gezahlt worden sein.[464] Dem ist unter Anwendung der vorstehenden Grundsätze jedenfalls für jene Fälle zuzustimmen, in denen

462 So das Geschriebene an die Öffentlichkeit gerichtet ist, könnten die vorbezeichneten Erwerbshandlungen zugleich als freiberuflich-schriftstellerische Tätigkeit zu qualifizieren sein, vgl. st. Rspr. BFH v. 16.9.2014 – VIII R 5/12, BStBl. II 2015, 217 Rn. 21 m. w. N., sowie ausdrücklich *Korn*, in: Korn, EStG, § 18 Rn. 52 (Stand: August 2018): „Fernunterricht kann m. E. auch schriftstellerische Tätigkeit sein". „Öffentlichkeit" in diesem Sinne bedeutet entgegen einer denkbaren enge(re)n Auslegung allerdings nicht, dass die verfassten Texte jedermann – also der *gesamten* Öffentlichkeit – zugänglich gemacht werden müssen. Vielmehr ist ausreichend, wenn sich der geschriebene Text an einen begrenzten – wenn auch kleinen – Adressatenkreis richtet, sofern es sich um einen aus Sicht des Autors zahlenmäßig nicht bestimmbaren, offenen Personenkreis handelt, vgl. BFH v. 10.9.1998 – IV R 16/97, BStBl. II 1999, 215 (216). Nicht an die Öffentlichkeit gerichtet ist daher beispielsweise die Verfassung von Rechtsgutachten (vgl. *Brandt*, in: H/H/R, EStG, § 18 Rz. 113 [Stand: Februar 2020]; *Hutter*, in: Brandis/Heuermann, EStG, § 18 Rz. 100 [Stand: Juni 2020]), von Sendemanuskripten (vgl. BFH v. 16.9.2014 – VIII R 5/12, BStBl. II 2015, 217 Rn. 22) oder internen schriftlichen Ausarbeitungen (BFH v. 24.9.1998 – IV R 16/98, BFH/NV 1999, 602 [603]).

463 FG Thüringen v. 12.2.2014 – 3 K 926/13, EFG 2014, 1662 (1664, unter I.2.c. der Entscheidungsgründe; Revision erledigt durch Beschluss nach § 126a FGO v. 13.12.2016, BFH Az. VIII R 43/14).

464 Eine ähnliche Marschroute steckt die Finanzverwaltung für umsatzsteuerliche Zwecke ab, nach derer (Fach-)Autoren mit der Erstellung von Lehrbriefen keine unmittelbare Unterrichtstätigkeit im Sinne des § 4 Nr. 21 lit. b UStG erbringen würden, weil es an der Einflussnahme durch den persönlichen Kontakt mit dem Studenten fehle, vgl. Abschn. 4.21.3 Abs. 2aUStAE; differenziert *Zugmaier/Streit*, NWB 2017, 3933 ff. Diese Handhabe kann jedoch nicht ungesehen auf die vorliegende Untersuchungsfrage übertragen werden, zumal die im UStG begünstigten Unterrichtsleistungen bereits *de lege lata* enger gefasst sind, als der Begriff der unterrichtenden Tätigkeit des § 18 Abs. 1 Nr. 1 S. 2 EStG. Siehe dazu § 4 Nr. 21 lit. b UStG, wonach tatbestandlich ausdrücklich vorausgesetzt wird, dass die Unterrichtsleistungen „unmittelbar dem Schul- und Bildungszweck" dienen und überdies an öffentlichen (Hoch-)Schulen oder privaten Schulen sowie anderen allgemeinbildenden oder berufsbildenden Einrichtungen ausgeübt werden.

die Tätigkeit unter Verwendung der Textform nicht vorrangig auf die Vermittlung eines Unterrichtsgegenstandes ausgerichtet ist. Diese Fälle sind namentlich regelmäßig insbesondere die Erstellung von Lehrbüchern und Arbeitsheften, die sich zumeist vorrangig als sachliche Zusammenstellung von Wissen auf bestimmten Themengebieten darstellen, während eine unterrichtstypische Einwirkung auf den Lernenden nicht vorliegt.[465] An einer entsprechenden Einwirkung fehlt es überdies – ebenso wie bei der Erstellung von Video-Tutorials – bei der Verschriftlichung von Anleitungen, die dem Leser z. B. das Zurücksetzen eines Computers, den Zusammenbau eines Regals oder die Zubereitung eines bestimmten Gerichts zur Nachahmung erläutern. Eine vorrangige Ausrichtung der Tätigkeit auf die unterrichtstypische Vermittlung des Inhalts kann insoweit nicht erkannt werden.

Gleichwohl darf jedoch das Vorliegen einer textuell-unterrichtenden Tätigkeit nicht per se ausgeschlossen werden. Vielmehr ist grundsätzlich durchaus denkbar, dass auch der Inhalt eines Schriftwerks dem Typus der unterrichtenden Tätigkeit entspricht, insbesondere wenn ihm durch die Art und Weise der Verschriftlichung eine lehrtypische Einwirkung auf den Leser zuteilwird und das verschriftlichte Wort insofern über die schlichte Niederlegung von Informationen und Wissen hinausgeht. Damit verhält es sich bei textueller Lehre letzten Endes ebenso wie bei auditiven Inhalten, die gleichermaßen inhaltlich über die Ansammlung von Wissen hinausgehen müssen, damit ihnen ein unterrichtender Charakter zugesprochen werden kann. Der Unterschied hinsichtlich des Weges, auf dem die Tätigkeit an ihren Empfänger gelangt, berührt den Kern der ausgeübten Erwerbstätigkeit allenfalls unmaßgeblich. Eine unterrichtende Tätigkeit in Textform läge daher z. B. bei der Moderation eines Fragen-Chats während einer Liveübertragung von Unterricht durch eine andere Person vor, zumal der Chat-Moderator dann sogar in einem unmittelbaren Austausch mit den Schülern steht und den aufkommenden Fragestellungen unmittelbar abhilft, wie es für Unterricht typischer kaum sein könnte. Ebenso zeigt sich eine lehrtypische Ausrichtung der Tätigkeit beispielsweise dann, wenn jemand auf einer eigenen Internetseite ausführliche Textbeiträge veröffentlicht, innerhalb derer er dem Leser unter aufwendiger didaktischer Aufbereitung die Inhalte genauso nahebringt, wie er dies auf verbaler Ebene innerhalb von Präsenzlehrveranstaltungen tut.

465 Stellen die Lehrunterlagen hingegen nur ein Hilfsmittel zu einer Unterrichtstätigkeit dar, so wird die Tätigkeit zur Erstellung der Unterlagen regelmäßig von der freiberuflichen Unterrichtstätigkeit mit umfasst werden. Zu der Unterordnung einzelner Annextätigkeiten hinter die eigentliche Kerntätigkeit ausführlich Zweiter Teil B.II.

d) Softwarebasierte Lehre

Im Hinblick auf die verbreitete und weiter zunehmende Inanspruchnahme auch softwarebasierter Lehre[466] stellt sich abschließend die Frage, wie die an der Entwicklung bzw. Umsetzung dieser Programme beteiligten Personen ertragsteuerlich zu behandeln sind, mithin insbesondere ob eine freiberufliche Unterrichtung grundsätzlich auch per Lernsoftware in Betracht kommt. Dabei ist zu bemerken, dass die Tätigkeiten auf dem Weg zur finalen Einsatzbereitschaft von Lehrsoftware vielschichtig sind. Sie reichen von der Erstellung einzelner Lerninhalte bis hin zu der technischen Programmier- und Entwicklungstätigkeit.

Während für die reine Programmiertätigkeit eine freiberuflich-unterrichtende Tätigkeit bereits im Ausgangspunkt nicht in Betracht kommt,[467] könnte sie möglicherweise dann vorliegen, wenn sich die ausgeübte Tätigkeit als Ausarbeitung der anschließend softwarebasiert umgesetzten Lehrinhalte darstellt. Dies wäre beispielsweise die Erstellung eines quizähnlichen Frage-Antwort-Kataloges oder die karteikartenförmige Vermittlung und Abfrage von Wissen. Mit einer hierzu vergleichbaren Fallkonstellation musste sich der BFH im Jahre 1998 befassen.[468] Im vorliegenden Streitfall erarbeitete der Kläger unter anderem zwei Lernprogramme (CBT-Programme[469]) zur Aus- und Weiterbildung mehrerer tausend Mitarbeiter seines Auftraggebers. Die Tätigkeit bestand hierbei im Wesentlichen darin, innerhalb des vorhandenen Programmes und dessen Funktionen individuelle Erläuterungen mittels eigener Worte oder auch eigener Methodik und Gedanken vorzunehmen, mithin aufgearbeitete Lerninhalte zu verfassen und in die gegebenen Programmstrukturen einzubetten. Im Ergebnis bejahte der IV. Senat unter Berücksichtigung der vom RFH[470] entwickelten Voraussetzungen die Annahme einer freiberuflichen Tätigkeit im Sinne des § 18 Abs. 1 Nr. 1

---

466 Vgl. Erster Teil A.II.2.d).

467 Allerdings wäre sie regelmäßig gleichwohl in der Sphäre des § 18 Abs. 1 Nr. 1 EStG zu verorten, weil die Tätigkeit eines Programmierers einen dem Katalogberuf des Ingenieurs ähnlichen Beruf im Sinne des § 18 Abs. 1 Nr. 1 S. 2 Alt. 2 i. V. m.i. V. m. Alt. 3 EStG darstellen kann, vgl. BFH v. 4.5.2004 – XI R 9/03, BStBl. II 2004, 989; v. 22.9.2009 – VIII R 31/07, BStBl. II 2010, 467. Die zu den früheren, zwischenzeitlich gewandelten Verhältnissen ergangene Rechtsprechung ist insoweit überholt, vgl. dazu BFH v. 7.12.1989 – IV R 115/87, BStBl. II 1990, 337 (337 f.); v. 7.11.1991 – IV R 17/90, BStBl. II 1993, 324 (325 f.). Zur Einkünftequalifikation bei IT-Berufen ausführlich *Pfirrmann*, FR 2014, 162 ff.

468 BFH v. 10.9.1998 – IV R 16/97, BStBl. II 1999, 215.

469 Vgl. dazu oben Erster Teil A.II.2.d).

470 RFH v. 16.2.1940 – V 296/38, RStBl. 1940, 415.

S. 2 EStG. Dies allerdings nicht unter Annahme einer unterrichtenden, sondern einer schriftstellerischen Tätigkeit.[471] Offen blieb hierbei, ob der entscheidende Senat mit der ohnehin bereits bejahten Freiberuflichkeit lediglich keinen Anlass für eine weitergehende Prüfung gesehen hat oder für ihn die Annahme einer unterrichtenden Tätigkeit zu fern lag, um sie in die Entscheidungsgründe mit einzubeziehen.

Nach hier vertretener Auffassung kommt in konsequenter Anwendung der obigen Regeln grundsätzlich in Betracht, dass ein Steuerpflichtiger den Tatbestand der unterrichtenden Tätigkeit verwirklicht, auch wenn seine Tätigkeit letzten Endes softwarebasiert an den Schüler gelangt. Dies jedenfalls dann, wenn die Tätigkeit des Steuerpflichtigen insoweit bereits bei isolierter Betrachtung – d. h. insbesondere ohne die softwarebasierte Umsetzung – primär auf die Vermittlung von Wissen o. Ä. ausgerichtet ist, etwa indem sie sich als Erstellung eines Lehrvideos darstellt. Denn insofern bestünde die Aufgabe des Computerprogramms lediglich in der Wiedergabe der originär unterrichtenden Tätigkeit des Steuerpflichtigen.

Schwieriger gestaltet sich die Einkünftequalifikation hingegen dann, wenn die Tätigkeit ihre lehrtypische Ausrichtung erst durch die softwarebasierte Umsetzung erlangt, mithin der Steuerpflichtige zwar Wissen und Informationen mosaikartig in das Programm eingibt, diese Bausteine aber erst durch die softwarebasierte Zusammensetzung oder Abfrage insgesamt lehrtypisch auf den Lernenden einwirken. In dem Falle wäre es nicht der Verfasser, dessen Tätigkeit unterrichtstypisch primär auf die Vermittlung eines Unterrichtsgegenstandes ausgerichtet ist, sondern vielmehr die Software, die anhand ihres – entweder durch den Verfasser selbst oder durch z. B. einen Software-Hersteller – vorgefertigten Ablaufs und mithilfe reaktiver Algorithmen versucht, eine Unterrichtung bestmöglich nachzubilden. Dies führt unweigerlich zur Konfrontation mit der Gretchenfrage, ob sich die automatisierte Ausübung originär freiberuflicher Kerntätigkeiten durch Soft- und Hardware noch als Ausübung eines freien Berufes durch den dahinterstehenden Verfasser darstellt oder nicht. Dabei kommt es maßgeblich darauf an, ob dem Verfasser insoweit noch eine eigenverantwortliche Freiberuflertätigkeit zugesprochen werden kann. Denn mit der Substitution freiberuflicher Kerntätigkeiten wäre unmittelbar der Anwendungsbereich des § 18 Abs. 1 Nr. 1 S. 3 EStG eröffnet, weil das softwarebasierte Mitwirken an der Ausübung eines freien Berufes in der heutigen Zeit ebenso als Mithilfe einer

471 Zustimmend *Wendt*, FR 1999, 128 (129 f.).

fachlich vorgebildeten Arbeitskraft zu erachten ist wie eine entsprechende Tätigkeitsübernahme durch eine natürliche Person.

Wendt[472] zufolge soll die Einordnung der Schaffung eines interaktiven Lernprogramms als unterrichtende Tätigkeit entscheidend davon abhängen, ob diese unpersönliche Form der Wissensvermittlung noch die Privilegierung verdient, die mit der Einordnung als freiberufliche Tätigkeit verbunden ist. Nach hier vertretener Auffassung kann, wenn die Abgrenzung zwischen freiberuflicher und gewerblicher Sphäre generaliter und dabei insbesondere der Tatbestand des § 18 Abs. 1 Nr. 1 S. 3 EStG nicht weitgehend ausgehöhlt werden sollen, die Verortung der *voll automatisiert* erfolgenden Erbringung freiberuflicher Leistungen in der gewerblichen Sphäre der einzig richtige Weg sein.[473]

472 *Wendt*, FR 1999, 128 (130 f.).

473 In Anbetracht dessen, dass es sich bei der zunehmenden Automatisierung von Tätigkeiten um ein generelles Phänomen im Bereich der freien Berufe handelt, wird im Rahmen der Schlussfolgerungen aus der vorliegenden Untersuchung innerhalb einer Gesamtbetrachtung des § 18 Abs. 1 EStG auf die weitreichenden ertragsteuerlichen Folgen dieses Wandels noch einmal ausführlicher angeknüpft werden.

Zweiter Teil: Digitale Monetarisierung freiberuflicher Tätigkeiten

A. Nukleus und Gang der Untersuchung

Vorstehend wurde festgestellt, dass unterrichtende Tätigkeiten im Sinne des § 18 Abs. 1 Nr. 1 S. 2 EStG auch auf digitalem Wege stattfinden können. Im Hinblick hierauf gilt es jedoch zu beachten, dass insoweit ausschließlich *unter isolierter Betrachtung* erforscht wurde, ob z. B. in der Erstellung eines Lehrmediums überhaupt eine freiberuflich-unterrichtende Tätigkeit erblickt werden kann.

Mit dieser grundlegenden Feststellung geht jedoch nicht zwangsläufig auch einher, dass *sämtliche* mit einer freiberuflichen – z. B. unterrichtenden – Tätigkeit im äußeren Zusammenhang stehenden Vermögensmehrungen per se auch freiberufliche Betriebseinnahmen darstellen. Vielmehr können alle Tätigkeiten, die inhaltlich den Anforderungen des § 18 Abs. 1 Nr. 1 EStG entsprechen, aus ertragsteuerlicher Sicht auch so ausgeübt werden, dass sie nicht zu freiberuflichen, sondern zu gewerblichen Einkünften führen.[474] In diesen Grenzbereich zwischen § 15 und § 18 EStG begeben sich nun all jene Freiberufler, die zunehmend selbst und losgelöst von herkömmlichen Vergütungsstrukturen die Erzielung von Einnahmen aus ihrer Tätigkeit durch deren Verwertung digital über das Internet verantworten, indem sie auf im Zuge der Digitalisierung hervorgekommene neu- und andersartige Einnahmeerzielungsmöglichkeiten zurückgreifen. Während die Verlagerung der Tätigkeiten und Inhalte in das Internet dem allgemeinen wirtschaftlichen Wandel zuzuschreiben ist, ist der Rückgriff auf alternative Verwertungsmöglichkeiten im Wesentlichen darauf zurückzuführen, dass Inhalte und Funktionen vieler Webseiten den Besuchern noch immer kostenlos zur Verfügung gestellt werden oder werden müssen[475], weil

---

474 So auch *Schick*, Die freien Berufe im Steuerrecht, S. 59.

475 So hat das Bundessozialgericht hinsichtlich eines freiberuflichen Journalisten als Katalogberufler ausgeführt, dass diese „in aller Regel gezwungen [sind], die eigentliche journalistische Leistung kostenfrei anzubieten und anderweitig zu refinanzieren, wobei Werbung und Sponsoring die Hauptfinanzierungsquelle bilden", siehe BSG v. 21.7.2011 – B 3 KS 5/10 R, ZUM-RD 2012, 303 (306). Hierzu verwies der entscheidende Senat mitunter auf entsprechende Feststellungen in dem Protokoll über die 31. Sitzung des Ausschusses für Kultur und Medien vom 23.2.2011 (BT-Protokoll Nr. 17/31 S. 9, 17, 32 f.). Da es sich nicht bloß um ein Phänomen des Journalismus handelt, sondern vielmehr dem Wesen der überwiegend kostenlos aufrufbaren

eine Zahlungsbereitschaft für Online-Inhalte noch immer nicht flächendeckend vorhanden ist.[476] Infolgedessen bieten zahlreiche Webseitenbetreiber ihre eigentliche Leistung im Internet kostenfrei an und versuchen ihre Tätigkeit auf anderem Wege zu verwerten.

Aus ertragsteuerlicher Sicht ist es einem Freiberufler grundsätzlich unbenommen, die im Zuge seiner freiberuflichen Tätigkeit erschaffenen Werke und Arbeitsergebnisse autonom zu verwerten, weil die Verwertung der Ergebnisse den Inhalt der Tätigkeit nicht betrifft. Gleichwohl kann die Verwertung auf die Freiberuflichkeit in negativer Weise zurückschlagen, wenn die Verwertungshandlungen als solche zur Begründung eines Gewerbebetriebes führen.[477] Daher ist die Rechtsprechung in bestimmten Fällen zum Vorliegen gewerblicher Einkünfte gelangt, wenn ein Steuerpflichtiger seine durch freiberufliches Tätigwerden geschaffenen Arbeitsergebnisse eigenständig verwertet hat.[478] So verwundert es nicht, dass sich auch gegenwärtig im Schrifttum[479] bereits die Auffassung findet, dass die Monetarisierung freiberuflicher Inhalte z. B. durch die Erzielung von Einnahmen über *Online-Werbung* stets zu gewerblichen Einkünften führen soll. Mit dieser Würdigung könnte wohl auch der BFH d'accord sein, so Online-Werbung beispielsweise mit der Mitwirkung an einem Werbespot hinreichend vergleichbar wäre.[480] Für eine im Kern beispielsweise freiberuflich-unterrichtend tätige Person könnte der grundlegende Wandel der auf dem Weg zur Einnahmeerzielung vorzunehmenden Handlungen daher möglicherweise zur Folge haben, dass sie hierdurch bei der Einkünfteerzielung im Ergebnis doch die freiberufliche Sphäre verlässt.

Internetseiten immanent ist, betrifft dies gleichsam eine Fülle anderer freier Berufe, wie etwa den eines Online-Unterrichtenden oder eines digitalen Schriftstellers, der seine Werke auf einer eigenen Webseite veröffentlicht.

476 *Haberer*, MMR 2020, 810 (813); *Ludyga*, jM 2019, 442 (446). Vgl. auch *Kartheuser*, ITRB 2015, 283.

477 Vgl. *Schick*, Die freien Berufe im Steuerrecht, S. 25, 107 f.

478 Vgl. insoweit übereinstimmend BFH v. 11.5.1976 – VIII R 111/71, BStBl. II 1976, 641 (643); v. 30.11.1978 – IV R 15/73, BStBl. II 1979, 236 (238); v. 15.12.1971 – I R 49/70, BStBl. II 1972, 291; v. 29.1.1970 – IV R 78/66, BStBl. II 1970, 319 (320); v. 18.1.1962 – IV 270/60 U, BStBl. III 1962, 131 (132 f.).

479 Vgl. *Brunckhorst/Sterzinger*, DStR 2018, 1689 (1692); *Schäfer*, StB 2019, 209 (212). So wohl auch *Köstler*, MBP 2019, 207 (208), am Beispiel des Verkaufs von Anzeigeformaten durch einen Blogger.

480 Vgl. BFH v. 11.7.1991 – IV R 33/90, BStBl. II 1992, 353 (gewerbliche Werbetätigkeit eines Schauspielers).

Ausgehend von dieser These ist das Ziel des zweiten Teils der vorliegenden Untersuchung die am Beispiel eines unterrichtend Tätigen ausgerichtete Vornahme einer steuersystematisch belastbaren Einordnung und Abgrenzung der neuartigen Handlungen eines im Kern freiberuflich tätigen Steuerpflichtigen zur digitalen Monetarisierung seines freiberuflichen Tuns. Jene reichen neben Tätigkeiten im Bereich der Online-Werbung von dem Betreiben einer eigenen Webseite über den Rückgriff auf Online-Verwertungsplattformen und dem Tätigwerden als „Affiliate“ oder „Influencer“ bis hin zur vollumfänglichen Verpachtung sämtlicher dem Steuerpflichtigen zustehenden Werbe- und Persönlichkeitsrechte.

Steuersystematisch schließt sich dieser Prüfungsschritt damit an die in einem *vorherigen Schritt* zu beantwortende Frage an, ob in dem Erwerbshandeln des Steuerpflichtigen überhaupt freiberufliche Leistungselemente identifiziert werden können. Nur dann, wenn sich diese Ausgangsfrage bejahen lässt, stellt sich in einem zweiten Schritt die Frage, ob die auf alternativen Verwertungspfaden erzielten Vermögensmehrungen auch als freiberufliche Einkünfte zu erfassen sind. Anderenfalls kommt das Vorliegen unterrichtender wie anderweitiger freiberuflicher Einkünfte von vornherein nicht in Betracht.

B. Ertragsteuerliche Grundlagen der Behandlung von Vermögensmehrungen

I. Zurechnung und Zuordnung von (Betriebs-)Einnahmen

Im Hinblick auf die angestrebte Würdigung der neuartigen Verwertungspfade soll durch Darlegung der ertragsteuerlichen Grundlagen der Behandlung von Vermögensveränderungen nachfolgend zunächst der nötige Grundstein gelegt werden. Dabei steht im Mittelpunkt die Frage, ob und unter welchen Voraussetzungen im Zusammenhang mit einer an sich freiberuflichen Tätigkeit erzielte Einnahmen dieser auch zugerechnet werden können, insbesondere wenn die zur digitalen Verwertung vorgenommenen Handlungen gewerbliche Züge zeigen und dadurch möglicherweise zugleich mehrere Einkunftstatbestände verwirklicht würden.

Während die *Zuordnung* eines Lebenssachverhalts zu einer Einkunftsart über die grundsätzliche Einkommensteuerbarkeit entscheidet, ist hiervon die nachgelagerte Frage nach der *Zurechnung* bestimmter Vermögensmehrungen zu einer verwirklichten Einkunftsart zu unterscheiden.[481] Das bedeutet *in concreto*,

481 Obgleich sowohl die Zuordnungs- als auch die Zurechnungsfrage letztendlich über die

dass grundsätzlich zuerst gefragt werden muss, ob ein bestimmtes Handeln zu Erwerbs- anstatt zu Privatzwecken erfolgt, indem es final auf die Erzielung eines Überschusses von Erwerbsbezügen über die Erwerbsaufwendungen gerichtet ist.[482] Erst dann können einzelne (positive wie negative) Vermögensveränderungen dem steuerlich relevanten Erwerbsbereich zugerechnet werden.[483] Insofern bildet die steuerbare Erwerbstätigkeit die „zwingend notwendige Basis", um für die erzielten Vermögensmehrungen „eine steuerrechtlich relevante Anziehungskraft auszulösen"[484].

Das Vorliegen einer hinreichenden Anziehungskraft wiederum beantwortet sich in Anlehnung an den Betriebsausgabenbegriff des § 4 Abs. 4 EStG unter Anwendung des sog. Veranlassungsprinzips.[485] Mithin begründet die Veranlassung die im Hinblick auf die Steuerbarkeit der Vermögensmehrung erforderliche Kausalbeziehung zwischen einer finalen Handlung und dem Erfolg von Einnahmen.[486] Der Veranlassungszusammenhang könnte daher auch als „Bindeglied"[487] zwischen der Erwerbstätigkeit des Steuerpflichtigen einerseits und

---

Abgrenzung der Erwerbsphäre von dem nicht steuerbaren (Privat-)Bereich entscheiden, müssen sie aufgrund ihrer unterschiedlichen Anknüpfung auseinandergehalten werden, vgl. nur *Krumm*, FR 2015, 639 (640).

482 Vgl. *Hey*, in: Tipke/Lang, Steuerrecht, § 8 Rz. 122, 206, 208 f. m. w. N.

483 Die Beantwortung der Zuordnungsfrage ist in den hier untersuchungsgegenständlichen Fällen regelmäßig unproblematisch, weil das Vorliegen einer freiberuflichen Tätigkeit in einem ersten Schritt dem Grunde nach bereits bejaht worden sein muss, damit sich in einem nachgelagerten zweiten Schritt überhaupt die Frage stellen kann, ob bestimmte Vermögensmehrungen im Zusammenhang mit der freiberuflichen Basis dieser auch zugerechnet werden können.

484 *Krumm*, FR 2015, 639 (640). Als Beispiel führt er den Fall eines Universitätsprofessors an, der Einkünfte aus nichtselbständiger Tätigkeit im Sinne des § 19 EStG erzielt und nunmehr ein Preisgeld erhält, nach dessen ertragsteuerlicher Beurteilung nun gefahndet wird. Mit der nichtselbständigen Tätigkeit gebe es bereits eine einkommensteuerbare Tätigkeit, sodass sich zunächst die Frage stelle, ob besagtes Preisgeld durch eben diese Professorentätigkeit veranlasst sei. Bejahendenfalls ließe sich nicht nur die Frage nach der Zuordnung der Einnahmen in den steuerbaren Bereich bejahen, sondern auch jene nach der Zurechnung der Einkünfte zu denen aus § 19 EStG.

485 Vgl. *Hey*, in: Tipke/Lang, Steuerrecht, § 8 Rz. 208 f. m. w. N.; *Koller*, Abgrenzung von Einkunftstatbeständen, S. 11 f.; *Kröger*, StuW 1978, 289 (293); *Wassermeyer*, StuW 1982, 352 (359). Zu dem Begriff des Veranlassungsprinzips ausführlich *Langohr*, Das Veranlassungsprinzip im Einkommensteuerrecht.

486 Statt vieler *Hey*, in: Tipke/Lang, Steuerrecht, § 8 Rz. 208.

487 So *Nickel*, Abgrenzung von Einkunftstatbeständen, S. 29 f.

der eingetretenen Vermögensveränderung andererseits beschrieben werden. Damit sind Betriebseinnahmen alle Wertzugänge in Geld oder Geldeswert, die durch den Betrieb veranlasst sind, mithin nicht nur einen äußeren, sondern sachlichen, wirtschaftlichen Zusammenhang zu dem Betrieb aufweisen.[488] Mit anderen Worten muss das auslösende Moment der Vermögensveränderung in der Erwerbsphäre begründet sein,[489] wobei ein synallagmatisches Verhältnis zwischen Erwerbstätigkeit und Vermögensmehrung nicht erforderlich ist. Damit können auch unentgeltliche Zuwendungen zu Betriebseinnahmen führen, so der Erhalt der Zuwendung aufseiten des Empfängers eine betriebliche Veranlassung aufweist.[490] Im Umkehrschluss würden Vermögensveränderungen (nur dann) in den nicht steuerbaren Privatbereich fallen, soweit sie nicht durch eine der Erwerbssphäre zuzuordnende Tätigkeit veranlasst wären. Dies hängt wesentlich von den objektiven Verhältnissen des Einzelfalles ab.[491]

II. Umfang freiberuflicher Erwerbstätigkeiten

Bevor die Veranlassung einer Vermögensmehrung durch eine freiberufliche Erwerbstätigkeit untersucht werden kann, ist zunächst der Umfang dieser freiberuflichen Tätigkeit zu bestimmen. Mit anderen Worten ist darüber zu befinden, welche Handlungen der Freiberuflertätigkeit inhärent sind, respektive ihr aus einkommensteuerrechtlicher Sicht zuzuordnen sind und damit die Zurechnungsbasis für freiberufliche Vermögensmehrungen bilden. Dieser Schritt ist im Hinblick auf die vorliegende Untersuchung von besonderer Bedeutung, weil die digitale Ausübung und Verwertung (auch) von freiberuflichen Unterrichtstätigkeiten zahlreiche, bislang nie da gewesene Handlungen erforderlich gemacht hat, bei deren Vorhandensein sich nunmehr die Frage stellt, ob sie Bestandteil der freiberuflichen Tätigkeit sind oder aber innerhalb einer anderen Einkunftsart das die Vermögensmehrung auslösende Moment bilden.

---

488 St. Rspr., vgl. z. B. BFH v. 14.3.2006 – VIII R 60/03, BStBl. II 2006, 650; v. 1.12.2010 – IV R 17/09, BStBl. II 2011, 419 Rn. 27; v. 18.6.1998 – IV R 61/97, BStBl. II 1998, 621 (621 f.), jeweils m. w. N.

489 *Koller*, Abgrenzung von Einkunftstatbeständen, S. 8; *Jakob/Jüptner*, Mittelbare Parteienfinanzierung, S. 122 f.

490 Grundlegend BFH v. 26.6.1995 – VIII R 35/93, BStBl. II 1996, 273 (275); v. 22.7.1988 – III R 175/85, BStBl. II 1988, 995 (997); v. 2.9.2008 – X R 8/06, BStBl. II 2010, 548 (549).

491 BFH v. 9.5.1985 – IV R 184/82, BStBl. II 1985, 427.

Zu der freiberuflichen Tätigkeit gehören namentlich insbesondere die typischen *Kernleistungen* eines bestimmten Berufes bzw. einer bestimmten Freiberuflertätigkeit[492] wie etwa die auf die Vermittlung eines allgemeingültigen Unterrichtsgegenstands ausgerichtete Tätigkeit eines Unterrichtenden[493], die rechtsberatende Leistung eines Rechtsanwalts, die Abfassung von Artikeln eines Zeitungsjournalisten oder die Erstellung von Bauplänen durch einen Architekten.[494] Daneben gehören aber auch sog. *Annextätigkeiten* zum Umfang der freiberuflichen Tätigkeit.[495] Jene, würden sie isoliert betrachtet, wären möglicherweise anders zu beurteilen und nicht als freiberuflich zu qualifizieren. Da sie aber einen engen Zusammenhang mit den freiberuflichen Kernleistungen aufweisen und zumeist von geringfügigem Umfang sind, wäre eine selbständige Betrachtung wirklichkeitsfremd und scheidet daher aus. Die Annextätigkeiten werden vielmehr von der freiberuflichen Tätigkeit mit umfasst.[496]

---

492 Vgl. ebenso *Koller*, Abgrenzung von Einkunftstatbeständen, S. 43 ff.; *Schick*, Die freien Berufe im Steuerrecht, S. 103 m. w. N.

493 Vgl. dazu insbesondere oben Erster Teil B.II.4.a)dd)(3).

494 Soweit ein Einzelsteuerpflichtiger für die jeweilige Tätigkeit typische Leistungen erbringt, handelt er regelmäßig im Rahmen einer (einheitlichen) Tätigkeit, so auch *Führer*, Abgrenzung der privaten Vermögensverwaltung, S. 56. Zur Frage danach, ob bei (freien) Berufen mit Tätigkeiten, die nur ihnen vorbehalten sind, gleichwohl auch andere berufstypische Leistungen mit einzubeziehen sind, ausführlich *Korn*, in: Korn, EStG, § 18 Rn. 54.2 (Stand: August 2018).

495 Vgl. BFH v. 19.3.1987 – IV R 27/86, BStBl. II 1987, 497 (499), unter Verweis auf *Schick*, Die freien Berufe im Steuerrecht, S. 103 f. Vgl. auch *Führer*, Abgrenzung der privaten Vermögensverwaltung, S. 56; *Koller*, Abgrenzung von Einkunftstatbeständen, S. 43 ff., sowie *Korn*, in: Korn, EStG, § 18 Rn. 14, 54.2 (Stand: August 2018), der eine Zuordnung zu den freiberuflichen Einkünften dann als geboten ansieht, wenn die Leistungen in engem Zusammenhang mit der freiberuflichen Kerntätigkeit stehen. Vgl. ferner *Nickel*, Abgrenzung von Einkunftstatbeständen, S. 82 ff., der eine noch differenzierte Unterscheidung namentlich zwischen Grund-, Hilfs- und Nebengeschäften vornimmt. Hierbei führt er zutreffend aus, dass grundsätzlich eine tatbestandsmäßige Würdigung jeder dieser Tätigkeiten vorzunehmen ist, es aber gleichwohl dann zu einer Unterordnung einer Erwerbstätigkeit unter eine andere kommen kann, wenn die Hilfs- oder Nebentätigkeit aufgrund eines konkreten Ursachenzusammenhangs als durch das Grundgeschäft veranlasst anzusehen ist.

496 Umgekehrt ist aber genauso denkbar, dass eine – isoliert betrachtet – freiberufliche Tätigkeit lediglich einen untergeordneten Annex einer gewerblichen Tätigkeit darstellt, mithin insgesamt gewerbliche Einkünfte vorliegen, vgl. *Korn*, in: Korn, EStG, § 18 Rn. 12.2 (Stand: August 2018). *Schick*, Die freien Berufe im Steuerrecht, S. 104, spricht daher zutreffend von gewerblichen und freiberuflichen Einkünften als

Damit teilen im Ergebnis regelmäßig solche Handlungen das ertragsteuerliche Schicksal der Kerntätigkeit, die zwar nicht im engeren Sinne zu den typischen Berufsleistungen gehören, sich jedoch auf eine der freiberuflichen Tätigkeit dienende Funktion beschränken[497], etwa indem sie diese unterstützen, ergänzen und abrunden[498], mithin zur Tätigkeitsausübung in ihrer nämlichen Form notwendig[499] oder unmittelbarer Ausfluss von konkreten Freiberufler-Kernleistungen sind und nicht typische gewerbliche Leistungen darstellen[500]. Dies ist bei unterrichtenden Tätigkeiten etwa der Fall bei der PKW-Überlassung im Rahmen von Fahrschulunterricht.[501] Weitere Beispiele aus der Rechtsprechung für Annextätigkeiten eines Freiberuflers sind die Verabreichung von Heilbädern[502] oder

---

„einander schneidenden Kreisen." Vgl. exemplarisch BFH v. 13.1.1994 – IV R 79/92, BStBl. II 1994, 362, wonach die – isoliert als unterrichtend zu qualifizierende – Einweisung der Kunden in die Handhabung der Geräte eines Fitnessstudios als untergeordnete Handlung zur gewerblichen Raum- und Geräteüberlassung beurteilt wurde.

497 Vgl. *Brandt*, in: H/H/R, EStG § 18 Rz. 115 (Stand: Februar 2020) sowie BFH v. 30.6.1964 – VI 301/62 U, BStBl. III 1964, 630.

498 Vgl. BFH v. 7.5.2008 – X R 49/04, BStBl. II 2008, 711 (714); RFH v. 3.9.1931 – III A 155/30, RStBl. 1932, 491; *Güroff*, in: L/B/P, EStG, § 18 Rz. 262 (Stand: September 2018).

499 Ähnlich BFH v. 24.4.1997 – IV R 60/95, BStBl. II 1997, 567 (568), wonach die Kläger zur Annahme eines notwendigen Hilfsmittels zu einer Tätigkeit hätten darlegen müssen, weshalb die freiberuflichen (Ingenieur-)Leistungen „ohne die [gewerblichen – Anm. d. Verf.] Hardware-Lieferungen nicht hätten erbracht werden können." Darum ist zur Einordnung als Annextätigkeit unerheblich, ob die Kerntätigkeit ohne die Annexleistungen auch in irgendeiner (anderen) Weise ausgeübt werden kann, sondern vielmehr ist entscheidender Maßstab die *nämliche* freiberufliche Tätigkeit, so wie sie im Einzelfall ausgeübt wird.

500 *Korn*, in: Korn, EStG, § 18 Rn. 54.2 (Stand: August 2018) nennt zur Abgrenzung Vermittlungsleistungen und Warenverkäufe, die einer freiberuflichen Tätigkeit nicht als Annex zugeordnet werden können. Unerheblich ist hingegen, ob mit der Annextätigkeit ein Gewinn erzielt wird, vgl. *Korn*, in: Korn, EStG, § 18 Rn. 13 (Stand: August 2018) am Beispiel der Verwendung von ärztlichen Implantaten oder künstlichen Gelenken durch Ärzte im unmittelbaren Zusammenhang mit der ärztlichen Behandlung. Maßgeblich kann jedoch sein, ob der Steuerpflichtige insoweit ein von der Kerntätigkeit unabhängiges Erwerbsziel verfolgt, vgl. *Führer*, Abgrenzung der privaten Vermögensverwaltung, S. 77; BFH v. 30.6.1964 – VI 301/62 U, BStBl. III 1964, 630.

501 BFH v. 13.1.1994 – IV R 79/92, BStBl. II 1994, 362 (362 f.). Gleiches gilt nach dem entscheidenden Senat auch für die Überlassung von Trainingsgeräten, wenn „die persönliche Begleitung des Trainings durch den Studioinhaber einen Umfang annimmt, der die Maschinen lediglich als Mittel zum Erteilen von Sportunterricht erscheinen läßt."

Arzneimitteln[503] durch einen Arzt, die Veräußerung[504] oder Vermietung[505] einzelner Wirtschaftsgüter des freiberuflichen Betriebsvermögens, die über die bloße Übersetzung hinausgehende Erstellung und Layoutierung technischer Handbücher[506] sowie die Verwertung (freiberuflich) geschaffener Werke oder Rechte[507].[508] Damit ist die wirtschaftliche Verwertung der eigenen freiberuflichen Leistung grundsätzlich unschädlich für die Freiberuflichkeit, wenn und

---

502 Vgl. BFH v. 26.11.1970 – IV 60/65, BStBl. II 1971, 249 (250), unter der (zutreffenden) Einschränkung, dass sich die Tätigkeit als „Hilfstätigkeit“ zur freiberuflichen Kerntätigkeit darstellt, etwa indem sie als Vorbereitung oder Nachbehandlung der freiberuflichen Massagetätigkeit dient.

503 Dies gilt allerdings nur für solche Arzneimittelabgaben, die der Arzt im Rahmen seiner Heilbehandlung zwangsläufig selbst vornehmen muss, weil sie (nur) insoweit im Rahmen der berufstypischen Tätigkeiten stattfinden und zu dieser gehören, vgl. BFH v. 1.2.1979 – IV R 113/76, BStBl. II 1979, 574 (575). Im Umkehrschluss stellen darüber hinausgehende – mithin nicht für die Ausübung der freiberuflichen Tätigkeit notwendige – Veräußerungen von Arzneimitteln aus einer Hausapotheke regelmäßig eine gewerbliche Tätigkeit dar, vgl. BFH v. 26.5.1977 – V R 95/76, BStBl. II 1977, 879.

504 Vgl. z. B. BFH v. 17.5.2011 – VIII R 1/08, BStBl. II 2011, 862 Rn. 31.

505 Vgl. BFH v. 27.3.1974 – I R 44/73, BStBl. II 1974, 488 (489).

506 Vgl. BFH v. 21.2.2017 – VIII R 45/13, BStBl. II 2018, 4 Rn. 33.

507 Vgl. übereinstimmend *Brandt*, in: H/H/R, EStG, § 18 Rz. 115 (Stand: Februar 2020) sowie BFH v. 11.5.1976 – VIII R 111/71, BStBl. II 1976, 641 (642 f.), wonach die Verwertung schriftstellerischer Erzeugnisse „im Rahmen des Üblichen“ regelmäßig der freiberuflichen Tätigkeit zuzurechnen ist, „wenn sie sich auf eine der schriftstellerischen Tätigkeit dienende Funktion beschränkt.“ Vgl. ferner BFH v. 1.6.1978 – IV R 152/73, BStBl. II 1978, 545 (547); v. 9.2.1967 – IV 291/64, BStBl. III 1967, 310; v. 11.9.1969 – IV R 160/67, BStBl. II 1970, 317 (318); v. 12.11.1986 – I R 268/83, BStBl. II 1987, 372 (373) m. w. N.; *Nickel*, Abgrenzung von Einkunftstatbeständen, S. 85, *Schick*, Die freien Berufe im Steuerrecht, S. 105; *Pfirrmann*, in: H/H/R, EStG, § 21 Rz. 150 (Stand: Oktober 2018); *Hutter*, in: Brandis/Heuermann, EStG, § 18 Rz. 102 (Stand: Juni 2020), *Güroff*, in: L/B/P, EStG, § 18 Rz. 114, 114b (Stand: September 2018); *Brandt*, in: H/H/R, EStG, § 18 Rz. 118 (Stand: Februar 2020). Bei den freiberuflich geschaffenen Rechten handelt es sich insofern regelmäßig um selbst geschaffene immaterielle Wirtschaftsgüter des Anlagevermögens des Freiberuflers, welche trotz des Aktivierungsverbots des § 5 Abs. 2 EStG regelmäßig dem freiberuflichen Betrieb als wesentliche Betriebsgrundlagen zugehörig sind, vgl. BFH v. 16.12.2009 – I R 97/08, BStBl. II 2010, 808 Rn. 14 m. w. N.; FG Düsseldorf v. 16.2.2011 – 15 K 1414/10 E, EFG 2012, 341 (342).

508 Mit weiteren Beispielen *Schick*, Die freien Berufe im Steuerrecht, S. 103 f.; *Führer*, Abgrenzung der privaten Vermögensverwaltung, S. 56; *Koller*, Abgrenzung von Einkunftstatbeständen, S. 44 f.

weil die hierzu erforderlichen Handlungen der Freiberuflertätigkeit zuzuordnen sind.[509]

Die Grenze findet das Rechtsinstitut der Annextätigkeit insbesondere dort, wo die zur Einnahmeerzielung erforderlichen Handlungen nach ihrer Art und Weise sowie nach ihrem Ausmaß nicht mehr als (notwendiger) Teil der freiberuflichen Tätigkeit angesehen werden können, sondern zur Begründung eines eigenständigen Gewerbebetriebs führen. Dies ist insbesondere dann der Fall, wenn der Steuerpflichtige insoweit ein von der Kerntätigkeit unabhängiges Erwerbsziel verfolgt.[510] Daher genügt es zur Freiberuflichkeit nicht, wenn eine Tätigkeit zwar üblicherweise – aber nicht ausschließlich – auch durch Freiberufler ausgeübt wird. So ist beispielsweise der Getränkeverkauf durch den Betreiber einer Tanzschule keine Annextätigkeit, weil die Abgabe von Getränken nicht „notwendiger Bestandteil der Verrichtungen eines Tanzlehrers [ist] [...], mag sie auch heutzutage zum Standardangebot der Tanzschulen gehören."[511] Ebenfalls zu gewerblichen Einkünften führt nach der übereinstimmenden Rechtsprechung des IV. und VIII. Senats die Tätigkeit eines Schriftstellers, wenn er eigene Druckschriften im Selbstverlag verkauft[512] oder diese im Rahmen eines juristischen Informationsdienstes herausgibt[513]. Dies ist insofern zutreffend, als in beiden Fällen zwar im Ausgangspunkt eine originär freiberufliche Tätigkeit vorlag, jedoch z. B. in letztgenanntem Fall die anschließende Verwertungstätigkeit des Verfassers der juristischen Beiträge die Vervielfältigung und Versendung von jährlich etwa 500 000 Artikeln beinhaltete, die allein aufgrund von Einzel- und Massenwerbung sowie durch die Verteilung von Werbeprospekten und die Mithilfe zahlreicher fremder Arbeitskräfte ermöglicht wurde.[514] Das hinnehmbare Maß untergeordneter Annextätigkeiten wurde damit merklich überschritten; die Verwertungshandlungen beschränkten sich nicht mehr auf eine der freiberuflichen Kerntätigkeit dienende Funktion, sondern schafften „nach dem Gesamtbild der Einrichtung [...] vielmehr eine neue Erwerbsgrundlage"[515].

---

509 Ebenso *Schick*, Die freien Berufe im Steuerrecht, S. 107 f. Unerheblich ist insoweit, ob es sich um Auftragswerke handelt oder die Werke zunächst ohne Auftrag hergestellt wurden, vgl. BFH v. 8.6.1995 – IV R 80/94, BStBl. II 1995, 776 (777).

510 *Führer*, Abgrenzung der privaten Vermögensverwaltung, S. 77; vgl. auch *Koller*, Abgrenzung von Einkunftstatbeständen, S. 73.

511 Zutreffend BFH v. 18.5.1995 – IV R 31/94, BStBl. II 1995, 718 (719).

512 BFH v. 30.11.1978 – IV R 15/73, BStBl. II 1979, 236 (238).

513 BFH v. 11.5.1976 – VIII R 111/71, BStBl. II 1976, 641.

514 Siehe BFH v. 11.5.1976 – VIII R 111/71, BStBl. II 1976, 641 (642).

515 BFH v. 11.5.1976 – VIII R 111/71, BStBl. II 1976, 641 (642 f.).

Ähnlich verhielt es sich auch in dem erstgenannten Streitfall hinsichtlich des Verkaufs von (eigenen und fremden) Druckschriften durch einen Schriftsteller, zumal die aufwendige und kostenintensive Anfertigung der Druckschriften zum Zwecke der anschließenden Veräußerung eine typische gewerbliche Leistung darstellt, die entsprechend nicht mehr lediglich als Annexleistung qualifiziert werden kann.[516]

Festzuhalten ist demnach, dass es auch einem unterrichtend tätigen Freiberufler grundsätzlich unbenommen ist, die Ergebnisse seiner Tätigkeit autonom zu verwerten. Zum Umfang der freiberuflichen Unterrichtstätigkeit gehören die Verwertungshandlungen jedenfalls dann, wenn sie sich auf eine Überlassung der hierbei geschaffenen Rechte beschränken. Gehen die Verwertungshandlungen des Steuerpflichtigen indes über eine Rechteüberlassung hinaus, so kommt eine Zurechnung der erzielten Vermögensmehrungen in die freiberufliche Sphäre nur dann in Betracht, wenn die Handlungen der freiberuflichen Tätigkeit gleichwohl als Annexleistungen zugeordnet werden können. Zur Bestimmung dessen, was Kern und vor allem was Annex der jeweiligen Kerntätigkeit ist, müssen schließlich auch die inzwischen digitalisierungsgeprägten Lebens- und Wirtschaftsumstände Berücksichtigung finden.[517] Die Annahme einer Annextätigkeit ist jedoch jedenfalls dann nicht mehr möglich, wenn der Freiberufler nach Art, Umfang und Ausmaß einen gewerblichen Verwertungsbetrieb verwirklicht.[518] In diesem Fall würde das freiberufliche Recht an den gewerblichen Verwertungsbetrieb überlassen und dort verwertet werden.[519]

III. Abgrenzung mehrerer Erwerbstätigkeiten

1. *Tätigkeiten ohne Berührungspunkte*

Aufgrund der engen Maßstäbe, die zur Unterordnung einer Erwerbshandlung als Annex unter den Tatbestand einer Kerntätigkeit gelten, kommt es nicht selten vor, dass ein Steuerpflichtiger in seiner Person zugleich die Tatbestände

516 A. A. *Koller*, Abgrenzung von Einkunftstatbeständen, S. 191, Fn. 123, der die Verwertung (nahezu) ausschließlich eigener Schriften der freiberuflichen Tätigkeit zuordnet.

517 Ähnlich bereits BFH v. 4.2.1954 – IV 6/53 U, BStBl. III 1954, 147 (148), wonach zur Bestimmung der „für Architekten typische[n] Berufstätigkeit" auf den „gegenwärtigen Stande der Entwicklung" abgestellt wurde.

518 So wohl auch *Schick*, Die freien Berufe im Steuerrecht, S. 107 f.

519 Vgl. BFH v. 8.6.1995 – IV R 80/94, BStBl. II 1995, 776 (777) m. w. N.

mehrerer Einkunftsarten verwirklicht.[520] Die plurale Einkunftstatbestandsrealisation ist für die Zurechnung von Vermögensmehrungen solange unproblematisch, als zwischen den einzelnen Erwerbstätigkeiten keinerlei Zusammenhänge bestehen.[521]

2. *Gemischte Tätigkeiten*

a) *Begriff*

Diffiziler wird die Beantwortung der Zurechnungsfrage allerdings dann, wenn eine sog. gemischte Tätigkeit vorliegt, die über Annexleistungen hinausgehende, eigengewichtige Teilelemente verschiedener Einkunftsarten aufweist und somit auch mehreren Einkunftsarten zugeordnet werden kann[522]. Eine solche tritt insbesondere dann auf, wenn die unterschiedlichen Tätigkeitskomponenten (zeitlich, räumlich und sachgegenständlich) nicht vollständig voneinander isoliert verwirklicht werden, sondern entsprechende Zusammenhänge zueinander aufweisen. Vorliegend könnte damit aufgrund sachlicher und wirtschaftlicher Zusammenhänge insbesondere eine gemischte Tätigkeit aus freiberuflich-unterrichtendem Nukleus und gewerblicher Verwertungstätigkeit vorliegen, sofern die digitale Verwertungshandlung keinen bloßen Annex zur Freiberuflichkeit darstellt.

---

520 Vgl. z. B. BFH v. 11.7.1991 – IV R 102/90, BStBl. II 1992, 413 (415) (Einkünfte aus Gewerbebetrieb und aus selbständiger Arbeit). Denkbar ist auch, dass ein Steuerpflichtiger zugleich mehrere freiberufliche Tätigkeiten verwirklicht, die als eigenständige Betriebe ebenfalls nebeneinander koexistieren können, vgl. *Korn*, in: Korn, EStG, § 18 Rz. 14.1 (Stand: August 2018). Trotz der Gleichartigkeit der Tätigkeiten könnte eine Abgrenzung mehrerer freiberuflicher Tätigkeiten erforderlich werden, vgl. dazu *Brandt*, in: H/H/R, EStG, § 18 Rz. 75 (Stand: Februar 2020).

521 So etwa bei einem Einzelsteuerpflichtigen, der einen gewerblichen Grundstückshandel betreibt und daneben als freiberuflicher Schriftsteller tätig ist oder bei einem Arzt, der neben seiner Arztpraxis eine Gaststätte betreibt oder Eigentumswohnungen in einem ihm gehörenden Mehrfamilienhaus vermietet, vgl. mit weiteren Beispielen *Krumm*, in: Kirchhof/Seer, EStG, § 15 Rn. 64.

522 *Rose*, DB 1980, 2464 (2465). Der Terminus „gemischte Tätigkeit" wird nachfolgend unabhängig davon verwendet, ob eine Trennbarkeit im Ergebnis möglich ist oder nicht. Vielmehr bezieht sich die „Mischung" zunächst einmal schlicht darauf, dass die unterschiedlichen Tätigkeiten wirtschaftliche und/oder sachliche Berührungspunkte aufweisen. Dieses Verständnis teilen wohl auch *Kellersmann*, Die Abgrenzung der Einkünfte, S. 176 f.; *Beierl*, Einkünftequalifikation im Einkommensteuerrecht, S. 109 f.; BFH v. 11.7.1991 – IV R 102/90, BStBl. II 1992, 413 (415).

b) Grundsatz der Trennung

Zur ertragsteuerlichen Beurteilung gemischter Tätigkeiten hat sich in ständiger Rechtsprechung der Grundsatz gefestigt, dass diese zu „entmischen" sind, sofern und soweit eine Trennung nach der Verkehrsanschauung ohne besondere Schwierigkeiten möglich ist.[523] Dieses „Primat der weitestgehenden Trennung vor der Einheitsbeurteilung"[524] ergibt sich unmittelbar aus dem Grundsatz der Tatbestandsmäßigkeit der Besteuerung[525] und korreliert mit der Systematik des Einkommensteuergesetzes, das als „Einkunftsartenrecht" ausgestaltet ist, in dem die Einkunftsarten gleichwertig nebeneinanderstehen[526] und bei der Besteuerung unterschiedlichen Sonderregelungen unterliegen[527]. Ferner soll die möglichst weite Ausdehnung der gesonderten Behandlung der einzelnen Tätigkeiten zu gerechteren steuerlichen Ergebnissen führen[528], zumal sie ermöglicht, den Freiberufler soweit wie möglich noch als solchen anzuerkennen, auch wenn seine Tätigkeit zum Teil – eventuell sogar zum überwiegenden Teil – von einer gewerblichen flankiert wird.[529] Daher ist der steuerlich relevante Sachverhalt so weit zu zerlegen, „wie das für die Anwendung der verschiedenen Normen möglich und notwendig ist"[530]. Mit anderen Worten ist eine Trennung immer dann vorzunehmen, sofern sie „irgendwie vertretbar ist"[531]. Demgegenüber ist eine einheitliche Beurteilung der gemischten Tätigkeit nur ausnahmsweise dann geboten, wenn die Tätigkeiten derart miteinander verflochten sind, dass sie sich

---

523 St. Rspr., vgl. z. B. BFH v. 11.7.1991 – IV R 33/90, BStBl. II 1992, 353 (356) m. w. N.; v. 11.7.1991 – IV R 102/90, BStBl. II 1992, 413 (415). Dem hat sich die herrschende Auffassung im Fachschrifttum angeschlossen, vgl. *Wacker*, in: Schmidt, EStG, § 18 Rz. 50; *Brandt*, in: H/H/R, EStG, § 18 Rz. 76 (Stand: Februar 2020); *Bode*, in: Brandis/Heuermann, EStG, § 15 Rz. 95 (Stand: Juli 2020); *Musil*, in: H/H/R, EStG, § 2 Rz. 92 (Stand: Januar 2019); *Nickel*, Abgrenzung von Einkunftstatbeständen, S. 125 f.

524 *Zugmaier*, Einkünftequalifikation im Einkommensteuerrecht, S. 59 f.

525 *Schick*, Die freien Berufe im Steuerrecht, S. 101; *Zugmaier*, Einkünftequalifikation im Einkommensteuerrecht, S. 60.

526 *Beierl*, Einkünftequalifikation im Einkommensteuerrecht, S. 76 ff.; *Kellersmann*, Die Abgrenzung der Einkünfte, S. 178; *Zugmaier*, Einkünftequalifikation im Einkommensteuerrecht, S. 37; *Musil*, in: H/H/R, EStG, § 2 Rz. 87 (Stand: Januar 2019); *Seer*, in: Kirchhof/Seer, EStG, § 2 Rn. 3.

527 *Nickel*, Abgrenzung von Einkunftstatbeständen, S. 25; *Zugmaier*, Einkünftequalifikation im Einkommensteuerrecht, S. 24.

528 BFH v. 23.10.1956 – I 116/55 U, BStBl. III 1957, 17 (18 f.).

529 BFH v. 29.1.1970 – IV R 78/66, BStBl. II 1970, 319.

530 *Schick*, Die freien Berufe im Steuerrecht, S. 101.

531 *Nickel*, Abgrenzung von Einkunftstatbeständen, S. 126.

einander unlösbar bedingen und die gesamte Tätigkeit hierdurch nach der Verkehrsauffassung als eine einheitliche anzusehen ist.[532]

Abzugrenzen sind gemischte Tätigkeiten insoweit von den zuvor genannten Konstellationen, in denen zwar neben der originären Kerntätigkeit bei isolierter Betrachtung auch die Zuordnung zu einer weiteren Einkunftsart in Betracht kommt, die Tätigkeit jedoch aufgrund des engen Zusammenhangs sowie der untergeordneten Bedeutung der ausgeführten Handlungen als Annex hinter die Kerntätigkeit zurücktritt. Zwar bilden Kern- und Annextätigkeit im Ergebnis auch eine (untrennbare) Einheit; Annextätigkeiten führen gleichwohl nicht zum Vorliegen einer gemischten Tätigkeit im vorbezeichneten Sinne, weil sie bereits *in einem vorherigen Schritt* hinter der Kerntätigkeit zurücktreten bzw. „von dieser umfaßt“[533] werden.

Daher ist es zutreffend, wenn der BFH[534] etwa hinsichtlich der Layoutierung im Rahmen einer freiberuflichen Tätigkeit übersetzter technischer Handbücher gar nicht erst zu der Annahme einer gemischten Tätigkeit gelangt ist, weil es sich insoweit um eine untergeordnete Annexleistung handelt und eine gemischte Tätigkeit damit bereits im Ausgangspunkt nicht vorliegen kann. Auf der anderen Seite ist ebenso zutreffend, dass der BFH[535] z. B. in den Fällen der Unterbringung und Verköstigung im Rahmen erzieherischer Tätigkeiten eine gemischte Tätigkeit angenommen hat, weil die gewerbliche Komponente jeweils über einen notwendigen Annex zur freiberuflichen Kerntätigkeit hinausging.

Für die untersuchungsgegenständlichen Fallkonstellationen eines unterrichtend tätigen Freiberuflers kommt es somit in einem ersten Schritt darauf an, ob die vorgenommenen Handlungen von der Freiberuflichkeit mit umfasst werden oder über das Maß eines Annexes hinausgehen. Ist Letzteres der Fall, so käme es aufgrund der wirtschaftlichen und sachlichen Zusammenhänge der unterschiedlichen Erwerbstatbestände zum Vorliegen einer gemischten Tätigkeit, die es daraufhin zu untersuchen gälte, ob die Erwerbstätigkeiten den verschiedenen

---

532 St. Rspr.: BFH v. 8.10.2008 – VIII R 53/07, BStBl. II 2009, 143 (145 f.); v. 22.1.2003 – X R 37/00, BStBl. II 2003, 464 (466); v. 24.4.1997 – IV R 60/95, BStBl. II 1997, 567 (568); v. 11.7.1991 – IV R 33/90, BStBl. II 1992, 353 (356) m. w. N.; v. 11.7.1991 – IV R 102/90, BStBl. II 1992, 413 (415); v. 1.2.1990 – IV R 42/89, BStBl. II 1990, 534 (535); v. 9.8.1983 – VIII R 92/83, BStBl. II 1984, 129 (131); v. 16.11.1978 – IV R 191/74, BStBl. II 1979, 246 (248); v. 21.12.1976 – VIII R 27/72, BStBl. II 1977, 244 (245).

533 *Schick*, Die freien Berufe im Steuerrecht, S. 103.

534 BFH v. 21.2.2017 – VIII R 45/13, BStBl. II 2018, 4 Rn. 33.

535 BFH v. 19.6.1997 – IV R 26/96, BStBl. II 1997, 652 (653).

Einkunftsquellen zugeordnet werden können oder sie zu einer untrennbaren Einheit verschmolzen sind.

c) Indizien der (Un-)Trennbarkeit

Nach ganz überwiegender Auffassung soll sich die Frage nach der Trennbarkeit der Tätigkeiten danach beantworten, ob diese nach der Verkehrsanschauung ohne besondere Schwierigkeiten möglich ist. Ausweislich der Rechtsprechung[536] ist die Verkehrsauffassung die gerichtsbekannte Anschauung, die urteilsfähige und unvoreingenommene Bürger haben, wenn sie mit der Sache befasst werden.[537] Da der Rückgriff auf die Verkehrsanschauung allerdings oftmals keine eindeutige und von Zweifel befreite Antwort auf alle Abgrenzungsfragen liefert,[538] haben Rechtsprechung und Schrifttum im Laufe der Zeit zahlreiche Kriterien entwickelt, anhand derer zu beurteilen sein soll, ob eine gemischte Tätigkeit entflochten oder nur einheitlich beurteilt werden kann. So soll eine unlösbare Verflechtung zwischen zwei oder mehreren Tätigkeiten mit der Folge einer einheitlichen Beurteilung beispielsweise dann vorliegen, wenn gegenüber dem Auftraggeber aus der gemischten Tätigkeit ein *einheitlicher Erfolg* geschuldet wird, mithin sowohl freiberufliche als auch z. B. gewerbliche Leistungselemente Eingang in die geschuldete Leistung finden.[539] Demgegenüber soll eine

---

536 BFH v. 6.7.1979 – III R 77/77, BStBl. II 1979, 726 (728) m. w. N.

537 Bemerkenswert ist, dass die Begrifflichkeit der Verkehrsanschauung und der Verkehrsauffassung praktisch inhaltsgleich sind und in den Steuergesetzen unterschiedslos verwendet werden, vgl. *Drüen*, in: Tipke/Kruse, AO/FGO, § 4 Rz. 300 (Stand: Oktober 2020). Auch nachfolgend werden die Begriffe daher synonym verwendet.

538 In Teilen der Literatur wird der Rückgriff auf die Verkehrsauffassung daher in Zweifelsfällen der Einkünftequalifikation abgelehnt, weil es gerade dann keine Verkehrsauffassung gebe, vgl. *Tipke*, Grundstücksveräußerungen im Steuerrecht, S. 32; *Zugmaier*, Einkünftequalifikation im Einkommensteuerrecht, S. 50. Dies vermag die Fülle der hierzu von der Rechtsprechung entschiedenen Fälle zu versinnbildlichen, vgl. dazu das „ABC“ der trennbaren und untrennbaren Tätigkeiten bei *Brandt*, in: H/H/R, EStG, § 18 Rz. 80 (Stand: Februar 2020). Gleichwohl wird weiter unten der Versuch unternommen werden, sich der Verkehrsanschauung zumindest anzunähern und die hierbei getroffenen Feststellungen im Rahmen einer Gesamtwürdigung aller Indizien zu berücksichtigen, vgl. Zweiter Teil C.V.6.c)cc)(10).

539 Vgl. BFH v. 18.10.2006 – XI R 10/06, BStBl. II 2008, 54 (55); v. 29.1.1970 – IV R 78/66, BStBl. II 1970, 319 (319 f.), jeweils m. w. N. Im Schrifttum ferner *Zugmaier*, Einkünftequalifikation im Einkommensteuerrecht, S. 86 ff.; *Wacker*, in: Schmidt, EStG, § 15 Rz. 97; *Musil*, in: H/H/R, EStG, § 2 Rz. 92 (Stand: Januar 2019); *Krumm*, in: Kirchhof/Seer, EStG, § 15 Rn. 64; *Pohl*, in: Lippross/Seibel, EStG, § 18 Rz. 37 (Stand: Dezember

Trennung grundsätzlich dann möglich sein, wenn den Tätigkeiten z. B. bereits getrennte Aufträge zugrunde liegen, weil dann „die natürliche Person mit diesen Tätigkeiten in unterschiedlicher Weise selbst am allgemeinen wirtschaftlichen Verkehr teilnimmt.“[540]

Ob eine Trennbarkeit möglich ist, entscheidet sich im Zweifelsfalle nach einer Gesamtwürdigung der relevanten Merkmale des einzelnen Falls.[541] Hierzu werden in den nachfolgend untersuchungsgegenständlichen Fällen die vonseiten der Rechtsprechung und der Literatur entwickelten Indizien, soweit sie für die Beurteilung der Kombination aus originär freiberuflicher Tätigkeit und damit einhergehender digitaler Verwertungshandlung als relevant erachtet werden, zurate gezogen werden.

d) Folgen der Trennbarkeit

aa) Separate Einkünftequalifikation

Ergibt sich nach den vorgenannten Grundsätzen, dass eine Trennbarkeit in zwei (oder mehrere) Erwerbstätigkeiten trotz sachlicher und wirtschaftlicher Zusammenhänge im Einzelfall möglich ist, so sind sie im Ergebnis jeweils einer getrennten Einkünftequalifizierung zu unterziehen; mithin ist jede Tätigkeit für sich betrachtet einer der sieben Einkunftsarten zuzuordnen. Trotz etwaiger sachlicher und wirtschaftlicher Zusammenhänge mehrerer Tätigkeiten eines Einzelsteuerpflichtigen beeinflussen diese im Rahmen der ertragsteuerlichen Qualifikation einander grundsätzlich nicht.[542]

bb) Auflösung von Zurechnungskonkurrenzen

Als weitere Folge der Trennbarkeit einer gemischten Tätigkeit treten zwischen den entflochtenen Tätigkeiten überdies regelmäßig Zurechnungskonkurrenzen

2019); *Rose*, DB 1980, 2464 (2467 f.); sowie H 15.6 „Gemischte Tätigkeit – Einheitliche Behandlung“ EStH 2020.

540 BFH v. 30.11.1978 – IV R 15/73, BStBl. II 1979, 236 (238), unter Bezugnahme auf das Beispiel eines Steuerpflichtigen, der „gegenüber A. und B. als Steuerberater, gegenüber C. und D. aber als Grundstücksmakler tätig ist“. In diesem Sinne auch BFH v. 9.8.1983 – VIII R 92/83, BStBl. II 1984, 129 (131) (Steuerberatertätigkeit einerseits und der Vermittlung von Interessenten am Erwerb von Eigentumswohnungen verbunden mit deren Beratung andererseits).

541 *Schick*, Die freien Berufe im Steuerrecht, S. 103, 106.

542 So auch *Schick*, Die freien Berufe im Steuerrecht, S. 110; *Zugmaier*, Einkünftequalifikation im Einkommensteuerrecht, S. 99.

auf, da die Erwerbstätigkeiten gerade nicht ohne Berührungspunkte koexistieren, sondern – immerhin waren sie vorhin noch eine gemischte Tätigkeit, die es zunächst zu entmischen galt – sachliche und wirtschaftliche Zusammenhänge aufweisen. Insofern kann ein die Vermögensveränderung veranlassendes Moment nicht selten in beiden Erwerbstätigkeiten erblickt werden.

Derlei Zurechnungskonkurrenzen sind – ebenso wie die Abgrenzung zwischen steuerbarer und privater Sphäre – unter Anwendung des Veranlassungsprinzips aufzulösen.[543] Daher ist maßgeblich darauf abzustellen, welche Einkunftsart „im Vordergrund steht und die Beziehungen zu den anderen Einkünften verdrängt“[544]. Für das Auftreten von Veranlassungskonkurrenzen zwischen gewerblichen und freiberuflichen – z. B. unterrichtenden – Erwerbstätigkeiten bedeutet das konkret, dass hinsichtlich jeder einzelnen Vermögensmehrung geprüft werden muss, ob die Veranlassung durch freiberufliche oder gewerbliche Tätigkeitselemente überwiegt. Daher trifft es zu, wenn der VIII. Senat[545] einst die Gewinne eines Architekten aus der Veräußerung unbebauter Grundstücke mit Architektenbindung zutreffend der gewerblichen Tätigkeit als Grundstückshändler zugeordnet hat, weil aufgrund der Architektenbindung zwar eine Mitveranlassung der erzielten Vermögensmehrungen durch die Tätigkeit als Architekt bestand, diese jedoch durch den gewerblichen Grundstücksverkauf überlagert wurde. Ebenso verhält es sich auch hinsichtlich der gewerblichen Vermittlung von Möbelverkäufen durch einen Architekten[546] wie auch hinsichtlich Vermögensmehrungen aus dem (nicht zwangsläufig im Rahmen einer Heilbehandlung erforderlichen[547]) Verkauf von Medikamenten aus einer Hausapotheke durch einen Arzt,[548] die zwar (auch) durch die heilberufliche Tätigkeit synergetisch (mit-)veranlasst wurde, gleichwohl jedoch ihre überwiegende Veranlassung in der separierten Händlertätigkeit findet.

Im Verhältnis der Einkünfte aus selbständiger Arbeit zu solchen aus den §§ 21, 22 EStG beansprucht der vorbezeichnete Grundsatz zwar grundsätzlich ebenfalls Geltung. Zusätzlich kommen an dieser Stelle jedoch die sog. Subsidiaritätsklauseln[549] zur Anwendung, welche die sich infolge einer Mehrfachveranlassung

543 *Zugmaier*, Einkünftequalifikation im Einkommensteuerrecht, S. 74; *Beierl*, Einkünftequalifikation im Einkommensteuerrecht, S. 79 ff.; *Wanner*, StuW 1987, 302 (304).

544 BFH v. 31.10.1989 – VIII R 210/83, BStBl. II 1990, 532 (533). Ebenso *Jochum*, in: K/S/M, EStG, § 20 Rn. J 10 (Stand: August 2020).

545 BFH v. 23.10.1975 – VIII R 60/70, BStBl. II 1976, 152 (153 f.).

546 Vgl. BFH v. 14.6.1984 – I R 204/81, BStBl. II 1985, 15 (16 f.).

547 Vgl. zur insoweit gebotenen Abgrenzung bereits oben Zweiter Teil B.II.

548 Vgl. BFH v. 26.5.1977 – V R 95/76, BStBl. II 1977, 879.

549 Insbesondere § 21 Abs. 3 und § 22 Nr. 3 S. 1 EStG.

ergebenden Zuordnungsfragen in typisierender Art und Weise beseitigen.[550] Hierdurch kommt es trotz der prinzipiellen Gleichwertigkeit der Einkunftsarten zu einer Rangordnung (nur) für jene Fälle, in denen es Überschneidungen zwischen den Einkunftsarten gibt.[551] So könnte beispielsweise die Überlassung einer Werbefläche einerseits den Tatbestand des § 21 Abs. 1 S. 1 Nr. 1 EStG erfüllen, auf der anderen Seite jedoch mit § 21 Abs. 3 EStG eine Zurechnung der erzielten Mieteinnahmen in die betriebliche Sphäre vorzunehmen sein, wenn die überlassene Fläche dem Betriebsvermögen angehört.[552] Zwar wirft *Beierl*[553] dieser Vorgehensweise dogmatisch überzeugend die Vertauschung „logisch vorrangige[r] Prüfungsstufen" vor, weil sie die Einkünftequalifikation anhand der vorherigen Zuordnung von Wirtschaftsgütern zum Privat- oder Betriebsvermögen vornehme, anstatt „die Subsumtion eines wie auch immer abgegrenzten Sachverhalts unter den Tatbestand einer Einkunftsart zum Ausgangspunkt der Überlegungen zu machen". Allerdings wäre im vorbezeichneten Beispielsfalle auch ohne Existenz des § 21 Abs. 3 EStG mit der Betriebsvermögenszugehörigkeit des überlassenen Vermögens unter strikter Anwendung des Veranlassungsprinzips eine Zurechnung der erzielten Vermögensmehrungen nur in den betrieblichen Bereich in Betracht gekommen.[554] Deshalb trifft es zu, wenn *Zugmaier*[555] – gleichsam diplomatisch – ausführt, dass die Vorgehensweise der Rechtsprechung zwar „dogmatisch unbegründbar"[556] sei, gleichwohl

550 *Nickel*, Abgrenzung von Einkunftstatbeständen, S. 178, spricht insoweit von „gesetzliche[n] Spezialregelungen im Rahmen des einkommensteuerrechtlichen Veranlassungsprinzips [...], die in ihrem Anwendungsbereich jegliche normativ wertenden Zuordnungsentscheidungen entbehrlich machen."

551 Vgl. *Seer*, in: Kirchhof/Seer, EStG, § 2 Rn. 33, 46.

552 Vgl. nur FG Hamburg v. 13.6.1990 – V 342/87, juris, Rn. 69 (Gewerblichkeit von originären Einkünften aus Vermietung und Verpachtung im Sinne des § 21 Abs. 1 S. 1 Nr. 3 EStG aufgrund der Subsidiaritätsbestimmung des § 21 Abs. 3 EStG im Zusammenhang mit der Betriebsvermögenszugehörigkeit der im Streitfall überlassenen Rechte). Vgl. ferner *Kulosa*, in: Schmidt, EStG, § 21 Rz. 163, demzufolge im Verhältnis von § 21 EStG zu den Gewinneinkunftsarten entscheidend darauf abzustellen sein soll, ob das verwaltete Vermögen zum Betriebsvermögen gehört oder nicht.

553 *Beierl*, Einkünftequalifikation im Einkommensteuerrecht, S. 76.

554 Damit ist den Subsidiaritätsklauseln im Regelfall lediglich ein deklaratorischer Wert beizumessen, vgl. *Koller*, Abgrenzung von Einkunftstatbeständen, S. 71 f.; *Zugmaier*, Einkünftequalifikation im Einkommensteuerrecht, S. 77; *Musil*, in: H/H/R, EStG, § 2 Rz. 95 (Stand: Januar 2019).

555 *Zugmaier*, Einkünftequalifikation im Einkommensteuerrecht, S. 82 f.

556 So ausdrücklich *Koller*, Abgrenzung von Einkunftstatbeständen, S. 71.

jedoch im Regelfall zu denselben Ergebnissen führe wie die korrekte Vorgehensweise, zumal der Betriebsvermögensbegriff ebenso vom Veranlassungsbegriff beherrscht werde wie der Begriff der Betriebseinnahmen und -ausgaben.[557] Mit der Pragmatik sowie Lebensnähe der Vorgehensweise ist das Dogmatikdefizit daher im Regelfall hinnehmbar.[558]

e) *Behandlung einheitlicher Tätigkeiten*

Kommt indes nur eine einheitliche steuerliche Beurteilung der gemischten Tätigkeit in Betracht, weil eine Trennung aufgrund der engen Verflechtung der Tätigkeitskomponenten nach der Verkehrsauffassung nicht möglich ist, so ist die Tätigkeit insgesamt (nur) einer Einkunftsart zuzuordnen.[559] Auch eine Aufteilung im Schätzungswege kommt dann nicht mehr in Betracht.[560] Insofern kann grundsätzlich auch eine freiberuflich-unterrichtende Tätigkeit untrennbarer Teil einer gewerblichen Gesamttätigkeit sein.[561]

Ausweislich der Rechtsprechung[562] soll eine sich aus freiberuflichen und gewerblichen Leistungselementen zusammensetzende einheitliche Tätigkeit insgesamt danach zu qualifizieren sein, ob das freiberufliche oder das gewerbliche Element vorherrscht, mithin danach „welche der einzelnen Tätigkeiten der Gesamttätigkeit das Gepräge gibt."[563] Insofern ist nicht darauf abzustellen, welches Element etwas stärker oder schwächer vorhanden ist, sondern vielmehr darauf, wie sich die Tätigkeit in ihrer Gesamtheit darstellt.[564] Daher kommt es bei der Beurteilung auch weder auf den Anteil der einzelnen Tätigkeitsarten am

557 *Wassermeyer*, DStJG 3, S. 322 f. Mit Ausnahmen zu der synchronen Auslegung von Betriebsvermögen und Betriebseinnahmen/-ausgaben auch *Zugmaier*, Einkünftequalifikation im Einkommensteuerrecht, S. 79 ff.

558 Vgl. *Zugmaier*, Einkünftequalifikation im Einkommensteuerrecht, S. 82.

559 Statt vieler *Brandt*, in: H/H/R, EStG, § 18 Rz. 77 (Stand: Februar 2020).

560 *Schick*, Die freien Berufe im Steuerrecht, S. 108.

561 Vgl. z. B. BFH v. 28.6.1989 – I R 114/85, BStBl. II 1989, 965 (966).

562 BFH v. 7.3.1974 – IV R 196/72, BStBl. II 1974, 383 (385); v. 25.4.1974 – VIII R 229/71, BStBl. II 1974, 553 (554); v. 15.10.1998 – IV R 1/97, BFH/NV 1999, 465 (466).

563 BFH v. 12.6.2019 – X R 20/17, BStBl. II 2020, 3 Rn. 25; v. 8.10.2008 – VIII R 53/07, BStBl. II 2009, 143 (146); v. 24.4.1997 – IV R 60/95, BStBl. II 1997, 567 (568). Die andere Tätigkeitskomponente teilt insoweit dann das steuerliche Schicksal der prägenden Tätigkeit, vgl. BFH v. 10.9.1998 – IV R 16/97, BStBl. II 1999, 215 (217).

564 *Rose*, DB 1980, 2464 (2466); *Zugmaier*, Einkünftequalifikation im Einkommensteuerrecht, S. 103 f.

Umsatz oder Ertrag an noch darauf, welcher Teil der Gesamtleistung für den Vertragspartner im Vordergrund steht.[565]

Maßgeblich für die Gewerblichkeit spricht indes, wenn neben der jeweiligen freiberuflichen Tätigkeit wesensfremde – d. h. insbesondere gewerbliche – Leistungen vorliegen und diese nicht lediglich notwendigen Hilfscharakter haben bzw. sich nicht lediglich als Hilfstätigkeit darstellen.[566]

IV. Zusammenfassung

Erzielt ein – z. B. unterrichtend tätiger – Freiberufler neuartige Vermögensmehrungen über das Internet, so muss zuvorderst geprüft werden, ob die zur Einnahmeerzielung ausgeführten Handlungen zum Umfang der freiberuflichen Tätigkeit gehören. Dies entweder, weil sie sich als originär freiberufliche Kerntätigkeit darstellen oder als zum freiberuflichen Nukleus gehörende Annexleistung von der Freiberuflichkeit mit umfasst werden. Anderenfalls wären die zur Monetarisierung vorgenommenen Handlungen einem anderen Erwerbstatbestand zuzuordnen, wodurch es aufgrund der Zusammenhänge zwischen den unterschiedlichen Tätigkeiten zum Vorliegen einer gemischten Tätigkeit gelangen würde. Diese wiederum gälte es zu trennen, so dies nach der Verkehrsanschauung bzw. den im Laufe der Zeit von der Rechtsprechung und vom Fachschrifttum herausgestellten Kriterien sinnvoll möglich ist.

Kann eine Entmischung erfolgreich vorgenommen werden, so wären ihre einzelnen Bestandteile einer jeweils separaten Einkünftequalifikation zu

565 Vgl. BFH v. 2.10.2003 – IV R 48/01, BStBl. II 2004, 363 (365); v. 20.12.2000 – XI R 8/00, BStBl. II 2002, 478 (479); v. 24.4.1997 – IV R 60/95, BStBl. II 1997, 567 (568).

566 Vgl. bereits RFH v. 15.3.1939 – VI 119/39, RFHE 46, 291 (293). In diesem Sinne auch BFH v. 24.4.1997 – IV R 60/95, BStBl. II 1997, 567 (568); v. 30.6.1964 – VI 301/62 U, BStBl. III 1964, 630 (630 f.); *Grune*, BB 1998, 1081 (1082); *Krumm*, in: Kirchhof/Seer, EStG, § 15 Rn. 64. Auch diesen Grundgedanken gilt es unter steuersystematischen Gesichtspunkten dogmatisch von Annextätigkeiten abzugrenzen. Wesentlich unterscheiden sie sich von den hiergenannten Hilfstätigkeiten dadurch, dass sie – die Annextätigkeiten – derart eng mit der Haupttätigkeit verknüpft sind, dass sie *von vornherein* von der Kerntätigkeit mit umfasst werden und ihr steuerliches Schicksal teilen, mithin sich die Frage nach der Beurteilung einer untrennbar gemischten Tätigkeit insoweit gar nicht erst stellt. Zu bemerken ist jedoch, dass es jedenfalls im Ergebnis für die ertragsteuerliche Einkünftequalifizierung regelmäßig keinen Unterschied macht, ob eine Tätigkeitskomponente bereits in einem ersten Schritt als untergeordneter Annex der Kerntätigkeit zugeordnet wurde oder aber erst innerhalb der Einheitsbetrachtung als Hilfstätigkeit hinter dem eigentlichen Gepräge der Tätigkeit zurücktritt.

unterziehen. Hinsichtlich einzelner Vermögensmehrungen auftretende Zurechnungskonkurrenzen zwischen den einzelnen Erwerbstätigkeiten wären dann unter Anwendung des Veranlassungsprinzips aufzulösen, wobei im Verhältnis betrieblicher Einkünfte zu solchen aus § 21 EStG regelmäßig auf die Betriebsvermögenszugehörigkeit des überlassenen Vermögens abgestellt werden kann.

Wäre eine Aufspaltung der gemischten Tätigkeit hingegen nicht möglich, insbesondere weil sie nach der Verkehrsauffassung einen einheitlichen Betrieb darstellt, so läge die Veranlassung der Vermögensmehrungen in dieser einheitlichen Tätigkeit, die schließlich danach zu qualifizieren wäre, welche der immanenten Tätigkeiten der Gesamttätigkeit das Gepräge gibt.

C. Das Beschreiten digitaler Verwertungspfade

I. Facettenübergreifende Grundüberlegungen

Die digitalen Pfade, über die ein z. B. unterrichtend tätiger Freiberufler Vermögensmehrungen erzielen kann, sind vielgestaltig. Aufgrund dessen bedürfen sie im Einzelnen einer näheren Betrachtung mit Blick auf ihre jeweiligen Modalitäten und Besonderheiten.

Dieser Analyse sind jedoch einige Grundüberlegungen voranzustellen, die *facettenübergreifend* im Hinblick auf die Migration des Freiberuflers in digitale Sphären vergegenwärtigt werden sollten.

1. Erhöhter Stellenwert technischer Ressourcen und Hilfsmittel

Im Zuge der Digitalisierung haben die Tätigkeitsbereiche des Freiberuflers einen teilweise grundlegenden Wandel insbesondere in der Art und Weise ihrer Ausübung erfahren. Einen besonderen Stellenwert hat hierbei der zunehmende Einsatz von Software (z. B. zur Videobearbeitung) und Hardware (z. B. Computer, Kamera) erlangt. Beispielhaft ist die Videokamera zu nennen, vermittels derer der unterrichtende Freiberufler aus seiner Lehrtätigkeit ein Lehrmedium erschaffen kann.[567] Gleiches gilt im Bereich anderer freier Berufe etwa für das Übersetzungsprogramm, das den Übersetzer bei seiner Tätigkeit unterstützt.[568]

Bei der Verwendung derlei technischer Ressourcen handelt es sich um Tätigkeiten, die nicht vornehmlich zum Aufgabenbereich eines Freiberuflers gehören

567 Eine umfassende Auflistung der je nach digitaler Lehrmethode benötigten Soft- und Hardware liefert *Zwickel*, ZDRW 2020, 128 (139 ff.).

568 So z. B. in BFH v. 21.2.2017 – VIII R 45/13, BStBl. II 2018, 4.

und somit bei isolierter Betrachtung grundsätzlich nicht in den Anwendungsbereich des § 18 EStG fielen. Ein Blick in die Rechtsprechung zeigt jedoch, dass es bereits seit jeher für die ertragsteuerliche Einordnung einer Tätigkeit als freiberuflich als unschädlich erachtet wird, wenn sich der Freiberufler analoger, sachlicher Hilfsmittel bedient, wenn und weil er weiterhin eigenverantwortlich tätig wird.[569] Auch das BVerfG hat ungeachtet der verfassungsrechtlichen Tolerierung der Sonderbehandlung der freien Berufe bereits vor geraumer Zeit anerkannt, dass für das Berufsbild des Freiberuflers „nicht durchweg typisch [ist], daß sie ohne Kapitaleinsatz ihre berufliche Tätigkeit ausüben."[570] Dies ist insofern zielführend und zutreffend, als dem Konglomerat des § 18 Abs. 1 Nr. 1 S. 2 EStG kaum ein Beruf zu entnehmen ist, der ohne jedwede Hilfsmittel praktizierbar ist. Die Verwendung entsprechender Utensilien ist insofern in der Regel lediglich ein Annex[571] zur freiberuflichen Kerntätigkeit. Dies gilt auch für einen unterrichtend tätigen Freiberufler.

Inzwischen entspricht es sogar der Realität, dass eine Unterstützung freiberuflicher Tätigkeiten durch *technische* Hilfsmittel nahezu unvermeidlich ist, so sich der Freiberufler nicht wirtschaftlich ausschließen will. Daher gilt es, den Grundsatz der Unschädlichkeit der Verwendung analoger Hilfsmittel mit den durch den Fortschritt der Digitalisierung veränderten tatsächlichen Gegebenheiten konsequent weiterzuentwickeln. Einen wichtigen Schritt in diese Richtung ist jüngst der VIII. Senat des BFH gegangen, als er hinsichtlich der Tätigkeit eines technischen Übersetzungsbüros ausdrücklich anerkannt hat, dass sich diese Tätigkeiten „im Laufe der letzten Jahre bzw. Jahrzehnte u. a. durch den Einsatz technischer Hilfsmittel wie z. B. eines *Translation-Memory-Systems* (TMS) verändert haben und neben der eigentlichen Übersetzungsarbeit regelmäßig weitere redaktionelle und (ingenieur-)technische Leistungen erbracht werden", während es gleichwohl „(weiterhin) um die Qualifizierung einer Übersetzungstätigkeit geht"[572]. Selbst der Umstand, dass im Streitfall nicht nur interne Arbeitsabläufe technisiert, sondern auch zusätzliche redaktionelle und ingenieurtechnische Leistungen erbracht wurden, sollte die ertragsteuerliche Würdigung des Übersetzungsbüros nicht berühren, zumal der Hauptgegenstand

569 Man denke nur an die Schreibmaschine des Schriftstellers, vgl. BFH v. 3.3.1955 – IV 181/54 U, BStBl. III 1955, 153.

570 BVerfG v. 25.10.1977 – 1 BvR 15/75, BVerfGE 46, 224 (241).

571 Vgl. dazu grundlegend oben Zweiter Teil B.II.

572 BFH v. 21.2.2017 – VIII R 45/13, BStBl. II 2018, 4 Rn. 31.

der Tätigkeit weiterhin in der Übersetzung bestand, während diesen Nebentätigkeiten nur eine untergeordnete Bedeutung zuteilwurde.[573]

In der Sache übereinstimmend mit dieser Ausdrücklichkeit hat die Rechtsprechung allerdings auch zuvor bereits in zahlreichen Entscheidungen die Verwendung selbst technischer Hilfsmittel innerhalb einer freiberuflichen Tätigkeit zumeist – wohlgemerkt stillschweigend – als unschädlich erachtet. So war es für die Freiberuflichkeit eines Schriftstellers unerheblich, dass er zur Verfassung seiner Texte nunmehr einen Computer benutzte[574] und sie über das Internet wiedergegeben hat[575], während die Verwendung von Soft- und Hardware auch für den freiberuflich-künstlerischen Grafikdesigner[576], Webdesigner[577], Werbegrafiker[578] sowie Fotografen[579] nicht problematisiert wurde. Dies ist insofern zutreffend, als die Zuhilfenahme von Soft- und Hardware zwar gewisser technischer Fertigkeiten bedarf, ihre Verwendung gleichwohl zur Förderung, Ergänzung und Abrundung der freiberuflichen Kerntätigkeiten doch lediglich Mittel zum Zweck ist.[580] Damit tritt sie als Annextätigkeit hinter der freiberuflichen Kerntätigkeit zurück und wird gemeinsam mit dieser unter den Tatbestand des § 18 Abs. 1 Nr. 1 EStG subsumiert.[581]

Dabei gilt es jedoch zu beachten, dass der Grundsatz der Unschädlichkeit der Zuhilfenahme analoger wie digitaler Hilfsmittel im Lichte des § 18 Abs. 1 Nr. 1 S. 3 EStG dort seine Grenze findet, wo der Berufsträger seine eigene Arbeitskraft so einsetzt, dass die Ausführung der Tätigkeiten aus dem Kernbereich seines

---

573 Vgl. BFH v. 21.2.2017 – VIII R 45/13, BStBl. II 2018, 4 Rn. 33.

574 Vgl. BFH v. 10.9.1998 – IV R 16/97, BStBl. II 1999, 215 (216).

575 Vgl. FG Schleswig-Holstein v. 2.11.2006 – 5 K 32/06, EFG 2007, 524 Rn. 19 (rkr.).

576 Vgl. FG Rheinland-Pfalz v. 24.10.2013 – 6 K 1301/10, juris (rkr.).

577 Vgl. FG Münster v. 19.6.2008 – 8 K 4272/06 G, EFG 2008, 1975 (rkr.).

578 Vgl. FG Köln v. 15.2.2006 – 14 K 7867/98, juris (rkr.).

579 Vgl. BFH v. 24.1.1963 – IV 321/61 U, BStBl. III 1963, 216; v. 7.10.1971 – IV R 139/66, BStBl. II 1972, 335; v. 25.11.1970 – I R 78/69, BStBl. II 1971, 267; v. 14.12.1976 – VIII R 76/75, BStBl. II 1977, 474; vgl. auch FG Hessen v. 26.10.1966 – IV 200–204/66, EFG 1967, 149.

580 Ähnlich *Trachte/Helios*, BB 2001, 909 (912), betreffend die Bildschirmlayoutierung und Erstellung von Webseiten zur auftragsgemäßen Fertigung von Bedienungshandbüchern durch einen freiberuflichen Schriftsteller.

581 Das gilt auch dann, wenn sie durch einen Mitarbeiter ausgeführt werden, weil die Einschränkung des § 18 Abs. 1 Nr. 1 S. 3 EStG bei Hilfstätigkeiten, die sich auf ein eher mechanisches oder verwaltungsmäßiges Unterstützen der Haupttätigkeit beschränken, nicht zur Anwendung kommt, vgl. *Pfirrmann,* in: Kirchhof/Seer, EStG, § 18 Rn. 90.

freien Berufes nicht mehr ihm, sondern den technischen Hilfsmitteln zuzurechnen ist,[582] mithin die Ergebnisse „nicht mehr als solche einer Person erscheinen, sondern eben als das Ergebnis eben einer technischen Einrichtung“[583] und damit schließlich die technischen Hilfsmittel *unmittelbar* zur Erzielung von Einkünften eingesetzt werden. Daher wurde oben[584] bereits im Zusammenhang mit dem Einsatz von Lernsoftware der Standpunkt vertreten, dass durch Algorithmen und künstliche Intelligenz voll automatisiert erfolgende Unterrichtung einzig in der gewerblichen Sphäre zu verorten sein kann.

Ein vergleichbares Phänomen lässt sich daneben beispielsweise auch im Bereich der rechtsberatenden Katalogberufe feststellen, bei denen unter dem Begriff des *Legal Tech* mitunter die gänzliche Automatisierung juristischer Arbeitsprozesse durch Software und Online-Dienste gefasst wird.[585] So kommt es dazu, dass unter Einsatz insbesondere von künstlicher Intelligenz sogar komplexe Teile der juristischen Arbeit in die Hände von Software gelegt werden, wodurch Algorithmen den Juristen in einzelnen Tätigkeitsbereichen gar vollständig ersetzen können.[586] In derlei Fällen könnte – anders als bei der bloßen Unterstützung durch technische Geräte oder Computer-Software bei der persönlichen Ausübung einer freiberuflichen Tätigkeit – mit guten Argumenten dafür plädiert werden, dass die hinter der Technik stehende konzeptionelle Tätigkeit des Anwalts und die Pflege und Überwachung des Datenbestandes keine eigenverantwortliche Anwaltstätigkeit mehr darstellt und er somit durch die Art und Weise seiner Berufsausübung zum gewerblichen Unternehmer avanciert ist.[587]

Festzuhalten bleibt, dass der Verwendung technischer Ressourcen und Hilfsmittel zur *Digitalisierung* bzw. *Medialisierung* von freiberuflichen Kerntätigkeiten regelmäßig nur eine unterstützende Funktion zukommt, insbesondere wenn diese – so etwa aufseiten eines medial unterrichtend Tätigen – lediglich das Vehikel darstellen, vermittels dessen die freiberufliche Tätigkeit in ihrer

---

582 Vgl. BFH v. 25.11.1975 – VIII R 116/74, BStBl. II 1976, 155 (157); v. 23.5.1984 – I R 122/81, BStBl. II 1984, 823 (824).

583 *Schick*, Die freien Berufe im Steuerrecht, S. 79.

584 Erster Teil A.II.2.d), sowie Erster Teil B.III.5.d).

585 Zum Begriff *Biallaß*, in: Ory/Weth, jurisPK-ERV, Kap. 8, Rn. 1 ff. (Stand: 28.08.2020); *Günther*, NWB 2017, 3365; *Wagner*, Legal Tech, S. 1, 6 ff.; *ders.*, BB 2017, 898.

586 So ist etwa die Zurverfügungstellung von automatisierten „Vertragsgeneratoren“ anhand standardisierter Vorgaben und Vorlagen zur gängigen Praxis avanciert, vgl. dazu *Levedag*, DStR 2018, 2094 (2096); *Wagner*, BB 2017, 898 (900 f.).

587 Hierauf wird innerhalb der Schlussfolgerungen zur vorliegenden Untersuchung noch einmal rekurriert werden.

nämlichen Form ausgeübt und an den Perzipienten herangetragen wird. Solange die freiberuflichen Kerntätigkeiten dabei nicht substituiert werden, bewegt sich die Verwendung technischer Hilfsmittel damit regelmäßig in einem für die Freiberuflichkeit unschädlichen Rahmen.[588]

2. *Unbegrenzte Verwertbarkeit medialisierter Freiberuflertätigkeiten*

In dem ersten Teil der vorliegenden Arbeit wurde festgestellt, dass eine Tätigkeit auch dann *in ihrem Kern* freiberuflicher Natur sein und weiterhin *eigenverantwortlich* ausgeübt werden kann, wenn sie auf digitalem bzw. multimedialem Wege stattfindet.[589] Damit ist allerdings nicht zugleich gesagt, dass die der Digitalisierung geschuldete Möglichkeit der Medialisierung von Tätigkeiten für die Freiberuflichkeit per se unschädlich ist. Vielmehr könnte der Freiberuflichkeit zugunsten gewerblicher Einkünfte insoweit entgegenstehen, dass es dem Freiberufler durch die mediale Konservierung eines nur *einmaligen*, z. B. freiberuflich-unterrichtenden, Tätigwerdens nunmehr gelingen kann, ein Werk zu erschaffen, welches anschließend – z. B. durch wiederholtes Abspielen – *unbegrenzt oft* verwertet werden kann, ohne dass es eines erneuten persönlichen Tätigwerdens bedarf. Dies verleiht der Freiberuflichkeit insofern einen Hang zur Gewerblichkeit, als sich freiberufliche Tätigkeiten gerade dadurch auszeichnen sollen, dass sie auf einer unmittelbaren, persönlichen und individuellen Arbeitsleistung des Steuerpflichtigen beruhen.[590] Zudem sollen freiberufliche Tätigkeiten dadurch gekennzeichnet sein, dass sie durch die menschliche Leistungsfähigkeit begrenzt sind und sich daher gerade nicht in gleicher Weise durch zusätzlichen Einsatz von Kapital und Arbeitnehmern steigern lassen, wie es bei gewerblichen Tätigkeiten der Fall ist.[591]

---

588 Weil das Ausmaß des Kapitaleinsatzes kein belastbares Abgrenzungskriterium zwischen Freiberufler und Gewerbetreibendem ist, gilt dies namentlich auch dann, wenn die Anschaffung besagter Hilfsmittel im Einzelfall einen nicht unerheblichen Kapitaleinsatz erfordert, vgl. BVerfG v. 25.10.1977 – 1 BvR 15/75, BVerfGE 46, 224 (241).

589 Vgl. dazu insbesondere Erster Teil B.III.2.

590 Vgl. BFH v. 31.5.2001 – IV R 49/00, BStBl. II 2001, 828 (829); v. 20.8.2012 – III B 246/11, BFH/NV 2012, 1959 (1961); v. 23.5.1984 – I R 122/81, BStBl. II 1984, 823 (824); v. 29.7.1965 – IV 61/65 U, BStBl. III 1965, 557 (558); v. 25.10.1963 – IV 373/60 U, BStBl. III 1963, 595 (596); v. 5.12.1968 – IV R 125/66, BStBl. II 1969, 165 (166).

591 BVerfG v. 15.1.2008 – 1 BvL 2/04, BVerfGE 120, 1 (31). Vgl. auch FG Bremen v. 26.8.1999 - 397115K 1, EFG 2000, 263 Rn. 21; *Zaumseil*, FR 2010, 353 (357).

Dabei ist allerdings zu bemerken, dass die Konservierung eines einmaligen Tätigwerdens unter anschließender wiederkehrender und unbegrenzter Verwertbarkeit schon *seit jeher* ein wesensimmanenter Bestandteil zahlreicher freier Berufe und der Sphäre des § 18 EStG damit alles andere als fremd ist. Dies zeigt sich mustergültig am Beispiel schriftstellerischer Tätigkeiten, die sogar wesentlich dadurch geprägt sind, dass eigene Gedanken verschriftlicht und anschließend z. B. durch Überlassung des Manuskripts bzw. der Übertragung der daran bestehenden Nutzungsrechte[592] an einen Verlag verwertet werden, woraufhin der Freiberufler aus dem einmaligen Tätigwerden unter Umständen über mehrere Jahrzehnte freiberufliche Einkünfte erzielt.[593] Ebenso verhält es sich mit Wiederholungsvergütungen und Erlösbeteiligungen eines ausübenden Künstlers aus der gestatteten Nutzung bzw. Verwertung des im Zuge seines (einmaligen) freiberuflich-künstlerischen Tätigwerdens geschaffenen und von §§ 73 ff. UrhG geschützten Arbeitsergebnisses.[594]

Insofern ist die unbegrenzte Verwertbarkeit eines einmaligen originär freiberuflichen Tätigwerdens nichts dem Freiberufler Wesensfremdes, sondern wohnt ihm seit jeher inne. Diese Feststellung ist mit der nach dem BVerfG begrenzten Steigerbarkeit der Leistungsfähigkeit eines Freiberuflers durch den zusätzlichen Einsatz von Kapital insofern vereinbar, als es *zur Erstellung des freiberuflichen Werks* als solchem weiterhin eines unmittelbaren und persönlichen Tätigwerdens des Freiberuflers bedarf und er seine Produktivität deshalb gerade nicht durch ein Mehr an Kapitaleinsatz steigern kann, wie es der Inhaber eines produzierenden Gewerbes könnte. Die nunmehr mögliche Speicherung bzw. Medialisierung auch anderer Freiberuflertätigkeiten, wie dies etwa bei Unterrichtstätigkeiten der Fall ist, sowie die davon ausgehende Verwertung stehen der Annahme freiberuflicher Einkünfte daher solange nicht entgegen, wie die Verwertung als solche nach Art und Umfang nicht die Züge eines Gewerbebetriebes trägt.

II. Monetarisierung von Webseiten-Inhalten

Zu Beginn des zweiten Teils der vorliegenden Arbeit wurde bereits bemerkt, dass Gratisangebote im Internet immer noch weit verbreitet sind, mitunter weil ein nicht unerheblicher Teil der Webseiten-Besucher (noch immer) nicht

---

592 Vgl. nur *Schulze*, in: Dreier/Schulze, UrhG, § 31 Rn. 3.

593 Vgl. z. B. BFH v. 11.5.1976 – VIII R 111/71, BStBl. II 1976, 641 (642 f.); *Brandt*, in: H/H/R, EStG, § 18 Rz. 118 (Stand: Februar 2020).

594 Vgl. BFH v. 26.7.2006 – VI R 49/02, BStBl. II 2006, 917; H 18.1 „Wiederholungshonorare/Erlösbeteiligungen" EStH 2020.

dazu bereit ist, für die gesuchten Inhalte eine monetäre Gegenleistung zu erbringen oder sich die kostenlose Zugänglichmachung von Inhalten gepaart mit der Erschließung alternativer Einnahmeerzielungswege schlichtweg als einträglich(-er) erwiesen hat[595].

Gleichwohl darf nicht ungesehen bleiben, dass es durchaus auch Angebote von entgeltpflichtigen Webseiten-Inhalten gibt, denen auch eine z. B. freiberuflich-unterrichtende Tätigkeit zugrunde liegen kann. Namentlich gemeint sind vorliegend jene Fälle, in denen sich ein unterrichtend tätiger Freiberufler dazu entscheidet, seine Leistungen bzw. Lehrmedien *entgeltlich* über das Internet anzubieten. Dies erfolgt regelmäßig über eine sog. Bezahlschranke („Paywall"), vermittels derer der Webseiten-Nutzer die gewünschten Inhalte erst angezeigt oder zum Download bereitgestellt bekommt,[596] nachdem er zuvor eine Gebühr bezahlt oder ein Abonnement abgeschlossen hat. Darüber hinaus benötigt der Lehrende im Wesentlichen lediglich eine eigene Internet-Domain und einen Online-Speicherplatz, auf dem seine Webseite gehostet wird.[597] Alternativ kann er zur Erstellung einer eigenen Webseite auch auf sog. internetbasierte Homepage-Baukastensysteme zurückgreifen, mithilfe derer es zumeist sogar ohne besondere Fachkenntnisse sowie innerhalb kürzester Zeit und mit nur geringem Kosten- und Zeitaufwand möglich ist, eine eigene Webseite zu erschaffen.[598]

Davon ausgehend stellt sich nunmehr die Frage, wie über eine eigene Webseite erzielte Vermögensmehrungen auf Grundlage eines freiberuflich geschaffenen Werks ertragsteuerlich zu beurteilen sind. Für eine Gewerblichkeit der erzielten Vermögensmehrungen könnte sprechen, dass dem Webseiten-Nutzer nicht die Verwertungsrechte an den erworbenen Werken eingeräumt werden, sondern ein digitalisiertes freiberufliches Werk z. B. gegen ein einmaliges Entgelt zum Download bereitgestellt wird[599]. Der BFH[600] jedenfalls vertritt vereinzelt

---

595 Vgl. *Alexander*, NJW 2018, 3620, demzufolge Bezahlinhalte die Einnahmen aus z. B. Online-Werbung in ihrer Bedeutung nicht ersetzen können.

596 Vgl. zu den möglichen Online-Nutzungen von Werken im Internet *Wandtke/Grunert*, in: Wandtke/Bullinger, UrhG, § 31a Rn. 40 m. w. N.

597 Weiterführend *Härting*, CR 2001, 37.

598 Vgl. *Laue/Nink*, in: Redeker, Handbuch der IT-Verträge, Website-Baukasten, Rn. 1 ff. (Stand: September 2015); *Heßler*, Stbg 2012, 469 ff. Eine beispielhafte Übersicht von Anbietern zur kostenlosen Erstellung eines eigenen Internet-Blogs ist abrufbar unter www.homepage-baukasten-testsieger.de/de/blog und www.blog.de (jeweils zuletzt abgerufen am 27.12.2021).

599 Vgl. OLG Frankfurt a.M. v. 25.6.1996 – 11 U 4/96, NJW-RR 1997, 494; *Ohly*, in: Schricker/Loewenheim, UrhG, § 34 Rn. 8 ff.

600 Vgl. etwa BFH v. 29.4.1993 – IV R 61/92, BFH/NV 1994, 89 (90 f.).

den Standpunkt, eine Verwertung der freiberuflichen Arbeit gehöre *nur dann* noch zur freiberuflichen Tätigkeit, wenn sie in Form der Nutzungsüberlassung erfolgt. Übereinstimmend wird etwa im Zusammenhang mit *schriftstellerischen* Tätigkeiten vereinzelt vertreten, dass freiberufliche Einkünfte aus der Veräußerung des Manuskripts nur dann vorliegen können, wenn mit der Veräußerung zugleich die dazugehörigen Urheberrechte übertragen werden.[601]

Die Annahme, dass die Zuordnung einer Verwertungshandlung zu der freiberuflichen Sphäre entscheidend davon abhängen soll, ob sie in der Einräumung von Verwertungsrechten oder der Veräußerung eines freiberuflich geschaffenen Werks besteht, ist jedoch abzulehnen.[602] Denn das die Vermögensmehrung auslösende Moment liegt in beiden Fällen unterschiedslos in der freiberuflichen Erwerbssphäre begründet, sodass eine Zuordnung der aus der digitalen Veräußerung erzielten Vermögensmehrungen zu einem Gewerbebetrieb nur dann in Betracht kommt, wenn nach Art und Umfang der Verwertungshandlungen ein *gewerblicher Verwertungsbetrieb* entsteht.[603] Dann jedoch, wenn sich die Verwertung der freiberuflichen Erzeugnisse noch „im Rahmen des Üblichen“[604] bewegt, mithin sich insbesondere auf eine der freiberuflichen Tätigkeit dienende Funktion beschränkt, sind die Verwertungshandlungen in der Regel der freiberuflichen Tätigkeit zuzuordnen.

Damit ist entscheidungserheblich, ob die eigene Webseite einen gewerblichen Verwertungsbetrieb bildet. Mit der Monetarisierung von Inhalten einer Webseite bewegt sich der – z. B. unterrichtend tätige – Freiberufler jedenfalls insofern im Spannungsfeld zwischen Freiberuflichkeit und Gewerblichkeit, als er die innerhalb seines freiberuflichen Tuns geschaffenen Inhalte über das Internet eigenständig und entgeltlich am Markt anbietet und sich seine Verwertungshandlungen somit nicht in der bloßen Überlassung von Lizenzen oder Rechten erschöpfen. Dabei erscheint die Verwertung vergleichbar mit den als gewerblich zu qualifizierenden CD-Verkäufen eines Künstlers[605] ebenso wie mit der Tätigkeit eines Wissenschaftlers, der seine Erfindungen in einem eigenen

---

601 Vgl. *Stuhrmann*, in: K/S/M, EStG, § 18 Rn. B 71 (Stand: September 2015).

602 Ebenso wohl *Brandt*, in: H/H/R, EStG, § 18 Rz. 118 (Stand: Februar 2020); *Hutter*, in: Brandis/Heuermann, EStG, § 18 Rz. 102 (Stand: Juni 2020).

603 Dazu ausführlich oben Zweiter Teil B.II.

604 BFH v. 11.5.1976 – VIII R 111/71, BStBl. II 1976, 641 (642 f.); *Brandt*, in: H/H/R, EStG, § 18 Rz. 115 (Stand: Februar 2020).

605 Ebenso FG Köln v. 1.3.2011 – 8 K 4450/08, EFG 2011, 1167 Rn. 25.

Gewerbebetrieb verwertet,[606] oder jener eines Schriftstellers, der seine Manuskripte im Selbstverlag herausgibt[607].

Zu beachten ist allerdings, dass sich die Fälle trotz ihrer grundsätzlichen Vergleichbarkeit doch in einem entscheidenden Punkt signifikant voneinander unterscheiden: Während es zutreffend ist, den Druck und die Versendung von (aufgrund aufwendiger Werbemaßnahmen) jährlich etwa 500 000 Artikeln nicht mehr im Rahmen des Üblichen, sondern als neue (gewerbliche) Erwerbsgrundlage zu sehen,[608] bewegen sich die Verwertungshandlungen bei der entgeltlichen Leistungserbringung über eine eigene Webseite doch regelmäßig in einem untergeordneten Rahmen, weil aufgrund der Digitalisierung zumeist gerade keine kosten- und arbeitsintensiven Vervielfältigungen z. B. in Form physischer Bücher mehr erforderlich sind, sondern stattdessen z. B. das Unterrichtsvideo als kostenpflichtig *herunterladbare Datei* angeboten werden kann. Während der Eigenverleger einst noch ganz erhebliche Vorabinvestitionen tätigen musste, um überhaupt eine eigenständige Verwertung vornehmen zu können, benötigt auch er nun zumeist nur noch wenige Klicks, um eine Vervielfältigung seines geschriebenen Wortes als digitale Datei (z. B. E-Book) vornehmen zu können und diese über eine einfache Webseite entgeltlich zum Abruf/Download anbieten zu können. Die Ausführung der jeweils verwertungsfähigen Handlung als solcher bedarf sogar – anders als noch bei dem kostenintensiven Buchdruck und -versand des Selbstverlegers in den Jahren 1960 bis 1962[609] – *keinerlei* Handlungen des Freiberuflers, weil sowohl der Abruf bzw. Download als auch der Zahlungsvorgang ohne sein aktives Zutun über die Webseite ablaufen. Im Lichte dessen erscheint es nur sachgerecht, den Eigenvertrieb unterrichtender Tätigkeiten über eine eigene Webseite noch als Annex zur freiberuflichen Tätigkeit zu sehen, weil hierbei – insbesondere wenn es um die Monetarisierung eines *digitalen Inhalts* geht – in der Regel keine gewerbliche Organisation unterhalten wird, die der eines Verlegers oder Händlers

606 BFH v. 11.9.1969 – IV R 160/67, BStBl. II 1970, 317 (318).

607 Insoweit übereinstimmend BFH v. 11.5.1976 – VIII R 111/71, BStBl. II 1976, 641 (642 f.); v. 30.11.1978 – IV R 15/73, BStBl. II 1979, 236 (238); v. 13.1.1965 – I 389/61 U, BStBl. III 1965, 148 (148 f.); v. 18.1.1962 – IV 270/60 U, BStBl. III 1962, 131 (132 f.); v. 25.6.1953 – IV 151/53 U, BStBl. III 1953, 256.

608 So BFH v. 11.5.1976 – VIII R 111/71, BStBl. II 1976, 641 (642 f.).

609 Vgl. die dem Urteil des BFH v. 11.5.1976 – VIII R 111/71, BStBl. II 1976, 641, zugrunde liegenden Streitjahre.

610 Abzugrenzen bleibt die unschädliche Verwertung durch den Freiberufler per eigener Webseite hingegen von den Fällen, in denen die Webseite nur das Vehikel darstellt,

entspricht[610].[611] Die insoweit erzielten Vermögensmehrungen sind damit als originär freiberufliche Betriebseinnahmen zu qualifizieren.

Dies hat unlängst auch das FG Schleswig-Holstein[612] in einem rechtskräftigen Urteil erkannt, als es den einer schriftstellerischen Tätigkeit nachfolgenden Selbstvertrieb von Börsenbriefen an Abonnenten (30 € je Monat) über das Internet mit unter die schriftstellerische Tätigkeit fasste, weil „der Aufbau einer Internetseite als Vertriebsplattform für eigene Texte [...] eine einmalige Angelegenheit [ist], die schon in zeitlicher Hinsicht deutlich hinter der Aufgabe des Verfassens wöchentlich aktueller Börsenbriefe zurücktritt." Ähnlich sehen *Trachte/Helios*[613] in der Erstellung einer Webseite als unmittelbaren Leistungsbestandteil zur auftragsgemäßen Erstellung von über das Internet abrufbaren Bedienungshandbüchern eine untergeordnete Bedeutung im Vergleich zur freiberuflich-schriftstellerischen Hauptleistung. Dem ist für sämtliche Freiberuflertätigkeiten – und damit auch für den hier im Fokus stehenden Unterrichtenden – uneingeschränkt zuzustimmen.

---

um physisch produzierte Produkte – beispielsweise die CD des Musikers oder aufwendig erstellte Drucke des Schriftstellers – zu veräußern. Denn das Zustandebringen von Verkäufen über eine Webseite führt nicht dazu, dass sämtliche hierüber erzielten Vermögensmehrungen der freiberuflichen Tätigkeit zugerechnet werden können. Insofern ist nicht etwa der Ort der Verwertung maßgeblich für das Überschreiten der Grenze zum Gewerbebetrieb, sondern die zur Verwertung vorgenommenen Handlungen, die dann ein schädliches Ausmaß erreichen, wenn die Vervielfältigung der Werke unter erheblichen Kosten beauftragt, kostenintensive Werbung geschaltet sowie erhöhter Personalaufwand zur Bewältigung der Versendungen erforderlich wird. Gerade in dem Punkt unterscheidet sich die Verwertung digitaler Freiberufler-Werke über eine eigene Webseite ganz entscheidend. Im Einzelfall wird darüber zu befinden sein, ob nach dem Gesamtbild der Verhältnisse die Verwertungshandlungen noch im Rahmen der Freiberuflichkeit verortet werden können, wenn zu der Vermarktung eines digital abrufbaren Inhalts Umstände hinzutreten, die jenen eines typischen Gewerbetreibenden entsprechen. Kommt es nach den vorstehenden Grundsätzen zum Vorliegen eines gewerblichen Verwertungsbetriebes, ist eine Trennung von freiberuflichen und gewerblichen Leistungselementen insbesondere aufgrund eines einheitlichen Leistungserfolges in der Regel nicht möglich. Die erzielten Einkünfte sind dann insgesamt gewerblich, vgl. BFH v. 11.5.1976 – VIII R 111/71, BStBl. II 1976, 641 (642 f.); v. 30.11.1978 – IV R 15/73, BStBl. II 1979, 236 (238).

611 Ähnlich *Korn*, in: Korn, EStG, § 18 Rn. 47 (Stand: August 2018).

612 FG Schleswig-Holstein v. 2.11.2006 – 5 K 32/06, EFG 2007, 524 Rn. 20.

613 *Trachte/Helios*, BB 2001, 909 (912).

III. Online-Verwertungsplattformen

Im Grundsatz hat die Digitalisierung eine zunehmende Unabhängigkeit des Freiberuflers von seinen klassischen Auftraggebern oder Vertragspartnern wie z. B. Schulen oder Fortbildungseinrichtungen herbeigeführt.[614] Das bedeutet jedoch nicht, dass der Freiberufler bei der Monetarisierung seiner Tätigkeit in Gänze auf sich allein gestellt ist. Vielmehr haben sich mittlerweile zahlreiche Internetseiten – sog. Online-Verwertungsplattformen – etabliert, auf die der Freiberufler zur Einnahmeerzielung zurückgreifen kann. Für einen freiberuflichen Lehrer, der beispielsweise Lehr-Podcasts selbst erstellt, wären dies insbesondere fest am Markt etablierte (und weiterhin rasant wachsende[615]) Audio-Streamingdienste wie z. B. *Spotify*[616].[617]

Zur Beurteilung der vorstehenden Konstellation bedarf es zunächst der Klärung, welche rechtlichen Modalitäten hinter dem „Hochladen" des freiberuflichen Arbeitsergebnisses stehen. Den Ausgangspunkt bildet das freiberuflich geschaffene digitale Werk (z. B. Video oder Podcast), welches in der Regel urheberrechtlichen Schutz genießt.[618] Als Inhaber des Urheber- und Verwertungsrechts hat der Freiberufler nun die Wahl, ob er das Werk selbst vervielfältigt und verbreitet oder anderen Personen die erforderlichen Nutzungsrechte[619]

---

614 Vgl. insoweit auch BT-Drs. 19/6970, S. 256, zur nachlassenden Bedeutung des professionellen Journalismus im Hinblick darauf, dass diese Leistungen zunehmend auch außerhalb klassischer Medienorganisationen erbracht werden können.

615 Während sich die Zahl der Nutzer von *Spotify* Ende 2018 auf fast 100 Mio. erhöht hat, konnte der Audio-Streamingdienst bereits im Jahr 2020 einen Umsatz von 7,88 Mrd. € erwirtschaften, vgl. *Spotify*, Umsatz und Gewinn bzw. Verlust von Spotify in den Jahren 2008 bis 2020, Statistik abrufbar unter de.statista.com/statistik/daten/studie/297081/umfrage/umsatz-und-gewinn-von-spotify, sowie *Spotify*, Anzahl der Subscribers von Spotify in ausgewählten Monaten von März 2011 bis Dezember 2018, Statistik abrufbar unter de.statista.com/statistik/daten/studie/297138/umfrage/anzahl-der-zahlenden-abonnenten-von-spotify (jeweils zuletzt abgerufen am 27.12.2021).

616 www.spotify.com (zuletzt abgerufen am 27.12.2021).

617 Zu technischen Modalitäten ausführlich *Janisch/Lachenmann*, MMR 2013, 213.

618 Vgl. *Reinemann/Remmertz*, ZUM 2012, 216 (217 ff.); *Ott*, ZUM 2008, 556 (558); *Poll*, MMR 2011, 226; *Schulz/Ayar*, MMR 2012, 652; *Schulze*, in: Dreier/Schulze, UrhG, § 2 Rn. 86 ff., 134 ff., 151 ff., 204 ff.

619 Da Urheber- und Verwertungsrechte grundsätzlich nicht übertragbar sind, handelt es sich bei den eingeräumten Rechten in aller Regel um Nutzungsrechte. Die dieser Einräumung zugrunde liegenden Verträge werden häufig als Lizenzverträge bezeichnet. Da selbst in der Kommentarliteratur zum Urheberrechtsgesetz eingesehen wird, dass sich diese sprachliche Differenzierung nicht immer einhalten lässt, werden die

dazu einräumt.[620] Entscheidet sich daher beispielsweise ein unterrichtend tätiger Freiberufler für die Monetarisierung seiner Tätigkeit über eine Online-Verwertungsplattform, so erfordert dies die Einräumung der hierzu benötigten Rechte an den Plattformbetreiber, damit dieser die Datei überhaupt veröffentlichen, vervielfältigen sowie gegebenenfalls zum Download anbieten darf.[621]

Hierbei zeigt sich, dass sich die Verwertungshandlungen des Freiberuflers im Wesentlichen in dem Abschluss von Verträgen über die Einräumung von Nutzungsrechten erschöpft, auf Grundlage derer der Nutzungsberechtige – nicht jedoch der Freiberufler – eine gewerbliche Verwertung des Werks vornimmt, an welcher der Freiberufler (regelmäßig erfolgs- oder umsatzabhängig) beteiligt wird.[622] Als bloße Rechteüberlassung geht diese Art der Verwertung damit nicht über den Rahmen einer Annexleistung zur freiberuflichen Tätigkeit hinaus, weil sich die hierzu erforderlichen Handlungen auf eine der unterrichtenden Tätigkeit dienende Funktion beschränken, mithin es sich um bloße Fortsetzungshandlungen der freiberuflichen Leistung handelt, indem die dem freiberuflichen Betriebsvermögen (notwendig[623]) zugehörigen Rechte übertragen werden[624].[625]

Begriffe auch in der vorliegenden Untersuchung stellenweise synonym verwendet. Zu alledem *Schulze*, in: Dreier/Schulze, UrhG, § 31 Rn. 3.

620 Vgl. *Ohly*, in: Schricker/Loewenheim, UrhG, § 31 Rn. 1 ff.

621 Vgl. *Holzmüller*, ZUM 2017, 301 (302); *Redeker*, IT-Recht, Rn. 1265 ff.; *Hoenike/Hülsdunk*, MMR 2004, 59; *Dreier*, GRUR 2019, 771 (775 ff.). Die Einspeisung von Werken in das Internet ohne die Zustimmung des Urhebers wäre indes rechtswidrig, vgl. *Heckmann/Paschke*, in: Heckmann, jurisPK-Internetrecht, Kap. 3.1, Rn. 222 (Stand: Juli 2021); *Schulze*, in: Dreier/Schulze, UrhG, § 16 Rn. 7 ff., 18 ff.; vgl. auch BGH v. 12.11.2009 – I ZR 166/07, WRP 2010, 922 (924).

622 Kommt es hingegen zu einem Vertragsabschluss unmittelbar zwischen dem Freiberufler und dem Plattform-Nutzer, während die Plattform nur als digitaler Vermittler zutage tritt, dann würden die hinsichtlich der Monetarisierung von Webseiten-Inhalten aufgestellten Grundsätze gelten, siehe dazu Zweiter Teil C.II.

623 Vgl. *Brandt*, in: H/H/R, EStG, § 18 Rz. 118 (Stand: Februar 2020); *Hutter*, in: Brandis/Heuermann, EStG, § 18 Rz. 102 (Stand: Juni 2020).

624 Mit der (freiberuflichen) Betriebsvermögenszugehörigkeit der Rechte kommen aufgrund der Subsidiaritätsklausel des § 21 Abs. 3 EStG Einkünfte aus der zeitlich begrenzten Überlassung von Rechten im Sinne von § 21 Abs. 1 S. 1 Nr. 3 EStG nicht in Betracht, vgl. BFH v. 22.2.2012 – X R 14/10, BStBl. II 2012, 511 Rn. 75; v. 28.2.1973 – I R 145/70, BStBl. II 1973, 660; v. 27.11.1992 – IV B 129/91, BFH/NV 1993, 471; v. 9.2.1967 – IV 291/64, BStBl. III 1967, 310; v. 12.11.1986 – I R 268/83, BStBl. II 1987, 372 (373).

625 Zu einer abweichenden Betriebsvermögenszugehörigkeit der überlassenen Rechte kommt es allerdings dann, wenn derselbe Steuerpflichtige zusätzlich – d. h. neben der

Innerhalb dieses unschädlichen Rahmens verbleibt der Freiberufler auch dann, wenn er zugleich auf mehrere Verwertungsplattformen zurückgreift,[626] möglichst lukrative Verträge mit den einzelnen Anbietern auslotet[627] oder seine Vermögensmehrungen der Höhe nach umsatz- oder erlösabhängig sind[628]. Die entsprechenden Vermögensmehrungen können somit ohne besondere Schwierigkeiten den freiberuflichen Einkünften zugerechnet werden.

IV. Freigebige Zuwendungen

Neben der Monetarisierung über Online-Verwertungsplattformen gehört zu der alternativen Einnahmeerzielung über das Internet auch die Eröffnung eines Zugangs für den Erhalt freigebiger Zuwendungen etwa in Gestalt von „Spenden“[629] vonseiten eines Zuschauers oder Zuhörers. Anders als im Bereich des

---

Rechteüberlassung an entsprechende Plattformen – selbst als gewerblicher Verwerter seiner Tätigkeit auftritt. Insofern käme es zum Vorliegen eines gewerblichen Verwertungsbetriebes, der die freiberufliche Betriebsvermögenszugehörigkeit der überlassenen Rechte überlagern würde. Weil eine Aufteilung des Wirtschaftsguts „Recht“ nicht möglich ist, würden insoweit auch die durch die bloße Rechteüberlassung erzielten Einkünfte solche aus Gewerbebetrieb darstellen, vgl. BFH v. 11.9.1969 – IV R 160/67, BStBl. II 1970, 317 (318); v. 30.11.1978 – IV R 15/73, BStBl. II 1979, 236 (238).

626 Umgekehrt genügt es jedoch zur Annahme einer nachhaltigen Erwerbstätigkeit, wenn der Steuerpflichtige nur auf eine einzige Plattform zurückgreift, vgl. *Grebe*, UStB 2017, 247 (249).

627 Die Stärke des Gewinnstrebens ist jedenfalls kein entscheidendes Kriterium für oder gegen Freiberuflichkeit, vgl. *Schick*, Die freien Berufe im Steuerrecht, S. 71. Vielmehr ist dies unter Umständen gerade in andauernden Verlustfällen im Hinblick auf die (ablehnende) Annahme steuerlicher Liebhaberei sogar ein gewichtiges Indiz bei der Frage danach, ob der Freiberufler hinreichende Bemühungen zur Steigerung seiner Einnahmen vorgenommen hat, vgl. BFH v. 20.3.2001 – XI S 10/00, BFH/NV 2001, 1024 (1025); v. 19.11.1985 – VIII R 4/83, BStBl. II 1986, 289 (292); FG München v. 11.7.2007 – 1 K 597/07, juris, Rn. 14.

628 Vgl. BFH v. 26.7.2006 – VI R 49/02, BStBl. II 2006, 917.

629 In dem Zusammenhang sei darauf hingewiesen, dass freiwillige Zuwendungen an natürliche Einzelsteuerpflichtige im allgemeinen Sprachgebrauch ebenfalls als Spende bezeichnet werden, vgl. die Bezeichnungen in *Streamlabs*, Volumen der über Streamlabs abgewickelten Spenden in den Jahren 2015 bis 2018, Statistik abrufbar unter de.statista.com/statistik/daten/studie/820227/umfrage/ueber-streamlabs-abgewickelte-spendenvolumen (zuletzt abgerufen am 27.12.2021). Diese Bezeichnung darf jedoch nicht im Sinne einer ertragsteuerrechtlichen Einordnung der Zuwendung als Spende im Sinne des § 10b EStG verstanden werden. Denn eine begünstigte Spende im Sinne des EStG liegt in den hiergenannten Fällen freigebiger Zuwendungen bereits deshalb

Websponsorings[630] wird der Zuwendende hierbei nicht von unternehmerischen Motiven angetrieben, sondern ausschließlich aus privaten Beweggründen wie z. B. empfundener Dankbarkeit, Sympathie oder anderweitiger Gunst. Damit hat der Zuwendungsempfänger nur wenig Einfluss darauf, ob und in welchem Umfang er entsprechende Zuwendungen erhält.

Nichtsdestotrotz sind freigebige Zuwendungen an natürliche Einzelsteuerpflichtige mittlerweile wirtschaftlich bedeutsam. Dies vermag ein Blick in das Streaming-Business zu belegen, in dem sich die Spenden der Zuschauer im Bereich von bis zu *mehreren Zehntausend Dollar* pro Monat bewegen.[631] Insofern finden längst nicht mehr nur gemeinnützige Körperschaften Unterstützung durch freigebige Zuwendungen, sondern auch erwerbswirtschaftlich tätige Steuerpflichtige.

Die (digitalen) Wege, über die freiwillige Zuwendungen an ihren Empfänger gelangen können, sind zahlreich. So gibt es neben der bereitwilligen Veröffentlichung der Bankverbindung des Empfängers mittlerweile spezialisierte Anbieter wie z. B. *Flattr*[632] oder *TipeeeStream*[633], die ihrerseits die Abwicklung solcher „Spendenzahlungen" übernehmen. Aber auch der Online-Bezahldienst *PayPal* offeriert mittlerweile die Möglichkeit, unter Verknüpfung mit dem eigenen *PayPal*-Konto einen Spenden-Button zu erstellen, der schließlich per HTML-Code in die eigene Webseite eingebunden werden kann.[634] Daneben halten mittlerweile auch Homepage Baukasten-Systeme unterschiedliche Spenden-Tools bereit,[635] die sich mit geringem Aufwand in die Webseite implementieren lassen. Ein praktischer Anwendungsfall wäre daher z. B. ein unterrichtend

---

nicht vor, weil der Zuwendungsempfänger nicht zu dem von § 10b Abs. 1 S. 2 EStG genannten begünstigten Empfängerkreis gehört. Sofern Zuwendungen nachfolgend kurzum gleichwohl als Spende bezeichnet werden, so gilt dies in Anlehnung an den allgemeinen Sprachgebrauch lediglich synonym zu einer freiwilligen Zuwendung und soll damit keine ertragsteuerliche Beurteilung darstellen.

630 Dazu nachfolgend Zweiter Teil C.V.3.

631 *Böhler*, CR 2017, 541 (542) verweist in dem Zusammenhang auf eine (versehentliche) Offenbarung der Einnahmen durch den Streamer *Forsenlol*.

632 www.flattr.com (zuletzt abgerufen am 27.12.2021).

633 Die Internetseite *TipeeeStream* übernimmt primär die Abwicklung von Spenden während Liveübertragungen, vgl. www.tipeeestream.com (zuletzt abgerufen am 27.12.2021).

634 Siehe www.paypal.com/de/webapps/mpp/charity (zuletzt abgerufen am 27.12.2021).

635 Dazu instruktiv www.blogprojekt.de/3-spenden-plugins-fuer-wordpress-die-mehr-koennen-als-nur-einen-button-einzufuegen (zuletzt abgerufen am 27.12.2021).

Tätiger, der auf seiner Webseite einen anklickbaren „Spenden-Button“ platziert und den Betrachtern seiner Lehrvideos hierdurch die Möglichkeit zur freiwilligen finanziellen Unterstützung seiner Tätigkeit eröffnet.

Die Zurechnungsfrage freigebiger Zuwendungen zu einer freiberuflichen Erwerbstätigkeit stellt sich überhaupt nur dann, wenn die Tätigkeit in einem vorherigen Schritt der steuerbaren Erwerbssphäre zugeordnet werden konnte.[636] Dafür ist wiederum – auch hinsichtlich freiberuflicher Tätigkeiten – erforderlich, dass eine Teilnahme am allgemeinen wirtschaftlichen Verkehr vorliegt.[637] Während dies bei dem Streben nach (ebenfalls) ungewissen Einnahmen in Form von Glücksspiel-Gewinnen[638] oder durch Bettelei[639] durchaus fraglich sein kann, wird die Teilnahme am allgemeinen wirtschaftlichen Verkehr vorliegend in aller Regel zu bejahen sein, wenn und weil der Steuerpflichtige mit seiner unterrichtenden Tätigkeit über das Internet nach außen hin in Erscheinung tritt und sich durch die Eröffnung eines Zugangs für „Spendenzahlungen“ eine Verknüpfung von Leistung und (freiwillig gewährter) Vermögensmehrung feststellen lässt.[640]

Damit kommt eine Zurechnung der freigebigen Zuwendungen zu den freiberuflichen Einkünften einerseits sowie in den nicht steuerbaren privaten Bereich des Freiberuflers andererseits in Betracht[641].[642] Hierfür ist entscheidend, ob die Zuwendung durch den Betrieb oder durch private Umstände veranlasst wurde.[643]

---

636 Grundlegend Zweiter Teil B.I.

637 *Nickel*, Abgrenzung von Einkunftstatbeständen, S. 81; *Hutter*, in: Brandis/Heuermann, EStG, § 18 Rz. 10 (Stand: Juni 2020); *Stapperfend*, in: H/H/R, EStG, § 15 Rz. 1071 (Stand: August 2017); *Wacker*, in: Schmidt, EStG, § 18 Rz. 5. Vgl. auch H 15.6 „Allgemeines“ EStH 2020.

638 Vgl. *Meier*, FR 2016, 359 (360 ff.).

639 Vgl. *Kraeusel/Feldgen*, in: Fuhrmann/Kraeusel/Schiffers, EStG, § 15 Rz. 171 (Stand: Juni 2018).

640 Zur Möglichkeit der unentgeltlichen Teilnahme am allgemeinen wirtschaftlichen Verkehr weiterführend Zweiter Teil C.V.6.c)cc)(8).

641 Demgegenüber scheidet die Qualifikation als gewerbliche Einkünfte bereits deshalb aus, weil die Zuwendung in Ermangelung eines konkreten Leistungsbezuges jedenfalls nicht durch eine gewerbliche Tätigkeit veranlasst wurde.

642 *Schick*, Die freien Berufe im Steuerrecht, S. 104, weist in dem Zusammenhang zutreffend darauf hin, dass „wie jeder Steuerpflichtige“ auch der Freiberufler eine private, nicht steuerbare Sphäre hat.

643 Vgl. BFH v. 14.3.1989 – I R 83/85, BStBl. II 1989, 650 (651); v. 6.9.1990 – IV R 125/89, BStBl. II 1990, 1028 (1029); *Drüen*, in: Brandis/Heuermann, EStG, § 4 Rz. 533 (Stand: November 2020).

Infolgedessen könnte sich trotz des Vorhandenseins einer steuerrelevanten Zurechnungsbasis vorliegend eine Nichtsteuerbarkeit der erzielten Vermögensmehrungen dadurch ergeben, dass der Freiberufler keine spezifische Gegenleistung erbringt, um die freiwillig zugewandte Vermögensmehrung zu erlangen[644]. Stattdessen ist das auslösende Moment der Zuwendung möglicherweise in nicht unerheblichem Umfang auch in der Persönlichkeit des Freiberuflers begründet, zumal freiwillige Zuwendungen an eine fremde dritte Person – der eine bewusste Entreicherung aufseiten des Zuwendenden gegenübersteht – ein Mindestmaß an Sympathie oder ähnlicher positiv empfundener Zuneigung voraussetzen, wodurch die Zuwendungsentscheidung in der Regel (auch) durch die persönlichen Charaktereigenschaften des Zuwendungsempfängers ausgelöst wird.[645]

Zutreffen mag es, dass ohne eine Verpflichtung gewährte Zuwendungen regelmäßig zumindest auch aus persönlichen Motiven des *Zuwendenden* heraus erfolgen. Bei diesem wäre die hierdurch eingetretene Vermögensminderung daher in der Regel in der Privatsphäre zu verorten, da er – anders als im Bereich des Sponsorings – gerade keine unternehmerischen Absichten in Gestalt einer spezifischen Gegenleistung verfolgt. Dies ist für die ertragsteuerliche Behandlung der Vermögensmehrungen aufseiten des *Freiberuflers* allerdings insofern unerheblich, als es keinen Grundsatz der korrespondierenden Behandlung aufseiten des Gebers und des Empfängers gibt,[646] wodurch auch private

644 Der Unentgeltlichkeit steht nicht entgegen, wenn der Geber als Reaktion auf die Spende die Aufmerksamkeit des Empfängers erhält und gegebenenfalls öffentlich als Spender gegenüber den übrigen Zuschauern namentlich dankend eingeblendet oder erwähnt wird. Denn hierbei handelt es sich um eine zu vernachlässigende Gegenleistung von absolut geringem Wert, die als üblicher Reflex auf freiwillig erhaltene Zuwendungen weder das Wesen der freiberuflichen Tätigkeit zu tangieren vermögen noch insoweit den Tatbestand einer anderen Einkunftsart verwirklichen. Ähnlich *Marfels*, ErbB 2019, 321 (322), betreffend Spendenzertifikate als (unerhebliche) Gegenleistung für Förderungsleistungen an eine begünstigte Körperschaft.

645 So erhalte z. B. ein Straßenmusiker nach EuGH v. 3.3.1994 – C-16/93, juris, Rn. 17 (*Tolsma*), freigebige Zuwendungen „nicht aufgrund der musikalischen Darbietung, sondern aus persönlichen Motiven, wobei gefühlsmässige Erwägungen eine Rolle spielen können."

646 *Drüen*, in: Brandis/Heuermann, EStG, § 4 Rz. 535 (Stand: November 2020); *Kanzler*, in: H/H/R, EStG, § 4 Rz. 562 (Stand: Dezember 2019). Siehe aber BFH v. 21.11.1963 – IV 345/61 S, BStBl. III 1964, 183 (184), wonach die Behandlung einer freigebigen Zuwendung aufseiten des Zuwendenden als Betriebsausgabe als „wichtiges Beweisanzeichen" für eine betriebliche Veranlassung der Vermögensmehrung erachtet wurde.

Zuwendungen Betriebseinnahmen darstellen können.[647] Denn aufseiten des Freiberuflers ist unabhängig von der Qualifikation aufseiten des Zuwendenden zu prüfen, ob der Wertzuwachs einen wirtschaftlichen Bezug zur Erwerbstätigkeit als solcher aufweist, mithin nicht lediglich in einem äußeren Zusammenhang zum Betrieb steht.[648] Für das Vorliegen eines solchen Zusammenhangs kommt es weder auf die subjektiven Vorstellungen des Empfängers an[649] noch darauf, ob der Empfänger einen Rechtsanspruch auf die erlangte Vermögensmehrung hat[650]. Daher führen auch betrieblich erlangte Schenkungen, wie etwa an den Betriebsinhaber gezahlte Trinkgelder,[651] ebenso wie die einem Arzt über das vereinbarte Honorar aus empfundener Dankbarkeit oder aus einem Gefühl der Verpflichtung hinaus gewährte besondere Vergütung zu Betriebseinnahmen[652], weil sie in einem wirtschaftlichen Bezug zu Leistungen des Betriebs stehen.[653] Da ein spezifischer Leistungsbezug nicht erforderlich ist, sind auch öffentliche

647 Vgl. BFH v. 17.9.1987 – III R 225/83, BStBl. II 1988, 324 (327) m. w. N. Zum möglichen Zusammentreffen von Einkommen- und Schenkungsteuer *Hey*, in: H/H/R, EStG, Einführung zum EStG, Rz. 841 (Stand: April 2020). Vgl. ferner BFH v. 22.12.1976 – II R 58/67, BStBl. II 1977, 420 (422); v. 26.11.1986 – II R 190/81, BStBl. II 1987, 175 (177); v. 6.9.1990 – IV R 125/89, BStBl. II 1990, 1028 (1029 f.).

648 St. Rspr., vgl. z. B. BFH v. 21.11.1963 – IV 345/61 S, BStBl. III 1964, 183 (184); v. 9.5.1985 – IV R 184/82, BStBl. II 1985, 427; v. 14.3.1989 – I R 83/85, BStBl. II 1989, 650 (651). Vgl. dazu auch *Offerhaus*, StBp 1989, 189 (190), sowie *Koller*, Abgrenzung von Einkunftstatbeständen, S. 10 f.; *Jakob/Jüptner*, Mittelbare Parteienfinanzierung, S. 87, 89 f. Die Würdigung richtet sich nach den objektiven Verhältnissen des Einzelfalls, vgl. BFH v. 9.5.1985 – IV R 184/82, BStBl. II 1985, 427.

649 Vgl. BFH v. 26.9.1995 – VIII R 35/93, BStBl. II 1996, 273 (274).

650 So bereits RFH v. 9.10.1935 – VI A 84/35, RStBl. 1936, 139 und nun auch die st. Rspr., vgl. z. B. BFH v. 2.8.2016 – VIII R 4/14, BStBl. II 2017, 310 Rn. 21; v. 14.3.2006 – VIII R 60/03, BStBl. II 2006, 650 (650 f.); v. 30.11.2016 – VIII R 41/14, BFH/NV 2017, 1180 Rz. 17; v. 2.9.2008 – X R 8/06, BStBl. II 2010, 548 (549); v. 27.5.1998 – X R 17/95, BStBl. II 1998, 618 (618 f.).

651 Dazu z. B. *Hage/Hoffmann*, Stbg 2017, 217.

652 Vgl. RFH v. 9.10.1935 – VI A 84/35, RStBl. 1936, 139.

653 Dabei ist es unerheblich, ob die Zuwendungen in Geld oder in Form von Sach- oder Nutzungswerten erfolgen, vgl. z. B. BFH v. 3.12.1987 – IV R 41/85, BStBl. II 1988, 266 (268); v. 22.7.1988 – III R 175/85, BStBl. II 1988, 995 (997). Vgl. zur Quantifizierung der Betriebseinnahmen in den Fallkonstellationen rund um Social Media und Online-Werbung *Homuth*, NWB 2018, 1891 (1896 ff.); *Brunckhorst/Sterzinger*, DStR 2018, 1689 (1693); *IWW*, AStW 2020, 639 (641 ff.).

Zuschüsse[654] sowie die Zuwendung eines PKW als Treuebonus vonseiten eines Lieferanten[655] als Betriebseinnahme zu erfassen. Ebenso verhält es sich nach der Rechtsprechung[656] betreffend durch einen Steuerpflichtigen erzielte Preisgelder, die dann als Betriebseinnahmen zu qualifizieren sein sollen, wenn sie einen wirtschaftlichen Zusammenhang zu seinem Betrieb aufweisen. Insofern ist es unschädlich, wenn das die Zuwendung auslösende Moment teilweise *auch* in dem Privatbereich des Steuerpflichtigen zu verorten ist, sofern die Vermögensmehrung gleichwohl *in signifikantem Ausmaß* durch die betriebliche Tätigkeit veranlasst wurde.[657] Eine Zurechnung in die nicht einkommensteuerbare Privatsphäre kommt demgegenüber nur dann in Betracht, wenn dem Steuerpflichtigen zur Ehrung seiner Persönlichkeit eine Auszeichnung für sein Lebenswerk oder das Gesamtschaffen verliehen wird, „selbst wenn die Preisverleihung in einem äußeren Zusammenhang mit bestimmten beruflichen Leistungen steht“[658].[659]

---

654 Vgl. nur BFH v. 3.7.1986 – IV R 109/84, BStBl. II 1986, 806 (807); v. 17.9.1987 – III R 225/83, BStBl. II 1988, 324 (327); v. 27.5.1998 – X R 17/95, BStBl. II 1998, 618 m. w. N.

655 BFH v. 21.11.1963 – IV 345/61 S, BStBl. III 1964, 183.

656 Vgl. z. B. BFH v. 1.10.1964 – IV 183/62 U, BStBl. III 1964, 629; v. 16.1.1975 – IV R 75/74, BStBl. II 1975, 558; v. 14.3.1989 – I R 83/85, BStBl. II 1989, 650; FG Münster v. 16.9.2009 – 10 K 4647/07 F, EFG 2010, 27 (rkr.). In diesem Sinne ferner BFH v. 24.4.2012 – IX R 6/10, BStBl. II 2012, 581 Rn. 37, im Zusammenhang mit der Steuerbarkeit eines wesentlich durch Persönlichkeits- und Sympathiewerte mitbestimmten „Big Brother“-Preisgeldes.

657 Vgl. BFH v. 14.3.2006 – VIII R 60/03, BStBl. II 2006, 650 (651) m. w. N., wonach es zur Begründung eines betrieblichen Veranlassungszusammenhangs ausreichend ist, wenn das auslösende Moment der Vorteilszuwendung „in signifikantem Ausmaß auch der steuerbaren Erwerbsphäre zuzuordnen ist“, zumal – anders als im Bereich der Erwerbsaufwendungen – eine private Mitveranlassung unerheblich ist. Ähnlich BFH v. 27.5.1998 – X R 17/95, BStBl. II 1998, 618 (619) sowie im Ergebnis wohl auch *Kanzler*, in: H/H/R, EStG, § 4 Rz. 562 (Stand: Dezember 2019): „mittelbarer Kausalzusammenhang“ grundsätzlich ausreichend. Vgl. ferner *Offerhaus*, StBp 1989, 189 (190). Eine Aufteilung kommt dann nicht in Betracht, vgl. *Drüen*, in: Brandis/Heuermann, EStG, § 4 Rz. 534 (Stand: November 2020).

658 Übereinstimmend BFH v. 23.4.2009 – VI R 39/08, BStBl. II 2009, 668 (668 f.); v. 9.5.1985 – IV R 184/82, BStBl. II 1985, 427.

659 Vgl. grundlegend zur Abgrenzung steuerbarer und nicht steuerbarer Preisgelder z. B. BMF v. 5.9.1996 – IV B 1-S 2121-34/96, BStBl. I 1996, 1150; *Krumm*, FR 2015, 639 ff.; *Grotherr/Hardeck*, StuW 2014, 3 ff.; *Wübbelsmann*, DStR 2009, 1744 ff.; *Theisen/Raßhofer*, in: FS Spindler, S. 819 ff.

Unter Anwendung der vorstehenden Grundsätze auf die unentgeltlichen Zuwendungen an einen unterrichtend tätigen Freiberufler kommt es für die Beantwortung der Zurechnungsfrage entscheidend darauf an, ob der Wertzuwachs in einem *wesentlichen wirtschaftlichen Bezug zum Betrieb des Freiberuflers* steht oder nicht. Ein solcher Bezug ist vorliegend regelmäßig insofern zu bejahen, als der Freiberufler erst mit seiner unterrichtenden Erwerbstätigkeit die nötige Grundlage geschaffen hat, um aufseiten des Zuwendenden das Bedürfnis oder die empfundene Verpflichtung einer freiwilligen Gegen- bzw. Unterstützungsleistung auszulösen. Die Persönlichkeit, der Ruf und das individuelle Verhalten des Steuerpflichtigen, die letzten Endes allesamt wesentlich für den Zuwendungsentschluss mitauslösend gewesen sein mögen, haben insofern seit jeher einen nicht unerheblichen Einfluss auf den beruflichen Erfolg und sind damit ein wesentlicher Bestandteil des finalen Erwerbshandelns.[660] Weil insofern die ganz überwiegende Veranlassung in der betrieblichen Sphäre liegt, käme auch dann die Zurechnung freigebig gewährter Vermögensmehrungen einzig zu der sich in der Erwerbssphäre befindlichen freiberuflich-unterrichtenden Tätigkeit in Betracht, wenn nicht jedwede in der Privatsphäre zu verortende Mitveranlassung ausgeschlossen werden könnte.

V. Sponsoring, Marketing und Werbung

1. Phänomen und ertragsteuerlicher Status quo

Im Zusammenhang mit kostenlos zum Abruf bereitgestellten Webseiten-Inhalten haben sich ferner insbesondere Zuwendungen vonseiten eines Sponsors sowie Einnahmen aus Online-Werbung[661] als alternative Hauptfinanzierungsquelle

---

660 Ähnlich BFH v. 1.10.1964 – IV 183/62 U, BStBl. III 1964, 629 (630), wonach der der mit einer Auszeichnung verbundene Geldpreis eines Kunsthandwerkers seinen gewerblichen Einkünften zugerechnet wurde, „weil der Preis in unlösbarem ursächlichem Zusammenhang mit der übrigen gewerblichen Tätigkeit des Steuerpflichtigen [...] stand." Den Zusammenhang begründete der entscheidende Senat damit, dass der avisierte Absatz von Erzeugnissen eines Kunsthandwerkers wesentlich von seinem Ruf abhinge, der wiederum durch die erlangte Auszeichnung gefördert werde.

661 Unter dem Aspekt der Online-Werbung sind grundsätzlich all jene Handlungen und Maßnahmen zu verstehen, durch die das wohlwollende Interesse der Nutzer an bestimmten Waren, Dienstleistungen oder anderen Angeboten geweckt oder gefördert werden soll, vgl. BGH v. 4.11.1986 – 1 Str 546/86, MDR 1987, 251, unter Abgrenzung von Werbung zu (objektiviert) kritischen Rezensionen. Ähnlich *Leupold/Bräutigam/Pfeiffer*, WRP 2000, 575 (576 ff.).

aufgetan.[662] Ein Großteil der Internet-Nutzer hat sich mittlerweile daran gewöhnt und akzeptiert, dass Werbung für die kostenlose Bereitstellung und Nutzung von Online-Inhalten existenziell erforderlich ist[663] und insofern mit der kostenlosen Nutzbarkeit als „notwendiges Übel" einhergeht[664].[665] Für den Webseitenbetreiber hingegen erweist sich insbesondere Online-Werbung nicht selten als lukrative Einnahmequelle, zumal Online-Marketing insbesondere für Unternehmen, die ihre Dienstleistungen über das Internet anbieten, zur dominanten Form des Marketings avanciert ist.[666] Dies insbesondere deshalb, weil sich bei dieser Werbeform Streuverluste im Vergleich zu klassischer Werbung über Massenmedien senken lassen[667], wobei die Werbemaßnahmen zugleich nicht (mehr) ortsgebunden sind.[668]

Die Facetten von Sponsoring, Marketing und Werbung im Internet sind vielschichtig und mannigfaltig, weshalb sie keiner einheitlichen Beurteilung zugänglich sind. Vielmehr bedarf es einer differenzierten Betrachtung der unterschiedlichen Konstellationen, da sie sich stellenweise grundlegend unterscheiden und insoweit auch unterschiedliche ertragsteuerliche Auswirkungen zeitigen können. Mit den unbegrenzten Möglichkeiten zur Erzielung von Einnahmen über das Internet wird im Verlaufe dieses Abschnitts der Fokus auf die wohl gängigsten und somit relevantesten Fallgestaltungen gelegt. Diese sind nach hier vertretener Auffassung (i.) die Erzielung von Sponsoring-Einnahmen, (ii.) von Einnahmen aus der Überlassung von Rechten am Namen und Bild des Freiberuflers, (iii.) von Werbeeinnahmen über die Video-Plattform YouTube

662 Vgl. BSG v. 21.7.2011 – B 3 KS 5/10 R, ZUM-RD 2012, 303 (306).

663 Vgl. *Leible*, Münchener Kommentar zum Lauterkeitsrecht, UWG, § 7 Rn. 279.

664 Vgl. LG Frankfurt v. 13.9.2000 – 2-06 O 248/00, ZUM-RD 2002, 9 (10).

665 Während die Einblendung von Werbung vereinzelt als lästig empfunden wird, wird z. B. bei Podcasts sogar von 65 % der Hörer gefordert, dass diese durch die Einspielung von Werbung finanziert werden sollen. Zudem nutzen nur etwa 20 % der Nutzer die Möglichkeit, entsprechende Werbeanzeigen zu überspringen, vgl. *ARD-Werbung Sales & Services*, Anteil der Befragten, die folgende Werbeformen in Podcasts (überhaupt) nicht stören oder die diesen neutral gegenüber stehen, Statistik abrufbar unter de.statista.com/statistik/daten/studie/783766/umfrage/akzeptanz-von-werbeformen-in-podcasts-in-deutschland, sowie *Splendid Research*, Studie „Trendmedium Podcast", abrufbar unter www.splendid-research.com/de/studie-podcasts.html (jeweils zuletzt abgerufen am 27.12.2021).

666 *Linn*, DStR 2019, 418.

667 *Leupold/Bräutigam/Pfeiffer*, WRP 2000, 575 (576).

668 Vgl. *Busemann/Gilson*, DStR 2019, 2178 (2179).

oder (iv.) über das Affiliate-Marketing, (v.) die Vermarktung virtueller Werbeflächen insbesondere zur Platzierung von Werbebannern, (vi.) das Influencer-Marketing sowie schließlich (vii.) die Verpachtung von Werberechten. Diese werden in nämlicher Reihenfolge einer eingehenden Untersuchung unterzogen.

Die Rechtsprechung hat sich zu der ertragsteuerlichen Würdigung von Einnahmen[669] aus Sponsoring, Marketing und Werbung im generellen Zusammenhang mit freiberuflichen Tätigkeiten soweit ersichtlich bislang einzig mit Einnahmen aus *Werbetätigkeiten* eines (im Übrigen künstlerisch tätigen) Schauspielers befasst und ist hierbei zu dem Ergebnis gelangt, dass derlei Handlungen in der Regel einer von der freiberuflichen Tätigkeit zu trennenden gewerblichen Tätigkeit zuzuordnen seien[670]. Weitgehend unbeantwortet bleibt indes die Frage, wie beispielsweise Einnahmen aus digitalen Werbeanzeigen insbesondere aufseiten eines Freiberuflers ertragsteuerlich zu würdigen sind. Im Fachschrifttum[671], wo den neuartigen Wegen der Einnahmeerzielung bereits vereinzelt Aufmerksamkeit zuteilwurde, scheint zumindest insofern Einigkeit zu bestehen, als Einnahmen aus Marketing und Werbung im Internet auch dann stets zu gewerblichen Einkünften führen sollen, wenn sie durch eine im Übrigen originär freiberuflich tätige Person erzielt werden. Der OFD Karlsruhe[672] hingegen zufolge sollen Einnahmen (eines Künstlers) aus dem *Anzeige- und Werbegeschäft* solche aus der freiberuflichen Tätigkeit darstellen.

Richtig ist auf der einen Seite, dass aktive Werbetätigkeiten bei isolierter Betrachtung grundsätzlich keine Tätigkeit im Sinne des § 18 EStG darstellen und infolgedessen in einer Gewerblichkeit münden.[673] Richtig erscheint auf der anderen Seite aber auch, dass eine für Werbezwecke ausgeübte Tätigkeit – z. B. jene eines Werbeschriftstellers[674] – durchaus auch freiberuflicher Natur sein

---

669 Zur Beurteilung von Sponsoring*aufwendungen* eines Freiberuflers vgl. BFH v. 17.7.2020 – VIII R 28/17, BStBl. II 2021, 14.

670 BFH v. 11.7.1991 – IV R 33/90, BStBl. II 1992, 353 (354); v. 11.7.1991 – IV R 102/90, BStBl. II 1992, 413 (414); v. 20.6.1962 – IV 208/60 U, BStBl. III 1962, 385.

671 Vgl. *Brunckhorst/Sterzinger*, DStR 2018, 1689 (1692); *Schäfer*, StB 2019, 209 (212); *Homuth*, NWB 2018, 1891 (1897); *Köstler*, MBP 2019, 207 (208); *Schmidt/Kollmann/Karl*, DStR 2021, 765 (766).

672 OFD Karlsruhe v. 6.9.2017 – S 2045/7-St 116, juris, unter 2.3.

673 In diesem Sinne z. B. BFH v. 27.4.1961 – IV 329/58 U, BStBl. III 1961, 315 (316 f.) (gewerbliche Werbetätigkeit eines Ärztepropagandisten) sowie *Kanzler*, FR 2015, 288 (290).

674 So bereits BFH v. 14.5.1958 – IV 278/56 U, BStBl. III 1958, 316; zustimmend BFH v. 10.9.1998 – IV R 70/97, BFH/NV 1999, 456 (457); *Brandt*, in: H/H/R, EStG, § 18 Rz. 114 (Stand: Februar 2020).

kann, weil es zur Beurteilung der Tätigkeit jedenfalls auf eine werbliche Verwendungsabsicht des Auftraggebers nicht ankommt[675]. Ebenfalls kann nicht von der Hand gewiesen werden, dass beispielsweise die Vermietung einer Fläche für Werbezwecke als vermögensverwaltende Tätigkeit grundsätzlich zu Einkünften aus Vermietung und Verpachtung führt.[676] Im Hinblick auf die Vermarktung virtueller Werbeflächen auf einer eigenen Webseite tritt damit neben dem freiberuflichen und dem gewerblichen Einkünftetatbestand nunmehr mit § 21 Abs. 1 EStG noch eine weitere Einkunftsart hinzu, der die Verwertungshandlungen zuzuordnen sein könnten.

2. *Parallelität des Gemeinnützigkeitsrechts als Untersuchungsgrundlage*

Die vorstehende Auswertung der einschlägigen Literatur zeigt, dass es sich bei dem Zusammentreffen von Einnahmen aus Werbung und Marketing im Zusammenhang mit einkommensteuerrechtlich relevanten Tätigkeiten um ein weitgehend ungesehenes bzw. zumindest uneinheitlich geklärtes Problemfeld handelt. Gleichwohl sind Einnahmen aus Sponsoring, Marketing und Werbung kein gänzlich neues Phänomen. Vielmehr wurde und wird sich mit diesen Fällen vorwiegend im Bereich des Gemeinnützigkeitsrechts intensiv befasst. Kern dieser Abgrenzungsfrage ist namentlich die Rückausnahme des § 5 Abs. 1 Nr. 9 S. 2 KStG von sog. wirtschaftlichen Geschäftsbetrieben aus der generellen Körperschaftsteuerbefreiung für gemeinnützige, mildtätige oder kirchliche Zwecke verfolgende Körperschaften[677].[678] Gängige Fälle sind etwa Einnahmen aus Trikot- und Bandenwerbung eines Sportvereins oder dessen Hinweis in

---

675 Vgl. BFH v. 11.7.1991 – IV R 102/90, BStBl. II 1992, 413 (415) m. w. N.

676 Ebenso *Stolz*, FR 1983, 235. Diese Einschätzung teilt wohl auch die Finanzverwaltung ausweislich der 1. Seite der „Anlage V" zur Einkommensteuererklärung 2020, die eine originäre Eintragungszeile (Zeile 16) für „Einnahmen aus Vermietung von Garagen, *Werbeflächen* [Hervorh. d. Verf.] […]" vorsieht, siehe Anhang II.

677 Vgl. *Hüttemann*, Gemeinnützigkeits- und Spendenrecht, Rn. 7.1, 7.50.

678 Daneben sieht § 4 Abs. 1 KStG i. V. m.i. V. m. § 1 Abs. 1 Nr. 6 KStG eine im Ergebnis vergleichbare Regelung betreffend die partielle Steuerpflicht von Betrieben gewerblicher Art juristischer Personen des öffentlichen Rechts vor, die in Fällen der Zurverfügungstellung finanzieller oder sachlicher Mittel durch Unternehmen der Wirtschaft einerseits und diesen Zuwendungen gegenüberstehende „Werbeleistungen" der Verwaltung andererseits regelmäßig vorliegt. Zu diesem Phänomen des sog. Verwaltungssponsorings (vorwiegend aus umsatzsteuerrechtlicher Sicht) ausführlich *Seer*, in: FS Reiß, S. 157 ff.

einer vereinseigenen Zeitschrift auf die Unterstützung durch einen Sponsor in Form der Platzierung eines Logos. Für derlei Vermögensmehrungen kommt eine Zurechnung insbesondere zu drei der vier Sphären gemeinnütziger Körperschaften in Betracht:[679] dem ideellen Bereich, der vermögensverwaltenden Sphäre oder einem wirtschaftlichen Geschäftsbetrieb[680].

Mit der tatsächlichen Vergleichbarkeit und der ertragsteuerlichen Ungewissheit hinsichtlich der nunmehr auftretenden Fallkonstellationen aufseiten eines Freiberuflers stellt sich daher die Frage, ob und inwieweit die Grundsätze der Behandlung entsprechender Vermögensmehrungen aufseiten gemeinnütziger Körperschaften auf die ertragsteuerliche Beurteilung des digitalen Freiberuflers übertragen werden können.

Dem Grunde nach könnte einer entsprechenden Anwendung der vorherrschenden Abgrenzungsgrundsätze aus dem Gemeinnützigkeitsrecht auf der einen Seite entgegenstehen, dass die Sphärenabgrenzung bei gemeinnützigen Körperschaften und die Abgrenzung der Einkunftsarten bei natürlichen Einzelsteuerpflichtigen einer jeweils unterschiedlichen *ratio legis* folgt: Während im Gemeinnützigkeitsrecht vorwiegend die Ausklammerung von wirtschaftlichen Geschäftsbetrieben ebenso wie die Rückausnahme der bloßen Vermögensverwaltung auf die Wahrung der Wettbewerbsneutralität zurückzuführen ist,[681] ist die Abgrenzung der sieben Einkunftsarten des § 2 Abs. 1 EStG sowohl in dem Einkünftedualismus als auch in den einkunftsartabhängigen Sonderregelungen begründet.[682]

Auf der anderen Seite jedoch ist zwischen beiden Regimen doch eine fundamentale Übereinstimmung dahingehend zu erkennen, dass wie bei gemeinnützigen Körperschaften auch bei freiberuflich tätigen Einzelsteuerpflichtigen

---

679 Soweit eine Werbemaßnahme zur Begründung eines Geschäftsbetriebs geführt hat, kommt die Annahme eines Zweckbetriebs in aller Regel nicht in Betracht, vgl. AEAO zu § 64 Nr. 9 S. 1, Nr. 11 S. 3; BFH v. 27.3.1991 – I R 31/89, BStBl. II 1992, 103 (104); v. 27.3.1991 – I R 30/89, BFH/NV 1992, 412 (413).

680 Zu den vier Sektoren des Gemeinnützigkeitsrechts ausführlich *Neuhoff*, DStZ 2005, 191; *Thiel*, DB 1998, 842 (845 f.).

681 *Lang/Seer*, FR 1994, 521 (522) m. w. N.; *Hüttemann*, Wirtschaftliche Betätigung, S. 164 f.; *ders.*, Gemeinnützigkeits- und Spendenrecht, Rn. 6.74 ff.; *Gersch*, in: Klein, AO, § 14 Rz. 2.

682 Vgl. *Zugmaier*, Einkünftequalifikation im Einkommensteuerrecht, S. 24; *Nickel*, Abgrenzung von Einkunftstatbeständen, S. 25.

für die Zurechnung von Vermögensmehrungen im Zusammenhang mit Sponsoring, Marketing und Werbung – so z. B. aus der Überlassung von Werbeflächen oder -rechten – vorwiegend *drei unterschiedliche Sphären* in Betracht kommen, namentlich (i.) die originär freiberufliche Tätigkeit, (ii.) der Bereich der privaten Vermögensverwaltung sowie (iii.) eine gewerbliche Tätigkeit. Ebenfalls kongruent ist, dass die Abgrenzung zwischen den einzelnen Sektoren der Körperschaft ebenso wie im Einkommensteuerrecht mittels Veranlassungsprinzip erfolgt[683] und damit unabhängig von der steuerlichen Behandlung der Zuwendungen aufseiten des Zuwendenden stattfindet[684]. Damit kommt es wie auch im EStG darauf an, welcher der in Betracht kommenden Sphäre das die Vermögensmehrung auslösende Moment zuzuordnen ist.

Ausgehend von der grundsätzlichen Vergleichbarkeit der Sphären- bzw. Einkunftsartenabgrenzung stellt sich weitergehend die Frage, ob die einzelnen Zuordnungsbereiche auch hinreichende *inhaltliche* Übereinstimmungen aufweisen, die eine Übertragung der Grundsätze aus dem Gemeinnützigkeitsrecht rechtfertigen würden. Mit Blick auf die Sphären gemeinnütziger Körperschaften ist zuvorderst der ideelle Bereich zu nennen, der solche Tätigkeiten umfasst, die ausschließlich und unmittelbar gemeinnützige, mildtätige oder kirchliche Zwecke im Sinne der §§ 51 bis 68 AO verfolgen.[685] Zugerechnet werden dem nach § 5 Abs. 1 Nr. 9 S. 1 KStG steuerbefreiten ideellen Bereich namentlich insbesondere Mitgliedsbeiträge, Spenden und öffentliche Zuschüsse.[686] Demgegenüber fällt eine Vermögensmehrung grundsätzlich nicht in den ideellen Bereich, wenn sie durch einen wirtschaftlichen Geschäftsbetrieb veranlasst wurde (vgl. § 5 Abs. 1 Nr. 9 S. 2 KStG).

Gegen eine Vergleichbarkeit der Abgrenzungsmodi könnte insofern sprechen, dass neben Einkünften aus Gewerbebetrieb auch Einkünfte im Sinne des § 18 EStG zur Begründung eines wirtschaftlichen Geschäftsbetriebes führen,[687] womit sich die ideelle und die freiberufliche Sphäre gegenseitig ausschließen. Zu beachten ist jedoch, dass es vorliegend weniger um die Frage einer generellen Vergleichbarkeit von Freiberufler und gemeinnütziger Körperschaft geht,

683 *Hüttemann*, Gemeinnützigkeits- und Spendenrecht, Rn. 7.92 f.; *Alberti*, Sponsoring im Steuerrecht, S. 171; *Seer*, in: Tipke/Kruse, AO/FGO, § 64 Rz. 10 f. (Stand: Mai 2021); vgl. auch *Lang/Seer*, FR 1994, 521 (529).

684 Vgl. AEAO zu § 64 Nr. 9 S. 2; *Duchêne*, Sponsoring der Unternehmen, S. 175.

685 *Duchêne*, Sponsoring der Unternehmen, S. 175; *Thiel*, DB 1998, 842 (845).

686 *Fischer*, in: H/H/Sp, AO/FGO, § 64 Rz. 32 m. w. N. (Stand: März 2012).

687 Vgl. *Seer*, in: Tipke/Kruse, AO/FGO, § 64 Rz. 6, 9 (Stand: Mai 2021).

sondern um eine Vergleichbarkeit hinsichtlich *der Einordnung und Zurechnung von Einnahmen aus Sponsoring, Marketing und Werbung*. Im Hinblick hierauf ist ideeller und freiberuflicher Sphäre sogar gemein, dass ihnen Werbetätigkeiten jeweils nicht zugeordnet werden können und damit aus der privilegierten Sphäre auszugrenzen sind. Denn während werbliche Gegenleistungen einer steuerbefreiten Körperschaft für erhaltene Zuwendungen regelmäßig zur Begründung eines wirtschaftlichen Geschäftsbetriebs führen,[688] sind Werbetätigkeiten eines Freiberuflers in der Regel der gewerblichen Sphäre zuzuordnen[689].

Dies wiederum ist übereinstimmend darauf zurückzuführen, dass entsprechende Aktivitäten über das Maß einer bloßen Vermögensverwaltung hinausgehen. Insofern ist wirtschaftlichen Geschäftsbetrieben und Gewerbebetrieben namentlich gemein, dass aus ihnen vermögensverwaltende Tätigkeiten auszugrenzen sind.[690] Hierbei orientieren sich Rechtsprechung[691] und überwiegende Teile im Schrifttum[692] einheitlich an den Kriterien, die zur einkommensteuerrechtlichen Abgrenzung der Einkünfte aus Gewerbebetrieb von solchen aus

---

688 Dies jedenfalls dann, wenn die gemeinnützige Körperschaft an den Werbemaßnahmen des Förderers aktiv mitwirkt, vgl. AEAO zu § 64 Nr. 11; BFH v. 7.11.2007 – I R 42/06, BStBl. II 2008, 949 (950 f.); v. 1.8.2002 – V R 21/01, BStBl. II 2003, 438 (440); *Fischer*, in: H/H/Sp, AO/FGO, § 64 Rz. 151 ff. (Stand: März 2012); *Jachmann/Unger*, in: Gosch, AO/FGO, § 64 Rz. 65 (Stand: Februar 2011); *Hüttemann*, Gemeinnützigkeits- und Spendenrecht, Rn. 6.154.

689 Vgl. BFH v. 11.7.1991 – IV R 33/90, BStBl. II 1992, 353 (355); v. 11.7.1991 – IV R 102/90, BStBl. II 1992, 413 (414).

690 Dies ergibt sich einerseits aus § 14 S. 1 AO für wirtschaftliche Geschäftsbetriebe sowie andererseits aus dem ungeschriebenen (negativen) Tatbestandsmerkmal des § 15 Abs. 2 S. 1 EStG, vgl. BFH v. 22.1.2003 – X R 37/00, BStBl. II 2003, 464 (465) m. w. N. Die wirtschaftliche Tätigkeit der Vermögensverwaltung wird demgemäß aus den (steuerpflichtigen) wirtschaftlichen Betätigungen gemeinnütziger Körperschaften ausgeklammert und gelangt somit letztendlich mit in den Genuss der Steuerbegünstigung der gemeinnützigen Körperschaft, vgl. *Thiel*, DB 1998, 842 (845); *Madl*, BB 1997, 1126 (1130); *Duchêne*, Sponsoring der Unternehmen, S. 176. Aufseiten natürlicher Einzelsteuerpflichtiger hingegen verwirklichen sie regelmäßig den Tatbestand des § 20 oder § 21 EStG.

691 Vgl. z. B. BFH v. 7.11.2007 – I R 42/06, BStBl. II 2008, 949 (950); v. 26.2.1992 – I R 149/90, BStBl. II 1992, 693 (694); v. 13.3.1991 – I R 8/88, BStBl. II 1992, 101 (101 f.); v. 10.6.1992 – I R 76/90, BFH/NV 1992, 839 (840); v. 25.10.1988 – VIII R 262/80, BStBl. II 1989, 291 (292).

692 Vgl. z. B. *Duchêne*, Sponsoring der Unternehmen, S. 176; *Martens*, Die Besteuerung wirtschaftlicher Aktivitäten im Amateursport, S. 108; *Dißars/Berssenbrügge*, BB 1999, 1411 (1413); *Alberti*, Sponsoring im Steuerrecht, S. 164 f. m. w. N.

Vermietung und Verpachtung oder Kapitalvermögen entwickelt worden sind[693].[694]

Diese Vorgehensweise wird von *Hüttemann*[695] und *Seer*[696] überzeugend damit kritisiert, dass bei der Übertragung der Grundsätze zum EStG in das Gemeinnützigkeitsrecht die dort vorherrschende *ratio legis* der Wettbewerbsneutralität außer Acht bleibe, zumal der für das Gemeinnützigkeitsrecht tragende Wettbewerbsgedanke für die Abgrenzung der Einkunftsarten bedeutungslos ist[697]. Mit der tatsächlichen Vorgehensweise jedoch, innerhalb derer die Rechtsprechung wider der vorbezeichneten Kritik in aller Regel gleichwohl zur Beantwortung der Zuordnungsfrage in die vermögensverwaltende Sphäre schlicht auf die zum EStG entwickelten Abgrenzungsgrundsätze zurückgreift,[698] ist eine Übertragung der Judikate betreffend gemeinnützige Körperschaften auf die vorliegende Abgrenzungsproblematik bei natürlichen Einzelsteuerpflichtigen dennoch möglich.

---

693 Nach ständiger Rechtsprechung zeichnet sich die Vermögensverwaltung mit der sog. Fruchtziehungsformel dadurch aus, dass sie nicht über die Nutzung von eigenem Vermögen im Sinne einer Fruchtziehung aus zu erhaltenen Substanzwerten hinausgeht und die Ausnutzung substantieller Vermögenswerte durch Umschichtung nicht entscheidend in den Vordergrund tritt, vgl. BFH v. 3.7.1995 – GrS 1/93, BStBl. II 1995, 617 (619) m. w. N. Demgegenüber soll die Tätigkeit dann einen gewerblichen Charakter erlangen, wenn sie durch das Hinzutreten weiterer Tätigkeiten oder besonderer Umstände nach dem Gesamtbild der Verhältnisse unter Berücksichtigung der Verkehrsanschauung als unternehmerisch zu werten ist, vgl. R 15.7 Abs. 1 EStH 2020; BFH v. 17.3.1981 – VIII R 149/78, BStBl. II 1981, 522 (525 f.); v. 25.6.1984 – GrS 4/82, BStBl. II 1984, 751 (762 f.); v. 14.7.2004 – IX R 69/02, BFH/NV 2004, 1640 (1641); v. 18.5.1999 – III R 65/97, BStBl. II 1999, 619 (622); v. 24.10.2000 – IX R 58/97, BFH/NV 2001, 752 (752 f.); v. 14.1.2004 – X R 7/02, BFH/NV 2004, 945 (946); v. 14.7.2016 – IV R 34/13, BStBl. II 2017, 175 Rn. 37. Vgl. ferner *Bode*, in: Brandis/Heuermann, EStG, § 15 Rz. 152 (Stand: Juli 2020); *Wacker*, in: Schmidt, EStG, § 15 Rz. 46; *Paus*, DStZ 1996, 172 (175); *Nickel*, Abgrenzung von Einkunftstatbeständen, S. 167.

694 Vgl. *Schneider*, Vermögensverwaltung im Einkommensteuerrecht, S. 104 ff.

695 *Hüttemann*, Gemeinnützigkeits- und Spendenrecht, Rn. 6.124 ff.

696 *Seer*, in: Tipke/Kruse, AO/FGO, § 14 Rz. 11 (Stand: Juni 2020); *ders.*, DStJG 26, S. 36 f.

697 *Hüttemann*, Wirtschaftliche Betätigung, S. 148 ff. Vgl. zur Abgrenzung der einkommensteuerrechtlichen Abgrenzung der Einkunftsarten statt vieler *Hey*, in: Tipke/Lang, Steuerrecht, § 8 Rz. 181 ff., 401.

698 Vgl. z. B. BFH v. 13.3.1991 – I R 8/88, BStBl. II 1992, 101 (101 f.), unter expliziter Bezugnahme auf die Fruchtziehungsformel.

Wenngleich das Telos der Sphärenabgrenzung im Gemeinnützigkeitsrecht ein anderes ist als jenes der Abgrenzung der Einkunftsarten im Einkommensteuerrecht, so lässt sich doch hinsichtlich den hier untersuchungsgegenständlichen Einnahmen aus Sponsoring, Marketing und Werbung insgesamt feststellen, dass im weitesten Sinne ein Gleichlauf zwischen den für die Zurechnung in Betracht kommenden drei Sphären gemeinnütziger Körperschaften zu den ebenfalls drei Bereichen aufseiten natürlicher Einzelsteuerpflichtiger vorliegt: Während erstens übereinstimmend nur die *gesetzlich privilegierten Tätigkeiten* der ideellen Sphäre bzw. den freiberuflichen Einkünften zugeordnet werden können, führen zweitens in beiderlei Fällen aktive Werbetätigkeiten regelmäßig zur Begründung eines wirtschaftlichen Geschäftsbetriebes bzw. eines Gewerbebetriebes. Ebenfalls stimmt überein, dass die (Werbe-)Tätigkeit hierzu über eine bloße Vermögensverwaltung hinausgehen muss, wobei die Rechtsprechung *de facto* zur Abgrenzung im Gemeinnützigkeitsrecht zumeist auf die zum EStG entwickelten Abgrenzungskriterien zurückgreift.

Damit erscheint es insgesamt unter steuersystematischen Gesichtspunkten möglich und sachgerecht, die vorherrschenden Grundsätze zur Behandlung von Einnahmen aus Werbung und Marketing im Rahmen der ideellen Sphäre bei der Untersuchung des Zusammenhangs vergleichbarer Vermögensmehrungen mit dem freiberuflichen Nukleus heranzuziehen.

3. *Websponsoring*

Im Zusammenhang mit der Erzielung von Einnahmen über das Internet spielt das Sponsoring im Internet – kurz: *Websponsoring* – eine nicht zu vernachlässigende Rolle. Ausweislich der Definition im sog. Sponsoring-Erlass des BMF[699]

699 BMF v. 18.2.1998 – IV B 2 – S 2144-40/98, BStBl. I 1998, 212, Tz. 1. In dem Zusammenhang lassen sich im Schrifttum sowohl eine enge als auch eine weite Auslegung des Sponsoring-Begriffs ausmachen, vgl. dazu ausführlich *Alberti*, Sponsoring im Steuerrecht, S. 26 ff. m. w. N. Im Wesentlichen unterscheiden sie sich hinsichtlich der Frage, ob auch mäzenatische Zuwendungen unter den Begriff des Sponsorings zu fassen sind. Hierbei geht es um solche Zuwendungen, bei denen die Förderung – zumindest teilweise – aus überwiegend privaten Motiven erfolgt und ihr keine unmittelbare Gegenleistung aufseiten des Gesponserten gegenübersteht, vgl. *Alberti*, Sponsoring im Steuerrecht, S. 29 f. *Duchêne*, Sponsoring der Unternehmen, S. 19 f., bezeichnet den (Grenz-)Fall, in denen eine Zuwendung unentgeltlich ohne direkte Gegenleistung erfolgt, gleichwohl aber nicht etwa wie eine Spende im Stillen stattfindet, sondern gezielt zu Zwecken der unternehmensbezogenen Kommunikation

wird unter Sponsoring „üblicherweise die Gewährung von Geld oder geldwerten Vorteilen durch Unternehmen zur Förderung von Personen, Gruppen und/oder Organisationen in sportlichen, kulturellen, kirchlichen, wissenschaftlichen, sozialen, ökologischen oder ähnlich bedeutsamen gesellschaftspolitischen Bereichen verstanden, mit denen regelmäßig auch eigene unternehmensbezogene Ziele der Werbung oder Öffentlichkeitsarbeit verfolgt werden." Diese angestrebten Ziele können sowohl in Ansehensgewinnen, Werbeeffekten oder Öffentlichkeitsarbeit bestehen und entweder durch vertragliche Abmachungen mit dem Empfänger gesichert werden (Sponsoring-Vertrag) oder aber schlicht aufgrund nachvollziehbarer, tatsächlicher Umstände erfolgen.[700]

Damit unterscheidet sich Websponsoring insbesondere von freigebigen Zuwendungen[701] an Freiberufler dadurch, dass die Zuwendungen insoweit in Absicht einer *zumindest geringfügigen werblichen Gegenleistung* erfolgen,[702] während freigebige Zuwendungen eher altruistischer Natur sind.[703] Daran vermag sich auch dann nichts zu ändern, wenn die Zuwendungen des Sponsors in der „Verkleidung" einer Spende gewährt werden.[704]

Wenngleich es sich bei Sponsoring vorwiegend um ein Phänomen des Gemeinnützigkeitsrechts handelt, können auch – z. B. unterrichtend tätige – Freiberufler gesponsert werden.[705] In Betracht käme beispielsweise die finanzielle Unterstützung einer bestimmten Webseite bzw. der dortigen Inhalte durch ein Unternehmen, wofür der Zuwendungsempfänger im Gegenzug auf der Webseite auf das Sponsoring („Diese Webseite wird unterstützt von …") hinweist.[706] Darüber hinaus sind auch Fälle denkbar, in denen der Gesponserte im Gegenzug das Logo des Sponsors auf seiner Webseite oder innerhalb eines Videos einblendet oder es stattdessen auf einem Kleidungsstück sichtbar trägt.

(z. B. durch öffentliche Anerkennung des Engagements) eingesetzt wird, treffend als „Spenden-Sponsoring".

700 *Gosch*, in: Gosch, KStG, § 8 Rn. 1225; *Duchêne*, Sponsoring der Unternehmen S. 86 ff.

701 Dazu oben Zweiter Teil C.IV.

702 Zur zivilrechtlichen Einordnung von Sponsoring-Verträgen als überwiegend atypische synallagmatische Verträge vgl. nur *Redeker*, IT-Recht, Rn. 1260, sowie mit Beispielen Rn. 1256.

703 Vgl. *Hüttemann*, Gemeinnützigkeits- und Spendenrecht, Rn. 8.56 ff.; *Hörmann*, npoR 2016, 153 ff.

704 Vgl. *Gosch*, in: Gosch, KStG, § 8 Rn. 1220.

705 *Rückert*, Die ertragsteuerliche Behandlung des Sponsoring, S. 210 ff.; *Alberti*, Sponsoring im Steuerrecht, S. 143 ff.

706 Vgl. *Leupold/Bräutigam/Pfeiffer*, WRP 2000, 575 (580).

Sponsoring zwischen Wirtschaftsunternehmen und *natürlichen Einzelpersonen* beruht – anders als bei gemeinnützigen Körperschaften – grundsätzlich auf dem Prinzip der Gleichwertigkeit von Förderung und aktiver werblicher Gegenleistung, während altruistische Zuwendungsmotive eher die Ausnahme darstellen.[707] Daher liegt regelmäßig kein unentgeltliches Rechtsgeschäft vor, sondern ein gegenseitiger Vertrag, durch den sich beide Seiten zu bestimmten Leistungen verpflichten.[708] Infolgedessen finden die im Rahmen von Sponsoring erzielten Vermögensmehrungen einer natürlichen Person regelmäßig ihre Veranlassung in einer Werbeleistung, für die eine Zuordnung zum Tatbestand des § 18 Abs. 1 Nr. 1 EStG grundsätzlich nicht in Betracht kommt[709].[710]

Eine abweichende Beurteilung könnte indes möglicherweise dann geboten sein, wenn die werbliche Gegenleistung des Zuwendungsempfängers von nur *geringem Umfang* wäre. Im Bereich gemeinnütziger Körperschaften jedenfalls vertritt die Finanzverwaltung[711] den Standpunkt, dass (ausnahmsweise) kein steuerpflichtiger wirtschaftlicher Geschäftsbetrieb begründet werde, wenn die Empfängerkörperschaft ohne besondere Hervorhebung auf die Unterstützung durch den Sponsor – z. B. unter Verwendung des Namens, Emblems oder Logos des Sponsors – lediglich hinweise.[712] Dagegen soll eine (schädliche) „besondere

707 Vgl. *Alberti*, Sponsoring im Steuerrecht, S. 143; *Duchêne*, Sponsoring der Unternehmen, S. 183 f.

708 AEAO zu § 64 Nr. 8; *Hüttemann*, Gemeinnützigkeits- und Spendenrecht, Rn. 7.230.

709 Etwas anderes könnte sich nur dann ergeben, wenn die werbende Tätigkeit als solche zugleich den Tatbestand des § 18 Abs. 1 Nr. 1 S. 2 EStG erfüllen würde, etwa weil sie als schriftstellerische oder künstlerische Tätigkeit erfolgt, vgl. *Höppner*, PIStB 2021, 22 (23). Da Werbetätigkeiten unter Verwendung des Logos oder Firmennamens des Auftraggebers vornehmlich und vielgestaltig aufseiten eines Influencers vorzufinden sind, wird hinsichtlich der ertragsteuerlichen Differenzierung der in Betracht kommenden Werbeleistungen auf die entsprechenden Ausführungen unter Zweiter Teil C.V.8.b) verwiesen.

710 Für die Frage nach der Trennbarkeit der Tätigkeiten kommt es insbesondere auf die Art und Weise der werblichen Gegenleistung an. Besteht sie etwa in der Platzierung eines „Dankeshinweises" auf der Webseite des Freiberuflers, sei auf die insoweit aufgestellten Grundsätze zur Monetarisierung digitaler Werbeflächen verwiesen, vgl. Zweiter Teil C.V.7.b)cc). Stellt sich die Gegenleistung hingegen als aktive werbliche Fürsprache dar, sei auf die Grundsätze zum Influencer-Marketing verwiesen, vgl. Zweiter Teil C.V.8.b)cc).

711 BMF v. 18.2.1998 – IV B 2 – S 2144-40/98, BStBl. I 1998, 212, Tz. 9.

712 *Seer*, in: FS Reiß, 157 (160), spricht in diesen Fällen von aktiven Werbeleistungen „geringer Intensität". Ausweislich der Ausführungen im AEAO zu § 64 Nr. 10 S. 4, verortet die Finanzverwaltung entsprechende Einnahmen allerdings (auch) nicht im

Hervorhebung“ beispielsweise dann vorliegen, wenn der Hinweis auf den Sponsor auf der Homepage der Körperschaft oder auf ihrem Profil in sozialen Medien mit einer Linkfunktion versehen ist[713] oder eine besondere Größe annimmt[714].[715] Während diese großzügige (Billigkeits-)Regelung[716] der Finanzverwaltung im Schrifttum[717] vermehrt auf Kritik stößt, weil sie dogmatisch kaum begründbar sei und willkürliche Züge aufweise, ist für eine entsprechende Billigkeitsregelung jedenfalls im Rahmen der Gewinneinkunftsarten kein Raum. Mit der grundsätzlichen Gleichwertigkeit von Zuwendungen und Gegenleistungen zwischen natürlichen Einzelpersonen und Wirtschaftsunternehmen sind vielmehr auch geringfügig anmutende Werbegegenleistungen dem § 15 EStG zuzuordnen.[718]

4. *Überlassung von Rechten am Namen und Bild*

Fraglich ist, ob die vorstehenden Ausführungen und Grundsätze auch dann Platz greifen, wenn der Freiberufler der erhaltenen Zuwendung selbst keine (aktive)

Bereich der steuerfreien Vermögensverwaltung. Zu der insoweit offengebliebenen Zuordnungsfrage *Alberti*, Sponsoring im Steuerrecht, S. 183.

713 FinMin. Bayern v. 11.2.2000 – 33 – S 0183 – 12/14 – 59 238, DStR 2000, 594. Demgegenüber hat der I. Senat offengelassen, ob ein Internetlink, der nicht auf die Seite des Sponsors (im Streitfall: eine Versicherung), sondern stattdessen auf jene des Versicherungsbüros führt, eine aktive Werbeleistung darstellt, siehe BFH v. 7.11.2007 – I R 42/06, BStBl. II 2008, 949 (951). Die Vorinstanz hat sich insoweit in Ermangelung eines „direkten (Werbe-)Bezug[s]“ zum Sponsor für das Vorliegen einer reinen Vermögensverwaltung ausgesprochen, siehe FG München v. 15.5.2006 – 7 K 4052/03, EFG 2006, 1362 (1363).

714 Vgl. *Engelsing/Rohde*, NWB 2004, 1371 (1373).

715 Mit weiteren Abgrenzungsbeispielen *Alberti*, Sponsoring im Steuerrecht, S. 183 f.; *Engelsing/Rohde*, NWB 2004, 1371 (1372).

716 *Wallenhorst*, DStR 2012, 2212: „großzügige Verwaltungsregelung“; *Fischer*, jurisPR-SteuerR 48/2010 Anm. 4, unter C. 2.: „sehr großzügige […] Regelung“; vgl. auch *Thiel*, DB 1998, 842 (846): „Billigkeitscharakter“; *Seer*, in: FS Reiß, 157 (162): „Züge einer Billigkeitsregelung“. A. A. *Hüttemann*, Gemeinnützigkeits- und Spendenrecht, Rn. 6.169, demzufolge sich die Steuerfreiheit aus einer „richtigen Auslegung“ des § 65 AO ergebe, während es für eine Steuerbefreiung aus Billigkeitsgründen weder eine gesetzliche Grundlage noch einen sachlichen Grund gebe.

717 Vgl. *Alberti*, Sponsoring im Steuerrecht, S. 183 f.; *Seer*, in: Burgi, S. 315 (320 f.); *Schauhoff*, DStR 2004, 1465 (1467); *Jachmann/Unger*, in: Gosch, AO/FGO, § 64 Rz. 64 f. (Stand: Februar 2011).

718 So auch *Alberti*, Sponsoring im Steuerrecht, S. 143 f.

werbliche Gegenleistung gegenüberstellt, sondern stattdessen lediglich dem Zuwendenden die Nutzung seines Namens und Bildes für Werbezwecke gestattet. Namentlich gemeint sind etwa die Fälle, in denen der Zuwendende – etwa per „Der Verlag V ist stolzer Unterstützer des Lehrers L." – auf seine Unterstützungsleistung hinweisen darf.

Das Recht am eigenen Namen und am eigenen Bild sind Bestandteile des allgemeinen Persönlichkeitsrechts.[719] Die bloße Gestattung der Nutzung von Bild und Namen einer Person etwa im vorgenannten Sinne erfolgt daher regelmäßig auf Grundlage eines Gestattungsvertrages[720] und führt insofern grundsätzlich zu Einkünften im Sinne des § 21 Abs. 1 S. 1 Nr. 3 EStG[721].[722] Fraglich ist jedoch, ob dies auch dann gilt, wenn dem Sponsor darüber hinausgehend eingeräumt wird, mit einer aktiven Werbeaussage aus Sicht des gesponserten – z. B.: „Der Lehrer L empfiehlt das Lehrbuch des Verlages V." – auftreten zu dürfen. Für eine vermögensverwaltende Tätigkeit könnte auf der einen Seite sprechen, dass sich die Tätigkeit des Lehrers L auch insoweit lediglich in einer Gestattung der Nutzung seines Namens erschöpft. Andererseits jedoch liegt das die Vermögensmehrung veranlassende Moment ganz überwiegend in einer Werbemaßnahme für den Verlag V, an welcher der Lehrer durch die gestattete Paraphrasierung einer Werbeaussage *mitwirkt*. Denn es kann jedenfalls keinen Unterschied machen, ob der Lehrende selbst mit einer aktiven Werbeaussage („Ich empfehle das Lehrbuch des Verlages V") auftritt oder aber dem Verlag einräumt, ihm entsprechende Werbeaussagen „in den Mund legen" zu dürfen.[723] Die Tätigkeit ist

719 Vgl. BGH v. 1.12.1999 – I ZR 49/97 (Marlene Dietrich), BGHZ 143, 214; v. 26.6.1979 – VI ZR 108/78 (Fußballtor), NJW 1979, 2205; v. 18.3.1959 – IV ZR 182/58 (Caterina Valente), BGHZ 30, 7.

720 *Sommer*, BB 1981, 177 ff.

721 St. Rspr.: BFH v. 7.9.2011 – I B 157/10, BStBl. II 2012, 590 Rn. 20; v. 19.12.2007 – I R 19/06, BStBl. II 2010, 398 (403); v. 28.1.2004 – I R 73/02, BStBl. II 2005, 550 (553).

722 Auch aufseiten gemeinnütziger Körperschaften wäre insoweit eine Zurechnung in die vermögensverwaltende Sphäre vorzunehmen, vgl. *Thiel*, DB 1998, 842 (845 f.); *Seer*, in: Tipke/Kruse, AO/FGO, § 64 Rz. 13 (Stand: Mai 2021); *Marfels*, EStB 2019, 321 (322); *Alberti*, Sponsoring im Steuerrecht, S. 200; *Jachmann/Unger*, in: Gosch, AO/FGO, § 64 Rz. 65 (Stand: Februar 2011).

723 So für Zwecke des Gemeinnützigkeitsrechts im Ergebnis auch *Alberti*, Sponsoring im Steuerrecht, S. 204 f. sowie – allerdings mit Zweifeln – *Fischer*, in: H/H/Sp, AO/FGO, § 64 Rz. 162 (Stand: März 2012). Auf eine entsprechende Differenzierung nach dem Ausmaß bzw. der Art und Weise der Werbenutzung durch den Zuwendenden verzichten zugunsten einer Verortung in der vermögensverwaltenden Sphäre indes

in beiden Fällen ein gewerbliche. Dies gilt erst recht, wenn der Steuerpflichtige über die Gestattung der Namensnutzung hinaus auch am Gewerbebetrieb des Pächters z. B. in Form von verkaufsfördernden Beratungsleistungen mitwirkt.[724] Für Einkünfte im Sinne des § 21 Abs. 1 S. 1 Nr. 3 EStG wäre dann aufgrund des § 21 Abs. 3 EStG kein Raum mehr,[725] weil der kommerzialisierbare Teil des Namensrechts der natürlichen Person dann ein Wirtschaftsgut des notwendigen Betriebsvermögens darstellen würde.[726] Folgerichtig käme es selbst bei einer bloßen Nutzungsüberlassung auch dann zur Gewerblichkeit der erzielten Einnahmen, wenn das der Rechteüberlassung zugrunde liegende Recht überhaupt erst im Rahmen einer gewerblichen Tätigkeit geschaffen wurde, wie dies etwa bei einem durch den Steuerpflichtigen selbst geschaffenen Werbemedium der Fall wäre.[727]

Mit Blick auf die Subsidiaritätsklausel des § 21 Abs. 3 EStG könnte es überdies auch dann zur Verdrängung der Einkünfte aus Vermietung und Verpachtung kommen, wenn der Überlassende zwar nicht an der Werbemaßnahme mitwirkt und hierdurch gewerblich tätig wird, das überlassene Recht jedoch dem *freiberuflichen* Einkünftetatbestand zuzuordnen wäre, mithin die Veranlassung der Rechteüberlassung in der freiberuflichen Erwerbstätigkeit läge.[728] Dies könnte insbesondere dann in Betracht kommen, wenn der Gestattende zugleich den Tatbestand einer freiberuflichen Tätigkeit verwirklicht und die Rechteüberlassung mit der Freiberuflichkeit dergestalt interferiert, dass mit dem Bild und dem Namen des Steuerpflichtigen *in seiner Rolle als Freiberufler* geworben wird. Zur Abgrenzung sei auf die vergleichbare Situation der bereits oben[729] im Zusammenhang mit dem Erhalt freigebiger Zuwendungen

---

z. B. *Keß*, in: Lenski/Steinberg, GewStG, § 2 Rn. 4226 (Stand: September 2020); *Hüttemann*, Gemeinnützigkeits- und Spendenrecht, Rn. 6.171; *Jachmann/Unger*, in: Gosch, AO/FGO, § 64 Rz. 64 (Stand: Februar 2011).

724 Vgl. bereits RFH v. 11.3.1936 – VI A 25/36, RStBl. 1936, 786, sowie unlängst BFH v. 12.6.2019 – X R 20/17, BStBl. II 2020, 3 Rn. 31 ff.; *Marfels*, EStB 2019, 438; *Kulosa*, HFR 2019, 1052; *Apitz*, EStB 2008, 130 (131). Vgl. ferner BFH v. 23.9.1992 – IV B 171/91, BFH/NV 1993, 97.

725 Vgl. BFH v. 22.2.2012 – X R 14/10, BStBl. II 2012, 511 Rn. 75.

726 Vgl. BFH v. 12.6.2019 – X R 20/17, BStBl. II 2020, 3 Rn. 38 ff.

727 Weil es sich insoweit um typische Tätigkeiten eines Influencers handelt, sei für derlei Fälle verwiesen auf Zweiter Teil C.V.8., dabei insbesondere auf „Beispiel 1“ unter Zweiter Teil C.V.8.b)aa).

728 Vgl. BFH v. 12.11.1986 – I R 268/83, BStBl. II 1987, 372 (373).

729 Zweiter Teil C.IV.

dargelegten ertragsteuerlichen Behandlung von Preisgeldern einer natürlichen Person rekurriert: So ein erzieltes Preisgeld einen *signifikanten wirtschaftlichen Zusammenhang* zu einer Erwerbstätigkeit des Steuerpflichtigen aufweist, ist es regelmäßig dieser Tätigkeit zuzurechnen. Dieser Grundsatz gilt namentlich auch dann, wenn eine private Mitveranlassung nicht ausgeschlossen werden kann.[730] Umgekehrt kommt eine Zurechnung in die Privatsphäre nur dann in Betracht, wenn dem Steuerpflichtigen zur Ehrung seiner Persönlichkeit eine Auszeichnung für sein *Lebenswerk* oder das *Gesamtschaffen* verliehen wird, „selbst wenn die Preisverleihung in einem äußeren Zusammenhang mit bestimmten beruflichen Leistungen steht“[731].

Unter Anwendung dieser Grundsätze auf die schlichte Überlassung von Bild- und Namensrechten durch einen z. B. unterrichtend tätigen Freiberufler kommt dann, wenn nicht *die Person* des Steuerpflichtigen als solche, sondern ihr *Dasein als Freiberufler* im Mittelpunkt der Rechtenutzung steht, nur eine Zurechnung der erzielten Vermögensmehrungen zu den freiberuflichen Einkünften in Betracht, weil die Veranlassung der Vermögensveränderungen dann ganz wesentlich in der freiberuflichen Tätigkeit begründet ist.[732] Man denke hier etwa an eine freiberuflich-unterrichtend tätige Person, die sich im Internet unter dem Pseudonym „Steuerfuchs“ einen Namen gemacht hat. Räumt diese Person nunmehr einem Verlag das Recht ein, für sich mit dem Hinweis „Wir unterstützen den Steuerfuchs“ werben zu dürfen, wäre das die Vermögensmehrung veranlassende Moment ganz entscheidend in der freiberuflichen Erwerbstätigkeit begründet.[733] Denn aufgrund des engen Veranlassungszusammenhangs zu der freiberuflichen Tätigkeit wäre der kommerzialisierbare Teil des Namensrechts, zu dem auch das Pseudonym gehört[734], als immaterielles Wirtschaftsgut dem

730 Vgl. BFH v. 14.3.2006 – VIII R 60/03, BStBl. II 2006, 650 (651) m. w. N.

731 BFH v. 23.4.2009 – VI R 39/08, BStBl. II 2009, 668 (668 f.); v. 9.5.1985 – IV R 184/82, BStBl. II 1985, 427.

732 Anders wohl *Sommer*, BB 1981, 177 (179 f.), demzufolge die Annahme einer Vermögensverwaltung insoweit nur dann ausscheiden soll, wenn die Verwaltung der Namens- und Bildrechte als solche – wohl nach ihrer Art und Weise – den Rahmen einer bloßen Vermögensverwaltung überschreite.

733 Dürfte der Verlag indes mit einer Werbeaussage aus Sicht des Steuerfuchses auftreten (z. B. „Das Lehrbuch wird empfohlen von dem Steuerfuchs“), läge insoweit wiederum eine gewerbliche Tätigkeit vor, die in aller Regel ohne besondere Schwierigkeiten von der originär freiberuflichen Tätigkeit getrennt werden könnte, vgl. hierzu insbesondere Zweiter Teil C.V.8.b)cc) sowie Zweiter Teil C.V.9.c).

734 Vgl. *Fritzsche*, in: Staudinger, BGB, § 12 Rn. 19.

freiberuflichen Betriebsvermögen zuzuordnen. Dies würde gleichermaßen auch z. B. für das Recht an einem Foto gelten, auf dem der Lehrende bei der Ausübung der unterrichtenden Tätigkeit oder anderweitig in seiner Rolle als Unterrichtender zu sehen ist. Mit der Zugehörigkeit des überlassenen Rechts zu dem freiberuflichen Betriebsvermögen lägen aufgrund des § 21 Abs. 3 EStG im Ergebnis keine Einkünfte aus Vermietung und Verpachtung vor. Vielmehr handelt es sich bei der Gestattung bzw. Rechteüberlassung um Annextätigkeiten, welche der freiberuflichen Tätigkeit zuzuordnen sind.

Konsequentermaßen ist eine Zurechnung der erzielten Vermögensmehrungen in die vermögensverwaltende Sphäre immer (nur) dann vorzunehmen, wenn das überlassene Recht nicht der Sogwirkung des notwendigen Betriebsvermögens unterliegt, mithin die Person des Steuerpflichtigen selbst – und insbesondere nicht seine Rolle als Erwerbstätiger – im Zentrum der Rechteüberlassung steht und sich die Tätigkeit auf eine bloße Gestattung ohne Mitwirkung beschränkt. Dies wäre etwa der Fall, wenn mit dem Namen und Bild des Steuerpflichtigen aufgrund seiner besonderen Eignung für diese Zwecke geworben würde. Einkünfte aus Vermietung und Verpachtung im Sinne des § 21 Abs. 1 S. 1 Nr. 3 EStG lägen demnach beispielsweise dann vor, wenn besagter Lehrer „Steuerfuchs“ einem Hersteller von Kosmetika die Nutzung seines Bildes gestatten würde, etwa weil er sich hierfür aufgrund seines makellosen Hautbildes besonders gut eignet. Ein signifikanter Veranlassungszusammenhang läge insofern weder zu einer gewerblichen Werbetätigkeit noch zu dem Freiberuflerdasein vor, sodass § 21 Abs. 3 EStG nicht zur Anwendung kommt. Wäre die Zuwendung hingegen zumindest auch durch eine im Zuge des freiberuflichen Tätigwerdens erlangte Bekanntheit mitveranlasst, so wäre im Einzelfall unter Gesamtwürdigung aller wesentlichen Umstände zu beurteilen, ob die Veranlassung durch persönliche Merkmale des Steuerpflichtigen oder durch sein Dasein als Erwerbstätiger überwiegt.

Gesetzt den Fall, dass freiberufliche und vermögensverwaltende Tätigkeit in derselben Person zugleich auftreten, weil der Steuerpflichtige einerseits originär freiberuflich tätig ist und andererseits die Rechte an seinem Namen und Bild zur Nutzung für Werbezwecke *nicht* in seiner Rolle als Freiberufler überlässt, so liegt eine gemischte Tätigkeit in Ermangelung entsprechender Zusammenhänge in der Regel bereits im Ausgangspunkt nicht vor. Damit ist eine getrennte Erfassung der Einkünfte problemlos möglich. Denn entsprechende Zusammenhänge zwischen der Rechteüberlassung und dem freiberuflichen Tun hätten bereits in einem vorherigen Schritt zu einer Veranlassung auch der Vermögensmehrungen aus der Rechteüberlassung durch den freiberuflichen Betrieb des Steuerpflichtigen geführt.

5. *YouTube-Werbung*

Durch die generelle Möglichkeit der Medialisierung freiberuflicher Tätigkeiten sind audiovisuelle Medien (Videos) regelmäßig Gegenstand der autonomen Verwertung durch den Freiberufler. Der relevanteste Kanal, um ein audiovisuelles Werk möglichst vielen Personen zugänglich zu machen, ist die dem *Google*-Konzern angehörige Video-Plattform YouTube[735]. Mittlerweile greifen etwa zwei Drittel aller Internetnutzer regelmäßig auf diese Plattform zu.[736]

Auf der anderen Seite steht der sog. YouTuber, womit begrifflich in Anlehnung an den Namen der Plattform im allgemeinen Sprachgebrauch solche Personen bezeichnet werden, die auf der Videoplattform YouTube regelmäßig Videos hochladen und damit den Nutzern dieser Plattformen zum Abruf bereitstellen.[737] Wenn also stellenweise der Eindruck erweckt wird, die Bezeichnung einer Person als YouTuber treffe zugleich eine allgemeingültige Aussage über den Gehalt der Tätigkeit, so ist dies unzutreffend. Denn die sprachgebräuchlich etablierte Bezeichnung trifft keinerlei Aussage über die innerhalb des Videos ausgeübte Tätigkeit, sondern lediglich über den Ort ihrer Veröffentlichung. Damit kann auch der unterrichtend tätige Freiberufler ein YouTuber sein, wenn er im Zuge seiner unterrichtenden Tätigkeit selbst erschaffene Inhalte auf YouTube einstellt.

Wie im Bereich der sozialen Medien üblich sind auch die Inhalte von YouTube für die Nutzer grundsätzlich kostenlos abrufbar, während sich die Plattform in erster Linie über Werbeeinblendungen finanziert.[738] In derartige Werbeanzeigen haben allein in 2017 beispielsweise *Google AdSense* fast 9 Mio. € und *L'Oréal*

---

735 Siehe dazu die eigenen Angaben im Impressum der Webseite, abrufbar unter www.youtube.com/t/impressum (zuletzt abgerufen am 27.12.2021).

736 *We Are Social, Hootsuite, DataReportal,* Ranking der beliebtesten Social Networks und Messenger nach dem Anteil der Nutzer an den Internetnutzern in Deutschland im Jahr 2019, Statistik abrufbar unter de.statista.com/statistik/daten/studie/505947/umfrage/reichweite-von-social-networks-in-deutschland (zuletzt abgerufen am 27.12.2021).

737 Vgl. *Fuchs/Hahn*, MMR 2016, 503.

738 Vgl. BT-Drs. 19/6970, S. 130. Inzwischen hat YouTube zwar optional eine kostenpflichtige Mitgliedschaft („YouTube Premium") eingeführt, durch die der Plattform-Nutzer die Inhalte der Plattform völlig werbefrei erleben kann; als Ausgleich für die geringeren Werbeeinblendungen und -einnahmen wird der YouTuber an den Gebühren beteiligt, die der Nutzer für seine Premium-Mitgliedschaft bezahlt, sodass der YouTuber gleichwohl weiterhin Einnahmen erzielt, vgl. dazu support.google.com/youtube/answer/94522?hl=de (zuletzt abgerufen am 27.12.2021).

sogar über 12 Mio. € investiert.[739] An den hieraus generierten Einnahmen wird der YouTuber prozentual beteiligt,[740] sofern sein YouTube-Kanal bestimmte (quantitative) Mindestanforderungen erfüllt[741]. Wurde diese Hürde erfolgreich genommen, kann der YouTuber anschließend über das „Ob“ der Inanspruchnahme der sog. Monetarisierung[742] seiner Videos selbst befinden. Erfahrungsgemäß werden dem Webseiten-Besucher auch dann Werbeanzeigen eingespielt, wenn sich der YouTuber gegen eine Teilhabe an den erzielten Werbeeinnahmen entscheidet.

Entscheidet sich der YouTuber hingegen für die Aktivierung der Monetarisierungsfunktion, so muss er sich zunächst ein Werbekonto bei *Google AdSense*[743] erstellen und dies anschließend mit seinem YouTube-Konto verknüpfen[744]. Anschließend stehen ihm unterschiedliche Auswahlmöglichkeiten darüber zur Verfügung, welche Arten von Werbeanzeigen innerhalb oder neben den hochgeladenen Videos eingeblendet und dem Zuschauer angezeigt werden

---

739 Vgl. *Horizont*, Werbungtreibende auf YouTube mit den höchsten Werbeausgaben in Deutschland im Jahr 2017, Statistik abrufbar unter de.statista.com/statistik/daten/studie/787102/umfrage/werbungtreibende-auf-youtube-nach-werbeausgaben-in-deutschland (zuletzt abgerufen am 27.12.2021).

740 Der YouTuber wird aktuell mit 55 % an den generierten Werbeeinnahmen beteiligt, während die Plattform die übrigen 45 % einbehält, vgl. *Stang*, ZUM 2017, 380 (Fn. 11); *Grebe*, UStB 2017, 247 (249); *Homuth*, NWB 2019, 1891 (1897). Ein Zugriff auf die entsprechenden Nutzungsbedingungen von YouTube ist nur demjenigen möglich, der mit seinem YouTube-Kanal die vorbezeichneten quantitativen Voraussetzungen erfüllt, weshalb weitergehende Nachweise insoweit nicht geführt werden können.

741 Momentan verlangt YouTube insbesondere eine Wiedergabezeit der hochgeladenen Videos von 4.000 Stunden in den letzten 12 Monaten und 1.000 Abonnenten auf dem Kanal des YouTubers, siehe support.google.com/youtube/answer/72851 (zuletzt abgerufen am 27.12.2021).

742 Mit dem Begriff der Monetarisierung umschreibt YouTube die einträgliche Teilnahme an dem YouTube-Partnerprogramm, vgl. z. B. support.google.com/youtube/answer/131392 (zuletzt abgerufen am 27.12.2021).

743 *AdSense* ist ein Dienst von *Google*, mit dem insbesondere Webseiten-Betreiber durch die Schaltung von Werbung Einnahmen generieren können, siehe dazu www.google.com/intl/de_de/adsense/start (zuletzt abgerufen am 27.12.2021).

744 Die Verknüpfung beider Konten findet statt, indem der YouTuber die ID seines *AdSense*-Kontos in den Einstellungen seines YouTube-Kontos einträgt, vgl. dazu instruktiv support.google.com/youtube/troubleshooter/7367438?hl=de (zuletzt abgerufen am 27.12.2021).

745 Zu den möglichen Anzeigenformaten zählen beispielsweise Werbeanzeigen neben dem Video sowie Videoanzeigen, die vor, während oder nach dem eigentlichen

sollen[745].[746] Obschon nur ein Teil der Werbegelder an den YouTuber fließen, hat sich für diese mittlerweile ein enorm einträglicher Markt aufgetan.[747] So wurden die Werbeeinnahmen der zehn umsatzstärksten deutschen YouTuber bereits in 2017 im Schnitt auf jeweils 500 000 € p. a. geschätzt.[748]

Im Fachschrifttum[749] wird soweit ersichtlich einhellig die Auffassung vertreten, dass die über YouTube erzielten (Werbe-)Einnahmen *stets* gewerblicher Natur sein sollen. Dies scheint darauf zurückgeführt zu werden, dass die Aktivierung der Monetarisierung eines Videos die Ausübung einer aktiven Werbetätigkeit durch den YouTuber darstellen soll. Dies würde allerdings zunächst voraussetzen, dass dem YouTuber die Schaltung von Werbeanzeigen auf der Video-Plattform möglich ist. Mit Blick auf die Tatsache, dass dem YouTuber lediglich die Möglichkeit über das *Ob* seiner Teilhabe an den erzielten Werbeeinnahmen sowie *die Erscheinungsform* der inhaltlich durch *Google Adsense* ausgefüllten Werbeeinblendungen zu befinden eingeräumt wird, mangelt es ihm bereits an der Zugriffsmöglichkeit auf die Werbeflächen der Plattform, um selber als Werbetreibender tätig werden zu können. Zudem wird der YouTuber nicht allein dadurch zum Gewerbetreibenden, weil er von der Option Gebrauch macht, aus unterschiedlichen Arten und Positionen von *durch das Werbeunternehmen* eingeblendeten Werbeanzeigen auszuwählen.

Insofern trifft es vielmehr zu, YouTube und *Google Adsense* als diejenigen zu identifizieren, die den Tatbestand einer gewerblichen Werbetätigkeit verwirklichen, zumal sich nur diese beiden Akteure um Werbeverträge mit den Unternehmen bemühen und die Schaltung der Werbeanzeigen verantworten, optimieren und überwachen. Der beispielsweise unterrichtend tätige YouTuber hingegen nimmt an diesen Werbemaßnahmen nicht teil, sondern erhält lediglich eine monetäre Gegenleistung, deren Veranlassung in der zur Veröffentlichung und Verwertung erforderlichen Rechteübertragung an seinem urheberrechtlich

---

Inhalt eingeblendet werden, vgl. dazu die Übersicht der Anzeigenformate unter support.google.com/youtube/answer/2467968?hl=de (zuletzt abgerufen am 27.12.2021).

746 Instruktiv *Dürr*, NWB 2016, 2420 (2420 f.).

747 Vgl. *Brunckhorst/Sterzinger*, DStR 2018, 1689; BT-Drs. 19/6970, S. 253.

748 Vgl. *Faktenkontor*, Ranking deutscher YouTube-Kanäle nach den geschätzten Werbeeinnahmen im Jahr 2017, Statistik abrufbar unter de.statista.com/statistik/daten/studie/802920/umfrage/deutsche-youtube-kanaele-nach-werbeeinnahmen (zuletzt abgerufen am 27.12.2021).

749 *Brunckhorst/Sterzinger*, DStR 2018, 1689 (1691); *Homuth*, NWB 2018, 1891 (1897); *Schäfer*, StB 2019, 209 (212).

geschützten Werk begründet ist[750]. Die originäre Herkunft der Einnahmen aus Werbeanzeigen ist damit nicht in einer Werbetätigkeit des YouTubers begründet, sondern dem Geschäftsmodell der Plattform geschuldet, die dem YouTuber keine feste Vergütung für die Aufrufe seiner Videos zahlt, sondern stattdessen eine umsatzabhängige Beteiligung an den Werbeeinnahmen zuteilt. Die Art und Weise jedoch, auf die der *Nutzer* der Rechte seine Einnahmen erwirtschaftet, ist für die ertragsteuerliche Qualifikation des *Überlassers* der Rechte ohne Bedeutung.

Mit Blick auf die oben genannten Online-Verwertungsplattformen[751] zeigt sich, dass auch die Video-Plattform YouTube dieser Kategorie zugeordnet werden kann. Zu unterscheiden scheint sich YouTube zwar im Wesentlichen hinsichtlich der Art und Weise der generierten sowie an den YouTuber ausgezahlten Vergütungen. Tatsächlich jedoch lässt sich auch aufseiten einiger der oben genannten Verwertungsplattformen feststellen, dass diese vereinzelt sowohl eine kostenfreie als auch eine kostenpflichtige Nutzervariante anbieten, wobei erstgenannte ebenso die Einblendung von Werbung beinhaltet und die Einnahmen des Rechteüberlassenden dort somit gleichermaßen mittelbar aus Werbeeinblendungen resultieren.[752]

Entgegen den vorgefundenen Auffassungen im Fachschrifttum muss damit insgesamt die Erkenntnis obsiegen, dass der YouTuber durch die Teilhabe an den Werbeeinnahmen der Plattform nicht selbst als Werbetreibender auftritt. Vielmehr beschränken sich die zur Einnahmeerzielung via YouTube erforderlichen Handlungen auf eine Überlassung der erforderlichen Rechte an die Plattform sowie die Inanspruchnahme der offerierten Möglichkeit der Teilhabe an den von der Plattform erzielten Werbeeinnahmen. Weil es sich insoweit regelmäßig um unterzuordnende Annextätigkeiten handelt, kommt es für die ertragsteuerliche Beurteilung der über YouTube erzielten Einnahmen wie auch bei Vermögensmehrungen über Online-Verwertungsplattformen ganz entscheidend darauf an, welchem Einkünftetatbestand die hinter dem Medium stehende Tätigkeit zuzuordnen ist. Ist die Erstellung des auf YouTube hochgeladenen Mediums

---

750 Vgl. hierzu die allgemeinen Geschäftsbedingungen der Plattform, abrufbar unter www.youtube.com/static?gl=DE&template=terms&hl=de (zuletzt abgerufen am 27.12.2021).

751 Zweiter Teil C.III.

752 So wirbt z. B. die Streaming-Plattform *Spotify* auf ihrer Webseite gezielt damit, dass bei einer kostenpflichtigen Premium-Mitgliedschaft keine Werbeunterbrechungen mehr stattfinden, siehe www.spotify.com/de/premium (zuletzt abgerufen am 27.12.2021).

als Ausübung einer freiberuflichen Tätigkeit zu qualifizieren, so stellen die von YouTube anteilig weitergeleiteten Werbeeinnahmen originär freiberufliche Betriebseinnahmen dar. In Betracht kommt dies neben unterrichtenden Tätigkeiten insbesondere auch für künstlerische, wissenschaftliche oder journalistische Tätigkeiten.

6. *Affiliate-Marketing*

a) *Beschreibung des Phänomens*

Weitergehend zu den gängigen Facetten der digitalen Einnahmeerzielung über das Internet zählt der Fall, in dem der Steuerpflichtige selbst (unmittelbar oder mittelbar) in Kontakt zu Werbeunternehmen tritt und entsprechende Werbemaßnahmen zur Erzielung von Einnahmen digital umsetzt. Der Kontakt zwischen den beiden Protagonisten wird regelmäßig über sog. Affiliate-Netzwerke wie z. B. *AWIN*[753], *Super Affiliate Network*[754] oder das Partnerprogramm von *Amazon*[755] hergestellt.[756] Dabei kommt es entweder zu einem Vertragsabschluss zwischen Affiliate, *Advertiser* und Netzwerk (Dreiecksverhältnis) oder zu dem Vorliegen zweier Verträge (zwischen Affiliate und Netzwerk einerseits sowie *Advertiser* und Netzwerk andererseits), wobei letztgenannte Variante die *in praxi* gängigere ist.[757] Indes ist ebenso möglich, dass es zu einem unmittelbaren Vertragsabschluss zwischen Affiliate und *Advertiser* kommt, wobei das Netzwerk gegebenenfalls als Vermittler agiert.[758]

---

753 www.awin.com (zuletzt abgerufen am 27.12.2021).

754 www.affiliate-deals.de/top-partnerprogramme (zuletzt abgerufen am 27.12.2021).

755 partnernet.amazon.de (zuletzt abgerufen am 27.12.2021).

756 Dem Affiliate-Netwerk obliegt darüber hinaus in aller Regel die technische Umsetzung, namentlich insbesondere die Zuordnung des provisionsauslösenden Ereignisses des Users zum *Publisher* („*Tracking*“) sowie die Abwicklung der Provisionszahlungen, wofür es im Gegenzug eine Gebühr einbehält, vgl. *Schirmbacher/Ihmor*, CR 2009, 245.

757 Vgl. *Schirmbacher/Ihmor*, CR 2009, 245 (246).

758 Vgl. *Redeker*, IT-Recht, Rn. 1255; LG Hamburg v. 3.8.2005 – 315 O 296/05, CR 2006, 130; KG Berlin v. 2.6.2015 – 5 U 108/14, MMR 2016, 816 (insoweit rkr.); BGH v. 7.10.2009 – I ZR 109/06, CR 2009, 794 (795).

Unabhängig von der im Einzelfall zugrunde liegenden Vertragskonstellation wird der Affiliate[759] – auch *Publisher*[760] genannt – letzten Endes zum Werbe- bzw. Vertriebspartner des *Advertisers* oder *Merchants*[761]. Die Tätigkeit des Affiliates besteht hierbei im Wesentlichen darin, potenzielle Kunden durch die Verwendung von Affiliate-Links oder -Bannern auf die Webseite des Werbepartners zu führen, wofür er im jeweils vertraglich vereinbarten Erfolgsfalle eine Vergütung erhält.[762] In der Vergütungspflicht nur im Erfolgsfalle wird ein wesentlicher Vorteil dieser Form des Marketings gesehen.[763] Daher wurden bereits im Jahre 2016 (unter steigender Tendenz) insgesamt 7,6 Mrd. € in Affiliate-Marketing investiert[764].

Der chronologische Ablauf im Rahmen des Affiliate-Marketings stellt sich regelmäßig wie folgt dar: Zuerst legt der *Advertiser* eine Werbekampagne (Affiliate-Programm) in einem Affiliate-Netzwerk an, wobei er spezifische Werbemittel bereitstellen kann[765] sowie die Vertrags- und Vergütungsmodalitäten festlegt. Die meisten Affiliate-Programme sehen eine erfolgsabhängige

---

759 Der englische Begriff bedeutet übersetzt soviel wie „Partner“ oder „angeschlossenes Unternehmen“, vgl. www.dict.leo.org/englisch-deutsch/affiliate (zuletzt abgerufen am 27.12.2021).

760 Der englische Begriff bedeutet in dem Zusammenhang übersetzt soviel wie „Verbreiter“, vgl. www.dict.leo.org/englisch-deutsch/publisher sowie www.awin.com/de/faq#allgemein-affiliate-marketing-erklärt (jeweils zuletzt abgerufen am 27.12.2021).

761 Die beiden vorstehenden Begriffe werden synonym verwendet und umschreiben den Händler (*Merchant*) bzw. Werbekunden (*Advertiser*), der sich in einem Affiliate-Netzwerk anmeldet, um vermarktet zu werden bzw. seine Produkte vermarkten zu lassen. Vgl. dazu www.dict.leo.org/englisch-deutsch/advertiser sowie www.dict.leo.org/englisch-deutsch/merchant (zuletzt abgerufen am 27.12.2021).

762 Vgl. *Homuth*, NWB 2018, 1891 (1897); *Fiand*, NWB 2019, 3345; *Spieker*, GRUR 2006, 903 (903 f.); *Sobola*, in: Auer-Reinsdorff/Conrad, IT-Recht, § 42 Rn. 207; *Hoeren*, in Hoeren/Sieber/Holznagel, Multimedia-Recht, Teil 18.2 Rz. 106 (Stand: März 2015); *Mankowski*, in: Fezer/Büscher/Obergfell, UWG, S 12, Rn. 299 m. w. N.

763 *Hort-Boutouil/Kremer*, in: Redeker, Handbuch der IT-Verträge, Affiliate Marketing-Vertrag, Rn. 2 (Stand: November 2016).

764 *BVDW*, Umsatz durch Affiliate Marketing im Online-Handel in Deutschland in den Jahren 2014 bis 2016, Statistik abrufbar unter de.statista.com/statistik/daten/studie/741977/umfrage/umsatz-durch-affiliate-marketing-im-online-handel-in-deutschland (zuletzt abgerufen am 27.12.2021).

765 Siehe z. B. partnernet.amazon.de/welcome/topic/tools (zuletzt abgerufen am 27.12.2021). Allerdings ist ebenso denkbar, dass dem Affiliate in Ermangelung entsprechender Vereinbarungen bzw. Vorgaben die Erstellung der Werbemittel selbst überlassen wird.

Vergütung vor, die – je nach Ausgestaltung – entweder durch das Weiterleiten von Besuchern auf die Webseite des *Advertisers* (sog. „*Pay-per-Click*“-Modell), durch einen auf der Webseite des *Advertisers* getätigten Kauf (sog. „*Pay-per-Sale*“-Modell) oder eine dortige Registrierung als Nutzer (sog. „*Pay-per-Lead*“-Modell) entsteht.[766] Nachdem der *Merchant* das Affiliate-Programm erfolgreich angelegt hat, kann der *Publisher* die Teilnahme an diesem Programm beantragen und, sobald sein Antrag akzeptiert wurde, mit der Vermarktung starten.[767] Hierzu bindet der Affiliate digitale Werbemittel (etwa Links oder Banner), die auf die Webseite des *Merchants* verlinkt sind, z. B. auf seiner eigenen Webseite ein[768]. Über diese verlinkten Werbemittel erhofft der *Publisher* schließlich, die Besucher seiner Webseite zu einer vergütungsfähigen Handlung zu bewegen, indem sie beispielsweise per Klick auf die Webseite des Werbepartners gelangen und/oder dort einen Kauf tätigen. Auch einem unterrichtend tätigen Freiberufler ist es damit dem Grunde nach unbenommen als Affiliate tätig zu werden, um entweder zusätzliche Einnahmen zu erzielen oder hierdurch überhaupt eine Monetarisierung seines freiberuflichen Tuns über das Internet zu erreichen.

b) Zivilrechtliche Einordnung

Zur zivilrechtlichen Einordnung von Affiliate-Marketing-Verträgen bedarf es in Ermangelung einer gesetzlichen Regelung des entsprechenden Vertragstypen einer vertragstypologischen Einordnung im Wege der Auslegung gem. §§ 133, 157 BGB.[769] Dabei ist grundsätzlich zwischen den vorgenannten Vergütungsmodellen zu differenzieren, zumal es einen entscheidenden Unterschied machen kann, ob ein vermittelter Kundenkontakt („*Pay per Lead*“), erst ein abgeschlossener Kauf auf der Seite des Händlers („*Pay per Sale*“) oder bereits der bloße Klick

---

766 *Hort-Boutouil/Kremer*, in: Redeker, Handbuch der IT-Verträge, Affiliate Marketing-Vertrag, Rn. 5 (Stand: November 2016). In dem Zusammenhang ist auch eine beliebige Kombination der einzelnen Vergütungsmodelle denkbar, deren vielgestaltige Darlegung jedoch nicht Gegenstand der vorliegenden Arbeit ist.

767 Vgl. BGH v. 7.10.2009 – I ZR 109/06, CR 2009, 794 (795), sowie ferner z. B. s3.amazonaws.com/docs.awin.com/Legal/Publisher+terms+and+conditions+2019+DE.pdf, unter 4.1 (zuletzt abgerufen am 27.12.2021).

768 Denkbar ist in dem Zusammenhang auch, dass hierzu anderweitige virtuelle Flächen genutzt werden, auf die der *Publisher* zugreifen kann. So kann er den Online-Shop eines Werbepartners ebenso in seinem eigenen Social-Media-Profil oder in der Video-Beschreibung eines eigenen YouTube-Videos verlinken.

769 *Hort-Boutouil/Kremer*, in: Redeker, Handbuch der IT-Verträge, Affiliate Marketing-Vertrag, Rn. 9 (Stand: November 2016).

(„*Pay per Click*") auf das Werbemittel einen Vergütungsanspruch begründet.[770] Während hierbei flächendeckend die Qualifikation als Handelsvertretervertrag nicht in Betracht kommt, weil der Affiliate in aller Regel nicht vertraglich dazu verpflichtet, sondern lediglich dazu *berechtigt* ist, tätig zu werden und zudem lediglich mit dem Kontaktaufbau zu potenziellen Kunden, nicht jedoch deren Beratung und Betreuung betraut ist,[771] könnte dem Affiliate-Marketing möglicherweise ein Dienst-[772] oder Werkvertrag[773] zugrunde liegen. Dies scheitert allerdings regelmäßig bereits an der fehlenden Leistungsverpflichtung des Affiliates.[774] Vereinzelt werden in den Affiliate-Marketing-Verträgen auch mietvertragliche Elemente erblickt,[775] obwohl die Überlassung oder Bereitstellung einer spezifischen (Werbe-)Fläche in den hier genannten Fällen gerade nicht Gegenstand der Vertragsbedingungen eines Affiliate-Programms ist.

Für das Vorliegen eines Nachweismaklervertrages spricht nach hier vertretener Auffassung demgegenüber insbesondere, dass der Affiliate zwar nicht zur Herbeiführung vergütungsfähiger Handlungen verpflichtet ist, gleichwohl aber der Auftraggeber (*Advertiser* oder Netzwerkbetreiber) für den Nachweis der Gelegenheit zum Abschluss eines Vertrages und einen infolge des Nachweises zustande kommenden Vertragsabschluss zur Zahlung einer Provision verpflichtet ist (vgl. § 652 Abs. 1 BGB).[776] Denn gerade im Bereich von

770 Vgl. *Schirmbacher/Ihmor*, CR 2009, 245 (246 ff.).

771 So auch *Schirmbacher/Ihmor*, CR 2009, 245 (247); *Hort-Boutouil/Kremer*, in: Redeker, Handbuch der IT-Verträge, Affiliate Marketing-Vertrag, Rn. 24 f. (Stand: November 2016); vgl. in dem Zusammenhang auch *Emde/Valdini*, BB 2016, 899 ff., mit einer überzeugenden Einordnung eines Online-Hotelportals als Handelsvertreter, zumal sich das Portal – anders der Affiliate im Regelfall – dienstvertraglich zum Tätigwerden verpflichtet hat.

772 In diesem Sinne *Schirmbacher/Ihmor*, CR 2009, 245 (248), betreffend solche „*Pay-per-Lead*"-Modelle, bei denen die vereinbarte Vergütungshandlung keinen Vertragsabschluss zwischen Nutzer und *Advertiser* voraussetzt, weil z. B. bereits die Vermittlung eines qualifizierten Kundenkontakts vergütet werde.

773 Vgl. dazu *Hort-Boutouil/Kremer*, in: Redeker, Handbuch der IT-Verträge, Affiliate Marketing-Vertrag, Rn. 15 ff. (Stand: November 2016).

774 Vgl. *Edenfeld*, in: Erman, BGB, § 611 Rn. 1; *Peters*, in: Staudinger, BGB, Vorbemerkungen zu §§ 631 ff. Rn. 1.

775 Vgl. *Hort-Boutouil/Kremer*, in: Redeker, Handbuch der IT-Verträge, Affiliate Marketing-Vertrag, Rn. 19 ff. (Stand: November 2016).

776 Vgl. betreffend ein unmittelbares Vertragsverhältnis zwischen Affiliate und *Advertiser* KG Berlin v. 2.6.2015 – 5 U 108/14, MMR 2016, 816 (817, insoweit nicht Gegenstand des Revisionsverfahrens, siehe BGH v. 21.7.2016 – I ZR 127/15, WRP 2017, 169). In diesem Sinne wohl auch *Schirmbacher/Ihmor*, CR 2009, 245 (247); *Ernst*, CR 2006,

„*Pay-per-Sale*“-Vereinbarungen erhält der Affiliate (erst dann) einen Vergütungsanspruch, wenn er nachweislich Nutzer auf die Webseite des Werbeunternehmens geführt hat, mithin die Gelegenheit zum Abschluss eines Vertrages besorgt hat und es anschließend tatsächlich zu einem Vertragsabschluss zwischen Nutzer und *Advertiser* kommt.[777] Dagegen kommt die Annahme eines Nachweismaklervertrages für „*Pay-per-Lead*“-Modelle nicht in Betracht, weil die vereinbarte Vergütungshandlung im Einzelfall keinen Vertragsabschluss zwischen Nutzer und *Advertiser* voraussetzt (sondern z. B. die Vermittlung eines qualifizierten Kundenkontakts oder etwa das Abonnement eines Newsletters), sodass letzten Endes ein Dienstvertrag mit einer erfolgsbezogenen Vergütung vorliegt.[778]

c) Ertragsteuerliche Würdigung

aa) Isolierte Tätigkeitsbetrachtung

Dem Fachschrifttum zufolge sollen Affiliate-Tätigkeiten der gewerblichen Sphäre zuzuordnen sein.[779] Dies ist mit der im Regelfall vorzunehmenden typologischen Einordnung der Tätigkeit eines Affiliates als Nachweismakler insofern naheliegend, als die Tätigkeit als selbständiger Makler seit jeher eine typische gewerbliche Tätigkeit darstellt[780]. Gleiches würde allerdings auch dann gelten, wenn die Tätigkeit im Einzelfall eher mit jener eines Handelsvertreters oder -maklers vergleichbar wäre.[781] Denn nicht nur der Makler wird typischerweise gewerblich tätig; vielmehr sind jedwede auf Absatzförderung Dritter gerichtete Tätigkeiten dem Bereich des § 18 Abs. 1 Nr. 1 EStG fremd und stellen somit stets

---

66 (67); a. A. *Hort-Boutouil/Kremer*, in: Redeker, Handbuch der IT-Verträge, Affiliate Marketing-Vertrag, Rn. 26 ff. (Stand: November 2016).

777 Vgl. dazu grundlegend *Arnold*, in: Staudinger, BGB, Vorbemerkungen zu §§ 652 ff. Rn. 1.

778 *Schirmbacher/Ihmor*, CR 2009, 245 (248).

779 Vgl. *Schäfer*, StB 2019, 209 (212); *Brunckhorst/Sterzinger*, DStR 2018, 1689 (1692); *Homuth*, NWB 2018, 1891 (1897); *Schmidt/Kollmann/Karl*, DStR 2021, 765 (766).

780 So bereits RFH v. 1.6.1938 – VI 273/38, RStBl. 1938, 842; vgl. auch BFH v. 7.5.2008 – X R 49/04, BStBl. II 2008, 711 (713); v. 24.6.1976 – IV R 173/74, BStBl. II 1976, 641 (643); v. 9.8.1983 – VIII R 92/83, BStBl. II 1984, 129.

781 In diesem Sinne *Reichl/Wiedmann*, FR 2019, 201 (204), betreffend die Vermittlungsleistungen eines Suchmaschinenbetreibers durch den Klick eines Internetnutzers auf eine Werbeanzeige.

eine originär gewerbliche Tätigkeit dar.[782] Für das Vorliegen einer auf Absatzförderung gerichteten Tätigkeit kommt einer erfolgsabhängigen Vergütung auf Provisionsbasis eine gewichtige Indizwirkung zu.[783] Dabei genügt es allerdings, wenn der Steuerpflichtige (nur) mittelbar an der Vermittlung von Geschäftsabschlüssen beteiligt wäre.[784] Damit scheint die Tätigkeit eines Affiliates ohne besondere Schwierigkeiten der Gewerblichkeit zuzuordnen zu sein.

Dieses Ergebnis gilt es allerdings im Hinblick auf das digitale Stattfinden einer Affiliate-Tätigkeit noch unter dem Aspekt zu verifizieren, dass die Annahme eines Gewerbebetriebes voraussetzt, dass die ausgeübte Tätigkeit über das Maß einer bloßen Vermögensverwaltung hinausgeht. Denn im Fachschrifttum[785] wird im Zusammenhang mit der ertragsteuerlichen Würdigung von *automatisierten Werbeleistungen* über das Internet vereinzelt vertreten, dass diesen Leistungen eine *Nutzungsüberlassung von Rechten und ähnlichen Erfahrungen* zugrunde liege. Damit könnte sich die Tätigkeit eines Affiliates möglicherweise doch im Bereich der bloßen Vermögensverwaltung (§ 21 Abs. 1 S. 1 Nr. 3 EStG) bewegen. Mit ähnlicher Begründung nimmt in Fällen digitaler Werbeleistungen auch die derzeitige Betriebsprüfungspraxis vermehrt die Nutzungsüberlassung eines Rechts an.[786] Diese Auffassung ist jedoch abzulehnen, weil selbst ein noch

---

782 Vgl. bereits RFH v. 30.8.1939 – VI 562/39, RStBl. 1940, 14; ferner BVerfG v. 25.10.1977 – 1 BvR 15/75, BVerfGE 46, 224 (245); BFH v. 27.2.1992 – IV R 131/90, BFH/NV 1992, 664 (665); v. 6.9.1995 – XI R 91/94, BFH/NV 1996, 135 (136); v. 8.12.2006 – XI B 57/06, BFH/NV 2007, 687 (688); v. 28.6.2001 – IV B 20/01, BFH/NV 2001, 1400; v. 14.6.1984 – I R 204/81, BStBl. II 1985, 15 (17); *Tassius*, in: Bös/Schmieszek, GewStG, § 2 Rz. 130 (Stand: Juli 2021); *Brandt*, in: H/H/R, EStG, § 18 Rz. 600, Stichwort „Handelsvertreter" (Stand: Februar 2020).

783 Allerdings schließt eine erfolgsabhängige Vergütungsvereinbarung die Freiberuflichkeit nicht per se aus, zumal die Subsumtion unter die Merkmale der Einkunftstatbestände Vorrang vor einer typisierenden Betrachtung beansprucht, vgl. z. B. BFH v. 4.6.1992 – IV R 86–88/91, BFH/NV 1992, 811; v. 2.10.1968 – I R 1/66, BStBl. II 1969, 138 (140); *Stapperfend*, in: H/H/R, EStG, § 15 Rz. 1072 (Stand: August 2017).

784 BFH v. 6.9.1995 – XI R 91/94, BFH/NV 1996, 135 (136), sowie v. 27.2.1992 – IV R 131/90, BFH/NV 1992, 664 (665), jeweils unter Verweis auf *Grube*, StuW 1981, 34 (43).

785 *Hruschka*, DStR 2019, 88 (89 ff.), unter Bejahung einer beschränkten Steuerpflicht im Ausland ansässiger Werbeunternehmen sowie einer damit einhergehenden Steuereinbehaltungspflicht nach § 50a EStG durch die Überlassung von Rechten und ähnlichen Erfahrungen im Sinne des § 49 Abs. 1 Nr. 9 EStG.

786 *Linn*, DStR 2019, 418, weist in dem Zusammenhang darauf hin, dass die Betriebsprüfung ihre im Ergebnis ähnliche Auffassung auf § 49 Abs. 1 Nr. 1 lit. f Doppelbuchst. aa i. V. m. § 21 Abs. 1 S. 1 Nr. 3 EStG stütze.

so aufwendiger und umfangreicher Algorithmus einer Webseite doch letzten Endes nur ein Mittel zum Zweck darstellt, um die vergütungsfähige Dienstleistung erfolgreich auszuführen, während eine Überlassung von Rechten oder Know-how gerade nicht stattfindet.[787] Insofern ist es auch trotz der Zuhilfenahme von digitaler Unterstützung der Steuerpflichtige selbst, der die Werbeleistung erbringt. Denn für die Annahme einer Dienstleistung macht es – gerade in der heutigen Zeit – keinen Unterschied mehr, ob die Leistung durch persönliches Tätigwerden des Steuerpflichtigen erbracht wird oder aber – wie hier – vorwiegend durch technische Abläufe.[788]

Damit ist festzuhalten, dass das finale Erwerbshandeln eines Affiliates unabhängig von der im Einzelfall vorzunehmenden vertragstypologischen Einordnung der zugrunde liegenden Modalitäten schlussendlich primär auf eine Absatzförderung bzw. einen ähnlichen, den Geschäftsbetrieb des Werbepartners fördernden Vorgang gerichtet ist, womit es unterschiedslos dem Anwendungsbereich des § 18 EStG fremd ist und somit – jedenfalls bei isolierter Betrachtung – zu Einkünften aus Gewerbebetrieb führt. Dies gilt zudem gleichsam für sämtliche Vergütungsmodelle, da es hinsichtlich der Tätigkeitsbeurteilung keinen Unterschied macht, ob der vergütungsfähige Erfolg im Einzelfall in der Vermittlung eines Geschäftsabschlusses oder einer bloßen Registrierung als Nutzer liegt, zumal eine Förderung von Umsätzen, Vertragsabschlüssen oder anderweitigen geschäftsfördernden Maßnahmen des Werbepartners unterschiedslos im Mittelpunkt der Tätigkeit steht.

bb) Aufeinandertreffen mit freiberuflicher Tätigkeit

In den untersuchungsgegenständlichen Fällen liegt die Besonderheit vor, dass es gerade der Freiberufler ist, der beispielsweise als Online-Lehrer und in dem Zusammenhang zur Einnahmeerzielung nunmehr (auch) als Affiliate tätig wird. Dadurch interferieren die beiden Tätigkeitskomponenten des Steuerpflichtigen insofern miteinander, als der Freiberufler zumeist seine (Online-)Reichweite sowie die ihm zur Verfügung stehenden digitalen Flächen (z. B. auf seiner Internetseite) verwendet, um eine möglichst öffentlichkeitswirksame und damit erfolgreiche Platzierung der Werbemittel des *Merchants* vornehmen zu können.

---

787 So auch *Linn*, DStR 2019, 418 (419 ff.); *Haase*, DStR 2019, 761 (762, 764 f.); *Pinkernell*, FR 2017, 20 (21 f.); vgl. auch BFH v. 26.4.2018 – III R 25/16, BFH/NV 2018, 1199 Rz. 38; BMF v. 3.4.2019 – IV C 5 – S 2411/11/10002, BStBl. I 2019, 256.

788 Vgl. BFH v. 26.4.2018 – III R 25/16, BFH/NV 2018, 1199 Rz. 37; *Reichl/Wiedmann*, FR 2019, 201 (204); *Pinkernell*, FR 2017, 20 (22).

Überdies wird der Freiberufler in der Regel vorwiegend überhaupt nur deshalb als Affiliate tätig, um trotz der kostenfreien Zugänglichmachung seiner originären Webseiten-Inhalte gleichwohl Einnahmen erzielen zu können. Insofern stellt sich nunmehr die Frage, welche ertragsteuerlichen Auswirkungen das Zusammentreffen der originär freiberuflichen sowie der originär gewerblichen Tätigkeit zeitigt.

Im Hinblick auf die alternative Monetarisierung des freiberuflichen Tuns über das Tätigwerden als Affiliate käme möglicherweise die Einordnung der Affiliate-Tätigkeit als Annex zur Freiberuflichkeit in Betracht.[789] Diese Unterordnung scheidet allerdings deshalb aus, weil die absatzfördernde Tätigkeit als Affiliate keinen inneren Zusammenhang mit den freiberuflichen Kernleistungen aufweist und somit auch nicht zu deren *nämlicher Ausführung* erforderlich ist. Überdies handelt es sich auch nicht um eine reine Verwertung der freiberuflichen Tätigkeit,[790] wie es etwa bei der Überlassung freiberuflich geschaffener Rechte der Fall wäre. Vielmehr erbringt der Freiberufler als Affiliate wie dargetan originär gewerbliche Leistungen und begründet hierdurch eine selbständige Erwerbsquelle.[791] Allein das Fehlen originär freiberuflicher Betriebseinnahmen, aus dem heraus der Steuerpflichtige als Affiliate tätig wird, vermag ein Abweichen von dem Grundsatz der Tatbestandsmäßigkeit der Besteuerung nicht zu rechtfertigen.[792]

789 Dazu grundlegend Zweiter Teil B.II.

790 Ähnlich BFH v. 16.5.2001 – I R 64/99, BStBl. II 2003, 641 (642), wonach Werbemaßnahmen, die (nur) anlässlich einer sportlichen Darbietung erfolgen, keine solchen sind, durch die das Ergebnis des Dargebotenen oder ein dadurch geschaffener Wert verwertet wird. Vielmehr stehen sie zur eigentlichen Verwertung in nur einem mittelbaren Zusammenhang, vgl. auch *Maßbaum*, in: H/H/R, EStG, § 49 Rz. 543 (Stand: August 2019).

791 So wohl auch *Brunckhorst/Sterzinger*, DStR 2018, 1689 (1691 f.); *Homuth*, NWB 2018, 1891 (1897); *Schäfer*, StB 2019, 209 (212), die diesen Prüfungsschritt allesamt gedanklich überspringen und sich stattdessen unmittelbar der Frage nach der Trennbarkeit des Nebeneinanders von gewerblicher und freiberuflicher Tätigkeit befassen. Dieser weitergehenden Problemstellung widmet sich die vorliegende Untersuchung sogleich.

792 Ähnlich bereits BFH v. 25.6.1953 – IV 151/53 U, BStBl. III 1953, 256, im Zusammenhang mit der als gewerblich beschiedenen Tätigkeit eines Selbstverlegers, obgleich dieser nur deshalb den Weg des Selbstverlages bestritten hatte, weil er keinen Verleger hat finden können.

cc) Trennbarkeit der Tätigkeiten

(1) Beurteilungsproblematik und Lösungsansatz

Infolgedessen, dass die Tätigkeit als Affiliate nicht als Annexleistung von der Freiberuflertätigkeit mit umfasst wird, kommt es aufgrund der sachlichen und wirtschaftlichen Zusammenhänge zwischen beiden Tätigkeiten zum Vorliegen einer gemischten Tätigkeit, die es zu entmischen gilt, sofern die Tätigkeiten nach der Verkehrsanschauung nicht untrennbar miteinander verflochten sind.[793] In der Literatur wird bisweilen einerseits vertreten, dass die Einnahmen aus Marketing und Werbung einer eigenständigen (gewerblichen) Tätigkeit zuzurechnen sein sollen, zumal freiberufliche und gewerbliche Tätigkeit einander nicht unauflösbar bedingen würden.[794] Auf der anderen Seite heißt es, dass eine Trennung aufgrund des sachlichen und wirtschaftlichen Zusammenhangs zwischen gewerblicher und freiberuflicher Tätigkeit „regelmäßig nicht möglich sein [dürfte]“[795]. Hieran zeigt sich erneut, dass die Verkehrsanschauung, auf die in Grenzfällen zurückgegriffen werden soll, in den vorliegend betrachteten Konstellationen nicht einwandfrei bestimmbar ist.[796]

Daher werden nachfolgend zur Beantwortung der Frage, ob die gemischte Tätigkeit in ihre Einkunftstatbestände aufgespalten oder nur einer einheitlichen Einkünftequalifikation unterzogen werden kann, die einzelnen Berührungspunkte zwischen den Tätigkeiten anhand der von Rechtsprechung und Literatur entwickelten Indizien der (Un-)Trennbarkeit herangezogen. Dabei ist allerdings zu beachten, dass einige der Abgrenzungskriterien im Zusammenhang mit der Frage nach der Trennbarkeit *mehrerer gewerblicher Tätigkeiten* entwickelt wurden. Insoweit verfolgt die Abgrenzungsfrage insbesondere im Hinblick auf die im Falle einer Trennbarkeit eintretende Vervielfältigung des Gewerbesteuerfreibetrages (§ 11 Abs. 1 S. 3 Nr. 1 GewStG) jedoch einen anderen Grundgedanken als die Abgrenzung zwischen einer gewerblichen und einer nicht-gewerblichen Tätigkeit.[797] Damit geht die Tendenz bei der Beurteilung mehrerer gewerblicher

---

793 Vgl. nur BFH v. 11.7.1991 – IV R 33/90, BStBl. II 1992, 353 (356) m. w. N.

794 *Brunckhorst/Sterzinger*, DStR 2018, 1689 (1691 f.); *Schäfer*, StB 2019, 209 (212).

795 *Homuth*, NWB 2018, 1891 (1899).

796 Dies bemängelten grundlegend bereits *Tipke*, Grundstücksveräußerungen im Steuerrecht, S. 32; *Zugmaier*, Einkünftequalifikation im Einkommensteuerrecht, S. 50.

797 Vgl. etwa *Sarrazin*, in: Lenski/Steinberg, GewStG, § 2 Rn. 1451 (Stand: September 2020), der begrifflich danach unterscheidet, dass es bei einer gemischten Tätigkeit um die Abgrenzung eines Gewerbebetriebes „zu *sonstigen* [Hervorh. d. Verf.] gleichzeitigen Tätigkeiten des Steuerpflichtigen“ gehe, während es „zum anderen“

Tätigkeiten zu einer Einheitsbehandlung, während im Verhältnis unterschiedlicher Einkunftsarten zueinander insbesondere aufgrund der Tatbestandsmäßigkeit der Besteuerung sowie der Konstruktion des EStG als Einkunftsartenrecht der Grundsatz der Trennung Platz greift.[798] Sprechen demnach bestimmte Kriterien für eine Trennbarkeit zweier zusammenhängender gewerblicher Tätigkeiten, so wird eine Trennbarkeit freiberuflicher und gewerblicher Tätigkeiten in einer vergleichbaren Konstellation regelmäßig erst recht möglich sein. Umgekehrt führt eine gebotene Einheitsbetrachtung mehrerer gewerblicher Tätigkeiten jedoch nicht zwangsläufig zu einer einheitlichen Beurteilung freiberuflich-gewerblich gemischter Tätigkeiten.

(2) Interne Organisation

Nach *Rose*[799] soll ein wichtiger Indikator sein, ob der Steuerpflichtige selbst im Rahmen seines Rechnungswesens „eine Einheit oder eine Vielheit" annimmt. Mache sich der Steuerpflichtige „nicht einmal die Mühe der Trennung seiner Einnahmen", so spreche dies mit großer Wahrscheinlichkeit für eine Einheitlichkeit der Betätigung. Dem FG Rheinland-Pfalz zufolge soll es im Grenzfall sogar maßgeblich darauf ankommen, „ob der Stpfl. alles ihm Mögliche getan hat, um die vollkommene Eigenständigkeit der Betriebe in wirtschaftlicher, finanzieller und organisatorischer Hinsicht herbeizuführen."[800]

Während die Bemühungen des Steuerpflichtigen zur Trennung der Betriebe im Verhältnis mehrerer gewerblicher Tätigkeiten zueinander, die im Zweifel eine Einheit darstellen sollen, damit ein tragfähiges Abgrenzungskriterium sein können, ist hinsichtlich einer freiberuflich-gewerblich gemischten Tätigkeit nicht

---

darum gehe, ob eine natürliche Person mehrere Gewerbebetriebe nebeneinander unterhalten könne.

798 Ähnlich *Koller*, Abgrenzung von Einkunftstatbeständen, S. 30 f., 187, demzufolge die Rechtsprechung bei der einkunftsartinternen Abgrenzung strengere Maßstäbe anlege als bei der Abgrenzung unterschiedlicher Einkunftsarten. Vgl. auch *Wacker*, in: Schmidt, EStG, § 15 Rz. 97, wonach ein einheitlicher Betrieb bei gleichartigen Betätigungen regelmäßig indiziert sei.

799 *Rose*, DB 1980, 2464 (2468); zustimmend *Zugmaier*, Einkünftequalifikation im Einkommensteuerrecht, S. 90 f.

800 FG Rheinland-Pfalz v. 23.4.1991 – 2 K 2750/90, EFG 1992, 90 (91). Ähnlich wohl auch BFH v. 14.9.1965 – I 64/63 U, BStBl. III 1965, 656 (657), demzufolge es keinen Bedenken begegnen würde, dass die Vorinstanz entscheidend darauf abgestellt habe, welche Maßnahmen der Beschwerdeführer selbst getroffen habe, um die Selbständigkeit beider Betriebe nach innen und außen hervorzuheben.

ersichtlich, dass die Tatbestandsmäßigkeit der Besteuerung dadurch unterlaufen werden könnte, dass der Steuerpflichtige keine getrennten Aufzeichnungen führt.[801] Vielmehr würde insoweit die Zuordnung tätigkeitsübergreifender Aufwendungen und Erträge (retrograd) im Schätzungswege zu lösen sein.[802] Auch umgekehrt kann eine nach der Verkehrsanschauung vorliegende betriebliche Einheit nicht dadurch der Einheitsbetrachtung entzogen werden, indem die Entgelte in den Rechnungen und in der Buchführung getrennt ausgewiesen werden[803]. Der internen Organisation des Steuerpflichtigen kommt damit insgesamt nur eine untergeordnete Indizwirkung zu.[804]

(3) Wirtschaftliche Abhängigkeit

Eine untrennbare Verflechtung zwischen freiberuflicher und gewerblicher Tätigkeit könnte sich möglicherweise aus der stellenweisen wirtschaftlichen Abhängigkeit des Online-Freiberuflers von Einnahmen aus Online-Werbung ergeben. Diese Auffassung vertrat jüngst das Bundessozialgericht (BSG)[805] in einem *obiter dictum*, als es sich mit der Frage nach der Versicherungspflicht eines Online-Journalisten befassen musste, der fast ausschließlich Einnahmen aus dem Verkauf von Werbeflächen auf seiner Webseite erzielte. Hierzu wagte der entscheidende Senat in seiner Urteilsbegründung einen Ausflug in das Einkommensteuerrecht, wobei er zunächst anmerkte, dass die Einnahmen des Klägers aus dem Verkauf der Werbeflächen von der Finanzverwaltung als solche aus Gewerbebetrieb gewertet wurden. Gegen diese Würdigung lehnte sich das BSG mit der Begründung auf, dass der Verkauf von Werbeflächen ein „untrennbarer Bestandteil […] zur Refinanzierung der auf der eigenen Webseite kostenlos veröffentlichten Artikel" sei, weshalb sich beide Tätigkeiten gegenseitig bedingen

801 Vgl. z. B. BFH v. 25.3.2009 – IV R 21/06, BStBl. II 2010, 113 (116); v. 8.10.2008 – VIII R 53/07, BStBl. II 2009, 143 (147); v. 16.2.1961 – IV 235/60 U, BStBl. III 1961, 210.

802 So auch die st. Rspr.: BFH v. 21.4.1994 – IV R 99/93, BStBl. II 1994, 650 (652); v. 11.7.1991 – IV R 15/90, BStBl. II 1991, 889 (891); v. 16.2.1961 – IV 235/60 U, BStBl. III 1961, 210; v. 23.10.1956 – I 116/55 U, BStBl. III 1957, 17 (19), ebenso wie die Finanzverwaltung (H 15.6 „Gemischte Tätigkeit – Getrennte Behandlung" EStH 2020) und die Literatur, vgl. *Koller*, Abgrenzung von Einkunftstatbeständen, S. 54 m. w. N.; *Wacker*, in: Schmidt, EStG, § 15 Rz. 97; *Brandt*, in: H/H/R, EStG, § 18 Rz. 75 (Stand: Februar 2020).

803 BFH v. 15.12.1971 – I R 49/70, BStBl. II 1972, 291 (292) m. w. N.

804 Vgl. BFH v. 8.10.2008 – VIII R 53/07, BStBl. II 2009, 143 (147); v. 23.10.1956 – I 116/55 U, BStBl. III 1957, 17 (18 f.).

805 BSG v. 21.7.2011 – B 3 KS 5/10 R, ZUM-RD 2012, 303 (307).

würden und die erzielten Einnahmen entsprechend dem Tätigkeitsschwerpunkt insgesamt als solche aus freiberuflicher Tätigkeit zu werten seien. Zur Begründung stützte sich der erkennende Senat auf die „vergleichbare [...] Konstellation" in einem Urteil des BFH[806], in dem die Frage nach der einheitlichen oder getrennten Erfassung der Betätigungen eines im Bereich der Werbung tätigen Künstlers streitgegenständlich war.

Im Hinblick auf die ertragsteuerlichen Ausführungen des BSG ist zu bemerken, dass die Bezugnahme auf die Entscheidung des BFH deshalb fehlgeht, weil in dem Urteil tatsächlich eine Trennung von Werbetätigkeit einerseits und künstlerischer Tätigkeit andererseits für möglich erachtet wurde, zumal insoweit gerade *keine* untrennbare Verflechtung beider Tätigkeiten vorlag. Dennoch stellt sich die Frage, ob dem BSG gleichwohl in der Sache zugestimmt werden kann, dass die Refinanzierung einer Tätigkeit durch eine andere per se zu einer betrieblichen Einheit beider Tätigkeiten führt. Denn der dem BSG zugrunde liegende Sachverhalt vermag insoweit zu bestätigen, dass auch originäre Freiberufler wirtschaftlich von der Erzielung von Werbeeinnahmen abhängig sein können, insbesondere wenn sie über das Internet tätig werden.[807] Während sich die Einnahmen des Klägers aus dem Verkauf von Werbeflächen in den Streitjahren auf je ca. 15 000 bis 20 000 Euro beliefen, bewegten sich die jährlichen Einnahmen aus dem Verkauf der journalistischen Texte unterhalb des sozialversicherungsrechtlichen Freibetrags von 3900 Euro.[808] Ohne die erzielten Einnahmen aus dem Verkauf von Werbeflächen hätte der Kläger seine journalistische Tätigkeit über das Internet zur Bestreitung seines Lebensunterhalts wohl langfristig kaum ausüben können.

In der Rechtsprechung des BFH[809] wird im Verhältnis zweier gewerblicher Tätigkeiten zueinander seit jeher als für eine Trennung unschädlich erachtet, wenn ein *Betrieb aus Mitteln eines anderen Betriebs finanziert wird*, zumal dieser Umstand nicht auf das Erscheinungsbild der

806 BFH v. 11.7.1991 – IV R 33/90, BStBl. II 1992, 353 (356).

807 Umgekehrt kann allerdings auch die Tätigkeit als Affiliate von dem freiberuflichen Tätigwerden abhängig sein, zumal erst das freiberufliche Tätigwerden durch die Herbeiführung zahlreicher Webseiten-Aufrufe überhaupt den fruchtbaren und nährbaren Boden schafft, um dem *Advertiser* erfolgreich Umsatzgeschäfte vermitteln zu können. Damit ist die Rentabilität der Affiliate-Tätigkeit wesentlich von der Zahl der Seitenaufrufe abhängig, die wiederum von den auf der Webseite präsentierten freiberuflichen Inhalten abhängt, vgl. BSG v. 21.7.2011 – B 3 KS 5/10 R, ZUM-RD 2012, 303 (306).

808 BSG v 21.7.2011 – B 3 KS 5/10 R, ZUM-RD 2012, 303 (303 f.).

809 BFH v. 30.6.1961 – IV 426/60, HFR 1961, 272 (273).

Gesamttätigkeit durchschlage.[810] Auch der IV. Senat[811] sowie die Vorinstanz des FG Berlin[812] haben in der vom BSG argumentativ herangezogenen Entscheidung den wirtschaftlichen Belangen des im Bereich der Werbung tätigen Künstlers insofern gerade keine Bedeutung beigemessen, als sie für die zutreffend entschiedene Trennbarkeit der freiberuflich-künstlerischen von der gewerblich werbenden Tätigkeit nicht darauf geblickt haben, ob der Steuerpflichtige aus seiner künstlerischen Tätigkeit hinreichende Einnahmen erzielt hat oder nicht.[813] Diese Vorgehensweise erscheint insofern überzeugend, als anderenfalls *jährlich schwankende Einnahmen* aus den jeweiligen Tätigkeiten möglicherweise dazu führen könnten, dass dieselben Tätigkeiten in einem Veranlagungszeitraum eine betriebliche Einheit bilden sollen, in einem anderen Veranlagungszeitraum jedoch aufgrund jeweils gewichtiger Einkünfte – selbst wenn sie nur aus einem einzigen Auftrag resultieren – eine Entflechtung möglich wäre. Zudem können zwei Tätigkeiten, auch wenn sie finanziell voneinander abhängig sind, gleichwohl jeweils eigenständig am allgemeinen wirtschaftlichen Verkehr teilnehmen.[814] Die Ableitung einer betrieblichen Einheit aus Tätigkeiten, die an gänzlich unterschiedliche Empfänger erbracht werden, einzig aufgrund einer fehlenden Einträglichkeit einer der beiden Tätigkeiten, erscheint insofern weder zielführend noch steuersystematisch belastbar. Entgegen dem Plädoyer des BSG kann daher allein die (gegebenenfalls bidirektionale) wirtschaftliche Abhängigkeit einer Tätigkeit von einer anderen nicht dazu führen, dass sie nach der Verkehrsanschauung nicht mehr voneinander getrennt werden können.

---

810 In diesem Sinne auch *Koller*, Abgrenzung von Einkunftstatbeständen, S. 78 f.; *Führer*, Abgrenzung der privaten Vermögensverwaltung, S. 62, sowie BFH v. 14.9.1965 – I 64/63 U, BStBl. III 1965, 656 (657).

811 BFH v. 11.7.1991 – IV R 33/90, BStBl. II 1992, 353.

812 Vgl. FG Berlin v. 8.11.1989 – VI 425/85, EFG 1990, 521, das insoweit lediglich von „Nebeneinnahmen" im Verhältnis zur „Haupttätigkeit" spricht.

813 Ähnlich verhält es sich auch bei Werbeleistungen eines Sportlers, die seit jeher von seiner Sportlertätigkeit unabhängig davon getrennt werden, ob er als Sportler „eigene" Betriebseinnahmen erzielt hat oder aber seine Sportlertätigkeit wirtschaftlich von den Werbeeinnahmen abhängig war, vgl. BFH v. 3.11.1982 – I R 39/80, BStBl. II 1983, 182; v. 19.11.1985 – VIII R 104/85, BStBl. II 1986, 424; v. 11.10.2000 – I R 44-51/99, BStBl. II 2002, 271; v. 19.12.2007 – I R 19/06, BStBl. II 2010, 398.

814 Dazu ausführlich unten Zweiter Teil C.V.6.c)cc)(8).

(4) Fehlende Einkünfteerzielungsabsicht

In dem äußersten Fall der wirtschaftlichen Abhängigkeit hingegen, in dem der Steuerpflichtige (gar) keine originär freiberuflichen Betriebseinnahmen mehr erzielen kann, sondern nur noch Umsatz- und Erlösbeteiligungen eines *Advertisers* erhält, kann durchaus in Zweifel geraten, ob die freiberufliche Tätigkeit noch mit Gewinnerzielungsabsicht betrieben wird, mithin überhaupt der steuerrelevanten Erwerbssphäre zugeordnet werden kann.[815] *Zugmaier*[816] ist der Auffassung, dass die bei isolierter Betrachtung fehlende Gewinnerzielungsabsicht einer Tätigkeit („Nebentätigkeit") zu einer einheitlichen Beurteilung mit einer anderen Tätigkeit („Haupttätigkeit") führen soll, wenn die erstgenannte Tätigkeit nicht um des Entgelts Willen, sondern zur Förderung der Haupttätigkeit erbracht wird. Dies könnte auch vorliegend Gültigkeit besitzen, wenn mit dem freiberuflichen Tätigwerden als Folgewirkung der im Internet nach wie vor weit verbreiteten Gratisangebote im äußersten Falle keinerlei „eigene" Einnahmen erzielt würden und die Tätigkeit somit wesentlich oder gar ausschließlich zur Schaffung einer fruchtbaren Grundlage für die Affiliate-Tätigkeit ausgeübt würde.

Richtig ist, dass im Rahmen einer „Nebentätigkeit" ausschließlich (oder zumindest überwiegend) im Hinblick auf eine „Haupttätigkeit" in Kauf genommene Aufwendungen bzw. Verluste im Ergebnis *aufgrund einer überwiegenden Veranlassung* im Rahmen der Haupttätigkeit zu berücksichtigen sein können.[817] Dies entspricht den allgemeinen Grundsätzen der Auflösung von

815 Vgl. BFH v. 14.3.1985 – IV R 8/84, BStBl. II 1985, 424 (425).

816 *Zugmaier*, Einkünftequalifikation im Einkommensteuerrecht, S. 89 f.

817 So auch in zwei von drei der von *Zugmaier*, Einkünftequalifikation im Einkommensteuerrecht, S. 89 f., argumentativ herangezogenen Entscheidungen, darunter FG Saarland v. 30.9.1988 – 2 K 162/87, EFG 1989, 17 (rkr., Gewinnerzielungsabsicht eines Angestellten, der daneben verlustbringend an einer Universität unterrichtete, um später eine hauptamtliche Universitätsprofessur zu erlangen) sowie BFH v. 22.7.1993 – VI R 122/92, BStBl. II 1994, 510 (Verluste eines an einer Universität angestellten Klavierlehrers aus Konzertreisen im In- und Ausland). Trotz der grundsätzlich als freiberuflich eingestuften (Neben-)Tätigkeit gelangte die Rechtsprechung im Ergebnis jeweils zu einer Veranlassung der Aufwendungen durch die nichtselbständige Tätigkeit im Sinne des § 19 EStG. In dem dritten herangezogenen Urteil (BFH v. 26.4.1989 – VI R 104/86, BFH/NV 1989, 696 [Gewinnerzielungsabsicht eines Kunstmalers, der daneben als Hochschullehrer angestellt war]) jedoch wurde eine überlagernde Veranlassung der Aufwendungen aus der Kunstmalerei durch die nichtselbständige Tätigkeit ausdrücklich *abgelehnt*, weil der Steuerpflichtige insoweit mit Gewinnerzielungsabsicht freiberuflich tätig wurde.

Veranlassungskonkurrenzen.[818] Allerdings entspricht es diesen Grundsätzen ebenso, dass derlei Zurechnungskonkurrenzen überhaupt erst dann zutage treten können, wenn *mehrere Erwerbstätigkeiten* ertragsteuerlich nebeneinander koexistieren. Mithin kann eine gemischte Tätigkeit nur dann eine Mehrfachveranlassung von Aufwendungen und Erträgen bedingen, wenn sie *in einem vorherigen Schritt* in zumindest zwei Tätigkeiten entflochten werden konnte. Ist eine Trennung hingegen nicht möglich, so bildet der einheitliche Betrieb von vornherein nur eine einheitliche Zurechnungsbasis.[819] Veranlassungskonkurrenzen zwischen den einheitsimmanenten Tätigkeitskomponenten können dann gerade nicht auftreten. Damit kann sich auch die Frage nach der Einkünfteerzielungsabsicht hinsichtlich einzelner Tätigkeitskomponenten von gemischten Tätigkeiten überhaupt nur dann stellen, wenn die gemischte wirtschaftliche Aktivität keine unentflechtbare Einheit bildet, sondern sie in ihre Bestandteile zerlegt werden kann.[820] Aufgrund dessen erscheint es widersprüchlich, eine gemischte Tätigkeit zunächst als entflechtbar zu qualifizieren, dann aber in Ermangelung einer Gewinnerzielungsabsicht hinsichtlich einer der entflochtenen Tätigkeiten doch wieder eine Untrennbarkeit anzunehmen. Vielmehr muss stets *zuerst* und *endgültig* geprüft werden, ob eine einheitlich zu beurteilende oder trennbare gemischte Tätigkeit vorliegt, *bevor* die entflochtenen Tätigkeiten jeweils gesondert auf ihre Einkünfteerzielungsabsicht hin untersucht und Veranlassungskonkurrenzen aufgelöst werden können.[821] Daher gelangten sowohl das FG Saarland[822] als auch der VI. Senat des BFH[823] in den von *Zugmaier*[824] angeführten Entscheidungen in einem ersten Schritt gedanklich zu der Feststellung zweier (eigenständiger) Erwerbstätigkeiten, woraufhin die Gerichte anschließend jeweils Aufwendungen der (ohne Gewinnstreben ausgeübten) Nebentätigkeit mit der Begründung als überwiegend durch die Haupttätigkeit veranlasst einstuften, weil der Steuerpflichtige die Kosten jeweils *überwiegend zur Förderung der Haupttätigkeit* hingenommen habe. Eine untrennbare Einheit

818 Vgl. Zweiter Teil B.III.2.d)bb).

819 Dazu Zweiter Teil B.III.2.e).

820 Ebenso FG München v. 12.9.2013 – 10 K 2273/10, juris, Rn. 52 (NZB mit Beschluss v. 31.7.2014 als unbegründet zurückgewiesen, vgl. Az. X B 246/13).

821 Dies erkennt auch *Koller*, Abgrenzung von Einkunftstatbeständen, S. 63: „[…] ein der Trennbarkeit der Tätigkeitsbereiche nachgelagertes Problem und sollte daher nicht mit in die Lösung des Trennungsproblems einbezogen werden."

822 FG Saarland v. 30.9.1988 – 2 K 162/87, EFG 1989, 17.

823 BFH v. 22.7.1993 – VI R 122/92, BStBl. II 1994, 510 (511).

824 Vgl. *Zugmaier*, Einkünftequalifikation im Einkommensteuerrecht, S. 89 f.

zwischen Haupt- und Nebentätigkeit wurde in all jenen Fällen – und das zutreffend – als (weitere) Folge der überlagernden Veranlassung soweit ersichtlich *nicht* festgestellt. Vielmehr bleiben all jene Aufwendungen, denen keine überlagernde Veranlassung durch den Hauptbetrieb zuteilwird, auch weiterhin durch die eigenständige Nebentätigkeit veranlasst und fallen daher mangels Einkünfteerzielungsabsicht in die nicht steuerbare Privatsphäre.[825]

Damit stellt das – steuersystematisch erst nachgelagert feststellbare – Fehlen einer Gewinnerzielungsabsicht nach hier vertretener Auffassung keinen Anhaltspunkt dafür dar, ob eine Gesamttätigkeit trennbar ist oder nicht. Für die (Un-)Trennbarkeit ist damit vorliegend unerheblich, ob mit der freiberuflich-unterrichtenden Tätigkeit ein Gewinn erzielt werden kann. Relevant wird diese Fragestellung vielmehr (erst) dann, wenn eine Trennbarkeit der Tätigkeiten im Vorhinein positiv überprüft werden konnte.[826]

(5) Überlagernde Veranlassung

Im Schrifttum[827] wird darüber hinaus vereinzelt vertreten, dass eine überlagernde Veranlassung bestimmter Vermögensveränderungen durch eine „Tätigkeit B“, die eigentlich bei einer „Tätigkeit A“ zu erfassen gewesen wären, dazu führen soll, dass die gemischte „Tätigkeit AB“ eine Beurteilungseinheit bildet. Mit anderen Worten soll demnach die Feststellung, dass eine Wertveränderung „mehr“ durch eine „Tätigkeit B“ als durch eine „Tätigkeit A“ veranlasst wurde, dazu führen, dass die beiden Tätigkeiten nach der Verkehrsanschauung eine untrennbare Einheit bilden.

Unter steuersystematischen Gesichtspunkten sowie in konsequenter Fortführung des Vorgesagten ist jedoch fraglich, inwiefern die Art und Weise der Auflösung von Zurechnungskonkurrenzen hinsichtlich einzelner Wertveränderungen dazu führen soll, dass zwei Tätigkeiten – sie haben immerhin aufgrund ihrer ertragsteuerlichen Eigenständigkeit überhaupt erst eine Veranlassungskonkurrenz zutage gefördert (!) – zu einer Beurteilungseinheit verschmelzen. Denn, wie vorstehend bereits bemerkt, können Konkurrenzen auf der Veranlassungsebene überhaupt nur dann auftreten, wenn die konkurrierenden Tätigkeiten nicht

825 Vgl. BFH v. 18.5.1995 – IV R 31/94, BStBl. II 1995, 718 Rn. 67.

826 Vgl. zur Liebhaberei-Problematik bei Social-Media-Berufen grundlegend *Schäfer*, StB 2019, 209 (216 f.); *Homuth*, NWB 2018, 1891 (1895).

827 *Zugmaier*, Einkünftequalifikation im Einkommensteuerrecht, S. 74; *Musil*, in: H/H/R, EStG, § 2 Rz. 92 (Stand: Januar 2019).

untrennbar miteinander verflochten sind, sondern *in einem vorherigen Schritt* voneinander getrennt werden konnten.

Beispiel: Der Einzelsteuerpflichtige E ist als selbständiger Lehrer tätig. Am Wochenende geht er seiner Leidenschaft nach und restauriert Oldtimer ausgewählter Kunden. Als ein neuer Kunde K in der Werkstatt des E erscheint, erwähnt K beiläufig, dass er Inhaber eines renommierten Lehrgangswerks ist. Der geschäftstüchtige E bietet dem K daraufhin an, seinen Oldtimer „kostenlos" zu restaurieren, sofern er ihn mit der Abhaltung zahlreicher Seminare beauftragt. K zögert nicht lange und erklärt sich einverstanden. Noch im selben Jahr schließt E sowohl die Restauration des Oldtimers als auch zahlreiche gut besuchte Seminare ab. Für letztgenannte Tätigkeit erhält er ein Honorar von 50 000 Euro, während er mit der kostenlosen Restauration des Oldtimers einen Verlust von 20 000 € erlitten hat.

Die bei E eingetretene Vermögensmehrung aus der Unterrichtung für die Bildungseinrichtung des K findet sowohl ihre Veranlassung in der freiberuflichen Unterrichtstätigkeit als auch in den Restaurierungsarbeiten des E, weil er die Gelegenheit zur Unterrichtung erst durch die kostenlose Restaurierung für sich hat gewinnen können. Aus denselben Gründen lässt sich umgekehrt auch eine vergleichbare Mehrfachveranlassung des erlittenen Verlusts in beiden Erwerbstätigkeiten wiederfinden.

Die sich hieraus ergebende Zurechnungskonkurrenz ist in Anwendung des Veranlassungsprinzips aufzulösen, indem danach gefragt wird, welche Einkunftsart im Vordergrund steht und die Beziehungen zu den anderen Einkünften verdrängt.[828] Für die erzielte Vermögensmehrung ergibt sich demnach eine Zurechnung zu der freiberuflichen Erwerbstätigkeit als Unterrichtender, weil jene die Veranlassung durch die Oldtimer-Restaurierung überlagert. Unter entsprechender Prüfung der getragenen Aufwendungen im Zuge der Oldtimer-Restaurierung wäre das zutreffende Ergebnis, dass die Veranlassung dieses Verlusts zwar auch in dem Betrieb der Werkstatt begründet ist, dieser jedoch überwiegend im Sinne der Unterrichtstätigkeit hingenommen wurde. Hierbei handelt es sich exakt um das vorstehend geschilderte Phänomen: Der Verlust, der eigentlich bei einer „Tätigkeit A" – dem Werkstattbetrieb – zu erfassen gewesen wäre, ist aufgrund einer überlagernden Veranlassung durch eine „Tätigkeit B" nunmehr bei dieser zu berücksichtigen. Nicht ersichtlich ist jedoch, dass hiermit die Tätigkeit als Unterrichtender und als Oldtimer-Restaurateur zu einer untrennbaren Einheit verschmelzen. Anderenfalls könnten fortan jedwede Vermögensmehrungen, denen keine Veranlassungskonkurrenz zwischen beiden Tätigkeiten zuteilwird und deren Zurechnung unproblematisch zu einer der beiden Erwerbstätigkeiten möglich ist, ebenfalls nur noch einer einheitlichen Zurechnungsbasis „AB" zugeordnet werden.

Festzuhalten ist, dass die Art und Weise der Auflösung von Veranlassungskonkurrenzen zwischen Freiberufler- und Affiliate-Tätigkeit – so die Tätigkeiten voneinander trennbar sind – damit keine Rückwirkungen auf ihre (bereits

828 BFH v. 31.10.1989 – VIII R 210/83, BStBl. II 1990, 532 (533).

positiv überprüfte) Trennbarkeit zeitigen.[829] Zwischen der Beurteilung gemischter Tätigkeiten einerseits und Veranlassungskonkurrenzen von Aufwendungen und Erträgen andererseits ist somit eine strikte Differenzierung geboten.

(6) Synergien

Tragfähige Anhaltspunkte für eine gebotene Einheitsbeurteilung von Affiliate- und Freiberuflertätigkeit konnten bis hierhin nicht ersehen werden. Sie könnte sich allerdings möglicherweise aus dem Umstand ergeben, dass zwischen der freiberuflichen und der gewerblichen Tätigkeit zahlreiche Synergieeffekte vorliegen. Diese liegen etwa darin, dass es dem Freiberufler z. B. als Unterrichtender gerade durch die synergetische Platzierung der Affiliate-Werbemittel in unmittelbarer (digitaler) Nähe zu den originär freiberuflichen Inhalten gelingt, möglichst viele vergütungsfähige Handlungen der Webseiten-Besucher herbeizuführen. Mit anderen Worten ermöglichen erst das freiberufliche Tätigwerden und die hierdurch geschaffene Reichweite überhaupt die Verwirklichung einer auf Absatzförderung gerichteten Tätigkeit in der vorliegenden Form.

Nichtsdestotrotz sind Synergieeffekte zwischen zwei Tätigkeiten, etwa indem sie sich im Bereich des Leistungsabsatzes gegenseitig fördern, mithin z. B. ein vorhandener Kunde einer Tätigkeit für eine andere Tätigkeit nutzbar gemacht wird, grundsätzlich trennungsunschädlich.[830] Beispiele, die dies belegen, sind mit Blick auf unterrichtende Tätigkeiten der Getränkeverkauf im Rahmen eines Tanzschulbetriebes[831] sowie freiberuflerübergreifend die Vermittlungstätigkeit eines Steuerberaters unter Verwendung seines Mandantenstamms[832], die Vermittlung von Möbelverkäufen durch einen Architekten[833], die Vermittlung von

829 Anders könnte es sich demgegenüber verhalten, wenn nicht bloß einige Vermögensmehrungen „mehr“ durch eine Tätigkeit B als durch eine Tätigkeit A veranlasst wären, sondern die gesamte Tätigkeit A als solche durch die Tätigkeit B veranlasst wäre. Dieser Überlegung wird die vorliegende Untersuchung unter dem Aspekt der *Leistungsvereinigung* nachgehen, vgl. Zweiter Teil C.V.6.c)cc)(9).

830 So auch *Koller*, Abgrenzung von Einkunftstatbeständen, S. 63 ff.; *Führer*, Abgrenzung der privaten Vermögensverwaltung, S. 61 f. Ähnlich im Ergebnis wohl auch *Krumm*, in: Kirchhof/Seer, EStG, § 15 Rn. 64, der eine Trennbarkeit prinzipiell dann annimmt, „wenn ein Freiberufler neben berufstypischen Leistungen weitere Leistungen erbringt, die außerhalb der die freiberufliche Tätigkeit charakterisierenden Leistungen liegen (zB Handel mit Waren, Darlehensgewährungen, andere Geldgeschäfte, Treuhändertätigkeit bei Bauherrengemeinschaften)“.

831 Vgl. BFH v. 18.5.1995 – IV R 31/94, BStBl. II 1995, 718 (719).

832 BFH v. 9.8.1983 – VIII R 92/83, BStBl. II 1984, 129 (131).

833 BFH v. 14.6.1984 – I R 204/81, BStBl. II 1985, 15 (16 f.).

Druckaufträgen durch einen Künstler[834], die Softwareentwicklung durch einen Rechtsanwalt[835], der Verkauf von Medikamenten durch einen Arzt an seine Patienten[836] sowie die Werbetätigkeit eines populären Künstlers[837] oder Sportlers[838], die jeweils als eigenständige (gewerbliche) Tätigkeit anzusehen sind, obgleich hierbei bestehende Kundenbeziehungen oder die Bekanntheit aus einer Tätigkeit auch für eine andere Tätigkeit nutzbar gemacht wurden.[839] Ebenso trennungsunschädlich ist daher grundsätzlich auch der einheitliche Einsatz von Ressourcen, wie etwa Geschäftsräumen, gemeinsamen Angestellten oder – wie hier – derselben Webseite oder Arbeitsmittel des Steuerpflichtigen.[840]

(7) Einstellbarkeit der Tätigkeiten

Als gewichtiges Indiz für eine Trennbarkeit soll sprechen, wenn eine der Tätigkeiten eingestellt werden kann, „ohne daß dies die andere Tätigkeit in irgendeiner Weise beeinträchtigt"[841].[842] Dieser Indikator erscheint insofern belastbar, als eine unentwirrbare Verflechtung zweier Tätigkeiten, wie sie für die Annahme einer betrieblichen Einheit vorausgesetzt wird, kaum angenommen werden

834 BFH v. 27.8.2014 – VIII R 41/11, BStBl. II 2015, 999 Rn. 24.

835 BFH v. 5.5.1999 – IV B 35/98, BFH/NV 1999, 1328 (1329), wonach ausweislich der Urteilsbegründung die Softwareentwicklung des Rechtsanwalts „im Zusammenhang mit seiner Haupttätigkeit" erfolgte, sodass aufgrund dieses Zusammenhangs vermutlich auch dort Synergien vorgelegen haben werden.

836 Vgl. BFH v. 26.5.1977 – V R 95/76, BStBl. II 1977, 879; v. 27.7.1978 – V R 66/76, BStBl. II 1978, 686; v. 1.2.1979 – IV R 113/76, BStBl. II 1979, 574 (575). Vgl. dazu auch BMF v. 14.5.1997 – IV B 4 – S 2246-23/97, BStBl. I 1997, 566, Tz. 2 (Verkauf von Kontaktlinsen und Pflegemitteln durch Augenärzte als separate gewerbliche Tätigkeit).

837 Vgl. BFH v. 11.7.1991 – IV R 102/90, BStBl. II 1992, 413 (414 f.).

838 Vgl. BFH v. 3.11.1982 – I R 39/80, BStBl. II 1983, 182; v. 19.11.1985 – VIII R 104/85, BStBl. II 1986, 424.

839 Vgl. dazu ferner die umfangreiche Fallsammlung trennungsunschädlicher „Synergieeffekte beim Leistungsabsatz" in *Koller*, Abgrenzung von Einkunftstatbeständen, S. 65 f.

840 So auch *Führer*, Abgrenzung der privaten Vermögensverwaltung, S. 61 f.; *Koller*, Abgrenzung von Einkunftstatbeständen, S. 67 f.; BFH v. 14.9.1965 – I 64/63 U, BStBl. III 1965, 656 (657); FG Rheinland-Pfalz v. 23.4.1991 – 2 K 2750/90, EFG 1992, 90 (91).

841 *Zugmaier*, Einkünftequalifikation im Einkommensteuerrecht, S. 93 f. In diesem Sinne auch *Musil*, in: H/H/R, EStG, § 2 Rz. 92 (Stand: Januar 2019).

842 So wohl auch BFH v. 11.7.1991 – IV R 33/90, BStBl. II 1992, 353 (356).

kann, wenn der Wegfall einer Tätigkeit dem weitgehend unveränderten Fortbestand der verbleibenden Tätigkeit nicht entgegensteht.

Vorliegend könnte der Steuerpflichtige auf der einen Seite wohl dieselben freiberuflichen – z. B. unterrichtenden – Inhalte erstellen und veröffentlichen, wenn er daneben nicht (mehr) als Affiliate den Absatz anderer Unternehmen fördern würde. Insofern würde die Einstellung der Affiliate-Tätigkeit die nämliche Ausübung der freiberuflichen Tätigkeit grundsätzlich nicht berühren. Denkbar ist zwar, dass zumindest der *längerfristige* Bestand einer weitgehend ertraglosen Freiberuflertätigkeit tatsächlich von einer alternativen Refinanzierung etwa über eine Affiliate-Tätigkeit abhängen und hierdurch der Wegfall der Affiliate-Tätigkeit in Ermangelung einer (hinreichenden) Einkünfteerzielung langfristig auch zu einem Entfall der Freiberuflertätigkeit führen könnte. Mit der obigen Feststellung jedoch, dass monetäre Zusammenhänge bzw. wirtschaftliche Abhängigkeiten zweier Tätigkeiten keine tragfähigen Aspekte für eine gebotene Einheitsbetrachtung sind,[843] kann diesem Umstand auch hier keine entscheidende Bedeutung beigemessen werden. Vielmehr ist die Frage nach der Einstellbarkeit der einen Tätigkeit unter weitgehend unverändertem Fortbestand einer anderen Tätigkeit losgelöst von monetären Faktoren danach zu beantworten, ob die Ausübung der Tätigkeit *in ihrer nämlichen Form* auch ohne den Fortbestand der anderen Tätigkeit möglich ist.

Auf der anderen Seite jedoch erzeugt die freiberufliche Tätigkeitskomponente die notwendige Anziehungskraft für Webseiten-Besucher, um die lukrative Einnahmequelle als Affiliate erschließen zu können. Mit anderen Worten könnte die (Werbe-)Tätigkeit als Affiliate kaum weiterhin verwirklicht werden, wenn die freiberufliche Tätigkeit nicht (mehr) das fruchtbare Werbeumfeld für die Platzierung der Werbemittel schaffen würde. Damit würde sich der Entfall der freiberuflichen Tätigkeit unmittelbar und signifikant auf die Affiliate-Tätigkeit auswirken, die insoweit zumindest eines alternativen Werbeumfelds bedürfte. Dies könnte für eine gebotene Einheitsbetrachtung beider Tätigkeiten sprechen. Zu bemerken ist jedoch in dem Zusammenhang, dass sich insofern eine Vergleichbarkeit z. B. zu dem Getränkeverkauf im Rahmen eines Tanzschulbetriebs ergibt, der ebenfalls entschieden dadurch beeinträchtigt würde, wenn der Tanzschulbetrieb eingestellt würde. Gleichwohl ist – wie vorstehend erwähnt[844] – eine Trennbarkeit beider Tätigkeiten möglich und geboten, weil die sich aus der Ausnutzung absatzseitiger Synergien ergebende einseitige Abhängigkeit einer

843 Vgl. Zweiter Teil C.V.6.c)cc)(3).
844 Vgl. Zweiter Teil C.V.6.c)cc)(6).

Tätigkeit von einer anderen nicht per se dazu führt, dass sie nach der Verkehrsanschauung nicht mehr voneinander getrennt werden können. So könnte beispielsweise auch der Verkauf von Zahnpflegemitteln durch einen freiberuflichen Zahnarzt innerhalb seiner Praxis unzweifelhaft nicht unverändert fortgesetzt werden, wenn die Tätigkeit als Zahnarzt entfiele. Gleichwohl ist eine Trennbarkeit beider Tätigkeiten in der Regel ohne besondere Schwierigkeiten möglich.[845]

Entscheidend für eine Trennbarkeit spricht damit vorliegend, dass jedenfalls eine der beiden Tätigkeiten – hier die freiberuflich-unterrichtende Tätigkeit – in ihrem Kern sowie in unveränderter Form in der Regel ohne besondere Schwierigkeiten auch ohne die zusätzliche Ausübung einer Werbetätigkeit ausgeübt werden kann.

(8) Einheitlicher Erfolg

Eine unlösbare Verflechtung mehrerer Tätigkeiten könnte allerdings mit der gefestigten Rechtsprechung[846], der Finanzverwaltung[847] und soweit ersichtlich auch der einhelligen Literaturauffassung[848] *insbesondere* dann anzunehmen sein, wenn gegenüber dem Auftraggeber aus der gemischten Tätigkeit ein einheitlicher Erfolg geschuldet würde, mithin sowohl z. B. freiberuflich-unterrichtende als auch gewerbliche Leistungselemente Eingang in die Leistung fänden[849]. In einer betrieblichen Beurteilungseinheit münden daher der Rechtsprechung zufolge beispielsweise die Veräußerung aufgrund eigener Planung schlüsselfertig erstellter Häuser durch einen freiberuflichen Architekten[850] sowie die Herausgabe eines schriftstellerischen Werks im Eigenverlag[851]. Umgekehrt wird ein gewichtiges Indiz für eine Trennbarkeit darin gesehen, wenn der Freiberufler

845 So auch *Stapperfend*, in: H/H/R, EStG, § 15 Rz. 1073 (Stand: August 2017).

846 BFH v. 18.10.2006 – XI R 10/06, BStBl. II 2008, 54 (55); v. 7.11.1991 – IV R 17/90, BStBl. II 1993, 324 (326); v. 29.1.1970 – IV R 78/66, BStBl. II 1970, 319 (319 f.).

847 H 15.6 „Gemischte Tätigkeit – Einheitliche Behandlung" EStH 2020.

848 Statt aller *Zugmaier*, Einkünftequalifikation im Einkommensteuerrecht, S. 86 f.; *Wacker*, in: Schmidt, EStG, § 15 Rz. 97; *Musil*, in: H/H/R, EStG, § 2 Rz. 92 (Stand: Januar 2019); *Krumm*, in: Kirchhof/Seer, EStG, § 15 Rn. 64; *Pohl*, in: Lippross/Seibel, EStG, § 18 Rz. 37 (Stand: Dezember 2019); *Rose*, DB 1980, 2464 (2467 f.); *Koller*, Abgrenzung von Einkunftstatbeständen, S. 190 f.

849 *Nickel*, Abgrenzung von Einkunftstatbeständen, S. 126 f.

850 BFH v. 15.12.1971 – I R 49/70, BStBl. II 1972, 291 (292); in diesem Sinne auch bereits RFH v. 25.1.1939 – VI 41/39, RStBl. 1939, 354 (355); v. 8.7.1942 – VI 178/42, RStBl. 1942, 907 (908).

851 BFH v. 30.11.1978 – IV R 15/73, BStBl. II 1979, 236 (238).

mit den verschiedenen Tätigkeiten in unterschiedlicher Weise am allgemeinen wirtschaftlichen Verkehr teilnimmt, mithin gerade kein einheitlicher Erfolg geschuldet wird.[852]

Der Frage nach einer einfachen oder mehrfachen Teilnahme am allgemeinen wirtschaftlichen Verkehr kommt damit auch vorliegend eine nicht unerhebliche Bedeutung zu. Voraussetzung für eine Teilnahme am allgemeinen wirtschaftlichen Verkehr ist grundsätzlich, dass die Tätigkeit gegen Entgelt an den Markt gebracht und für Dritte äußerlich erkennbar angeboten wird.[853] Dies kann für die Affiliate-Tätigkeit als solche ohne Weiteres bejaht werden. So die freiberuflichen Leistungen ebenfalls entgeltlich am Markt angeboten würden – etwa weil der Steuerpflichtige einerseits als Affiliate tätig wird, aber andererseits seine freiberuflichen Unterrichtsinhalte über eine Bezahlschranke entgeltlich zum Abruf anbietet –, ließe sich eine mehrfache Marktteilnahme damit wohl ebenfalls ohne besondere Schwierigkeiten feststellen und die Trennbarkeit der Tätigkeiten damit regelmäßig bejahen.

Schwieriger wird die Beantwortung der Trennungsfrage hingegen dann, wenn ein Unterrichtender (gar) keine originär freiberuflichen Betriebseinnahmen erzielt, weil es ihm insoweit möglicherweise an einer Teilnahme am allgemeinen wirtschaftlichen Verkehr mangeln könnte. Dabei gilt es jedoch zu beachten, dass der Steuerpflichtige zwar insoweit kein monetäres Entgelt erhält, gleichwohl jedoch eine Gegenleistung der Nutzer der kostenlos abrufbaren Webseiten-Inhalte in der Bereitstellung von Aufmerksamkeit für die Werbeanzeigen.[854] Zwar hat der Betreiber einer Webseite grundsätzlich keinen Anspruch darauf, dass der Webseiten-Nutzer die Werbung zur Kenntnis nimmt.[855] Gleichwohl nehmen mit steigernder Besucherzahl auch die erzielbaren Erlösbeteiligungen zu, da mit steigender Anzahl der Nutzer auch der Anteil derjenigen zunimmt, die die Werbemittel des *Advertisers* anklicken und darüber

---

852 *Brandt*, in: H/H/R, EStG, § 18 Rz. 75 (Stand: Februar 2020). Vgl. auch BFH v. 30.11.1978 – IV R 15/73, BStBl. II 1979, 236 (238), am Beispiel eines Steuerpflichtigen, der „gegenüber A. und B. als Steuerberater, gegenüber C. und D. aber als Grundstücksmakler tätig ist". Ähnlich ferner BFH v. 9.8.1983 – VIII R 92/83, BStBl. II 1984, 129 (131): Trennbarkeit von Steuerberatertätigkeit einerseits und Vermittlung von Interessenten am Erwerb von Eigentumswohnungen verbunden mit deren Beratung andererseits.

853 BFH v. 9.7.1986 – I R 85/83, BStBl. II 1986, 851 m. w. N.; *Krumm*, in: Kirchhof/Seer, EStG, § 15 Rn. 29.

854 Ähnlich *Kühling/Gauß*, MMR 2007, 751 (752).

855 Vgl. BGH v. 19.4.2018 – I ZR 154/16, CR 2009, 107 Rn. 41.

eine vergütungsfähige Handlung ausführen.[856] Darüber hinaus erhöht sich mit jedem Mehr-Besucher (auch) der freiberufliche Firmenwert, mithin der Name und der Bekanntheitsgrad des Freiberuflers, die er sich gegebenenfalls in späteren Veranlagungszeiträumen noch für Zwecke entgeltlicher Freiberuflerleistungen zunutze machen könnte. So liegt es gerade bei aufstrebenden Künstlern und Schriftstellern, aber bei auch Unterrichtenden z. B. in sozialen Netzwerken: Diese versuchen oftmals zunächst durch die kostenlose Abrufbarkeit ihrer Inhalte eine Bekanntheit zu erlangen, um dereinst nicht mehr finanziell auf die Erschließung alternativer Einnahmequellen z. B. als Affiliate angewiesen zu sein, sondern originäre Freiberuflerbetriebseinnahmen erzielen zu können. Letzten Endes tritt der Steuerpflichtige damit ebenso am Markt auf wie unzählige andere seiner Konkurrenten.

Darüber hinaus ist zu bemerken, dass sich das Merkmal der Teilnahme am allgemeinen wirtschaftlichen Verkehr aus der Teilnahme am „wirtschaftlichen Verkehr" und am „allgemeinen Verkehr" zusammensetzt, wobei letztgenanntem Merkmal als In-Erscheinung-Treten der Tätigkeit nach außen hin das Hauptgewicht zukommt[857]. Auch im Hinblick auf die Frage danach, ob nach der Verkehrsanschauung eine oder mehrere Tätigkeiten vorliegen, ist dieser äußerlichen Erkennbarkeit eine signifikante Bedeutung beizumessen. Denn eine Untrennbarkeit dürfte regelmäßig dann nicht vorliegen, wenn die Tätigkeiten *nach außen hin* unterschiedlich in Erscheinung treten. Nach hier vertretener Auffassung sollte es daher zur Identifikation zweier Tätigkeiten genügen, wenn und soweit Angebot und Nachfrage jeweils separat in einem wirtschaftlichen Kontext zusammentreffen. Hierunter fallen namentlich auch solche Leistungen, die unentgeltlich erbracht werden, sofern sie am Markt (unentgeltlich) angeboten und entsprechend in Anspruch genommen werden.

Umgekehrt spricht für eine Trennbarkeit der Tätigkeiten vorliegend schließlich auch, dass weder die freiberufliche Unterrichtstätigkeit in einen gegenüber dem *Advertiser* geschuldeten einheitlichen Erfolg einfließt, noch umgekehrt die Leistungen als Affiliate gemeinsam mit der unterrichtenden Tätigkeit in eine gegenüber den Besuchern der Webseite erbrachte Leistung einfließen. Damit ist die freiberufliche Tätigkeit insbesondere auch kein unmittelbarer Bestandteil *eines einheitlichen Vertragsziels* in Gestalt einer „Absatzförderung Dritter", wie es hingegen bei der Unterrichtung von Vertretern und deren Unterstützung bei gezielten Verkaufsaktionen zum Abschluss von Bausparverträgen der Fall

856 *Kühling/Gauß*, MMR 2007, 751 (752). Vgl. auch *Datta/Klein*, CR 2017, 174 (178).
857 So bereits RFH v. 15.7.1942 – VI 192/42, RFHE 523, 120 (121).

ist.[858] Vielmehr werden die Förderung von Absatzgeschäften und die unterrichtende Tätigkeit gegenüber gänzlich unterschiedlichen Personen – namentlich dem Besucher der Webseite einerseits und dem *Advertiser* bzw. dem Affiliate-Netzwerk andererseits – erbracht, wodurch die Tätigkeiten nicht als Leistungsbündel in einen einheitlichen Erfolg münden, sondern separat am Markt in Erscheinung treten.

(9) Leistungsvereinigung

Vergleichbar mit der Leistungsbündelung in einem einheitlichen Erfolg wird im Schrifttum vereinzelt darauf abgestellt, ob der Steuerpflichtige mit seiner Tätigkeit ein einheitliches Erwerbsziel verfolgt. *Koller*[859] fasst dies unter die Begriffe der „horizontalen" und „vertikalen Leistungsvereinigung". In beiden Fällen nimmt der Steuerpflichtige mit seinem einheitlichen Erwerbsziel nur einmal unmittelbar am Markt teil.

Erstgenannte Leistungsvereinigung soll sich dadurch auszeichnen, dass die Leistungen im Hinblick auf ein einheitliches Erwerbsziel nicht in einem Unterordnungs-, sondern in einem *Gleichordnungsverhältnis* zueinanderstehen. Die Gleichordnung soll sich hierbei allerdings weniger auf die wirtschaftliche Bedeutung beziehen als auf eine im weitesten Sinne als „Förderungsverhältnis" zu bezeichnende Beziehung zwischen zwei Leistungen, die im Gegensatz zu einer Unterordnungsstruktur auf Gegenseitigkeit beruhe, sodass die Zuordnung zu einem einheitlichen Erwerbszweck durch eine wirtschaftliche Bündelung herbeigeführt werde. Als Beispiel nennt *Koller* die Zimmervermietung mit Frühstück, mit welcher ein Steuerpflichtiger nicht zweimal nebeneinander am Markt teilnehme, sondern mit ihrer Gesamtheit als Leistungsbündel.[860]

Demgegenüber soll eine „vertikale Leistungsvereinigung" dann vorliegen, wenn der Steuerpflichtige mehrere Leistungstatbestände in der Weise einem einheitlichen Erwerbsziel unterordnet, dass sie zueinander in einer *Mittel-Zweck-Beziehung* stehen.[861] Hierbei würde das einheitliche Erwerbsziel nicht unmittelbar über die Hilfsleistungskomponente verfolgt, sondern primär dadurch, dass diese die eigentliche Leistung mittelbar fördert. Insofern würde

858 BFH v. 28.6.1989 – I R 114/85, BStBl. II 1989, 965 (966 f.).

859 Vgl. *Koller*, Abgrenzung von Einkunftstatbeständen, S. 86 ff.; ebenso *Führer*, Abgrenzung der privaten Vermögensverwaltung, S. 60 m. w. N.

860 *Koller*, Abgrenzung von Einkunftstatbeständen, S. 167 f.

861 *Koller*, Abgrenzung von Einkunftstatbeständen, S. 87 ff.; *Führer*, Abgrenzung der privaten Vermögensverwaltung, S. 57 f.

der Zweck einer der Leistungen primär in der Förderung eines übergeordneten Leistungstatbestandes liegen. Ein gewichtiges Indiz für solch eine vertikale Leistungsvereinigung sieht *Koller* darin, dass für die Leistung als Gegenleistung kein monetäres Entgelt gewährt, sondern eine „(Real-)Leistung ausbedungen wird, die im Rahmen einer (übergeordneten) Erwerbstätigkeit ‚verbraucht' wird"[862]. Vergleichbar plädiert *Nickel*[863] dafür, dass die gemeinsame Einkünftequalifikation entsprechend dem Tatbestand der Haupterwerbstätigkeit erfolgen solle, wenn zwischen zwei oder mehreren Einkunftsarten eine enge sachliche und wirtschaftliche Beziehung bestehe und feststehe bzw. zu erwarten sei, dass der Steuerpflichtige „eine Erwerbstätigkeit in den Dienst der anderen stellt, an der ihm mehr gelegen ist", zumal keine Trennung wirtschaftlich zusammenhängender Erwerbstatbestände um jeden Preis erfolgen dürfe.

In Abgrenzung zu den oben[864] genannten Konstellationen, in denen die Veranlassung *einzelner* Vermögensveränderungen durch eine Tätigkeit A von der Veranlassung durch eine Tätigkeit B überlagert wird, wäre es somit vorliegend die *gesamte* Tätigkeit A, die durch eine Tätigkeit B veranlasst ist. In dem Fall, in dem sämtliche Handlungen einer Tätigkeit A ihre übergeordnete Veranlassung in einer anderen Tätigkeit B finden, weil sie ausschließlich oder fast ausschließlich zur Ausübung und Förderung der Tätigkeit B erfolgen, trifft es in der Regel zu, dass eine Trennbarkeit der Tätigkeiten im Sinne einer vertikalen Leistungsvereinigung nicht möglich ist.

Im Rahmen des Affiliate-Marketings schuldet der Steuerpflichtige zwar keinen einheitlichen Erfolg gegenüber einem Auftraggeber. Gleichwohl könnte nunmehr mit *Koller* und *Nickel* für eine gebotene Einheitsbetrachtung sprechen, wenn ein z. B. freiberuflich-unterrichtendes Tätigwerden ganz überwiegend im Sinne des eigentlichen Erwerbsziels „Erzielung von Affiliate-Einnahmen" erfolgen würde. Mit anderen Worten könnte dann, wenn die freiberufliche Tätigkeit *nur* bzw. *ganz überwiegend* ausgeübt und ohne monetäres Entgelt angeboten wird, um Einnahmen aus Werbung und Absatzförderung erzielen zu können, die Freiberuflerleistungen aufgrund ihrer primären Aufgabe der Förderung der gewerblichen Hauptleistungen im Sinne einer vertikalen Leistungsvereinigung zu einer Leistungsbündelung führen.

Die Frage, ob der Steuerpflichtige die freiberufliche Tätigkeit in den Dienst der gewerblichen Tätigkeit stellt, lässt sich insoweit nach hier vertretener

---

862 *Koller*, Abgrenzung von Einkunftstatbeständen, S. 227 f.

863 *Nickel*, Abgrenzung von Einkunftstatbeständen, S. 129 f.

864 Vgl. Zweiter Teil C.V.6.c)cc)(5).

Auffassung nicht für alle Fälle einheitlich beantworten. Denn jedenfalls kann nicht allein aufgrund des Ausbleibens originär freiberuflicher Betriebseinnahmen ohne Weiteres unterstellt werden, die Verwirklichung des Tatbestands der freiberuflichen Tätigkeit erfolge einzig im Sinne einer anderen Tätigkeit. So ist etwa der zunehmende Rückgriff auf alternative Einnahmeerzielungswege im Internet – darunter auch das Affiliate-Marketing – nicht immer einem gezielten Verzicht auf originär freiberufliche Betriebseinnahmen geschuldet, sondern teilweise auch einer ausbleibenden Zahlungsbereitschaft. Zudem sprechen die grundsätzlich erweiterten Anforderungen an die freien Berufe dafür, dass die Ausübung der Tätigkeit im Zweifel auch dann einen Selbstzweck darstellt, wenn eine Einnahmeerzielung nicht (mehr) möglich ist.[865] Dies gilt erst recht, wenn es dem Webseitenbetreiber gelingt, zugleich originär freiberufliche Betriebseinnahmen zu erzielen. Insofern scheidet die Annahme einer vertikalen Leistungsvereinigung der freiberuflichen und der Affiliate-Tätigkeit regelmäßig aus, wenn die freiberuflichen Leistungen selber um des Entgelts willen erbracht werden.[866]

(10) Verkehrsanschauung

Wie zu Beginn dieses Abschnitts dargelegt, soll sich die Frage nach der Trennbarkeit einer gemischten Tätigkeit grundsätzlich anhand der Verkehrsanschauung beantworten. Es wurde insoweit jedoch darauf hingewiesen, dass sich gerade für die vorliegend betrachteten Zweifelsfälle überwiegend (noch) keine eindeutige Verkehrsanschauung herausgebildet hat.[867] Gleichwohl soll nachfolgend der Versuch unternommen werden, sich durch die Suche nach Gemeinsamkeiten in den ansonsten heterogenen Literaturmeinungen sowie durch die Auswertung einiger empirischer Feststellungen einer Verkehrsanschauung anzunähern. Dabei gilt es zu beachten, dass die Verkehrsauffassung nicht statisch ist, sondern einem fortwährenden Wandel unterliegt[868].

Ein Blick in die einschlägige Literatur zeigt, dass mittlerweile das Gros der Internet-Nutzer eingesehen hat, dass Werbung für die kostenlose Bereitstellung und Nutzung von Online-Inhalten existenziell erforderlich ist[869] und somit mit

865 Rein pragmatisch gesehen wäre der Streit um die Trennbarkeit in diesem Falle allerdings regelmäßig rein akademischer Natur, weil mangels durch die freiberuflichen Leistungen veranlasster Vermögensveränderungen ohnehin nur die Zurechnung sämtlicher Wertveränderungen in die gewerbliche Sphäre in Betracht käme.

866 Vgl. *Koller*, Abgrenzung von Einkunftstatbeständen, S. 227 f.

867 Vgl. dazu grundlegend Zweiter Teil B.III.2.c).

868 Vgl. BFH v. 23.2.2000 – X R 142/95, BStBl. II 2000, 610 (611).

869 Vgl. *Leible*, Münchener Kommentar zum Lauterkeitsrecht, UWG, § 7 Rn. 279.

der kostenlosen Nutzbarkeit für den Webseiten-Besucher als „notwendiges Übel“ einhergeht.[870] Insofern kann zwischen Webseitenbetreiber und -nutzer ein stillschweigendes Einverständnis darüber unterstellt werden, dass die kostenlose Bereitstellung der Inhalte von der Refinanzierung über Werbeeinnahmen abhängt.[871] Visuelle Werbung wird hingenommen, ist gleichwohl jedoch unschwer als solche zu erkennen.[872] Aufgrund dieser Tatsache ist auch entgegen der grundsätzlichen Kennzeichnungspflicht bezahlter Online-Werbung (vgl. § 5a Abs. 6 UWG) für die allermeisten digitalen Werbemittel eine explizite Kennzeichnung als Werbung nicht erforderlich, weil sich die Tatsache, dass es sich um Werbung handelt, bereits aus der Gestaltung der Werbemittel im Verhältnis zu den sonstigen Inhalten ergibt.[873] Eine Verschmelzung zwischen Werbeanzeigen des *Advertisers* und den redaktionellen Inhalten einer Webseite kann daher nach der Verkehrsanschauung regelmäßig nicht ersehen werden. Vielmehr entsteht das Bild z. B. eines Unterrichtenden einerseits und eines Werbetreibenden andererseits.[874]

dd) Ergebnis

Unter maßgeblicher Gesamtwürdigung aller in Betracht kommenden Indizien für und gegen eine Trennbarkeit von Freiberufler- und Affiliate-Tätigkeit ist festzustellen, dass die Zusammenhänge beider Tätigkeiten überwiegend als unschädlich qualifiziert werden konnten und andersherum aufgrund der mehrfachen Marktteilnahme sogar ein gewichtiges Argument „pro Trennbarkeit“ existiert. Ebenfalls konnte zugunsten einer Trennbarkeit trotz aller Kritik an dem Rückgriff auf die Verkehrsanschauung festgestellt werden, dass sich redaktioneller Inhalt auf der einen und digitale (Affiliate-)Werbemittel auf der anderen Seite sowohl aus Sicht der beteiligten Wirtschaftsteilnehmer als aus jener eines

---

870 LG Frankfurt v. 13.9.2000 – 2-06 O 248/00, ZUM-RD 2002, 9 (10).

871 Vgl. OLG Köln v. 24.6.2016 – 6 U 149/15, WRP 2016, 1027 (1033).

872 So auch *Leupold/Bräutigam/Pfeiffer*, WRP 2000, 575 (590).

873 *Micklitz/Namysłowska*, in: Spindler/Schuster, UWG, § 5a Rn. 79.

874 Ähnlich BFH v. 2.10.2003 – IV R 48/01, BStBl. II 2004, 363 (365 f.), der für die Frage nach der Trennbarkeit einer freiberuflichen ärztlichen Tätigkeit des Klinikinhabers von Unterbringung und Verköstigung von Krankenhauspatienten auf die Belange des Patienten abgestellt hat und dabei zu dem Ergebnis gelangt ist, dass nach heutiger Verkehrsauffassung der Patient zwar den Klinikaufenthalt als notwendige Voraussetzung zur Durchführung einer Operation akzeptiere, gleichwohl jedoch die während der stationären Unterbringung erbrachten medizinischen Leistungen durchaus als gesonderte ärztliche Tätigkeit wahrnehme.

unvoreingenommenen Bürgers zumeist ohne größere Schwierigkeiten voneinander trennen lassen.

Einzig für eine Einheitsbetrachtung verbleibt damit soweit ersichtlich das Konstitut der vertikalen Leistungsvereinigung, dessen Anwendung allerdings voraussetzt, dass der Freiberufler nur deshalb den Tatbestand des § 18 Abs. 1 Nr. 1 EStG verwirklicht, um das Erwerbsziel der Erzielung von Affiliate-Einnahmen zu fördern. Dies wird im Zusammenhang mit freiberuflich-unterrichtenden Tätigkeiten im Regelfall abzulehnen sein, insbesondere wenn – zumindest geringfügig – auch originär freiberufliche Betriebseinnahmen erzielt werden.

Im Hinblick auf die eingangs dargelegte Ausprägung des Trennungsgrundsatzes, wonach eine Trennung immer dann vorzunehmen ist, wenn sie irgendwie vertretbar ist, sollte sie auch in der vorliegenden Konstellation des „Freiberufler-Affiliate" in der Regel vorgenommen werden. Diese Handhabe trägt dem Trennungsgrundsatz insofern Rechnung, als sie zu gerechteren steuerlichen Ergebnissen führt: So könnte der Freiberufler weiterhin freiberufliche Einkünfte erzielen,[875] sofern er anderweitig – z. B. außerhalb der Webseite – noch Vermögensmehrungen erzielt, die überwiegend durch seine Freiberuflertätigkeit veranlasst wurden.[876]

875 Abzulehnen ist insoweit die von *Homuth*, NWB 2018, 1891 (1898), zumindest missverständlich vertretene Auffassung, wonach eine Umqualifizierung der freiberuflichen in gewerbliche Einkünfte wohl generell dann stattfinde, sofern „die Einnahmen aus den Verlinkungen als Affiliate oder durch Werbeeinnahmen die Bagatellgrenze überschreiten." Während dies in Form einer Personengesellschaft der Fall sein kann, gibt es bei Einzelsteuerpflichtigen keine quantitative Grenze für gewerbliche Nettoumsätze, bei deren Überschreiten die freiberuflichen Betriebseinnahmen in eine Gewerblichkeit umqualifiziert werden, vgl. BFH v. 6.6.2019 – IV R 30/16, BStBl. II 2020, 649 Rn. 22 f.

876 Kommt es hingegen im Rahmen des § 18 EStG zu einem Verlust, so ist zu beachten, dass die Ablehnung einer Gewinnerzielungsabsicht, mithin die Qualifizierung einer Tätigkeit als Liebhaberei, über das Vorliegen dauerhafter Verluste hinaus insbesondere voraussetzt, dass der Steuerpflichtige die Tätigkeit „nur aus im Bereich seiner Lebensführung liegenden persönlichen Gründen oder Neigungen ausübt", BFH v. 25.6.1984 – GrS 4/82, BStBl. II 1984, 751 (767, st. Rspr.). Auch wenn die Zusammenhänge mit der Affiliate-Tätigkeit nicht zu einer Einheitsbetrachtung führen mögen, so haben sie doch zufolge, dass insoweit auch in einem verlustbringenden freiberuflichen Tätigwerden Erwerbs- statt Privatzwecke erblickt werden können. Insofern sollte aufgrund des vorliegenden Förderungs- und Sachzusammenhangs zwischen beiden Tätigkeiten auf das insgesamt erzielte Ergebnis abgestellt werden, vgl. BFH v. 25.6.1996 – VIII R 28/94, BStBl. II 1997, 202 (204).

7. Monetarisierung digitaler Werbeflächen

a) Beschreibung des Phänomens

Der wohl geläufigste Weg der Erzielung von Einnahmen als Betreiber einer Webseite mit eigenen Inhalten stellt die Monetarisierung einzelner[877] virtueller Werbeflächen insbesondere durch die Platzierung von Werbebannern dar. Dieses Format unterscheidet sich von Affiliate-Marketing, bei dem ebenfalls Banner als Werbemittel zum Einsatz kommen können, insbesondere dadurch, dass regelmäßig keine Vergütung nur im Erfolgsfalle Gegenstand der zugrunde liegenden Vereinbarung ist, sondern zumeist im Vorhinein ein festes Entgelt entweder für eine bestimmte Laufzeit oder je Besucher der Webseite („*Pay per View*") vereinbart wird.[878]

In technischer Hinsicht sind Werbebanner Dateien, die beim Aufruf der entsprechenden Internetseite eine Grafik an eine auf dieser Seite definierten Stelle platzieren und im Regelfall durch Verknüpfung mit einem Hyperlink beim Anklicken auf die Webseite des Werbenden führen.[879] Neben dieser statischen Platzierung eines Werbebanners an einem zuvor festgelegten Platz auf einer Webseite kommt auch die sog. dynamische Platzierung eines Banners in Betracht, bei derer der Bannerplatzierungsvorgang bei jedem Aufruf der Webseite individuell in Abhängigkeit von bestimmten Parametern (z. B. persönlichen Daten) des Webseitenbesuchers erfolgt.[880]

b) Ertragsteuerliche Würdigung

aa) Isolierte Tätigkeitsbetrachtung

Mit der grundsätzlichen Gewerblichkeit von auf die Absatzförderung Dritter gerichteter Tätigkeiten liegt es nahe, dass mit dem Fachschrifttum[881] auch

---

877 Vgl. zur vollumfänglichen Verpachtung aller Werberechte unten Zweiter Teil C.V.9.

878 Vgl. *Eicker*, in: Gummert/Trapp, Neue Medien im Steuerecht, Rz. 238. Mit ökonomischen Überlegungen zu den einzelnen Werbeformen *Linn*, DStR 2019, 418 (419). Für die Fälle, in denen eine Vergütung nur je Klick auf das digitale Werbemittel erfolgt („*Pay per Click*"), liegt die ertragsteuerliche Würdigung regelmäßig auf der Linie des Affiliate.

879 *Redeker*, IT-Recht, Rn. 1254.

880 Weiterführend *Schneider*, in: Redeker, Handbuch der IT-Verträge, Banner-Austauschvertrag, Rn. 9 ff. (Stand: Juli 2014), Banner-Vertrag mit Werbendem, Rn. 5a (Stand: Mai 2010); *Leupold/Bräutigam/Pfeiffer*, WRP 2000, 575 (579 f.); *Grambeck*, DStR 2016, 2026 (2030).

881 Vgl. *Köstler*, MBP 2019, 207 (208); *Brunckhorst/Sterzinger*, DStR 2018, 1689 (1691); *Schäfer*, StB 2019, 209 (212); *Homuth*, NWB 2018, 1891 (1897).

Einnahmen aus Bannerwerbung den gewerblichen Einkünften zuzurechnen sind. Anstelle einer ungesehenen Übertragung dieser Feststellung auf die vorstehende Konstellation gilt es jedoch, einige Unterschiede der Monetarisierung virtueller Werbeflächen insbesondere im Vergleich zu der gewerblichen Tätigkeit eines Affiliates zu vergegenwärtigen, die möglicherweise auch eine abweichende ertragsteuerliche Beurteilung zur Folge haben könnten. Dazu gehört insbesondere, dass der Affiliate – wie im Bereich der Absatzförderung üblich[882] – meist nur bei erfolgreicher Vermittlung (z. B. eines Umsatzes) eine Vergütung erhält, wohingegen Bannerwerbung typischerweise auch erfolgsunabhängige, zeitraumbezogene Vereinbarungen zugrunde liegen[883].

Da insofern im Mittelpunkt der Leistungsvereinbarung *die Überlassung einer spezifischen (virtuellen) Fläche* für Werbezwecke steht, könnte sich die Vermarktung entsprechender Werbeflächen – insoweit ähnlich zur Vermietung der Giebelwand eines Hauses an Werbeunternehmen[884] – im Rahmen einer typischen vermögensverwaltenden Tätigkeit und somit unterhalb der Schwelle zur Gewerblichkeit bewegen[885].[886] Dafür könnte ebenfalls sprechen, wenn mit *Schneider*[887] und *Hort-Boutouil/*

882 Immerhin kommt der Vereinbarung einer erfolgsabhängigen Vergütung eine entscheidende Indizwirkung für das Vorliegen einer auf Absatzförderung gerichteten Tätigkeit zu, vgl. nur BFH v. 14.6.1984 – I R 204/81, BStBl. II 1985, 15 (17).

883 Vgl. z. B. die Sachverhalte in BGH v. 22.3.2018 – VII ZR 71/17, NJW-RR 2018, 687; BSG v. 21.7.2011 – B 3 KS 5/10 R, ZUM-RD 2012, 303.

884 Zur Vergleichbarkeit von Bannerwerbung im Internet und einer Reklametafel an einer Hauswand *Lehr*, DStR 2002, 988 (989); *Stolz*, FR 1983, 235.

885 Vgl. *Stolz*, FR 1983, 235; *Kulosa*, in: Schmidt, EStG, § 21 Rz. 101. So wohl auch die Finanzverwaltung ausweislich Seite 1 der „Anlage V" zur Einkommensteuererklärung 2020, die eine originäre Eintragungszeile (Zeile 16) für „Einnahmen aus Vermietung von Garagen, *Werbeflächen* [Hervorh. d. Verf.] […]" vorsieht, siehe Anhang II.

886 Die Annahme einer Nutzungsüberlassung von Rechten und ähnlichen Erfahrungen ist demgegenüber mit der ganz überwiegenden Auffassung bereits im Ausgangspunkt abzulehnen, vgl. *Linn*, DStR 2019, 418 (419 ff.); *Nürnberg*, Ubg 2019, 219 ff.; *Heil/Pupeter*, BB 2019, 604 ff.; *Diffring/Saft*, DB 2019, 387 (388 ff.); *Haase*, DStR 2019, 761 (762, 764 f.); *Reichl/Wiedmann*, FR 2019, 201 (204); BMF v. 3.4.2019 – IV C 5 – S 2411/11/10002, BStBl. I 2019, 256, sowie ausdrücklich *Busemann/Gilson*, DStR 2019, 2178 (2180), hinsichtlich „Vergütungen für die mittelbare zur Verfügungstellung von Werbeflächen". A. A. soweit ersichtlich einzig *Hruschka*, DStR 2019, 88 (89 ff.).

887 *Schneider*, in: Redeker, Handbuch der IT-Verträge, Banner-Vertrag mit Werbendem, Rn. 21 f. (Stand: Mai 2010).

Kremer[888] und insoweit entgegen der Auffassung des BGH[889] deshalb eine vertragstypologische Einordnung des Werbebanner-Vertrages als Mietvertrag vorzunehmen wäre, weil die vom Anbieter geschuldete Hauptleistung in der Bereitstellung der Werbefläche und der kontinuierlichen Aufrechterhaltung deren vertragsgemäßer Nutzbarkeit für den vereinbarten Zeitraum besteht.

Voraussetzung für die Annahme einer vermögensverwaltenden Tätigkeit wäre gemäß der Fruchtziehungsformel insbesondere, dass sich die Tätigkeit des Freiberuflers insoweit in der Fruchtziehung aus ihm gehörigen Vermögen erschöpft[890].[891] Bei der Vermietung einer Hauswand für Werbezwecke kann dies in der Regel ohne besondere Schwierigkeiten bejaht werden. Weniger unproblematisch verläuft indes die Verortung der Monetarisierung von Werbeflächen im Bereich der bloßen Fruchtziehung, weil die Höhe des erzielbaren Entgelts wesentlich von der freiberuflichen Tätigkeit abhängt. Die Werbewirksamkeit und somit die Attraktivität von Werbeflächen an Gebäuden lässt sich hingegen durch ein Zutun des Steuerpflichtigen kaum beeinflussen, sondern basiert im Wesentlichen auf der öffentlichkeitswirksamen Lage der Immobilie z. B. an einer viel befahrenen Straße. Bei näherer Betrachtung ist die Vermarktung virtueller Werbeflächen daher eher mit dem Verkauf von Werbeanzeigen in einer selbst herausgegebenen Zeitschrift oder der entgeltlichen Gestattung von Bandenwerbung in Sportstätten vergleichbar, die ebenfalls maßgeblich von den im Einzelfall vorliegenden Leser- bzw. Besucherzahlen abhängen.[892]

---

888 *Hort-Boutouil/Kremer*, in: Redeker, Handbuch der IT-Verträge, Affiliate Marketing-Vertrag, Rn. 20 f. (Stand: November 2016).

889 Vgl. BGH v. 22.3.2018 – VII ZR 71/17, NJW-RR 2018, 687 Rn. 12, wonach die Vereinbarung über die Platzierung einer digitalen Werbeanzeige gegen eine feste Vergütung als Werkvertrag zu qualifizieren sein soll, weil „mit der Einstellung einer elektronischen Werbeanzeige auf einer bestimmten Domain für die Dauer der Vertragslaufzeit […] ein bestimmtes Arbeitsergebnis als die von der Klägerin geschuldete Leistung vereinbart worden [ist]."

890 BFH v. 3.7.1995 – GrS 1/93, BStBl. II 1995, 617 (619) m. w. N.

891 Hierzu ist im Zweifelsfalle auf das Gesamtbild der Verhältnisse unter Berücksichtigung der Verkehrsanschauung abzustellen, vgl. BFH v. 12.4.2011 – X S 31/09, BFH/NV 2011, 1178 (1178 f.); v. 27.6.2017 – IX R 3/17, BFH/NV 2018, 20 Rz. 12; v. 11.10.2012 – IV R 32/10, BStBl. II 2013, 538 Rn. 31.

892 Die Vergleichbarkeit mit dem Anzeigenteil einer Zeitschrift erkennen auch *Leupold/Bräutigam/Pfeiffer*, WRP 2000, 575 (579).

Ausweislich der Rechtsprechung[893] betreffend entsprechende Tätigkeiten gemeinnütziger Körperschaften soll das Maß einer bloßen Vermögensverwaltung überschritten sein, wenn die Körperschaft einem Sponsor das Recht einräumt, in einem von ihr herausgegebenen Publikationsorgan Werbeanzeigen zu schalten und einschlägige sponsorenbezogene Themen darzustellen, auch wenn vonseiten der Körperschaft keinerlei Einfluss auf Inhalt und Gestaltung der Anzeige genommen wird. Gleiches soll auch dann gelten, wenn dem Sponsor ermöglicht wird, auf einer Veranstaltung Produkte vorzustellen und zu bewerben, zumal die Zahlung insoweit nicht für die Überlassung einer abgegrenzten Raumfläche geleistet werde, sondern dafür, dass er auf der Veranstaltung werben dürfe, ohne deren Ausrichtung die genutzte Fläche nutzlos wäre.[894] Der Bereich der Vermögensverwaltung soll in derlei Fällen zutreffend deshalb überschritten sein, weil sich die Tätigkeit nicht als Fruchtziehung aus Vermögenswerten, sondern nach der Verkehrsanschauung als eine wirtschaftliche Tätigkeit darstellt, zumal der wirtschaftliche Wert der Werbemöglichkeit erst durch andere Tätigkeiten der Körperschaft geschaffen wird.[895] Auf dieser Linie liegt auch die Rechtsprechung[896] betreffend die entgeltliche Gestattung von Bandenwerbung in Sportstätten, bei der ungeachtet der zivilrechtlichen Beurteilung der Überlassung von Werbeflächen als Mietvertrag[897] nicht von einer bloßen Vermögensverwaltung, sondern einem steuerschädlichen wirtschaftlichen Geschäftsbetrieb

893 Vgl. AEAO zu § 64 Nr. 11; BFH v. 7.11.2007 – I R 42/06, BStBl. II 2008, 949 (950); v. 28.11.1961 – I 34/61 U, BStBl. III 1962, 73.

894 BFH v. 7.11.2007 – I R 42/06, BStBl. II 2008, 949 (950 f.); vgl. dazu auch FG Hamburg v. 15.6.2006 – 2 K 10/05, EFG 2007, 218 (219).

895 Vgl. BFH v. 7.11.2007 – I R 42/06, BStBl. II 2008, 949 (950 f.), unter Verweis auf die Entscheidung des Großen Senats v. 10.12.2001 (GrS 1/98, BStBl. II 2002, 291), der in Grenzfällen zwischen Gewerbebetrieb im Sinne des § 15 Abs. 2 EStG einerseits und Vermögensverwaltung andererseits darauf abstellt, „ob die Tätigkeit, soll sie in den gewerblichen Bereich fallen, dem Bild entspricht, das nach der Verkehrsanschauung einen Gewerbebetrieb ausmacht und einer privaten Vermögensverwaltung fremd ist.“ In diesem Sinne auch bereits *Schauhoff*, DB 1998, 494 (495).

896 BFH v. 13.3.1991 – I R 8/88, BStBl. II 1992, 101 (101 f.), zuletzt bestätigt durch BFH v. 7.11.2007 – I R 42/06, BStBl. II 2008, 949 (950 f.) sowie durch FG Münster v. 22.4.2017 – 9 K 518/14 K, EFG 2017, 1024 Rn. 29 (Revision als unzulässig verworfen durch BFH v. 11.4.2018 – V R 69/17, nicht dokumentiert).

897 Insofern weist auch *Martens*, Die Besteuerung wirtschaftlicher Aktivitäten im Amateursport, S. 119, zutreffend darauf hin, dass das Vorliegen eines Miet- oder Pachtvertrages keine Garantie dafür ist, dass der Rahmen einer steuerfreien Vermögensverwaltung nicht überschritten wird.

ausgegangen wird. Dies wird überzeugendermaßen vornehmlich damit begründet, dass „das unternehmerische Risiko bzw. die Gewinnchance des Klägers [...] in der Anziehungskraft seiner Sportveranstaltungen [liegt], die letztlich die Höhe der erzielbaren Mieten für die überlassenen Werbeflächen beeinflussen werden" und „die mit der entgeltlichen Gestattung von Bandenwerbung wirtschaftlich verbundene Gesamtleistung [...] deshalb wesentlich über die Nutzung des Vermögens im Sinne einer Fruchtziehung hinaus[geht]."[898] Entsprechend ist Bestandteil des Vertrages regelmäßig ausdrücklich oder zumindest konkludent ein bestimmtes mediales Potenzial, welches die Gegenleistung entscheidend mitbestimmt.[899] Demgegenüber wäre Bandenwerbung wohl wirtschaftlich sinnlos, wenn nicht durch attraktive Veranstaltungen Zuschauer angezogen würden.[900]

Auch bei der Monetarisierung von digitalen Werbeflächen wird das fruchtbare Werbeumfeld – ähnlich wie der Wert einer Werbebande oder etwa der einer Standfläche im Rahmen eines Kongresses durch die öffentlichkeitswirksame und zuschauerträchtige Veranstaltung entsteht - erst durch die z. B. freiberuflich-unterrichtenden Webseiten-Inhalte geschaffen. So lassen sich die teils sehr hohen Einnahmen aus der Vermarktung virtueller Werbeflächen nur mit der Wahrnehmung besonderer Marktchancen erklären, zumal es nicht um die Fläche als bloßen Vermögensgegenstand geht, sondern um die dortige Einblendung einer Werbeanzeige zum jeweiligen Zeitpunkt des Seitenaufrufs in sichtbarer Nähe zu den originären Webseiten-Inhalten. Daher wäre auch hier die Implementierung von Werbebannern in die Webseite wirtschaftlich sinnlos, wenn nicht durch die Inhalte der Webseite zahlreiche Nutzer bzw. Besucher angezogen würden. Damit erschöpft sich die Tätigkeit des Webseitenbetreibers hinsichtlich der

---

898 BFH v. 13.3.1991 – I R 8/88, BStBl. II 1992, 101 (101 f.); zustimmend *Hüttemann*, Gemeinnützigkeits- und Spendenrecht, Rn. 6.154; *Duchêne*, Sponsoring der Unternehmen, S. 177 f.; *Krüger*, in: Schwarz/Pahlke, AO/FGO, § 67a Rz. 29 (Stand: Juli 2017); *Stobbe*, DStZ 1996, 757, unter Hinweis darauf, dass die Durchführung derartiger Veranstaltungen über die in § 536 BGB normierten Pflichten eines Vermieters hinausgehe. A. A. *Jansen*, DStR 1992, 133 (134), demzufolge die Attraktivität der (Sport-)Veranstaltung lediglich einen Einfluss auf die Höhe der im Voraus vereinbarten Vergütung habe.

899 *Duchêne*, Sponsoring der Unternehmen, S. 178; vgl. auch *Martens*, Die Besteuerung wirtschaftlicher Aktivitäten im Amateursport, S. 118, der den Sportbetrieb als Vertragsgrundlage für die Vergabe von Nutzungsrechten an Werbeflächen bezeichnet.

900 *Stobbe*, DStZ 1996, 757. Dementsprechend führt *Hüttemann*, Gemeinnützigkeits- und Spendenrecht, Rn. 6.154, zutreffend an, dass das werbliche Umfeld erst durch die satzungsmäßigen Aktivitäten der gemeinnützigen Körperschaft geschaffen wird.

Überlassung von virtuellen Werbeflächen nicht in einer Fruchtziehung aus zu erhaltenen Substanzwerten, sondern erfordert aufgrund der Abhängigkeit von den Seitenaufrufen daneben ein weiteres Tätigwerden, wodurch die Tätigkeit insgesamt auf Risikotragung gerichtet und damit eine gewerbliche ist.[901]

Schlussendlich kann dem Schrifttum daher zugestimmt werden, dass Einnahmen aus Bannerwerbung grundsätzlich der gewerblichen Sphäre zuzurechnen sind.[902] Darüber hinausgehend ist zu bemerken, dass sich diese Feststellung ebenso auf ähnliche geläufige Werbemittel übertragen lässt, die ein Webseiten-Betreiber zur Einnahmeerzielung in seine Internetseite einbindet. Gemeint sind damit beispielsweise Pop-Up-Fenster, die sich beim Öffnen oder Verlassen der Seite zusätzlich in einem eigenen Fenster öffnen,[903] genau wie sog. Pre- oder Interstitials, die sich als ganzseitige Werbung vor oder zwischen bestimmte Inhalte der Webseite schalten[904]. Anhaltspunkte dafür, dass die lediglich

---

901 Vgl. BFH v. 13.3.1991 – I R 8/88, BStBl. II 1992, 101 (101 f.); v. 17.3.1981 – VIII R 149/78, BStBl. II 1981, 522 (525 f.). Auf dieser Linie liegt auch die – wenngleich umsatzsteuerrechtlich ausgerichtete – Auffassung von *Hummel*, in: Rau/Dürrwächter, UStG, § 12 Abs. 2 Nr. 8 UStG Rn. 223 m. w. N. (Stand: April 2015), derzufolge Werbedienstleistungen generell nicht als Nutzung oder Verwaltung von eigenem Vermögen einzuordnen seien, „mögen sie auch noch so passiv sein".

902 Insofern liegen die hier betrachteten Fälle anders, als z. B. bei Werbung auf Außenflächen von Gebäuden an verkehrsreichen Straßen, bei der die Werbewirksamkeit nicht entscheidend von einer anderweitigen Tätigkeit des Überlassenden abhängt. Denn für die Annahme einer vermögensverwaltenden Tätigkeit ist insoweit (nur) unerheblich, wenn die Werbewirksamkeit einer überlassenen Werbefläche zwar von einer Veranstaltung oder anderweitigen Umständen abhängig ist, diese jedoch nicht im Verantwortungsbereich des Überlassenden liegen. Daher läge beispielsweise auch dann eine vermögensverwaltende Tätigkeit vor, wenn der Wert einer Werbefläche z. B. wesentlich dadurch beeinflusst würde, dass sie im Sichtbereich eines angrenzenden – jedoch nicht dem Steuerpflichtigen gehörenden – Supermarkts liegt. Denn die Aufmerksamkeitswirksamkeit liegt insofern nicht im Einflussbereich des Überlassenden und kann damit auch nicht in einer wirtschaftlichen Gesamtleistung münden, die über das Maß einer Vermögensverwaltung hinausgehen könnte.

903 Vgl. dazu *Leupold/Bräutigam/Pfeiffer*, WRP 2000, 575 (580); *Leible*, Münchener Kommentar zum Lauterkeitsrecht, UWG, § 7 Rn. 279; LG Düsseldorf v. 26.3.2003 – 2a O 186/02, MMR 2003, 486.

904 Ein Prestitial ist eine der aufgerufenen Webseite vorgeschaltete, zumeist ganzseitige Werbung, während unter Interstitials Werbung verstanden wird, die bei dem Wechsel zwischen zwei Seiten oder vor dem Start einer bestimmten Funktion (z. B. eines Videos) eingeblendet wird, vgl. *Leible*, Münchener Kommentar zum Lauterkeitsrecht, UWG, § 7 Rn. 279.

unterschiedliche Art und Weise der Einblendung einer vereinbarten Werbeanzeige Unterschiede hinsichtlich der ertragsteuerlichen Beurteilung zeitigt, sind nicht ersichtlich.

bb) Aufeinandertreffen mit freiberuflicher Tätigkeit

Vermögensmehrungen aus der Verwendung virtueller Flächen für Werbezwecke führen grundsätzlich zu gewerblichen Einkünften. Nachfolgend stellt sich nunmehr die Frage, welche ertragsteuerlichen Folgen sich auf die vorzunehmende Zurechnung der erzielten Vermögensmehrungen ergeben, wenn die Verwertung virtueller Werbeflächen beispielsweise mit freiberuflich-unterrichtenden Inhalten einer Webseite aufeinandertrifft und sich somit – zumindest mittelbar – auch als Monetarisierung der originären Inhalte einer Webseite darstellt.

In Betracht gezogen werden könnte die Zuordnung der Monetarisierung von Werbeflächen zu dem Tatbestand des § 18 EStG im Hinblick darauf, dass die Tätigkeit zwar auf Risikotragung gerichtet ist und damit über eine bloße Vermögensverwaltung hinausgeht, dieses unternehmerische Risiko vorliegend jedoch auf einer originär freiberuflichen Tätigkeit fußt. Diesem Ansatz steht allerdings entgegen, dass sich die Gewerblichkeit z. B. von der Verpachtung einer Fläche für Werbezwecke auf einer Veranstaltung nicht etwa durch Abfärbung der Gewerblichkeit der Veranstaltung auf die Verpachtungstätigkeit ergibt, sondern die Verpachtung als solche den Tatbestand des Gewerbebetriebs verwirklicht, weil ihr weitergehende Leistungselemente angehören und sie somit den Rahmen einer typischen Vermögensverwaltung verlässt. Daher schlägt die Verpachtung einer Werbefläche auch dann in die Gewerblichkeit um, wenn ihr Werbewert maßgeblich durch eine z. B. unterrichtende Tätigkeit bestimmt wird. Denn insofern kommt hinsichtlich der unternehmerischen Werbeflächen-Vermarktung weder die Zuordnung zu einem Tatbestand des § 18 Abs. 1 Nr. 1 S. 2 EStG in Betracht noch die Unterordnung dieser – ein eigenständiges Erwerbsziel verfolgenden – Tätigkeit als Annex unter die freiberufliche Kerntätigkeit.

cc) Trennbarkeit der Tätigkeiten

Diese Feststellung mündet damit abermals in der Anschlussfragestellung, ob die aufgrund ihrer wirtschaftlichen und sachlichen Zusammenhänge vorliegende (gewerblich-freiberuflich) gemischte Tätigkeit des Steuerpflichtigen in ihre Einkunftstatbestände zerlegt werden kann oder als betriebliche Einheit nur einer einheitlichen Einkünftequalifikation zugänglich ist.

In Anbetracht der sachlichen Nähe der Monetarisierung digitaler Werbeflächen zu dem Phänomen des Affiliate-Marketings – immerhin erfolgt die

Erzielung von Einnahmen in beiden Fällen zumeist gleichermaßen unter *Verwendung digitaler Werbemittel* – könnte auch vorliegend eine Trennbarkeit der Tätigkeiten angenommen werden. Allerdings weisen beide Erscheinungsformen neben der bemerkten Gemeinsamkeit auch einige Unterschiede zueinander auf, mit denen eine abweichende Beurteilung einhergehen könnte. Zum einen werden vorliegend regelmäßig mit dem Werbepartner Vereinbarungen getroffen, welche die Verwendung einer *spezifischen* virtuellen Fläche zum Gegenstand haben, während der Affiliate hier in der Regel frei entscheiden kann. Zum anderen kann bei der Monetarisierung virtueller Werbeflächen z. B. eine im Vorhinein festgelegte (Mindest-)Anzahl an veröffentlichten Freiberufler-Inhalten Gegenstand der Vereinbarung sein. Denn der Bereich der privaten Vermögensverwaltung wird bei isolierter Tätigkeitsbetrachtung mitunter deshalb überschritten, weil Bestandteil des Vertrages regelmäßig ein bestimmtes mediales Potenzial ist, welches vorliegend auf dem originär freiberuflichen Tätigwerden fußt und den Steuerpflichtigen insofern auch zu einem entsprechenden Tätigwerden verpflichtet.[905] Der Affiliate hingegen wird grundsätzlich nur zum werblichen Tätigwerden berechtigt, nicht jedoch zugleich auch verpflichtet.[906]

Insofern könnte für eine Einheitsbetrachtung insbesondere sprechen, wenn der Steuerpflichtige gegenüber dem Werbeunternehmen einen einheitlichen Erfolg schuldet, in den die freiberuflichen zusammen mit den gewerblichen Leistungselementen einfließen würden.[907] Dies würde wiederum voraussetzen, dass auch die freiberuflichen Leistungselemente unmittelbar an das Werbeunternehmen gerichtet sind. Obgleich das z. B. freiberuflich-unterrichtende Tätigwerden als solches zur Schaffung eines spezifischen Werbeumfeldes regelmäßig – zumindest konkludent – ebenfalls Gegenstand der getroffenen Vereinbarung ist, ist es doch nicht an das Werbeunternehmen gerichtet, welches ein Entgelt namentlich nicht zur Ermöglichung einer kostenlosen Inanspruchnahme der (freiberuflichen) Inhalte der Webseite zahlt, sondern um bei Gelegenheit einer solchen kostenlosen Nutzung zielgenau Werbung platzieren zu dürfen.[908] Dem Werbeunternehmen ist damit nicht an der freiberuflichen Tätigkeit als solcher gelegen, sondern lediglich an der öffentlichkeitswirksamen Werbemöglichkeit. Denn die

---

905 Vgl. *Duchêne*, Sponsoring der Unternehmen, S. 178; *Martens*, Die Besteuerung wirtschaftlicher Aktivitäten im Amateursport, S. 118.

906 Vgl. Zweiter Teil C.V.6.a).

907 Grundlegend zur Indizwirkung eines einheitlichen Leistungserfolges Zweiter Teil C.V.6.c)cc)(8).

908 Vgl. *Englisch*, UR 2017, 875 (881).

freiberufliche Tätigkeit richtet sich ja gerade an die potenziellen Besucher der Webseite, gegenüber denen das Werbeunternehmen anschließend mit seinen Produkten und Dienstleistungen in Erscheinung zu treten sucht.

Im Ergebnis ist daher auch virtuelle Werbung „anlässlich" einer den Werbewert signifikant beeinflussenden – hier: freiberuflichen – Tätigkeit eine eigenständige Leistung, die neben der freiberuflichen Tätigkeit erbracht wird, zu dieser jedoch lediglich in einem mittelbaren sachlichen Zusammenhang steht.[909] Daran ändert sich auch dann nichts, wenn die Einkünfte des Steuerpflichtigen von den Einnahmen aus der Verwendung virtueller Werbemittel abhängen.[910]

Unterstrichen werden mag dies etwa mit einem Blick auf die vergleichbare Konstellation bei einem musikalischen Künstler, der Werbeflächen auf einem Konzert verpachtet und sich gegenüber dem Werbeunternehmen naturgemäß auch zur tatsächlichen Durchführung des Konzerts verpflichtet. Hierbei mögen zwar Teilelemente der freiberuflichen Leistung auch in die Werbetätigkeit einfließen, weil sich die Verpflichtung zum freiberuflichen Tätigwerden aus der gewerblichen Werbetätigkeit heraus ergibt; gleichwohl nimmt der Steuerpflichtige mit seiner freiberuflichen Tätigkeit eigenständig am allgemeinen wirtschaftlichen Verkehr teil, weil sie in erster Linie gegenüber den Konzertbesuchern erbracht wird. Eine Teilnahme am allgemeinen wirtschaftlichen Verkehr liegt insoweit unterschiedslos auch dann vor, wenn der Eintritt für die Besucher kostenfrei wäre.[911] Damit ist eine getrennte Erfassung der Tätigkeiten ohne besondere Schwierigkeiten möglich.

8. *Influencer-Marketing*

a) *Beschreibung des Phänomens*

Eine weitere zentrale Möglichkeit der Einnahmeerzielung im Internet stellt ferner das sog. Influencer-Marketing dar. Im Mittelpunkt steht hierbei der Influencer als Person, die einen gewissen Idol- oder Kultstatus etwa aus Film und

909 Vgl. *Maßbaum*, in: H/H/R, EStG, § 49 Rz. 539, 543 (Stand: August 2019).

910 Ähnlich BFH v. 28.11.1961 – I 34/61 U, BStBl. III 1962, 73, unter Bejahung der Trennung des Anzeigengeschäfts vom Textteil einer Zeitschrift, obgleich der Gewinn aus der Herausgabe der Druckschiften wesentlich von den Anzeigen-Einnahmen aus dem Anzeigengeschäft abhängig war. Zur grundsätzlichen Unschädlichkeit einer wirtschaftlichen Abhängigkeit einer Tätigkeit von einer anderen grundlegend Zweiter Teil C.V.6.c)cc)(3).

911 Vgl. RFH v. 15.7.1942 – VI 192/42, RFHE 523, 120 (121), sowie Zweiter Teil C.V.6.c)cc)(8).

Fernsehen, dem Sport- oder Musikbereich oder als reine „Internetberühmtheit“ beispielsweise im Rahmen von Online-Unterrichtung in sozialen Medien erlangt hat und ihren Status gepaart mit der – zum Teil enormen – Reichweite vorwiegend in Blogs oder sozialen Netzwerken wie beispielsweise Facebook[912], YouTube, Instagram[913] & Co. zur Einflussnahme auf die Meinung sowie etwaige Kaufentscheidungen ihrer vielzähligen Follower[914] oder Abonnenten einsetzt.[915] Dieser markante Einflussbereich von Influencern fußt im Wesentlichen darauf, dass soziale Netzwerke aus dem Alltag der meisten Internetnutzer kaum noch wegzudenken sind.[916] Quantitativ gesprochen werden die Nutzer von sozialen Netzwerken in Deutschland im Jahr 2021 Prognosen zufolge unter weiterhin steigender Tendenz einen neuen Höchststand von 44 Mio. erreichen;[917] dies entspricht etwa 80 % der gesamten Internetnutzer in Deutschland[918].

Anders als dem Begriff des YouTubers, der keinerlei Aussage über die innerhalb des Videos ausgeübte Tätigkeit trifft,[919] ist dem Begriff des Influencers bereits eine aussagekräftige Beschreibung der ausgeübten Tätigkeit immanent. Denn als Influencer werden gezielt solche Personen bezeichnet, die zum Kauf eines bestimmten Produkts oder einer Dienstleistung zu beeinflussen versuchen, indem sie diese im Rahmen meist privat anmutender Videos erwähnen, darüber

---

912 www.facebook.com (zuletzt abgerufen am 27.12.2021).

913 www.instagram.com (zuletzt abgerufen am 27.12.2021).

914 Als Follower werden in den meisten sozialen Netzwerken die Abonnenten eines Nutzers bezeichnet, die die Beiträge des Influencers regelmäßig in ihren sozialen Netzwerken angezeigt bekommen oder dem Blog eines Influencers folgen, vgl. *Mallick/Weller*, WRP 2018, 155. Alternativ könnten diese auch als „Anhänger“ oder „Fans“ bezeichnet werden, vgl. *Schäfer*, StB 2019, 209.

915 Vgl. *Hakenberg*, in: Creifelds, Rechtswörterbuch, Stichwort Influencer. Dazu instruktiv am Beispiel von Instagram *Lettmann*, GRUR 2018, 1206 (1207 f.); mit weiteren Beispielen *Schäfer*, StB 2019, 209.

916 So auch *Lichtnecker*, MMR 2018, 512.

917 *Statista Digital Market Outlook*, Anzahl der Nutzer von sozialen Netzwerken in Deutschland in den Jahren 2017 und 2018 sowie eine Prognose bis 2023, Statistik abrufbar unter de.statista.com/statistik/daten/studie/554909/umfrage/anzahl-der-nutzer-sozialer-netzwerke-in-deutschland (zuletzt abgerufen am 27.12.2021).

918 Vgl. *agof daily digital facts*, Anzahl der Internetnutzer und Gesamtbevölkerung ab 16 Jahren in Deutschland im November 2020, Statistik abrufbar unter de.statista.com/statistik/daten/studie/151619/umfrage/anzahl-der-internetnutzer-in-den-letzten-drei-monaten-und-gesamtbevoelkerung-in-deutschland (zuletzt abgerufen am 27.12.2021).

919 Vgl. Zweiter Teil C.V.5.

(vermeintlich objektiv) berichten oder sie anderweitig positiv hervorheben.[920] Für die Einordnung einer Person als Influencer kommt es daher weder auf das hierzu genutzte Medium (Video, Bild, Textbeitrag etc.) noch auf den Ort bzw. die Plattform der Ausübung der Tätigkeit an, sodass auch derjenige als Influencer zu bezeichnen wäre, der mittels Textbeiträgen auf einem eigenen Blog oder in z. B. Podcasts Einfluss auf seine Leser/Hörer nimmt. Zutreffend wäre es daher, den Influencer nicht auf eine Ebene mit den „neuen Berufen" oder „neuen Geschäftsmodellen" als Blogger, YouTuber oder Instagrammer zu stellen,[921] sondern ihn als *Unterkategorie* dieser einzelnen Gruppen anzusehen.[922]

Die wesentliche Tätigkeit eines Influencers besteht damit z. B. darin, dass er Videoclips oder Bilddateien auf den vorgenannten Plattformen einstellt, innerhalb derer er neben der Gewährung ganz persönlicher Einblicke in sein Leben Empfehlungen oder anderweitige aufmerksamkeitsträchtige Handlungen für Produkte und Dienstleistungen Dritter ausspricht.[923] Damit bewegt sich der Influencer zumeist in der Werbeform des *Native Advertising*, bei der die Werbung typischerweise so gestaltet wird, dass sie nur schwer von redaktionellen Inhalten unterschieden werden kann, um durch diese „Tarnung" als persönlich anmutende Empfehlung eine möglichst hohe Glaubwürdigkeit der Werbung zu erreichen.[924] Während die Influencer-Tätigkeit zwar begrifflich neuzeitlich anmutet, stellt sie bei näherer Betrachtung im Kern mit Nichten erst ein im Zuge der Digitalisierung entstandenes Phänomen dar.[925] Denn auch schon vor Zeiten des Internets wurden z. B. prominente Personen aufgrund ihres Ansehens und ihrer Beliebtheit zur Mitwirkung an Werbespots, Plakatwerbung oder als Aushängeschild einer bestimmten Marke akquiriert, um die Wirkung und Bekanntheit

---

920 Vgl. dazu auch BT-Drs. 19/6970, S. 177.

921 So aber z. B. *Neugebauer*, UR 2020, 104 (110).

922 Ebenso wohl *Willems*, MMR 2018, 707, der Influencer, die per Videoclips auf YouTube als solche tätig werden, als YouTuber bezeichnet.

923 *Willems*, MMR 2018, 707; *Neugebauer*, UR 2020, 104 (112). Diese Hervorhebungen können durch das Hinzufügen von Verlinkungen auf die Webseite des beauftragenden Unternehmens unterstützt werden, vgl. *Busemann/Gilson*, DStR 2019, 2178 (2179).

924 Vgl. *Ahrens*, GRUR 2018, 1211 (1211 f.); *Wesche*, jM 2020, 2 (3); *Gerecke*, GRUR 2018, 153 (158). Zu den relevanten Einnahmequellen eines Influencers gehören allerdings auch Einnahmen aus Affiliate-Marketing, Bannerwerbung und der Überlassung von Rechten, vgl. *Blesin*, in: Schach/Lommatzsch, Influencer Relations, S. 239 f.; *Schmidt/Kollmann/Karl*, DStR 2021, 765 f. Insoweit sei auf die jeweiligen Abschnitte der vorliegenden Arbeit verwiesen.

925 *Lettmann*, GRUR 2018, 1206 (1209); *Henning-Bodewig*, WRP 2017, 1415 (1417).

auf ihre eigenen Fans auszuweiten. Entsprechend musste sich der BFH[926] bereits betreffend die Streitjahre *1971 bis 1973* mit der Frage nach der ertragsteuerlichen Beurteilung der Tätigkeit eines populären Berufssportlers beschäftigen, der wohl aufgrund seiner Bekanntheit sowie seines Ansehens unter anderem für die Mitwirkung in Werbefilmen beauftragt wurde und hierfür im Gegenzug Vermögenszuwendungen erhielt. Ein ähnlich gelagerter Sachverhalt beschäftigte den IV. Senat[927] nur wenige Jahre später betreffend einen Künstler, der sich über seine originäre Tätigkeit hinaus im Bereich der Werbung durch Mitwirkung an Werbespots betätigte. Auch das unterschwellige Werben z. B. durch das sichtbare Tragen des Logos eines Wirtschaftsunternehmens auf einem Kleidungsstück ist zumindest auf das Jahr 1973 zurückzuführen, als Trikotwerbung bei Sportvereinen erstmalig eingeführt wurde.[928]

Trotz dieser grundsätzlichen Ähnlichkeit zeichnet sich der Influencer im Vergleich zu traditioneller Testimonial-Werbung durch einige Besonderheiten aus, welche schließlich zur Etablierung der eigenen, neudeutschen (Berufs-) Bezeichnung geführt haben. So tritt ein Influencer typischerweise über das Internet – meist über ein Profil in sozialen Medien – auf, wobei er von seinen Followern unter anderem durch das Erstellen und Posten eigener (persönlicher) Inhalte als „ganz normaler Mensch" wahrgenommen wird. Da der Influencer regelmäßig sogar selber zur (Werbe-)Zielgruppe gehört, ermöglicht dies insgesamt weitaus mehr Authentizität sowie eine tiefer gehende Vertrauensbasis, auf Grundlage derer er die potenziellen Konsumenten auf einer anderen Ebene erreichen und beeinflussen kann als ein z. B. aus Film und Fernsehen bekannter Prominenter innerhalb eines konventionellen Fernsehwerbespots.[929] Unterstützt bzw. erhalten wird diese Glaubwürdigkeit der ausgesprochenen Produktempfehlungen dadurch, dass diese zumeist als unbeeinflusste, subjektive Meinungsäußerungen verkleidet werden und somit nicht auf den ersten Blick erkennbar ist, dass es sich um kalkulierte und gesponserte Werbung handelt.[930] Aber selbst bei

---

926 BFH v. 3.11.1982 – I R 39/80, BStBl. II 1983, 182.

927 BFH v. 11.7.1991 – IV R 33/90, BStBl. II 1992, 353.

928 Vgl. OLG Frankfurt – 6 U 53/84 (Kart), WRP 1985, 500 (501).

929 Vgl. *Lehmann*, WRP 2017, 772 (772 f.); *Alberts*, Tätigkeit von Influencern, S. 27.

930 Vgl. *Mach*, WRP 2018, 1166; *Alberts*, Tätigkeit von Influencern, S. 84 f.; LG Hagen v. 13.9.2017 – 23 O 30/17, MMR 2018, 106 Rn. 23. Wird zugunsten der Authentizität auf die Kennzeichnung als Werbung verzichtet, könnte hierin eine unlautere Verschleierung des werblichen Charakters vorliegen, vgl. *Micklitz/Schirmbacher*, in: Spindler/Schuster, TMG § 6 Rn. 46 ff.; LG Berlin v. 24.5.2018 – 52 O 101/18,

einer ausdrücklichen Erwähnung des kommerziellen Charakters von Influencer-Beiträgen werden diese – vorwiegend, gleichwohl jedoch nicht ausschließlich von jüngeren Zielgruppen – als persönliche, authentische Empfehlung aufgefasst, wodurch sie auch dann ihre werbliche Wirksamkeit entfalten.[931] Dies kann nicht zuletzt auch darauf zurückgeführt werden, dass sich der Konsument seinen Werbeträger gleichsam selber auswählt, indem er (nur) denjenigen Personen in sozialen Netzwerken folgt, die für ihn etwa einen Vorbildcharakter haben oder zumindest sympathisch, authentisch und vertrauensvoll erscheinen. Dadurch kann der Influencer auf einer freundschaftlich anmutenden Ebene eine stärkere Einflussnahme vornehmen, als dies konventionelle Werbemöglichkeiten tun könnten.[932] Die Effektivität des Influencer-Marketings zeigt sich allein daran, dass, obgleich sich mittlerweile nahezu alle Nutzer (92 %) sozialer Netzwerke der Tatsache bewusst sind, dass Influencer mit ihrer Werbetätigkeit bzw. Produktvorstellung Geld verdienen und von der Mehrheit sogar als „ganz normale Berufstätige der digitalen Welt" angesehen werden,[933] bis 2017 fast jeder vierte Nutzer ein Produkt (nur) deshalb gekauft hat, weil es durch einen Influencer beworben wurde[934].

In Anbetracht dessen überrascht es wenig, dass das Influencer-Marketing für werbetreibende Unternehmen mittlerweile zu einem geradezu unverzichtbaren (digitalen) Marketingkanal avanciert ist.[935] In Zahlen gesprochen investieren mittlerweile (mit steigender Tendenz) fast zwei Drittel aller Unternehmen

---

MMR 2018, 543 Rn. 22; *Remmertz*, MMR 2018, 507 (511) m. w. N.; *Alberts*, Tätigkeit von Influencern, S. 88; *Lehmann*, WRP 2017, 772 ff.

931 *Henning-Bodewig*, WRP 2017, 1415 (1419 f.).

932 Vgl. z. B. *Schäfer*, StB 2019, 209; *Suwelack*, MMR 2017, 661; *Henning-Bodewig*, WRP 2017, 1415 (1419 f.).

933 Vgl. *Bitkom*, Welchen Aussagen zum Thema soziale Netzwerke und Influencer stimmen Sie zu?, Statistik abrufbar unter de.statista.com/statistik/daten/studie/817888/umfrage/zustimmung-zu-aussagen-zum-thema-soziale-netzwerke-und-influencer-in-deutschland (zuletzt abgerufen am 27.12.2021).

934 Vgl. *Gruner + Jahr*, Haben Sie schon einmal ein Produkt gekauft oder eine Dienstleistung in Anspruch genommen, weil ein Influencer dieses Produkt/die Dienstleistung vorgestellt oder beworben hat?, Statistik abrufbar unter de.statista.com/statistik/daten/studie/756201/umfrage/einfluss-von-influencer-marketing-auf-kunden-in-deutschland (zuletzt abgerufen am 27.12.2021).

935 Vgl. *Lichtnecker*, MMR 2018, 512; *Neugebauer*, UR 2020, 104 (112) m. w. N. *Lehmann*, WRP 2017, 772, bezeichnet Influencer-Marketing sogar als den „zurzeit wichtigste[n] Trend im digitalen Marketing."

in Influencer-Marketing,[936] wodurch allein in der DACH[937]-Region bereits im Jahre 2017 ein Marktvolumen von 560 Mio. € vorlag, welches bereits im Jahr 2020 die Grenze zu 1 Mrd. € erreicht haben soll[938]. Selbst die Bundesregierung greift mittlerweile vermehrt auf die Einflussnahmemöglichkeit von Influencern zurück.[939]

Während die hierdurch erzielbaren Vermögensmehrungen bei unbekannteren Influencern noch überschaubar sein mögen,[940] gelingt es erfolgreicheren Influencern mit einer etwa sechs-, sieben- oder gar achtstelligen Followerzahl ihren Lebensunterhalt von den betreffenden Einnahmen zu bestreiten.[941] Einer Statistik zufolge erzielen Influencer mit über 1 Mio. Followern weltweit einen durchschnittlichen Umsatz *pro werblichem Beitrag* von umgerechnet 1246 €.[942]

---

936 Vgl. *Territory*, Haben Sie für das Jahr 2017 ein Budget für Influencer Marketing vorgesehen?, Statistik abrufbar unter de.statista.com/statistik/daten/studie/686090/umfrage/geplante-investitionen-in-influencer-marketing (zuletzt abgerufen am 27.12.2021).

937 Die DACH-Region umfasst die namensgebenden Länder Deutschland, Österreich und Schweiz.

938 Vgl. *Goldmedia GmbH Strategy Consulting*, Prognose zum Marktvolumen für Influencer Marketing in der DACH-Region für die Jahre 2017 und 2020, Statistik abrufbar unter de.statista.com/statistik/daten/studie/818786/umfrage/marktvolumen-fuer-influencer-marketing-in-der-dach-region (zuletzt abgerufen am 27.12.2021).

939 Vgl. dazu BT-Drs. 19/26525, S. 1 ff.

940 Gleichwohl greifen immer mehr Unternehmen aus Gründen der Glaubwürdigkeit zunehmend auch auf weniger bekannte Influencer zurück, weil diese in ihren Social-Media-Profilen meist eine noch engere und vertrauensvollere Kommunikation und somit Werbewirksamkeit ermöglichen, vgl. *Lettmann*, GRUR 2018, 1206 (1211); *Wesche*, jM 2020, 2.

941 Vgl. *Lichtnecker*, MMR 2018, 512 (516). Insgesamt richtet sich die Höhe der erzielbaren Vergütung regelmäßig nach dem Bekanntheitsgrad sowie der erzielbaren Reichweite, vgl. *Busemann/Gilson*, DStR 2019, 2178 (2179). Exemplarisch sei auf eine Schätzung des Manager Magazins verwiesen, demzufolge die bekannte Influencerin *Bianca Heinicke* alias „bibsbeautypalace" einen monatlichen Umsatz von rund 110 000 € erzielt, siehe www.manager-magazin.de/unternehmen/personalien/bibi-so-verdient-deutschlands-youtube-star-rund-110-000-euro-monatlich-a-1141648.html (zuletzt abgerufen am 27.12.2021). Auch der Mode-Influencerin *Caro Daur* soll laut Manager Magazin ein Jahresumsatz von 1 Mio. € gelingen, www.manager-magazin.de/unternehmen/karriere/caro-daur-die-instagram-influencerin-im-interview-a-1155194.html (zuletzt abgerufen am 27.12.2021).

942 Vgl. *influence.co*, Durchschnittspreis pro gesponsertem Post von Influencern auf Instagram nach der Anzahl der Follower im Jahr 2017, Statistik abrufbar unter de.statista.com/statistik/daten/studie/719031/umfrage/

Neben einer Bezahlung je Beitrag kann die Höhe der Vergütung auch von der Anzahl der vermittelten Umsatzgeschäfte abhängig gemacht werden.[943] Insofern würde der Werbeerfolg – ähnlich wie im Bereich des Affiliate-Marketings – über eine Trackingfunktion nachvollzogen werden. Den hierzu wohl geläufigsten Anwendungsfall stellt der Einsatz persönlicher Rabattcodes dar, die der Influencer seinen Fans und Followern andient, während hierdurch zugleich der vermittelte Umsatz dem jeweiligen Influencer zugeordnet werden kann.[944]

b) Ertragsteuerliche Würdigung

aa) Isolierte Tätigkeitsbetrachtung

Bevor das Influencer-Dasein eines (im Übrigen) z. B. unterrichtend tätigen Steuerpflichtigen einer eingehenden ertragsteuerlichen Beurteilung unterzogen werden kann, bedarf es zunächst einer isolierten Betrachtung und Einordnung originärer Influencer-Tätigkeiten. Das Bayrische Landesamt für Steuern hat sich jüngst in einem „FAQ für Social-Media-Akteure“[945] dahingehend geäußert, dass die als Influencer erzielten Einkünfte (wohl stets) solche aus Gewerbebetrieb sein sollen. Ausweislich der Ausführungen in diesem Merkblatt scheint diese Beurteilung auch der gängigen Finanzverwaltungspraxis zu entsprechen.[946] Ein Blick in das Fachschrifttum hingegen legt die Vermutung nahe, dass diese pauschale Würdigung der Finanzverwaltung möglicherweise zu kurz greifen könnte. So sind etwa *Homuth*[947], *Schäfer*[948] *und Schmidt/Kollmnann/Karl*[949] der Auffassung, der Influencer könne eine *künstlerische* Tätigkeit verwirklichen, wenn er die für Zwecke der Einflussnahme verwendeten (Werbe-)Fotos selber

---

durchschnittspreis-pro-post-von-influencern-auf-instagram-nach-followerzahl (zuletzt abgerufen am 27.12.2021).

943 Vgl. *Busemann/Gilson*, DStR 2019, 2178 (2180), die wohl aufgrund dessen die Tätigkeiten des Influencers und des Affiliates synonym verwenden, wenn sie von „Influencer[n]“ und „ihrer Affiliates-Tätigkeit“ sprechen.

944 Vgl. *Leeb/Maisch*, ZUM 2019, 29 (34); *Lettmann*, GRUR 2018, 1206 (1210).

945 Abruf- bzw. herunterladbar unter www.finanzamt.bayern.de/Informationen/download.php?url=Informationen/Steuerinfos/Zielgruppen/Influencer/FAQ_BayLfSt_Influencer.pdf (zuletzt abgerufen am 27.12.2021). Siehe dazu auch *Rätke*, NWB AAAAH-49488.

946 Vgl. dazu auch *IWW*, AStW 2020, 639 (640).

947 *Homuth*, NWB 2018, 1891 (1894).

948 Vgl. *Schäfer*, StB 2019, 209 (210).

949 *Schmidt/Kollmann/Karl*, DStR 2021, 765 (766 f.).

erstelle. Ebenfalls soll nach *Alberts*[950] und *Brunckhorst/Sterzinger*[951] in Betracht kommen, dass ein Influencer als (Online-)Journalist tätig wird. Zudem könnte die Tätigkeit eines Influencers möglicherweise auch eine schriftstellerische im Sinne des § 18 Abs. 1 Nr. 1 S. 2 EStG sein, wenn die Werbung in Schriftform, beispielsweise als Blog-Beitrag, verfasst wird.[952]

Zu bemerken ist in diesem Zusammenhang zunächst, dass grundsätzlich jeder, der beispielsweise in einem sozialen Netzwerk oder auf einer eigenen Internetseite über eine große Reichweite verfügt und diese (auch) zur Äußerung von Meinungen nutzt, sprachgebräuchlich als Influencer bezeichnet werden kann. Diese Zweckverfolgung trifft allerdings nicht auch zugleich eine allgemeingültige Aussage darüber, ob es sich hierbei auch um eine Tätigkeit handelt, die zu Erwerbszwecken ausgeübt wird und entsprechend der steuerbaren Erwerbssphäre zuzuordnen ist. Denn nicht jede Meinungsäußerung oder Produktempfehlung mündet per se in einer Einkommensteuerbarkeit, sondern kann ebenso dem nicht einkommensteuerbaren Privatbereich zuzuordnen sein.[953] Letzteres ist der Fall, wenn die Influencer-Tätigkeit nicht final auf die Erzielung eines Überschusses von Erwerbsbezügen über die Erwerbsaufwendungen gerichtet ist, sondern die Tätigkeit überwiegend aus anderweitigen Motiven verwirklicht

950 Vgl. *Alberts*, Tätigkeit von Influencern, S. 323 f.

951 Vgl. *Brunckhorst/Sterzinger*, DStR 2018, 1689 (1690 f.).

952 Vgl. z. B. *Alberts*, Tätigkeit von Influencern, S. 322. Dem hierzu erforderlichen Schriftformerfordernis jedenfalls würde in der heutigen Zeit damit Genüge getan, wenn der Text auf einem elektronischen Speichermedium konserviert wird und hierbei jederzeit durch Ausdruck oder Anzeige auf dem Bildschirm (für die Öffentlichkeit) digital oder analog lesbar gemacht werden kann, vgl. BFH v. 10.9.1998 – IV R 16/97, BStBl. II 1999, 215 (216, st. Rspr). Siehe dazu ferner Anm. *Wendt*, FR 1999, 128 (130), der zudem die insoweit antiquierte Auffassung des RFH v. 16.2.1940 – V 296/38, RStBl. 1940, 415, wonach der Schriftsteller *schreiben* müsse, zurecht als überholt ansieht. Vgl. in diesem Sinne auch FG Schleswig-Holstein v. 2.11.2006 – 5 K 32/06, EFG 2007, 524 Rn. 19; *Brandt*, in: H/H/R, EStG, § 18 Rz. 112 (Stand: Februar 2020); *Korn*, in: Korn, EStG, § 18 Rn. 48 (Stand: August 2018).

953 Insofern weist *Henning-Bodewig*, WRP 2017, 1415, zutreffend darauf hin, dass „nur wenige der zahllosen tagtäglich ihre Erlebnisse und Vorlieben in die Social Media, teilenden' […] auftragsgemäß und bezahlt Werbung [betreiben]." Ähnlich BT-Drs. 19/6970, S. 125, wonach der ganz überwiegende Teil von nutzergenerierten Inhalten nicht aus kommerziellen Motiven erstellt und verbreitet werde. Eine vergleichbare Differenzierung führt auch *Mach*, WRP 2018, 1166 (1167), betreffend die Kennzeichnungspflicht als „Werbung" im Bereich des Influencer-Marketings, die bei bloßen Äußerungen im Privatbereich mangels Einordnung als Werbetätigkeit nicht gegeben sei.

wird.[954] Von einer steuerbaren Erwerbstätigkeit hingegen kann regelmäßig dann ausgegangen werden, wenn die Handlungen vorrangig darauf gerichtet sind, durch eine Beeinflussung der geschäftlichen Entscheidung der Verbraucher den Absatz desjenigen Unternehmens zu fördern, dessen Waren oder Dienstleistungen präsentiert werden[955] und der Influencer hierfür eine monetäre Gegenleistung oder anderweitige Vorteilsgewährung erhält, gezielt mit einem werblichen Tätigwerden beauftragt wurde oder aufgrund anderer offenkundiger Umstände ausgeschlossen werden kann, dass eine frei von Erwerbsmotiven erfolgende bloße Meinungsäußerung vorliegt[956].[957]

Inmitten des Grenzbereichs zwischen steuerbarer und nicht steuerbarer Sphäre bewegt sich namentlich der häufig anzutreffende Fall, dass eine reichweitenstarke Person unverhofft eine (zumeist nicht-monetäre, in einem bestimmten

---

954 Vgl. *Hey*, in: Tipke/Lang, Steuerrecht, § 8 Rz. 206 ff. m. w. N. Mit dem Umstand, dass es mit *Mach*, WRP 2018, 1166 (1167), aufgrund der Vielzahl der nach einem „richtigen" Influencer-Dasein strebenden Personen nur wenigen auch erfolgreich gelingt, stellt sich bei Influencern regelmäßig die Liebhaberei-Problematik. Dieser widmen sich im generellen Lichte der Social-Media-Berufe *Schäfer*, StB 2019, 209 (216 f.), sowie *Homuth*, NWB 2018, 1891 (1895).

955 Ähnlich *Mallick/Weller*, WRP 2018, 155 (158), die bei der Frage nach dem Vorliegen einer (gem. § 5a Abs. 6 UWG als Werbung zu kennzeichnenden) „geschäftlichen Handlung" entscheidend darauf abstellen, „ob der Beitrag eines Influencers in einem objektiven Zusammenhang *mit der Förderung des Absatzes eines Dritten* [Hervorh. d. Verf.] steht; konkret, ob er bei objektiver Betrachtung darauf gerichtet ist, *durch die Beeinflussung der geschäftlichen Entscheidung der Verbraucher den Absatz des Unternehmens zu fördern*, [Hervorh. d. Verf.] dessen Waren oder Dienstleistungen präsentiert werden."

956 Diese über einen objektiven Zusammenhang mit der Absatzförderung eines Unternehmens hinausgehende zusätzliche Voraussetzung einer konkreten Bezahlung, Beauftragung oder eines anderweitig (etwa überschwänglich) erkennbaren werblichen Überschusses teilt *Alberts*, Tätigkeit von Influencern, S. 88, auch im Hinblick auf die Kennzeichnungspflicht nach § 5a Abs. 6 UWG.

957 Dem stünde insoweit auch nicht die Verkleidung der werblichen Einflussnahme in ein gutgemeintes Wohlwollen des Influencers entgegen, ebenso wenig wie eine Korrelation der werblichen Fürsprache mit den tatsächlichen Empfindungen des Influencers, zumal sich Influencer-Tätigkeiten gerade durch diese Umstände auszeichnen. Mit der grundsätzlichen Gleichwertigkeit von Zuwendungen und Gegenleistungen zwischen natürlichen Einzelpersonen und Wirtschaftsunternehmen kommt darüber hinaus auch nicht in Betracht, die werbliche Gegenleistung aufgrund einer (vermeintlichen) Geringwertigkeit ertragsteuerlich zu vernachlässigen, vgl. dazu bereits Zweiter Teil C.V.3.

Produkt bestehende) Zuwendung eines Wirtschaftsunternehmens erhält, ohne dass hieran eine vertragliche Gegenleistungspflicht geknüpft wird.[958] Eine Zuordnung dieser Vermögensmehrung in die Erwerbssphäre wäre insoweit allerdings in der Regel dann vorzunehmen, wenn der Influencer entweder bereits erwerbsmäßig als Influencer tätig ist,[959] hiermit zumindest im Anschluss an die unverhoffte Zuwendung beginnt[960] oder ein anderweitiges Erwerbshandeln die Ursache für die Vermögensmehrung darstellt[961].[962] Anderenfalls würde es der Wertveränderung an einer Zurechnungsbasis in der Erwerbssphäre mangeln, sodass eine Zurechnung nur in die nichtsteuerbare Sphäre in Betracht käme.

Gesetzt den Fall, dass die Tätigkeit des Influencers ausgehend von den vorgenannten Grundsätzen nunmehr zu Erwerbszwecken erfolgt, stellt sich sogleich die Frage, welcher Einkunftsart die Erwerbstätigkeit des Influencers zuzuordnen ist.[963] Zutreffend erkennt die Literatur, dass die Facetten, innerhalb derer ein

---

958 Nach *Schäfer*, StB 2019, 209 (212), entspricht es sogar dem Regelfall, dass keine vertraglichen Vereinbarungen zwischen Influencer und Werbeunternehmen vorliegen. Im Rahmen einer Befragung gaben nur 8 % der Influencer an, dass sie regelmäßig Verträge über ihre Werbekampagnen abschließen. Rund ein Drittel schließt danach gelegentlich, über die Hälfte nie einen Vertrag ab, vgl. *influence.co*, Unterschreiben Sie für jede Kampagne einen Vertrag?, Statistik abrufbar unter de.statista.com statistik/daten/studie/718966/umfrage/abschluss-von-vertraegen-fuer-kampagnen-im-influencer-marketing-weltweit (zuletzt abgerufen am 27.12.2021).

959 Gibt er die gewährte Zuwendung allerdings wieder zurück, so ist ihm letztendlich keine Einnahme zugeflossen, vgl. *Köstler*, MBP 2019, 207 (210).

960 Anders wohl *Schäfer*, StB 2019, 209 (212), demzufolge der Influencer auch unverhoffte (Sach-)Zuwendungen nur deshalb erhalte, weil er Influencer ist, sodass die Zuwendungsursache stets in der Erwerbssphäre liege.

961 Erhält etwa ein Online-Lehrer kostenlose Lehrbücher oder Einladungen zu Seminaren, so käme bei Ermangelung einer steuerrelevanten Werbetätigkeit eine Zurechnung der Vermögensmehrung zu der freiberuflichen Unterrichtstätigkeit in Betracht. Die Abgrenzung zwischen freiberuflicher und gewerblicher Tätigkeit erweist sich in dem Zusammenhang allerdings dann als Gratwanderung, wenn der Lehrer anschließend (freiwillig) Werbung für das erhaltene Lehrbuch machen würde. Siehe zur Einkünftequalifikation in derlei Fällen das nachfolgende Beispiel 3.

962 Dem fehlenden Rechtsanspruch auf die Zuwendung käme insofern keine Bedeutung zu, vgl. BFH v. 2.8.2016 – VIII R 4/14, BStBl. II 2017, 310 Rn. 21; v. 30.11.2016 – VIII R 41/14, BFH/NV 2017, 1180 Rz. 17, jeweils m. w. N.

963 Zu der sich wiederum hieran anschließenden Frage nach der Einkünfteermittlung eines Influencers vgl. *Alberts*, Tätigkeit von Influencern, S. 326 ff.; *Schäfer*, StB 2019, 209 (212 ff.); *Homuth*, NWB 2018, 1891 (1895 ff.); *Brunckhorst/Sterzinger*, DStR 2018, 1689 (1693 f.); *IWW*, AStW 2020, 639 (642 ff.).

Influencer „beeinflussend" tätig werden kann, mannigfaltig sind.[964] Sie reichen etwa von der werbespottypischen, aktiven Anpreisung eines Produkts, über sog. Haul-Videos, in denen bestimmte Produkte präsentiert, (vermeintlich objektiv) getestet und empfohlen werden, bis hin zum bloßen Tragen bzw. der schlichten Platzierung[965] von Logos oder Gegenständen eines Wirtschaftsunternehmens innerhalb eines Videos oder Fotos.[966] Mit der Vielseitigkeit von Influencer-Tätigkeiten könnte möglicherweise auch die ertragsteuerliche Beurteilung im Einzelfall unterschiedlich ausfallen. Gemein ist den Tätigkeitsvarianten trotz ihres unterschiedlichen Erscheinungsbildes jedoch zumindest, dass sie allesamt primär darauf gerichtet sind, ein Produkt, eine Marke oder eine Dienstleistung *zu bewerben*, um hierdurch Erwerbseinnahmen zu erzielen. Für eine Gewerblichkeit könnte daher mit der Finanzverwaltung sprechen, dass sich der Tätigkeitsgehalt kaum von traditioneller – und vor allem: gewerblicher – Produkt- und Imagewerbung[967], entgeltlichen Werbeleistungen in Form einer wiederholten, öffentlichen, deutlich sichtbaren Benutzung etwa von Sportgeräten[968] oder der Mitwirkung in Fernsehwerbespots[969] zu unterscheiden scheint.

Richtig ist, dass eine Influencer-Tätigkeit dann originär gewerblich ist, wenn sie primär in der Produktion von Werbung unter Verwendung seines Bekanntheitsgrades besteht und dem Influencer hierbei kein Spielraum für eine eigenschöpferische Tätigkeit[970] verbleibt, vermittels derer seine Tätigkeit eine

964 Vgl. dazu auch die Übersicht bei *IWW*, AStW 2020, 639 (641).

965 Vgl. dazu den „Fall 5: Produktplatzierung" in *Gerecke*, GRUR 2018, 153 (158), bei dem ein Produkt von einem Blogger in einem redaktionellen Video-Beitrag einzubinden war, dabei aber nicht im Vordergrund stehen oder aktiv beworben werden sollte. Hierbei handelt es sich um typische Fälle von Produktplatzierungen („*Product Placement*"), die insbesondere unter wettbewerbsrechtlichen Aspekten diskutiert werden, vgl. dazu *Micklitz/Schirmbacher*, in: Spindler/Schuster, TMG § 6 Rn. 42 ff.; *Engels/Giebel*, ZUM 2000, 265 (277 f.).

966 Vgl. auch *Busemann/Gilson*, DStR 2019, 2178 (2179), die zwischen der Nutzung von Werbeflächen und unmittelbaren wie mittelbaren Kaufempfehlungen des Influencers differenzieren.

967 FG Münster v. 3.2.2006 – 2 K 4000/03 E, EFG 2006, 1177 (rkr.).

968 BFH v. 19.11.1985 – VIII R 104/85, BStBl. II 1986, 424 (426). Vgl. auch BFH v. 19.12.2007 – I R 19/06, BStBl. II 2010, 398 (402 ff.); v. 7.9.2011 – I B 157/10, BStBl. II 2012, 590 Rn. 19.

969 Vgl. BFH v. 3.11.1982 – I R 39/80, BStBl. II 1983, 182; v. 22.2.2012 – X R 14/10, BStBl. II 2012, 511 Rn. 72.

970 Unter einer eigenschöpferischen Tätigkeit wird eine Leistung verstanden, welche die individuelle Anschauungsweise und Gestaltungskraft des Steuerpflichtigen zum

künstlerische werden könnte.[971] Richtig ist zudem, dass eine gewerbliche Werbetätigkeit auch dann vorliegt, wenn der Steuerpflichtige durch das bloße Tragen bestimmter Kleidungsstücke oder der sichtbaren Verwendung von Gegenständen mit dem Logo des Wirtschaftsunternehmens als gewerblicher Werbeträger fungiert. Denn insofern liegt der Fall nicht anders als bei der Gestattung der Nutzung von Werbeflächen auf der Sportbekleidung (z. B. Trikots) durch gemeinnützige Körperschaften, die nach herrschender Auffassung[972] einen wirtschaftlichen Geschäftsbetrieb begründet, weil eine aktive Mitwirkung an der Werbemaßnahme durch das obligatorische Tragen des Trikots unabdingbar ist. Insofern wäre die Gewerblichkeit auch dann nicht von der Hand zu weisen, wenn man annehmen wollte, die Influencer-Tätigkeit fuße im Wesentlichen auf der Verwendung von Vermögen in Gestalt einer Webseite, einem Instagram-Profil, eines Kleidungsstücks oder eines Fotos oder Videos. Denn dadurch, dass der Steuerpflichtige – ähnlich wie bei der Monetarisierung digitaler Werbeflächen[973] – auch hier erst durch sein aktives Tätigwerden den werblichen Nährboden für die Influencer-Tätigkeit schafft, würde der Rahmen der bloßen Vermögensverwaltung überschritten, weil sich die Tätigkeit nicht auf eine bloße Fruchtziehung beschränkt, sondern auf Risikotragung gerichtet und damit eine unternehmerische ist. Weil überdies in der Tätigkeit des Influencers insoweit auch keine Rechteüberlassung erblickt werden kann,[974] ist insgesamt festzuhalten, dass neben der aktiven Anpreisung von Produkten ebenso unterschwellige und passive Werbung eine gewerbliche Tätigkeit darstellt.

Bei diesem (Zwischen-)Ergebnis der grundsätzlichen Gewerblichkeit von Influencer-Tätigkeiten verbliebe es allerdings insbesondere im Hinblick auf § 15

Ausdruck bringt und – über eine bloße Beherrschung der Technik hinaus – eine künstlerische Gestaltungshöhe erreicht, vgl. BFH v. 2.12.1980 – VIII R 32/75, BStBl. II 1981, 170 (172).

971 Zutreffend BFH v. 11.7.1991 – IV R 102/90, BStBl. II 1992, 413 (415); v. 15.10.1998 – IV R 1/97, BFH/NV 1999, 465 (465 f.); v. 11.7.1991 – IV R 33/90, BStBl. II 1992, 353; *Pfirrmann*, in: Kirchhof/Seer, EStG, § 18 Rn. 46; *Brandt*, in: H/H/R, EStG, § 18 Rz. 106 (Stand: Februar 2020); *Maßbaum*, BB 1992, 1763 (1769 ff.).

972 AEAO zu § 67a Nr. 9 S. 4; BFH v. 9.12.1981 – I R 215/78, BStBl. II 1983, 27; *Hüttemann*, Gemeinnützigkeits- und Spendenrecht, Rn. 6.153; *Buchna/Seeger/Brox*, Gemeinnützigkeit im Steuerrecht, S. 302; *Duchêne*, Sponsoring der Unternehmen, S. 177 f.; *Thiel*, DB 1998, 842 (845); *Gersch*, in: Klein, AO, § 14 Rz. 16; a. A. *Bruhn/Mehlinger*, Rechtliche Gestaltung des Sponsoring, S. 110.

973 Dazu Zweiter Teil C.V.7.

974 Ebenso *Busemann/Gilson*, DStR 2019, 2178 (2180).

Abs. 2 S. 1 EStG letzten Endes nur dann, wenn der Tatbestand des Gewerbebetriebs nicht durch eine gleichzeitige Erfüllung des freiberuflichen Einkünftetatbestandes verdrängt würde. Eine Freiberuflichkeit könnte vorliegend – und damit insbesondere anders als bei der Mitwirkung an einem Werbespot oder der Tätigkeit als Affiliate – namentlich deshalb in Betracht kommen, weil der Influencer über die Art und Weise der Werbung zumeist *selbst befinden darf*[975] und ihm somit regelmäßig eine hinreichende Gestaltungsfreiheit verbleibt, um den Tatbestand einer *künstlerischen* Tätigkeit verwirklichen zu können. Wenn die Rechtsprechung[976] jedenfalls die Mitwirkung an einem Werbespot in der Gewerblichkeit verortet, weil dem Mitwirkenden aufgrund der Vorgaben seines Auftraggebers nicht genügend Spielraum für eine eigenschöpferische Leistung verblieben sei, könnte im Umkehrschluss die Tätigkeit des Influencers eine freiberufliche darstellen, wenn bzw. weil ihm ein hinreichender Gestaltungsspielraum verbleibt und er diesen entsprechend nutzt. Der werbliche Verwendungszweck der Leistung jedenfalls – man denke hier etwa an die Freiberuflichkeit eines Werbeschriftstellers[977] – würde der Annahme einer freiberuflichen Tätigkeit ebenso wenig entgegenstehen wie die Motive des Auftraggebers.[978]

Angenommen, trotz der gesteigerten Anforderungen an das Vorliegen einer eigenschöpferischen Leistung bei der Erstellung von Bildern und Videos[979] würde die Influencer-Tätigkeit den Anforderungen an eine künstlerische Tätigkeit im Einzelfall genügen, so könnte sie sehr wohl der freiberuflichen Sphäre zuzuordnen sein. Dies erscheint einerseits zutreffend – immerhin verwirklicht der Influencer insoweit den Tatbestand der künstlerischen Tätigkeit – aber andererseits auch zu kurz gegriffen. Denn der Nukleus der Influencer-Tätigkeit kann

---

975 *Höppner*, PIStB 2021, 22 (23).

976 Vgl. nur BFH v. 11.7.1991 – IV R 102/90, BStBl. II 1992, 413 (414).

977 So bereits BFH v. 14.5.1958 – IV 278/56 U, BStBl. III 1958, 316; zustimmend BFH v. 10.9.1998 – IV R 70/97, BFH/NV 1999, 456 (457); *Brandt*, in: H/H/R, EStG, § 18 Rz. 114, 600, Stichwort „Werbeschriftsteller" (Stand: Februar 2020).

978 BFH v. 11.7.1991 – IV R 102/90, BStBl. II 1992, 413 (415) m. w. N.; v. 8.10.2008 – VIII R 74/05, BStBl. II 2009, 238 (241).

979 Da das Fotografieren im Allgemeinen nur eine Beherrschung gewisser technischer Mittel voraussetzt, gelten insoweit enge(-re) Voraussetzungen an das Vorliegen einer eigenschöpferischen Leistung, vgl. BFH v. 10.3.1960 – IV 105/58, HFR 1961, 51; v. 20.12.1966 – IV 100/62, BStBl. III 1967, 371, sowie *Maßbaum*, BB 1992, 1763 (1771 f.). Die regelmäßig vorzufindende bloße Darstellung der eigenen Persönlichkeit jedenfalls genügt den Anforderungen an eine eigenschöpferische Leistung nicht, vgl. *Alberts*, Tätigkeit von Influencern, S. 322.

mit der auftragsgemäßen Erstellung freiberuflicher Werke zu einer werbenden Verwendung *durch den Auftraggeber* nicht vollends als kongruent angesehen werden, da eine (weitere) wesentliche Besonderheit des Influencer-Marketings gerade darin liegt, dass der Influencer nicht bloß an der Erstellung des Werbemittels (z. B. Werbespots) mitwirkt, sondern *aktiv als Werbetreibender agiert*, indem er selber derjenige ist, der die von ihm erstellten Medien im Rahmen einer *eigenen* Werbetätigkeit verwendet. Damit unterscheidet er sich signifikant von einem Schriftsteller oder Künstler, der sein Werk unter Erfüllung des Tatbestandes einer freiberuflichen Tätigkeit für die werbliche Verwendung durch den Auftraggeber erschafft, gleichwohl jedoch nicht selber werbend tätig wird. Dieser Unterschied führt bei dem Influencer dazu, dass seine Tätigkeit, wenn sie (zugleich) den Tatbestand des § 18 Abs. 1 Nr. 1 EStG erfüllt, als z. B. „künstlerische Werbetätigkeit" insgesamt *hybrider Natur* ist: Einerseits ist sie freiberuflich, weil sie die Voraussetzungen an eine freiberufliche Tätigkeit erfüllt – andererseits ist sie aber auch nicht-freiberuflich, mithin gewerblich, weil sie unmittelbar auf die Verkaufsförderung für Dritte gerichtet ist. Damit stehen sich freiberufliche und gewerbliche Tätigkeitskomponenten abermals konkurrierend gegenüber.

In Anlehnung an die allgemeinen Grundsätze ist daher zunächst zu klären, ob eine der beiden Tätigkeitskomponenten möglicherweise als Annex von der Kernkomponente mit umfasst wird[980] oder eine gemischte Tätigkeit vorliegt[981]. Mit Blick auf die obige Feststellung, wonach der Influencer selber als gewerblicher Werbetreibender tätig wird, erscheinen die freiberuflichen Leistungselemente zur nämlichen Ausübung der eigentlichen (Werbe-)Tätigkeit erforderlich. Weil die Erfüllung des freiberuflichen Einkünftetatbestandes insoweit auch nicht unter eigenständigen Erwerbsmotiven erfolgt, ist eine Unterordnung der freiberuflichen Tätigkeitselemente unter die gewerbliche Kerntätigkeit naheliegend. Die ausgeübte Tätigkeit wäre damit insgesamt gewerblicher Natur.

Dann hingegen, wenn die Freiberuflichkeit von einem Gewicht wäre, mit dem sie einer anderen Tätigkeit nicht einfach untergeordnet werden könnte, käme es zum Vorliegen einer freiberuflich-gewerblich gemischten Tätigkeit. Dabei würde der Grundsatz der Entmischung allerdings insofern an seine Grenzen stoßen, als sich die freiberuflichen Tätigkeitselemente als Vorleistungen darstellen, die in die eigentliche Hauptleistung der auf Verkaufsförderung gerichteten Erwerbstätigkeit einfließen.[982] Mit anderen Worten käme es zum Vorliegen

980 Vgl. dazu Zweiter Teil B.II.

981 Vgl. dazu Zweiter Teil B.III.2.

982 Ähnlich BFH v. 27.4.1961 – IV 329/58 U, BStBl. III 1961, 315 (316 f.), bezüglich eines Ärztepropagandisten, dessen werbende Tätigkeit auch dann eine gewerbliche

eines einheitlichen Erfolges, in den sowohl freiberufliche als auch gewerbliche Leistungselemente Eingang finden,[983] sowie zu einer vertikalen Leistungsvereinigung, bei der freiberufliche und gewerbliche Leistungen gebündelt das einheitliche Erwerbsziel der Absatzförderung verfolgen[984]. Die einheitliche Tätigkeit wäre mit dem Vorherrschen des gewerblichen Elements insgesamt als gewerblich zu qualifizieren.[985]

Nach hier vertretener Auffassung ist die (Werbe-)Tätigkeit eines Influencers, auch wenn sie im Einzelfall künstlerische, schriftstellerische, wissenschaftliche, journalistische oder anderweitige freiberufliche Tätigkeitselemente aufweist, daher letzten Endes doch stets eine gewerbliche.[986] Pragmatisch gesehen kommt es hierbei nicht darauf an, ob der freiberufliche Einschlag der Werbetätigkeit bereits einen unterzuordnenden Annex darstellt oder aber in einem steuersystematisch nachgelagerten Schritt im Rahmen einer untrennbar gemischten Tätigkeit hinter der Gewerblichkeit zurücktritt. Zur Verdeutlichung soll – zunächst weiterhin unter isolierter Betrachtung typischer Influencer-Tätigkeiten[987] – das nachfolgende Beispiel dienen.

Beispiel 1:[988] Influencer A erhält das Angebot, funktionale Sportkleidung eines Sportartikelherstellers auf seinem Instagram-Account zu bewerben. Es wird vereinbart, dass der Influencer innerhalb eines halben Jahres in fünf Bild- und fünf Textbeiträgen die ihm zur Verfügung gestellten Sportprodukte bewirbt. Hierfür erhält er eine Gesamtvergütung von 10 000 €. Die Ausgestaltung der Bilder und der Inhalt der Textbeiträge ist dem Influencer im Wesentlichen freigestellt. A schießt daraufhin fünf aufwendig inszenierte Fotos, auf denen unter anderem er selber zu sehen ist, wie er die Sportbekleidung

---

sei, wenn sie nach wissenschaftlichen Grundsätzen ausgeübt würde, weil sie unmittelbar mit der Werbung befasst sei und die Tätigkeit mit ihrem kaufmännischen Einschlag die Grenzen des freien Berufes verließe. Ebenso wohl auch *Köstler*, MBP 2019, 207 (208).

983 Vgl. *Nickel*, Abgrenzung von Einkunftstatbeständen, S. 126 f.; *Zugmaier*, Einkünftequalifikation im Einkommensteuerrecht, S. 86 f.; *Koller*, Abgrenzung von Einkunftstatbeständen, S. 190 f. Vgl. dazu ausführlich oben Zweiter Teil C.V.6.c)cc)(8).

984 Vgl. *Koller*, Abgrenzung von Einkunftstatbeständen, S. 86 ff., sowie oben Zweiter Teil C.V.6.c)cc)(9).

985 Vgl. BFH v. 12.6.2019 – X R 20/17, BStBl. II 2020, 3 Rn. 25; v. 8.10.2008 – VIII R 53/07, BStBl. II 2009, 143 (146); v. 24.4.1997 – IV R 60/95, BStBl. II 1997, 567 (568).

986 A. A. insoweit *Schmidt/Kollmann/Karl*, DStR 2021, 765 (766); *Schäfer*, StB 2019, 209 (210); *Homuth*, NWB 2018, 1891 (1894).

987 Das Zusammentreffen von Unterrichts- und Influencer-Tätigkeiten ist Gegenstand des nachfolgenden Abschnitts, siehe Zweiter Teil C.V.8.b)bb).

988 In Anlehnung an das Beispiel von *Busemann/Gilson*, DStR 2019, 2178 (2181).

des Herstellers sichtbar trägt. Die Fotos unterscheiden sich dabei jedoch nicht wesentlich von dem sonstigen *Content* auf dem Social-Media-Kanal des A.

Angenommen, mit der Erstellung der Fotos würde A den Tatbestand einer freiberuflich-künstlerischen Tätigkeit erfüllen, während die Verfassung der Textbeiträge als schriftstellerische Tätigkeit zu qualifizieren wäre. Dann müsste gleichwohl festgestellt werden, dass A insoweit jeweils *nur* freiberuflich tätig wurde, *um* das eigentliche Leistungsziel der Absatzförderung für den Hersteller zu erreichen. Weil das freiberufliche Tätigwerden des A allerdings bereits unabdingbar erforderlich ist, um die absatzfördernde Tätigkeit in ihrer nämlichen Form zu verwirklichen, stellt die Freiberuflichkeit lediglich einen untergeordneten Annex zur gewerblichen Tätigkeit dar.

Ausgehend von den vorgenannten Grundsätzen verbleibt für eine mögliche Zuordnung einer Influencer-Tätigkeit zu § 18 Abs. 1 Nr. 1 EStG nur der Fall, in dem der Influencer den Tatbestand eines freien Berufes erfüllt und dabei nicht zugleich selber werbetreibend tätig wird.

Beispiel 2: Influencer B erhält den Auftrag, für einen Hersteller einen positiven Text über ein neu eingeführtes Produkt zu schreiben, wobei ihm zwar einige Eckdaten vorgegeben werden, im Weitesten jedoch ein freier Entfaltungsspielraum verbleibt. Ebenfalls wird er dazu beauftragt, ein digitales Kunstwerk zu erstellen, in dem das neue Produkt des Herstellers besonders kreativ in Szene gesetzt wird. Beide Werke verwendet der Auftraggeber schließlich, um das Produkt in sozialen Medien zu bewerben.

Trotz gewisser Vorgaben vonseiten des Auftraggebers ist die Verfassung des Texts eine schriftstellerische Tätigkeit, insbesondere weil im Wesentlichen eigene Gedanken schriftlich niedergelegt werden. Die werbliche Ausrichtung des Textes stünde dem ebenso wenig entgegen wie die Verwendungsabsicht durch den Auftraggeber für Werbezwecke.[989]

Auch die Erstellung des Kunstwerks ist freiberuflicher Natur, insbesondere weil die Vorgaben des Auftraggebers nicht so weit reichen, dass für eine eigenschöpferische Leistung nicht mehr genügend Spielraum verbleiben könnte. Dem stünde neben der auftragsgemäßen Bestimmung des Kunstwerks für Zwecke der Werbung auch nicht die Verwendung digitaler Hilfsmittel durch den Künstler entgegen[990].

In beiden Fällen würde sich die zur bestimmungsgemäßen Nutzung erforderliche Rechteeinräumung, die sich an die Fertigstellung des Werks anschließt,[991] als Annextätigkeit darstellen, die von der Freiberuflichkeit mit umfasst wird. B erzielt insgesamt Einkünfte im Sinne des § 18 Abs. 1 Nr. 1 EStG.

---

989 Vgl. BFH v. 14.5.1958 – IV 278/56 U, BStBl. III 1958, 316; v. 10.9.1998 – IV R 70/97, BFH/NV 1999, 456 (457).

990 Vgl. etwa FG Münster v. 19.6.2008 – 8 K 4272/06 G, EFG 2008, 1975 (1976) (rkr.), hinsichtlich der Freiberuflichkeit eines künstlerisch tätigen Webdesigners. In diesem Sinne wohl bereits auch *Schick*, Die freien Berufe im Steuerrecht, S. 79.

991 Vgl. *Pinkernell/Schlotter*, FR 2020, 681 (690).

Beispiel 3: Der berühmte Musiker M erhält zum Ende seines Urlaubaufenthalts das Angebot, im Nachgang von seinen Erfahrungen über den Hotelaufenthalt zu schreiben und diesen Beitrag auf einer bestimmten Online-Plattform zu veröffentlichen. Im Gegenzug hierfür erhält M eine Erstattung der hälftigen Übernachtungskosten vonseiten des Hotelbetreibers. M nimmt das Angebot an und veröffentlicht wenige Tage nach seiner Urlaubsrückkehr einen entsprechenden Beitrag, in dem er über die Vor- und Nachteile des Hotels berichtet.

Der vorstehende Fall vermag zu versinnbildlichen, dass der Grat zwischen werblicher Fürsprache als bloßer Ausfluss der freiberuflichen Tätigkeit einerseits und kalkulierter Werbung im Hinblick auf die Erzielung von (gegebenenfalls künftig weiteren) Erwerbseinnahmen andererseits sehr schmal ist. Grundsätzlich kommt in Betracht, das Verfassen des Beitrages als schriftstellerische Tätigkeit einzustufen. Denn in Anbetracht dessen, dass dem M selbst überlassen ist, ob er eine Empfehlung für das Hotel ausspricht oder möglicherweise sogar von einem Aufenthalt abrät, liegt eine konkurrierende gewerbliche Tätigkeit im Bereich der Absatzförderung jedenfalls nicht per se vor.[992]

Anders würde es sich demgegenüber dann verhalten, wenn das finale Erwerbshandeln des M gezielt darauf gerichtet wäre, im Hinblick auf ein Wohlwollen des Hotelbetreibers und/oder im Hinblick auf mögliche weitere Vorteilsgewährungen etwa von anderen Hotels einen besonders positiven Bericht zu schreiben. Insoweit wäre die Tätigkeit des M auf Absatzförderung gerichtet und als typische Influencer-Tätigkeit gewerblicher Natur. Da insoweit auf die Erwerbsmotive als innere Tatsache abzustellen ist, wird die Abgrenzung (vor allem *in praxi*) regelmäßig mit erheblichen Zweifeln behaftet sein. Ein zur Objektivierung geeigneter Anhaltspunkt für eine gezielte (ge-)werbliche Fürsprache wäre etwa darin zu sehen, dass eine Regelmäßigkeit der vermeintlich freiwillig erfolgenden, jedoch durchweg positiv ausfallenden Berichterstattung über Produkte und Dienstleistungen erkennbar wird.

bb) Aufeinandertreffen mit freiberuflicher Tätigkeit

Eine zu Erwerbszwecken erfolgende Tätigkeit eines Influencers ist unter isolierter Betrachtung in der Regel eine gewerbliche, auch wenn ihr je nach Ausgestaltung freiberufliche Leistungselemente nicht abgesprochen werden können. Gleichwohl ist denkbar, dass die gewerbliche Influencer-Tätigkeit mit einer originär freiberuflichen Tätigkeit zusammentrifft, die ihrerseits *nicht* unmittelbar in die Influencer-Tätigkeit einfließt. Dies soll das nachfolgende Beispiel verdeutlichen.

Beispiel: Der selbständige Lehrer L erstellt regelmäßig Videos, in denen er seinen Zuschauern mathematisches Grundwissen vermittelt. Von einem Hersteller H erhält er

---

992 So wohl auch *Schäfer*, StB 2019, 209 (211), am Beispiel eines Fitness-Bloggers, der eine Gage dafür erhält, dass er einen Testbericht zu einem Fitness-Gerät schreibt, wobei er an kein Skript gebunden ist und auch hinsichtlich des Ergebnisses frei entscheiden darf.

eine Vergütung von 10 000 € dafür, dass er innerhalb seiner Videos bei jeder sichtbaren Benutzung eines ihm zur Verfügung gestellten Taschenrechners für diesen verbal wirbt. Ferner erhält L einen identischen Betrag von einem Verlag V dafür, dass er in seinen Videos ein T-Shirt trägt, auf dem gut sichtbar das Cover eines Mathematik-Lehrbuchs des Verlags abgebildet ist. Von dem Getränkehersteller G erhält er schließlich einen zusätzlichen Betrag von 5000 € dafür, dass er das Logo eines koffeinhaltigen Getränks zu Beginn und zum Ende der jeweiligen Videos digital für einige Sekunden einblendet.

Während die Unterrichtung eine originär freiberufliche Tätigkeit darstellt, wird L zugleich nach den obigen Grundsätzen mit der aktiv-verbalen Bewerbung des Taschenrechners, ebenso wie mit dem Tragen des T-Shirts der Firma V und den Werbeeinblendungen des Getränks als Influencer gewerblich tätig. Selbst wenn man unterstellen wollte, die Bewerbung von Taschenrechner und Lehrbuch stünde in einem sachlichen Zusammenhang mit der Unterrichtstätigkeit, so würde die Annahme einer Annexleistung doch bereits deshalb ausscheiden, weil es sich insoweit um typische gewerbliche Leistungen handelt.[993]

Die Unterordnung einer der vorbezeichneten Produktanpreisungen als Annex zur Freiberuflichkeit käme demgegenüber ausgehend von den allgemeinen Grundsätzen[994] (nur) dann in Betracht, wenn Lehrer L seine Empfehlungen ausschließlich und unmittelbar *zur Förderung seiner freiberuflichen Tätigkeit* aussprechen würde, mithin hierbei gerade keine eigenständigen Erwerbsmotive verfolgen würde. Dies wäre etwa dann der Fall, wenn L seinen Schülern ein bestimmtes Lehrbuch zur Vertiefung der Unterrichtsinhalte empfehlen würde, ohne dass er insoweit eigenständige Erwerbsmotive verfolgt.

Scheidet demnach die Unterordnung der Influencer-Tätigkeit unter die freiberufliche Erwerbstätigkeit aus, käme es zum Vorliegen einer gemischten Tätigkeit. Auf die Frage nach der Trennbarkeit der Tätigkeiten des L wird im nachfolgenden Abschnitt nach einer vorherigen Grundlegung eingegangen werden.

cc) Trennbarkeit der Tätigkeiten

Anhand des vorbezeichneten Beispielsfalles wurde verdeutlicht, dass ein Steuerpflichtiger zugleich z. B. als Unterrichtender originär freiberuflich und als Influencer gewerblich tätig werden kann. Weil die Unterordnung einer Tätigkeit unter die andere als Annex nur im Ausnahmefall in Betracht kommt, gleichwohl jedoch nicht selten sachliche und wirtschaftliche Zusammenhänge zwischen beiden Tätigkeiten etwa dergestalt vorliegen, dass jede Betrachtung des freiberuflichen Tuns zugleich auch den Werbewert als Influencer steigert,[995] ist die Tätigkeit regelmäßig gemischter Natur. Infolgedessen wäre zu prüfen, ob eine

---

993 So wohl auch *Korn*, in: Korn, EStG, § 18 Rn. 54.2 (Stand: August 2018).

994 Vgl. Zweiter Teil B.II.

995 Vgl. *Böse*, MDR 2019, 769 (771); LG Karlsruhe v. 21.3.2021 – 13 O 38/18, GRUR-RR 2019, 328 Rn. 24.

Trennung der Tätigkeiten möglich ist oder aber freiberufliche und gewerbliche Leistungselemente in einer betrieblichen Einheit münden.

Rechtsprechung und Fachschrifttum haben sich soweit ersichtlich bislang nicht dazu geäußert, ob das Zusammentreffen einer Influencer-Tätigkeit mit einer originär freiberuflichen Tätigkeit etwa in demselben Medium – z. B. in einem Textbeitrag oder Video – zur Folge hat, dass sie zu einer untrennbaren Einheit verschmelzen. *Busemann/Gilson*[996] hingegen haben sich unlängst im Zusammenhang mit der Steuerabzugsverpflichtung gem. § 50a Abs. 1 Nr. 1 EStG bei Einkünften aus im Inland ausgeübten unterhaltenden oder ähnlichen Darbietungen eines beschränkt Steuerpflichtigen mit der Frage befasst, ob eine Trennung der *unterhaltenden* und der *werbenden* Tätigkeitskomponente eines Influencers möglich ist, mithin die Einnahmen aus der Influencer-Tätigkeit ebenfalls der Steuerabzugspflicht hinsichtlich der unterhaltenden Darbietung unterliegen oder nicht. Sie lassen dies weitgehend offen, vermuten jedoch, dass in vielen Fällen zwischen der unterhaltenden oder ähnlichen Darbietung des Influencers und der Werbebotschaft eine so enge Verbindung bestehe, dass eine einheitliche Betrachtung zumindest nicht ausgeschlossen werden könne. Insofern würden die Videobeiträge „grundsätzlich hinsichtlich ihrer Ausgestaltung nicht von den Videostreams zu unterscheiden sein, die der Influencer ohne Kaufempfehlung veröffentlicht, da das beauftragende Unternehmen gerade diese authentische Markenplatzierung vergütet."[997] Auf dieser Linie liegt auch die Auffassung von *Höppner*[998], wenn er ausführt, im Mittelpunkt der Darstellungen eines Influencers stünde – anders als bei „klassischen" Werbespots – nicht das beworbene Produkt, sondern die Darbietungen des Influencers, weil dieser zumeist seine Erfahrungen und Einschätzungen über das Produkt im Kontext mit seiner Persönlichkeit und seinem Lebensstil darbiete. Ihm zufolge soll daher eine eindeutige Trennung zwischen Werbebotschaft und unterhaltender Darbietung nicht möglich sein.

Unter Rekurs auf die vorliegende Untersuchungsfrage insbesondere betreffend unterrichtend tätige Einzelsteuerpflichtige gilt es zunächst zu konzedieren, dass unterhaltende Darbietungen zwar keine freiberufliche Tätigkeit darstellen.[999]

---

996 *Busemann/Gilson*, DStR 2019, 2178 (2180 ff.).

997 *Busemann/Gilson*, DStR 2019, 2178 (2182).

998 *Höppner*, PIStB 2021, 22 (23).

999 Vielmehr sollten mit dem Tatbestand der unterhaltenden Darbietung als Auffangtatbestand gerade solche Darbietungen erfasst werden, die kein eigenschöpferisches – und damit insbesondere kein freiberuflich-künstlerisches – Element aufweisen, vgl. BT-Drs. 16/10189, S. 58.

Gleichwohl wohnt beiden Konstellationen letzten Endes die Untersuchungsfrage inne, ob nach der Verkehrsanschauung noch zwei Tätigkeiten erblickt werden können oder nicht. Mit Blick auf die vorbezeichneten Stimmen im Fachschrifttum würde demnach für die Fälle, in denen die *Werbebotschaft eng mit der freiberuflichen Tätigkeit verknüpft* ist (z. B. bei einer Werbetätigkeit mit künstlerischen Elementen), mithin die Werbebotschaft als solche freiberufliche Züge aufweist, eine Untrennbarkeit von freiberuflicher und gewerblicher Tätigkeit naheliegen. Diese Beurteilung ist insofern zutreffend, als es sich hierbei gerade um jene Fälle handelt, hinsichtlich derer oben[1000] im Rahmen der isolierten Tätigkeitsbetrachtung von Influencer-Tätigkeiten herausgestellt wurde, dass eine Trennung zwischen Freiberuflichkeit und Gewerblichkeit nicht möglich ist, wenn bzw. soweit die freiberuflichen Leistungen *unmittelbar in die gewerblichen Werbeleistungen einfließen*. Man denke hier abermals an den Werbe-Blogger, der mit seinem Schreiben zwar grundsätzlich den Tatbestand einer schriftstellerischen Tätigkeit erfüllt, diese Erfüllung jedoch primär im Sinne seiner werblichen Tätigkeit als Influencer erfolgt. Eine Zerlegung der Tätigkeit wurde – insoweit in Übereinstimmung mit der Würdigung im Rahmen des § 50a Abs. 1 Nr. 1 EStG – für diese Fälle oben bereits flächendeckend abgelehnt.

Demgegenüber könnte eine Trennbarkeit nunmehr möglicherweise in den Fällen in Betracht kommen, in denen umgekehrt gerade *keine* enge Verflechtung von Werbebotschaft und freiberuflichem Nukleus vorliegt. Der Blick ist insoweit auf das obige[1001] Beispiel des „Lehrers L" gerichtet, der im Zuge seiner unterrichtenden Tätigkeit verschiedenartig als Werbetreibender tätig wurde. Dabei ist zu bemerken, dass die unterrichtende Tätigkeit des L nicht zum Bestandteil seiner Werbetätigkeit wurde, sondern sich die Interferenzen insbesondere auf absatzseitige Synergien beschränkten, indem beide Tätigkeiten über dasselbe Medium, auf derselben Webseite und gegenüber demselben Zuschauerkreis ausgeübt wurden. Auch nach der Verkehrsanschauung ist – deckungsgleich zu einem Freiberufler, der zugleich als Affiliate tätig wird – die Tätigkeit eines Unterrichtenden einerseits und jene eines Werbenden andererseits einwandfrei identifizierbar. Denn selbst im Bereich von unterschwelliger Produktplatzierung fällt mittlerweile doch zumeist schnell auf, was Werbung ist und was nicht[1002]. Dies gilt erst recht im Hinblick auf originär aktive Werbefürsprachen.

1000 Zweiter Teil C.V.8.b)aa).

1001 Zweiter Teil C.V.8.b)bb).

1002 Vgl. *Henning-Bodewig*, WRP 2017, 1415 (1418). Vgl. auch *Micklitz/Schirmbacher*, in: Spindler/Schuster, TMG § 6 Rn. 40, denen zufolge sich insofern auch das kommerzielle Websponsoring von den übrigen Seiteninhalten unterscheiden lässt,

Dies belegen bereits die vorzitierten empirischen Feststellungen, wonach sich mittlerweile nahezu alle Nutzer (92 %) sozialer Netzwerke der Tatsache bewusst sind, dass Influencer mit ihrer Werbetätigkeit bzw. Produktvorstellung Geld verdienen[1003] und bis 2017 fast jeder vierte Nutzer ein Produkt (nur) deshalb gekauft hat, weil es durch einen Influencer beworben wurde[1004]. In jenen Fällen also, in denen nicht freiberufliche Tätigkeitskomponenten unmittelbar in eine – aktiv-verbale oder unterschwellige – Werbetätigkeit einfließen, sondern Freiberufler- und Influencer-Dasein schlicht nebeneinander koexistieren und stattfinden, ist unter entsprechender Anwendung der zum Affiliate-Marketing aufgestellten Grundsätze[1005] eine getrennte Erfassung der Einkünfte in der Regel möglich und angezeigt.

Dieser Grundsatz gilt für sämtliche Formen der Werbeanpreisung und scheint überdies mit den Influencer-Beurteilungen des Fachschrifttums im Hinblick auf § 50a EStG zu harmonieren. Denn insofern zeigt sich bei genauerer Betrachtung, dass eine Steuerabzugsverpflichtung insbesondere bei unterschwelliger Werbung eines Influencers, die nur beiläufig geschieht und dementsprechend nicht per se untrennbar mit der unterhaltenden Tätigkeit verbunden ist, weniger auf dem Vorliegen einer „untrennbaren Verflechtung" fußt, sondern vielmehr darauf, dass nach dem Wortlaut des § 50a Abs. 1 Nr. 1 EStG auch solche Einnahmen der Steuerabzugsverpflichtung unterliegen, die mit der unterhaltenden oder ähnlichen Darbietung „im Zusammenhang stehen". So führen *Busemann/Gilson*[1006] explizit aus, „darüber [d. h. über die Fälle der Untrennbarkeit von Tätigkeiten – Anm. d. Verf.] hinaus könnten Werbemaßnahmen auch als andere *in diesem Zusammenhang erzielte Einkünfte* [Hervorh. d. Verf.] unter den Anwendungsbereich des § 50a Abs. 1 Nr. 1 EStG fallen". Namentlich fassen sie hierunter solche

---

insbesondere wenn mit dem Zusatz „präsentiert von…" auf die finanzielle Unterstützung durch ein bestimmtes Unternehmen hingewiesen wird.

1003 Vgl. *Bitkom*, Welchen Aussagen zum Thema soziale Netzwerke und Influencer stimmen Sie zu?, Statistik abrufbar unter de.statista.com/statistik/daten/studie/817888/umfrage/zustimmung-zu-aussagen-zum-thema-soziale-netzwerke-und-influencer-in-deutschland (zuletzt abgerufen am 27.12.2021).

1004 Vgl. *Gruner + Jahr*, Haben Sie schon einmal ein Produkt gekauft oder eine Dienstleistung in Anspruch genommen, weil ein Influencer dieses Produkt/die Dienstleistung vorgestellt oder beworben hat?, Statistik abrufbar unter de.statista.com/statistik/daten/studie/756201/umfrage/einfluss-von-influencer-marketing-auf-kunden-in-deutschland (zuletzt abgerufen am 27.12.2021).

1005 Vgl. Zweiter Teil C.V.6.c)cc).

1006 *Busemann/Gilson*, DStR 2019, 2178 (2182).

Einnahmen, die dergestalt im Zusammenhang mit einer unterhaltenden oder ähnlichen Darbietung stehen, dass die Marke des werbenden Unternehmens in einem Video oder als Verlinkung unter einem Bild angezeigt wird, ohne dass der Influencer das entsprechende Produkt oder die Dienstleistung unmittelbar in seinem Beitrag bewirbt. *Pinkernell/Schlotter*[1007] bejahen die Abzugsverpflichtung in derlei Fällen sogar ausdrücklich, weil es sich um „Zusammenhangsleistungen" handele. Dies scheint auch der BFH[1008] so zu sehen. Weil es entsprechende Zusammenhangsleistungen im Bereich der Einkunftsartenabgrenzung jedoch zugunsten des Trennungsgrundsatzes nicht gibt, führen insbesondere typische Werbefürsprachen, aber selbst unterschwellige Produktplatzierungen etwa in Gestalt des Tragens eines bestimmten T-Shirts nicht dazu, dass Freiberuflichkeit und Gewerblichkeit zu einer betrieblichen Einheit verschmelzen. Vielmehr kann für jene Fälle, in denen sich eine Steuerabzugsverpflichtung erst über den Tatbestand des „Zusammenhangs" ergibt, in reinen Inlandsfällen eine getrennte Erfassung der Tätigkeiten als in der Regel möglich festgestellt werden, gerade weil ein bloßer (sachlicher wie wirtschaftlicher) Zusammenhang zweier Tätigkeiten nicht zu ihrer untrennbaren Verschmelzung führt.

Komprimiert lassen sich die vorstehenden Ausführungen wie folgt zusammenfassen: Fließen die freiberuflichen Tätigkeitselemente unmittelbar in eine durch den Influencer selbst ausgeübte Werbetätigkeit ein, insbesondere indem die freiberufliche Tätigkeit die Art und Weise der ausgeübten Werbetätigkeit signifikant mitbestimmt, so kommt eine getrennte Erfassung der Einkunftstatbestände nicht in Betracht. Die Tätigkeit ist dann insgesamt eine gewerbliche. In allen anderen Fällen hingegen, in denen zwar freiberufliche und gewerbliche Tätigkeit zugleich verwirklicht werden, die freiberuflichen Leistungen jedoch *weder* unmittelbar in die Werbetätigkeit einfließen *noch* sich insoweit als auf einen einheitlichen Erfolg gerichtete Vorleistungen darstellen, ist eine getrennte Erfassung der Einkünfte grundsätzlich möglich und damit auch angezeigt. Die insoweit vorliegenden synergetischen und wirtschaftlichen Zusammenhänge stehen einer Trennung nicht im Wege.

1007 *Pinkernell/Schlotter*, FR 2020, 681 (689), bejahen dies ausdrücklich.

1008 Vgl. BFH v. 6.6.2012 – I R 3/11, BStBl. II 2013, 430 Rn. 21 f., der den erforderlichen „Zusammenhang" zu der dem Steuerabzug nach § 50a EStG unterliegenden sportlichen Darbietung darin erblickt hat, dass eine Verpflichtung dazu bestand, die Firmenlogos der Klägerin während der gesamten sportlichen Leistung sichtbar an der Teambekleidung zu tragen.

Mit der Vielgestaltigkeit von Influencer-Tätigkeiten gibt es dabei allerdings noch (mindestens) eine weitere Konstellation, die im Rahmen der Frage nach der Trennbarkeit von dem zugleich erfüllten freiberuflichen Einkünftetatbestand eines näheren Blickes bedarf. Wenngleich derlei Fälle nicht typischerweise auch aufseiten eines Unterrichtenden auftreten, soll auf sie der Vollständigkeit halber mit dem nachfolgenden Beispiel geblickt werden.

Beispiel: Bloggerin B schreibt und veröffentlicht regelmäßig Textbeiträge, in denen sie ihre Erfahrungen mit getesteten Produkten gänzlich unvoreingenommen darlegt. Von dem Hersteller H erhält sie nunmehr das Angebot, über eine neuartige Anti-Aging-Creme einen positiven Werbebeitrag zu verfassen und zu veröffentlichen. Unter der Voraussetzung, dass B zum Zwecke der Glaubwürdigkeit zugleich eine objektivierte Berichterstattung über mindestens fünf Konkurrenzprodukte verfasst, wird ihr als Gegenleistung ein Betrag von insgesamt 20 000 € zugesagt. B nimmt das Angebot an und veröffentlicht nach einiger Zeit einen neuen Beitrag auf ihrer Webseite, der die „Erfahrungsberichte" über insgesamt sechs Anti-Aging-Cremes beinhaltet.

In dem Blog-Beitrag der B lassen sich grundsätzlich zwei Tätigkeiten ausmachen: Zum einen der werbliche Beitrag für den Hersteller H, der zwar aufgrund seiner Schriftform einen Einschlag als schriftstellerische Tätigkeit hat, jedoch gleichwohl insgesamt als gewerbliche Tätigkeit zu qualifizieren ist, insbesondere weil die freiberuflichen Elemente lediglich der nämlichen (d. h. schriftlichen) Verwirklichung der gewerblichen Hauptleistung dienen und ihr somit als Annexleistung unterzuordnen sind.

Zum anderen sind aber auch fünf originär schriftstellerische Tätigkeitselemente erkennbar, die jedenfalls nicht als bloßer Annex hinter der Werbeleistung zurücktreten. Nichtsdestotrotz erscheint eine Zerlegung der Gesamttätigkeit in ihre Einkunftstatbestände insofern problematisch, als B die fünf anderen Beitragsteile wohl (nur) deshalb verfasst hat, um die Werbung authentisch wirken zu lassen und vor allem die Werbetätigkeit auftragsgemäß zu erfüllen. Diese Konstellation vermag an die obigen[1009] Ausführungen zu der Frage nach der getrennten Erfassung einer Affiliate-Tätigkeit zu erinnern, innerhalb derer mitunter bemerkt wurde, dass die ganz überwiegende Veranlassung eines originär freiberuflichen Tätigwerdens durch eine gewerbliche Tätigkeit dazu führt, dass beide Tätigkeitskomponenten aufgrund einer vertikalen Leistungsvereinigung nur einer Einheitsbetrachtung zugänglich sind. Namentlich kommt es auch im vorliegenden Beispielsfall entscheidend darauf an, ob das fünffach freiberufliche Tätigwerden der B ganz überwiegend durch die Werbetätigkeit veranlasst war. Dies wäre vorliegend insbesondere deshalb zu bejahen, weil sämtliche sechs Beiträge Gegenstand der vereinbarten Werbetätigkeit sind und somit auch ihre Veranlassung in eben dieser Werbetätigkeit begründet liegt. Insofern spricht auch für eine Untrennbarkeit, dass die fünf Textbeiträge in einem einheitlichen Leistungserfolg[1010] gegenüber dem

1009 Vgl. insoweit insbesondere Zweiter Teil C.V.6.c)cc)(9).

1010 Zu der Indizwirkung eines einheitlichen Leistungserfolges grundlegend Zweiter Teil C.V.6.c)cc)(8).

Hersteller H münden, welcher als Werbemaßnahme der Gesamttätigkeit ein gewerbliches Gepräge verleiht.

Hätte B indes ohne eine entsprechende Verpflichtung die weiteren Beiträge über Anti-Aging-Cremes veröffentlicht, so käme es hinsichtlich der Frage nach der Trennbarkeit der Tätigkeiten ganz entscheidend darauf an, ob sie insoweit unter eigenständigen Erwerbsmotiven agiert hat oder aber vorwiegend zur Förderung ihrer Werbetätigkeit durch Steigerung ihrer Authentizität und damit des Nährbodens für weitere Werbebeiträge schriftstellerisch tätig wurde. In letztgenanntem Fall wäre das freiberufliche Tätigwerden ebenfalls vollumfänglich durch die gewerbliche Tätigkeit veranlasst und somit die erzielten Einkünfte insgesamt als gewerblich einzuordnen. Schreibt B jedoch jenseits werblicher Beiträge vorrangig um des Bloggens willen, ist eine getrennte Erfassung der Tätigkeiten in der Regel möglich. Auch hier kann insoweit dem Umstand Indizwirkung beigemessen werden, ob der Steuerpflichtige Vermögensmehrungen erzielt, die allein durch die freiberuflichen Erwerbshandlungen veranlasst sind. Eine Entgeltlichkeit der freiberuflichen Leistungen stünde insoweit der Annahme einer vertikalen Leistungsveranlassung durch die gewerbliche Tätigkeit regelmäßig entgegen.[1011]

Der Umfang der vorstehenden Ausführungen zeigt in aller Deutlichkeit, dass mit der Vielgestaltigkeit von Influencer-Tätigkeiten eine dezidierte und differenzierte Betrachtung des Einzelfalls unabdingbar ist. Hierbei soll das nachfolgende Prüfschema behilflich sein.

1011 Vgl. *Koller*, Abgrenzung von Einkunftstatbeständen, S. 227 f.

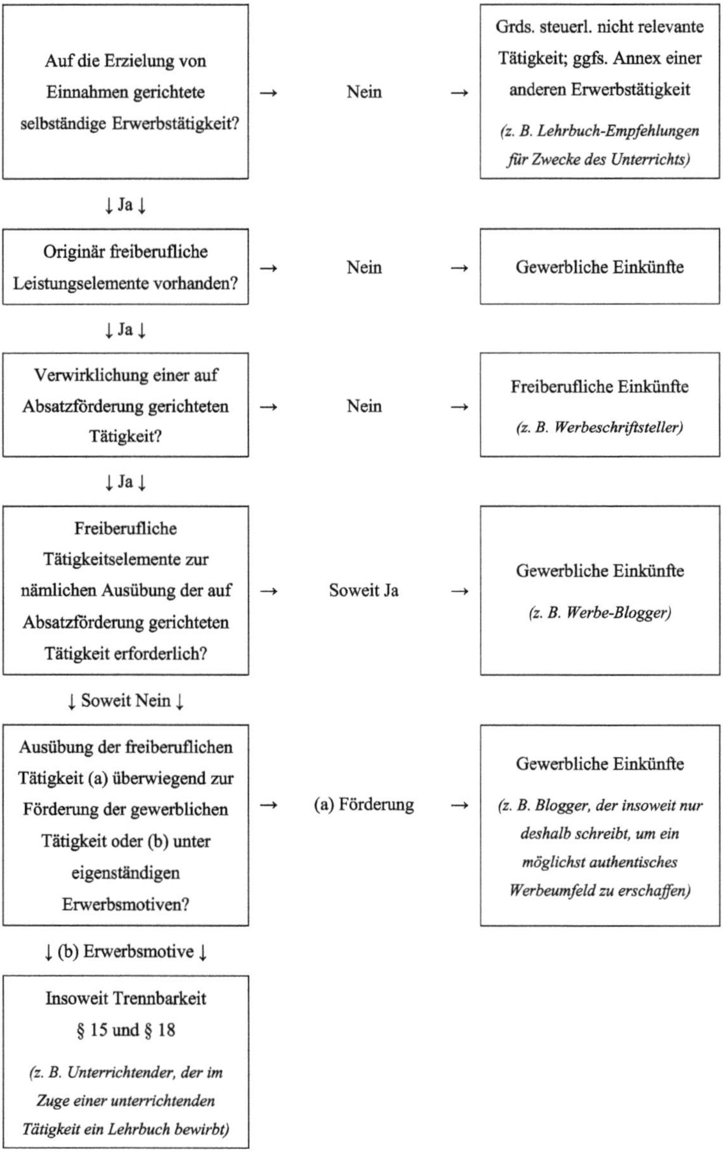
Auf die Erzielung von Einnahmen gerichtete selbständige Erwerbstätigkeit?
→ Nein →
Grds. steuerl. nicht relevante Tätigkeit; ggfs. Annex einer anderen Erwerbstätigkeit
(z. B. Lehrbuch-Empfehlungen für Zwecke des Unterrichts)
↓ Ja ↓
Originär freiberufliche Leistungselemente vorhanden?
→ Nein →
Gewerbliche Einkünfte
↓ Ja ↓
Verwirklichung einer auf Absatzförderung gerichteten Tätigkeit?
→ Nein →
Freiberufliche Einkünfte
(z. B. Werbeschriftsteller)
↓ Ja ↓
Freiberufliche Tätigkeitselemente zur nämlichen Ausübung der auf Absatzförderung gerichteten Tätigkeit erforderlich?
→ Soweit Ja →
Gewerbliche Einkünfte
(z. B. Werbe-Blogger)
↓ Soweit Nein ↓
Ausübung der freiberuflichen Tätigkeit (a) überwiegend zur Förderung der gewerblichen Tätigkeit oder (b) unter eigenständigen Erwerbsmotiven?
→ (a) Förderung →
Gewerbliche Einkünfte
(z. B. Blogger, der insoweit nur deshalb schreibt, um ein möglichst authentisches Werbeumfeld zu erschaffen)
↓ (b) Erwerbsmotive ↓
Insoweit Trennbarkeit
§ 15 und § 18
(z. B. Unterrichtender, der im Zuge einer unterrichtenden Tätigkeit ein Lehrbuch bewirbt)

9. *Verpachtung von Werberechten*

a) *Isolierte Tätigkeitsbetrachtung*

Gegen Abschluss der Untersuchung der neuartigen Verwertungshandlungen am Beispiel eines unterrichtend tätigen Freiberuflers soll auf die wohl passivste Form der Erzielung von Einnahmen aus Werbung namentlich durch die Verpachtung von Werberechten an Werbeunternehmen geblickt werden. Insoweit steht also nicht die Überlassung von Verwertungsrechten *an freiberuflich geschaffenen Werken* im Vordergrund, sondern die vollumfängliche Verpachtung der Werberechte des Freiberuflers etwa an seiner eigenen Webseite.

Verpachtet ein Steuerpflichtiger die ihm zustehenden Werberechte vollumfänglich an *einen* Werbeunternehmer, statt unter Verwendung digitaler Werbemittel selber eine entsprechende Verwertung vorzunehmen, so könnte eine Einordnung als vermögensverwaltende Tätigkeit in Betracht kommen. Einen richtungsweisenden Impuls könnte an dieser Stelle ein erneuter Blick in das Gemeinnützigkeitsrecht liefern. Nach Auffassung der Finanzverwaltung[1012] bewegt sich eine gemeinnützige Körperschaft im Bereich der Vermögensverwaltung, wenn sie Einnahmen aus der entgeltlichen Übertragung des Rechts zur Nutzung von Werbeflächen (z. B. Werbebanden) sowie von Lautsprecheranlagen an Werbeunternehmer erzielt, sofern dem Pächter ein angemessener Gewinn verbleibt[1013]. Diese Würdigung ist auf ein Urteil des BFH vom 8.3.1967[1014] zurückzuführen,[1015] in dem der I. Senat die Verpachtung des Anzeigengeschäfts in einer Vereinszeitschrift durch einen Sportverein als nicht über den Rahmen der steuerfreien Vermögensverwaltung hinausgehend entschieden hat. Diese Auffassung wurde in der jüngeren Rechtsprechung[1016] bestätigt und dadurch

---

1012 AEAO zu § 67a Nr. 9 S. 1 unter ausdrücklichem Verweis auf § 14 S. 3 AO.

1013 AEAO zu § 67a Nr. 9 S. 2; insoweit zustimmend *Hüttemann*, Gemeinnützigkeits- und Spendenrecht, Rn. 6.145; *Fischer*, in: H/H/Sp, AO/FGO, § 64 Rz. 165 (Stand: März 2013). Der angemessene Gewinn soll (zumindest) ca. 10 % der Werbeeinnahmen betragen, vgl. auch *Engelsing/Rohde*, NWB 2004, 1371 (1373); *Buchna/Seeger/Brox*, Gemeinnützigkeit im Steuerrecht, S. 302; *Thiel*, DB 1998, 842 (945), sieht hierin die erforderliche Sicherstellung, dass es sich bei der Zwischenschaltung des Werbeunternehmers nicht bloß um ein Scheingeschäft handelt. Dagegen ist *Alberti*, Sponsoring im Steuerrecht, S. 211, der Auffassung, dass keine Rechtsgrundlage für eine solche Einschränkung bestehe.

1014 BFH v. 8.3.1967 – I 145/64, BStBl. III 1967, 373.

1015 *Jansen*, DStR 1992, 133.

1016 BFH v. 7.11.2007 – I R 42/06, BStBl. II 2008, 949 (950); v. 25.3.1997 – I B 20/96, BFH/NV 1997, 688 (689), jeweils m. w. N.

ergänzt, dass das Anzeigengeschäft zwar einen wirtschaftlichen Geschäftsbetrieb darstelle, dessen Verpachtung jedoch – ebenso wie diejenige sonstiger Werberechte – gleich der Verpachtung von Gewerbebetrieben grundsätzlich der Vermögensverwaltung zuzurechnen sei. Während dieser Differenzierung in der Literatur in weiten Teilen zugestimmt wird,[1017] wird vereinzelt entgegnet, dass es wirtschaftlich die gleiche Wirkung habe, ob ein Sportverein Werbeanzeigen in der vereinseigenen Zeitschrift oder Werbeflächen auf den Banden unmittelbar selbst oder mittelbar über einen Werbeunternehmer vermarkte[1018]. Diese Kritik vermag deshalb zu überzeugen, weil der Wert der Werbeflächen und damit auch die Höhe der von dem Werbeunternehmer erzielbaren Vergütungen weiterhin ganz entscheidend von den Veranstaltungen der gemeinnützigen Körperschaft abhängt, sodass bei der Verpachtung von Werberechten der Rahmen der steuerfreien Vermögensverwaltung ebenso überschritten wird wie bei der Überlassung von Werbebanden an Sportstätten.[1019] Nichtsdestotrotz ist es durchaus gerechtfertigt, eine gemeinnützige Körperschaft dann nicht zur partiellen Steuerpflicht heranzuziehen, wenn – wie hier – die Weitergabe des Steuervorteils durch Zwischenschaltung eines Pächters ausgeschlossen wird, zumal dieser in Konkurrenz zu anderen Anbietern tritt und hierbei in vollem Umfang der Steuerpflicht unterliegt.[1020] Denn zu beachten bleibt, dass die tragende *ratio legis* der Steuerpflicht

---

1017 Vgl. *Fischer*, in: H/H/Sp, AO/FGO, § 64 Rz. 165 (Stand: März 2012); *Krüger*, in: Schwarz/Pahlke, AO/FGO, § 67a Rz. 29 (Stand: Juli 2017); *Jachmann/Unger*, in: Gosch, AO/FGO, § 64 Rz. 66 (Stand: Februar 2011); *Madl*, BB 1997, 1126 (1130); *Thiel*, DB 1998, 842 (845); *Buchna/Seeger/Brox*, Gemeinnützigkeit im Steuerrecht, S. 302; *Jansen*, FR 1991, 429 (431).

1018 So z. B. *Stobbe*, DStZ 1996, 757.

1019 Vgl. *Martens*, Die Besteuerung wirtschaftlicher Aktivitäten im Amateursport, S. 119 f.; so wohl auch *Scholtz*, in: Koch/Scholtz, AO, § 14 Rz. 21. Vgl. ferner *Duchêne*, Sponsoring der Unternehmen, S. 177 f., der das Urteil des BFH v. 13.3.1991 – I R 8/88, BStBl. II 1992, 101, so verstehen will, dass aufgrund der besonderen Werbewirkungen von Sportveranstaltungen sämtliche Formen der entgeltlichen Überlassung von Nutzungsrechen zur Durchführung von Werbemaßnahmen einen wirtschaftlichen Geschäftsbetrieb begründen sollen; in diesem Sinne auch FG München v. 30.7.1996 – 15 K 353/95, EFG 1996, 1180 (1182) (Revision zurückgewiesen durch BFH v. 11.2.1998 – I R 67/96); v. 5.4.2001 – 7 V 574/01, EFG 2001, 950 (rkr.). Mit ähnlicher Tendenz *Fischer*, in: H/H/Sp, AO/FGO, § 64 Rz. 159 (Stand: März 2012).

1020 Überzeugend *Hüttemann*, Wirtschaftliche Betätigung, S. 160 f., 165; *ders.*, Gemeinnützigkeits- und Spendenrecht, Rn. 6.154; zustimmend auch *Scholz/Garthoff*, BB 2008, 1148 (1151). Gleiches gilt grundsätzlich auch dann, wenn statt eines Pächters zugleich mehrere Werbeunternehmer eingeschaltet werden, sofern nicht durch einen häufigen Wechsel der Werbeunternehmer auf einen wirtschaftlichen Geschäftsbetrieb

wirtschaftlicher Geschäftsbetriebe im Gedanken der wettbewerblichen Gleichbehandlung gemeinnütziger Körperschaften mit steuerpflichtigen Unternehmen zu sehen ist.[1021] Im Grenzbereich zwischen wirtschaftlichem Geschäftsbetrieb und steuerbegünstigter Vermögensverwaltung ist daher neben dem Rückgriff auf die Verkehrsanschauung insbesondere auch die Wettbewerbsneutralität bei der Frage danach, ob die begünstigte Körperschaft insoweit das äußere Bild eines Gewerbetreibenden abgibt, mit in Betracht zu ziehen.[1022] So die Körperschaft hiernach nicht in einen Wettbewerb mit anderen Anbietern tritt, kann dahingestellt bleiben, ob die begünstigte Körperschaft in der Verpachtung des gesamten Werbegeschäfts durch die Verknüpfung zwischen zweckverwirklichender Tätigkeit und Werbegeschäft vom Normaltypus eines Verpächters abweicht, zumal es in Ermangelung einer Wettbewerbsgefährdung auf die Frage nach einem unternehmerischen Risiko nicht ankommt[1023].[1024] Damit ist es auch zutreffend, wenn die Finanzverwaltung den vermögensverwaltenden Charakter der Verpachtung nur unter dem Vorbehalt eines angemessenen Pachtentgelts anerkennt, die dem Pächter einen marktüblichen Gewinn belässt,[1025] weil hierdurch eine Weitergabe des Steuervorteils ausgeschlossen wird.[1026]

Besinnt man sich indes auf den untersuchungsgegenständlichen unterrichtend tätigen Freiberufler, so ergibt sich, dass sich die Verpachtung von Werberechten

---

geschlossen werden muss, vgl. FG München v. 30.7.1996 – 15 K 353/95, EFG 1996, 1180 (1182) (Revision zurückgewiesen durch BFH v. 11.2.1998 – I R 67/96).

1021 *Lang/Seer*, FR 1994, 521 (522) m. w. N.; *Hüttemann*, Wirtschaftliche Betätigung, S. 164 f.; *ders.*, Gemeinnützigkeits- und Spendenrecht, Rn. 6.74 ff.; *Gersch*, in: Klein, AO, § 14 Rz. 2.

1022 Vgl. *Seer*, DStR 1992, 1751 (1753); *ders.*, DStJG 26, S. 36 f.

1023 Nach *Musil*, in: H/H/Sp, AO/FGO, § 67a Rz. 21 (Stand: Februar 2019), rechtfertige sich die Annahme einer vermögensverwaltenden Tätigkeit sogar dadurch, dass in derlei Fällen das Risiko der Wahrnehmung der Werbung auf den Werbeunternehmer übergehe.

1024 So wohl auch BFH v. 8.3.1967 – I 145/64, BStBl. III 1967, 373 (374). A. A. *Martens*, Die Besteuerung wirtschaftlicher Aktivitäten im Amateursport, S. 120, der aus dem Verbleib eines Betriebsrisikos stets auf einen wirtschaftlichen Geschäftsbetrieb schließt, ebenso wie *Alberti*, Sponsoring im Steuerrecht, S. 213. Auch *Fischer*, in: H/H/Sp, AO/FGO, § 64 Rz. 143 Fn. 4 (Stand: März 2012), zweifelt an der Einordnung als vermögensverwaltende Tätigkeit im Hinblick auf die Verpachtung eines Gastronomiebetriebes unter Abhängigkeit der Höhe des Pachtzinses von der Attraktivität der von der Verpächter-Körperschaft durchgeführten Veranstaltungen.

1025 AEAO zu § 67a Nr. 9 S. 2.

1026 Überzeugend *Hüttemann*, Gemeinnützigkeits- und Spendenrecht, Rn. 6.154.

im Ganzen im Hinblick auf die Frage nach einer vermögensverwaltenden Tätigkeit nicht von der zuvor[1027] betrachteten Monetarisierung einzelner digitaler Werbeflächen unterscheidet. In beiden Fällen hängt der erzielbare Erlös signifikant von der unterrichtenden Freiberuflertätigkeit ab, womit sich (auch) die Verpachtung der Werberechte nicht in einer bloßen Vermögensverwaltung erschöpft, sondern auf Risikotragung gerichtet und damit gewerblicher Natur ist[1028].[1029] Eine Ausnahme, wie sie bei gemeinnützigen Körperschaften praktiziert wird, kommt aufseiten einer natürlichen Person als Einzelsteuerpflichtigem hingegen nicht in Betracht, da der für das Gemeinnützigkeitsrecht tragende Wettbewerbsgedanke für die Abgrenzung der Einkunftsarten bedeutungslos ist.[1030]

b) Aufeinandertreffen mit freiberuflicher Tätigkeit

Verwirklicht ein Steuerpflichtiger auf der einen Seite den Tatbestand einer freiberuflichen – z. B. unterrichtenden – Tätigkeit, während er zugleich die im Rahmen des Freiberuflichen erwachsenen Werberechte z. B. an der Webseite des Freiberuflers verpachtet, so stellt sich die Frage, welche ertragsteuerlichen Folgen sich hieraus ergeben, mithin welcher Einkunftsart die erzielten Pachteinnahmen zuzurechnen sind. Grundsätzlich, so wurde es oben herausgestellt, ist die Verpachtung von Werberechten eine gewerbliche Tätigkeit, weil sie jedenfalls über das Maß einer bloßen Vermögensverwaltung hinausgeht. Fraglich ist jedoch, ob aus der gewerblichen Tätigkeit eine freiberufliche wird, wenn die Verpachtung solcher Werberechte Gegenstand der Überlassung ist, die aus der Freiberuflichkeit überhaupt erst entstanden sind. Dies könnte in Betracht kommen, wenn sich die Rechteüberlassung als Annex zur freiberuflichen Kerntätigkeit darstellen und somit zur Freiberuflichkeit gehören würde. Grundsätzlich – so wurde es im Zusammenhang mit Online-Verwertungsplattformen festgestellt[1031] – wird die Überlassung freiberuflich geschaffener Rechte als Annexleistung von der Freiberuflichkeit mit umfasst, weil sie unmittelbarer Ausfluss der

---

1027 Zweiter Teil C.V.7.

1028 Vgl. z. B. BFH v. 17.3.1981 – VIII R 149/78, BStBl. II 1981, 522 (525 f.).

1029 Dies gilt ebenso, wenn sich die Verpachtung des Werbegeschäfts als Betriebsverpachtung im Ganzen darstellen würde. Denn in Anbetracht der die Pacht signifikant beeinflussenden Haupttätigkeit als Freiberufler wäre selbst die Betriebsverpachtung eine auf Risikotragung gerichtete gewerbliche Tätigkeit.

1030 *Hüttemann,* Wirtschaftliche Betätigung, S. 148 ff.

1031 Vgl. Zweiter Teil C.III.

Freiberufler-Kernleistungen ist und keine typischen gewerblichen Leistungen darstellt. Bei der Verpachtung von Werberechten indes, deren Wert signifikant von anderweitigem Tätigwerden des Steuerpflichtigen abhängt, handelt es sich um eine originär gewerbliche Tätigkeit. Daran ändert sich auch dadurch nichts, dass die wertschaffende Tätigkeit eine freiberufliche ist, weil die Gewerblichkeit letzten Endes daher rührt, dass die Tätigkeit auf Risikotragung gerichtet ist. Damit kommt nicht in Betracht, dass die Verpachtung von Werberechten - auch wenn sie mit der freiberuflichen Tätigkeit zusammenhängen - als Annex hinter die Freiberuflichkeit zurücktritt.

c) Trennbarkeit der Tätigkeiten

Trotz der hinreichenden Eigengewichtigkeit beider Tätigkeitskomponenten, aufgrund derer sie nicht lediglich ein „Anhängsel" der jeweils anderen Tätigkeit sind, stellen sie mit ihren wirtschaftlichen und sachlichen Zusammenhängen eine gemischte Tätigkeit dar. Weil der Steuerpflichtige mit den einzelnen Tätigkeiten - der (z. B. unterrichtenden) Freiberuflertätigkeit einerseits und der Verpachtung der Werberechte andererseits - in der Regel selbständig am Markt auftritt, dürfte einer Trennbarkeit nichts im Wege stehen. Insofern mag auch die Abhängigkeit der erzielbaren Pacht von dem Erfolg insbesondere in Form der Reichweite der freiberuflichen Tätigkeit nicht dazu führen, dass freiberufliche und gewerbliche Tätigkeit zu einer untrennbaren Einheit verschmelzen, weil wirtschaftliche Zusammenhänge zwar zum Vorliegen einer gemischten Tätigkeit führen, gleichwohl jedoch nicht zum Vorliegen einer unentwirrbaren Verflechtung zweier Tätigkeiten.[1032]

1032 Vgl. nur BFH v. 11.7.1991 - IV R 33/90, BStBl. II 1992, 353 (356) m. w. N.

Schlussfolgerungen

Im Rahmen der vorliegenden Arbeit konnte am Beispiel unterrichtender Tätigkeiten aufgezeigt werden, dass mit jeder Veränderung eines Tätigkeitsfeldes auch neue Abgrenzungsprobleme zwischen § 15 und § 18 EStG einhergehen. Insofern bedarf es einer regelmäßigen kritischen Würdigung und gegebenenfalls Anpassung der in Rechtsprechung und Fachschrifttum entwickelten Abgrenzungsgrundsätze, damit gewandelte Freiberuflertätigkeiten nicht lediglich aufgrund der Anlegung von für traditionelle Tätigkeitsbilder entwickelten Kriterien in die Gewerblichkeit verfallen. Nur so konnte und kann es schließlich gelingen, dem stattfindenden Wandel freiberuflicher Tätigkeiten bei der Rechtsanwendung des § 18 Abs. 1 Nr. 1 S. 2 EStG hinreichend Rechnung zu tragen und insofern zumindest den traditionellen und den gewandelten Freiberufler *untereinander* vor einer Ungleichbehandlung zu bewahren, die vor Art. 3 Abs. 1 GG gerechtfertigt werden müsste.

Mit dieser Feststellung darf allerdings nicht der Eindruck entstehen, die vorliegende Arbeit befürworte die Abgrenzung zwischen Freiberuflern und Gewerbetreibenden innerhalb der Gewinneinkunftsarten. Vielmehr hat die Untersuchung selbst unter Maßgabe des eingangs aufgestellten Axioms der Verfassungsmäßigkeit der Ungleichbehandlung zwischen Freiberufler und Gewerbetreibendem zu Ergebnissen geführt, die das vorherrschende Normengefüge einmal mehr infrage stellen dürften: So zeigt bereits der zur zeitgemäßen Auslegung *eines einzelnen* freien Berufs erforderliche Untersuchungsumfang, dass es mit der disruptiven Veränderung von Tätigkeiten im Zeitalter der Digitalisierung immer schwerer fällt, die vorzunehmende Abgrenzung zwischen den beiden Einkunftsarten überhaupt noch in einem logischen System unterzubringen. Vielmehr ist die Ein- bzw. Abgrenzung freiberuflicher Tätigkeiten derart kleinteilig geworden, dass sie – wenn überhaupt – nur noch mit erheblichem Aufwand bewerkstelligt und hierbei nur an Nuancen festgemacht werden kann, zumal ein belastbarer Abgrenzungsmaßstab zwischen Freiberufler und Gewerbetreibendem nicht vorliegt. Zu erinnern sei insoweit symptomatisch an die vorstehend[1033] geführte und auch bis auf Weiteres zu führende Abgrenzung zwischen unterrichtenden und beratenden Tätigkeiten, die zwar – zumindest in der Theorie – grundsätzlich noch möglich sein mag. Nichtsdestotrotz geht mit der

1033 Erster Teil B.II.4.b)cc)(3).

Durchführung dieser Abgrenzung unweigerlich auch die Frage einher, ob die graduellen Unterschiede zwischen „Beratung" und „Unterrichtung" gewichtig genug sind, um ihre Ungleichbehandlung vor Art. 3 Abs. 1 GG verfassungsrechtlich rechtfertigen zu können oder ob die Unterscheidung zwischen Freiberufler und Gewerbetreibendem möglicherweise doch schlichtweg willkürlich ist. Letzteres wird jedenfalls mit Blick auf den steuerlichen Belastungsgrund der Einkommensteuer – die Besteuerung nach der wirtschaftlichen Leistungsfähigkeit[1034] – kaum zu leugnen sein.[1035]

Mit Blick auf die inkongruente Gewerbesteuerpflicht hingegen erachtete das BVerfG die Ungleichbehandlung beider Erwerbstätigkeiten zuletzt insbesondere unter dem Aspekt der *Äquivalenztheorie* weiterhin als nicht willkürlich. Während der entscheidende Senat dabei bereits mit der Bezugnahme auf das Bild eines typischen Industriebetriebs auf der einen und der kleinen Arztpraxis auf der anderen Seite argumentativ „am gleichheitsrechtlichen Kernproblem der Gewerbesteuerpflicht vorbei[zielte]"[1036], dürfte selbst ihm als Verfechter des äquivalenztheoretischen Rechtfertigungsansatzes spätestens mit der nunmehr vorliegenden Digitalisierung des Wirtschaftslebens, innerhalb derer sich freiberufliche und gewerbliche Tätigkeiten zunehmend in das Internet verlagert haben, die argumentative Grundlage entzogen sein, zumal die Grenzen zwischen den die gemeindliche Infrastruktur in besonderem Maße beanspruchenden Gewerbebetrieben und anderen wirtschaftlichen Tätigkeiten nicht lediglich in Teilbereichen, sondern mit der flächendeckenden Digitalisierung des Wirtschaftslebens insgesamt erheblich weiter verschwommen sind.[1037]

Über die zunehmende Verlagerung von Tätigkeiten in digitale Sphären hinaus hat die Digitalisierung des Wirtschaftslebens ferner dazu geführt, dass selbst der vermeintlich privilegierenswerte Freiberufler zunehmend auf die Erschließung alternativer Einnahmequellen angewiesen ist, weil das Konsumverhalten dahin geht, dass die Zahlungsbereitschaft in einer digitalisierten, internetbasierten Welt auch für freiberufliche Inhalte nicht immer vorhanden ist. Zu bemerken ist, dass es sich hierbei zwar auch, aber nicht ausschließlich um ein Phänomen handelt, welches speziell aufseiten eines *unterrichtend* tätigen Freiberuflers vorzufinden ist. Man denke hier nur an einen Schriftsteller, der seine Manuskripte

1034 Statt vieler BVerfG v. 21.6.2006 – 2 BvL 2/99, BVerfGE 116, 164 (180) m. w. N.

1035 So auch *Seer*, BB 2021, 1433 (1434).

1036 *Keß*, FR 2008, 829 (830).

1037 So auch *Hey*, in: Tipke/Lang, Steuerrecht, § 12 Rz. 6; *Moritz/Baumgartner*, in: Bordewin/Brandt, EStG, § 18 Rn. 9 (Stand: Dezember 2019).

über eine eigene Webseite anbietet, oder etwa an Künstler, Wissenschaftler oder Journalisten, die ihre Werke im Internet veröffentlichen und sie dort z. B. mit der Einblendung von Werbebannern kombinieren. Somit kann es für zahlreiche freie Berufe dazu kommen, dass der Bezieher der Leistung lieber die Belastung mit unterschiedlichsten Werbemaßnahmen hinnimmt, als für die empfangene Leistung ein monetäres Entgelt zu zahlen. Die Folge, die sich hieraus *tätigkeitsübergreifend* für die freien Berufe ergibt, ist – wie die vorstehende Untersuchung zeigt – fatal: Während eine inhaltliche Anpassung der Voraussetzungen an den einzelnen freien Beruf im Wege einer verfassungskonformen Auslegung noch möglich sein mag, avanciert der Freiberufler doch unweigerlich zum Gewerbetreibenden, wenn bzw. soweit er zur Monetarisierung seines freiberuflichen Tätigwerdens etwa als Affiliate, Influencer oder durch die Verpachtung virtueller Werbeflächen oder vollumfänglicher Werberechte tätig wird. *In concreto* bedeutet dies, dass der Freiberufler unter Umständen zwar mit seiner digitalisierten Tätigkeit im Kern noch als solcher anerkannt werden kann. Diese Erkenntnis ist für ihn letztendlich jedoch insofern nicht von Wert, als die ganz überwiegenden und *in praxi* geläufigsten (digitalen) Monetarisierungshandlungen und damit auch die erzielten Einkünfte letzten Endes der gewerblichen Sphäre zuzuordnen sind, während ihm seine Freiberuflichkeit einkünftetechnisch als *leere Hülle* verbleibt, obgleich sie den Urquell der Vermögensmehrungen darstellt. Auch die hieraus – jedenfalls im Ergebnis – resultierende erhebliche Dezimierung der dem § 18 EStG zuzuordnenden Einkünfte vermag die Sinnhaftigkeit der Sonderbehandlung der freien Berufe einmal mehr mit einem großen Fragezeichen zu versehen. Denn als einzig ersichtlicher Ausweg zur Bewahrung der Relevanz des freiberuflichen Einkunftstatbestandes bliebe insoweit nur, auch solche Tätigkeiten mit unter den Tatbestand des § 18 Abs. 1 Nr. 1 S. 2 EStG zu fassen, die sich als originär gewerbliche Werbe- oder Verwertungstätigkeiten darstellen. Während Unschärfen in Grenzbereichen noch durch eine veränderte Auslegung des § 18 EStG minimiert werden können,[1038] würde die Einbeziehung entsprechender Tätigkeiten in die freien Berufe einen Verstoß gegen die Tatbestandsmäßigkeit der Besteuerung darstellen, der sowohl unter verfassungsrechtlichen Gesichtspunkten jedweder Rechtfertigung entbehren als auch einen steuerrechtlichen Systembruch darstellen würde. Denn solange der Gesetzgeber an der Unterscheidung zwischen § 15 und § 18 EStG festhält, muss diese auch in sich folgerichtig und damit steuersystematisch konsequent umgesetzt werden.[1039]

1038 Vgl. *Korn*, in: Korn, EStG, § 18 Rn. 25 (Stand: August 2018).
1039 Vgl. BVerfG v. 10.11.1999 – 2 BvR 2861/93, BVerfGE 101, 151 (155).

Dies setzt jedoch eine getrennte Erfassung des freiberuflichen und des gewerblichen Tatbestandes voraus, so diese irgendwie möglich ist.

Während beispielsweise einem *unterrichtend* tätigen Freiberufler bei der digitalen Monetarisierung seiner Tätigkeit insbesondere unter – als Annex zur Freiberuflichkeit einzustufender – Verwertung über Online-Verwertungsplattformen derzeit zumindest in der Theorie noch ein Ausweg aus der Gewerblichkeit verbleibt, wird es sich aller Voraussicht nach anders verhalten, wenn mit der fortschreitenden Digitalisierung und vor allem auch Automatisierung des Wirtschaftslebens (auch) Freiberufler durch den Einsatz künstlicher Intelligenz sowie etwa *Document Automation* und *Smart Contracts* zunehmend eine *Automatisierung ihrer Kerntätigkeiten* erfahren werden.[1040] Bemerkt wurde dies im Zusammenhang mit unterrichtenden Tätigkeiten an dem Einsatz von softwarebasierter Lehre[1041] ebenso wie am Beispiel von *Legal Tech*[1042] , worunter im Bereich rechtsberatender Berufe die mitunter vollständige Automatisierung juristischer Arbeitsprozesse durch Software und Online-Dienste gefasst wird. Auch wenn diese markanteste Form des *Legal Tech* noch nicht vollständig ausgereift sein mag, so kann aufgrund der generell rasanten technischen Fortentwicklungen gleichwohl damit gerechnet werden, dass künstliche Intelligenz menschliche – und darunter sogar z. B. anwaltliche – Qualitäten in gewissen Bereichen imitieren können wird.[1043] Zu bemerken ist, dass dieser Wandel vorwiegend dem Umstand geschuldet ist, dass die Digitalisierung des Angebots und die dadurch entstandenen zeitlichen Erleichterungen inzwischen vermehrt zum allgemeinen Anforderungsprofil von Kunden gehören. Dem müssen Anwälte schon aus ökonomischen Gründen Rechnung tragen.[1044] Ferner wird zunehmend erforderlich, dass der Rechtsanwalt von bestimmten Tätigkeiten zumeist im Routinebereich entlastet wird, um der beruflichen Fortbildung, Spezialisierung und Lösung schwierigerer Aufgabenstellungen mehr Zeit widmen zu können, indem er Routineangelegenheiten durch den Einsatz von Technik erledigen

---

1040 Vgl. *Moritz/Baumgartner*, in: Bordewin/Brandt, EStG, § 18 Rn. 9 (Stand: Dezember 2019).

1041 Vgl. Erster Teil A.II.2.d) und B.III.5.d).

1042 Vgl. Zweiter Teil C.I.1.

1043 *Krause/Hecker*, in: Hartung/Bues/Halbleib, Legal Tech, S. 83 ff., nennen als Beispiel für den bereits stattfindenden Einsatz künstlicher Intelligenz in der Rechtsberatung die Analyse-Software *KIRA*.

1044 *Vogelgesang/Krüger*, jM 2019, 398 (399).

lässt.[1045] Eine weitere bereits zu beobachtende Manifestierung der Automatisierung von Routinearbeiten sowie aufwendigen Einzelanalysen durch Algorithmen und künstliche Intelligenz ist auch im Bereich der steuerberatenden Berufe unter dem Begriff *Tax Tech* vorzufinden,[1046] ebenso wie ein vergleichbarer Ansatz sogar im Bereich von Heilbehandlungen auszumachen ist. Denn auch dort gibt es bereits erste Software-Lösungen, vermittels derer der Patient innerhalb weniger Minuten die zu den selbständig angegebenen Symptomen passenden Krankheitsinformationen ermitteln lassen kann.[1047] Damit ist insgesamt eine starke Tendenz dahingehend festzustellen, dass auch die durch persönliche Arbeitskraft geprägten Tätigkeiten eines Freiberuflers zunehmend maschinell ausgeführt und ersetzt werden (können), während der (steuerlich privilegierte) Freiberufler immer weniger Arbeiten selber ausführen und seine Ressourcen insofern auf einige wenige Spezialfälle bündeln wird. Insofern steht zu erwarten, dass die Kerntätigkeiten eines Freiberuflers in Zukunft noch erheblich mehr ihre Ergänzung und Substitution in Algorithmen finden werden. Diese Tendenz sei durch die Prognose von *Stephen Hawking*[1048] aus seinem letzten veröffentlichten Werk untermauert, demzufolge schon bald digitale Tutoren und Artisten existieren könnten, die ihre menschlichen Äquivalente übertreffen und möglicherweise vollständig ersetzen werden.

Die ökonomisch sinnvolle und längerfristig unvermeidbare Entlastung bzw. Substitution des Freiberuflers induziert die These, dass der einst originäre Freiberufler nur noch weiter in die gewerbliche Sphäre gedrängt wird, weil er *de lege lata* zum Gewerbetreiben dissipiert, wenn er im Rahmen seiner Kerntätigkeiten nicht mehr leitend und eigenverantwortlich tätig wird (§ 18 Abs. 1 Nr. 1 S. 3 EStG). Während es zur Entscheidung hierüber grundsätzlich auf die Umstände des Einzelfalls sowie auf die technischen Besonderheiten und die Art

---

1045 Vgl. *Lüdemann/Wildfeuer*, BB 2000, 589 (591); *Kilian*, NJW 2017, 3043 (3050); *Vogelgesang/Krüger*, jM 2019, 398 (399). Vgl. ferner *Fries*, NJW 2016, 2860 (2863), der in diesem Zusammenhang beispielhaft das Portal geblitzt.de anführt, bei dem aus der Vielzahl der bereits betreuten Fälle sporadische Messfehler einzelner Geschwindigkeitsüberwachungseinrichtungen erkannt werden und auf dieser Grundlage Bußgeldbescheide angegriffen werden können, die auf einer Geschwindigkeitsmessung durch diese Geräte beruhen.

1046 Vgl. dazu *Günther*, NWB 2017, 3365 (3369); *Mutz*, StB 2019, 111.

1047 So zum Beispiel der „Symptom-Checker" der Internetseite *NetDoktor*, abrufbar unter www.netdoktor.de/symptom-checker (zuletzt abgerufen am 27.12.2021).

1048 Vgl. *Stephen Hawking*, Kurze Antworten auf große Fragen, S. 217 f.

des jeweiligen freien Berufes ankommen soll,[1049] mangelt es – auch im Lichte der unaufhaltbar fortschreitenden Technisierung – jedenfalls dann an einer eigenverantwortlichen Tätigkeit, wenn die persönliche, individuelle Dienstleistung – möge es sich hierbei auch bloß um Routinetätigkeiten handeln – durch EDV-Programme nicht lediglich unterstützt, sondern vollständig ersetzt wird.[1050] Weil die freiberufliche Tätigkeit durch die Grenzen der individuellen Leistungsfähigkeit des Berufsträgers geprägt ist, kann sie vielmehr nur durch unterstützende, nicht aber ihn ersetzende Verrichtungen Dritter flankiert werden; anderenfalls wandelt sich die freiberufliche in eine gewerbliche Tätigkeit um.[1051] Denn insofern tritt die unternehmerische und organisatorische Komponente derart in den Vordergrund, dass sich die Leistungen als solche eines Unternehmens – und nicht mehr als solche des Freiberuflers – darstellen.[1052]

Problematisch ist, dass sich auch an dieser Stelle die Verkleinerung des Anwendungsbereiches der freien Berufe einzig durch die Miteinbeziehung originär gewerblicher Tätigkeiten in den Anwendungsbereich des § 18 Abs. 1 Nr. 1 EStG, namentlich durch Anerkennung der vollständigen Automatisierung einzelner Freiberuflertätigkeiten im Rahmen der Freiberuflichkeit, vermeiden ließe.[1053] Richtig ist zwar, dass das Steuerrecht nicht den Bezug zur Realität des Wirtschaftslebens verlieren darf, sondern dessen ständiger Fortentwicklung folgen muss.[1054] Dieser Grundsatz darf allerdings nicht zu einer uferlosen Ausdehnung des Merkmals einer eigenverantwortlichen Tätigkeitsausübung führen, welche die Vorschrift des § 18 Abs. 1 Nr. 1 S. 3 EStG, die gerade in Abgrenzung

---

1049 BFH v. 20.4.1989 – IV R 299/83, BStBl. II 1989, 727 (728); v. 7.10.1987 – X B 54/87, BStBl. II 1988, 17 (19 f.).

1050 Diese Einschätzung teilen BFH v. 21.3.1995 – XI R 85/93, BStBl. II 1995, 732 (735); v. 12.6.2018 – VIII B 154/17, BFH/NV 2018, 945 Rz. 11. Vgl. auch BFH v. 20.8.2012 – III B 246/11, BFH/NV 2012, 1959 (1961); *Levedag*, DStR 2018, 2094 (2097 f.); *Schick*, Die freien Berufe im Steuerrecht, S. 79; *Kempermann*, FR 1996, 514 (515); *Pfirrmann*, in: Kirchhof/Seer, EStG, § 18 Rn. 94; *Hummes*, Sonderstellung der freien Berufe, S. 78.

1051 Ebenso *Zaumseil*, FR 2010, 353 (357).

1052 Vgl. BFH v. 29.7.1965 – IV 61/65 U, BStBl. III 1965, 557 (558); *Sarrazin*, in: Lenski/Steinberg, GewStG, § 2 Rn. 431 (Stand: September 2020).

1053 Hierfür plädiert etwa *Korn*, in: Korn, EStG, § 18 Rn. 90 m. w. N. (Stand: August 2018), demzufolge es nicht steuerschädlich sein könne, wenn die Möglichkeiten des Einsatzes von technischen Hilfsmitteln und Mitarbeitern für Routinearbeiten ausgeschöpft werden. Vgl. dazu auch *ders.*, DStR 1995, 1249 (1252).

1054 Vgl. *Streck*, FR 1973, 297 (301).

zu gewerblichen Tätigkeiten sicherstellen soll, dass die Tätigkeit des Berufsträgers noch auf seiner persönlichen Arbeitsleistung beruht[1055] und er somit seiner (vermeintlichen) Privilegierungswürdigkeit gerecht wird, inhaltlich aushöhlen würde. Dies würde ansonsten einmal mehr die Frage evozieren, durch welche tragfähigen Unterschiede eine Sonderbehandlung des Freiberuflers im Vergleich zum Gewerbetreibenden überhaupt noch zu rechtfertigen ist.

Die aus der Tätigkeitsautomatisierung resultierenden steuerlichen Probleme sind vielgestaltig und waren nicht Gegenstand dieser Arbeit – jedoch illustriert dieser Blick in die Zukunft auf anschauliche Weise die auch weiterhin anhaltende Entwicklung der freiberuflichen Tätigkeiten und die anhand der vorliegenden Untersuchungsergebnisse akzentuierte Notwendigkeit, die Unterscheidung von Freiberufler und Gewerbetreibendem baldmöglichst *ad acta* zu legen. Das BVerfG sowie der Gesetzgeber jedenfalls müssen sich nunmehr unweigerlich damit konfrontiert sehen, dass ihr obstinates Festhalten an der Sonderbehandlung des Konglomerats der Freiberufler zugleich ein Festhalten an einer Norm bedeutet, die nicht nur mit erheblichen verfassungsrechtlichen Bedenken behaftet ist, sondern die darüber hinaus nunmehr entweder in vielen Bereichen zunehmend zur leeren Hülle verkommen wird oder die Rechtsprechung zu einer im Lichte des Verfassungsrechts äußerst kritisch zu sehenden Ausdehnung des § 18 EStG auch auf originär gewerbliche Tätigkeiten zwingt.

Wenn der BFH[1056] im Jahre 1970 aus der damaligen Rationalisierung und Mechanisierung und dem damit verbundenen Zurücktreten der schöpferischen Persönlichkeit bei der Tätigkeitsausübung noch das Postulat ableiten konnte, dass diesem Umstand bei Fortbestand der Unterscheidung zwischen Freiberufler und Gewerbetreibendem dadurch Rechnung getragen werden müsse, dass der „freiberufliche […] Rest“ als solcher behandelt wird, wenn er aussonderbar ist, so nähert sich dieser „Rest“ nun doch einer Wenigkeit an, die nicht die Absonderung einer sich in vielen Bereichen zunehmend leerenden Freiberuflerhülle zur Folge haben sollte, sondern die ausdrückliche Aufgabe der streitanfälligen Abgrenzung zwischen Freiberufler und Gewerbetreibendem. Statt einer Abschaffung der Unterscheidung zwischen gewerblicher und freiberuflicher Tätigkeit auf kaltem Wege, wie sie unzweifelhaft bereits begonnen hat und auch fortwährend unweigerlich stattfinden wird, wäre der erste Schritt in Richtung

1055 BFH v. 29.7.1965 – IV 61/65 U, BStBl. III 1965, 557 (558); v. 25.10.1963 – IV 373/60 U, BStBl. III 1963, 595 (596).

1056 BFH v. 29.1.1970 – IV R 78/66, BStBl. II 1970, 319.

einer längst überfälligen Reform der Gewerbesteuer[1057], dem Fehlen tragfähiger Gründe für den weiteren Fortbestand der Ungleichbehandlung durch ihre ausdrückliche Abschaffung hinreichend Rechnung zu tragen[1058]. Der Gesetzgeber, das Fachschrifttum und die Finanzgerichtsbarkeit sind jedenfalls trotz des bisherigen Scheiterns aller Reformversuche und dem durch das BVerfG zuletzt in 2008[1059] gewährten Bestandsschutz angeraten, nicht in Resignation zu verfallen, sondern dürfen sich mit den Worten von *Seer*[1060] bei ihren Bemühungen zur Beseitigung des verfassungswidrigen Status quo „nicht entmutigen lassen, wenn [...] [die] Argumente in der Sache überzeugend sind."

1057 An konkreten Reformvorschlägen besteht jedenfalls kein Mangel, vgl. dazu die Darstellungen von *Seer*, BB 2021, 1433 (1434); *Zitzelsberger*, Grundlagen der Gewerbesteuer, S. 298 ff.; *Grüttemeier*, Gemeindesteuern, S. 67 ff.; *Oestreicher*, FR 2010, 965 ff.; *Hey*, in: Tipke/Lang, Steuerrecht, § 12 Rz. 8; *dies.*, in: FS Kessler, S. 7 f.; *dies.*, FR 2001, 870 (879 f.); *Kathstede*, Die Verfassungsmäßigkeit der Gewerbesteuer, S. 121 ff.; *Solms*, in: FS Lang, S. 439 (446 ff.); *Sarrazin*, in: Lenski/Steinberg, GewStG, § 1 Rn. 168 ff. (Stand: August 2021).

1058 Dies Fordern auch *Hey*, in: Tipke/Lang, Steuerrecht, § 8 Rz. 427; *Mohl/Brand*, KStZ 1998, 181 (185); *Kirchhof*, StuW 1996, 3 (9); *Güroff*, in: Glanegger/Güroff, GewStG, § 1 Rn. 12; *Kathstede*, Die Verfassungsmäßigkeit der Gewerbesteuer, S. 185; *Caspers*, Die Besteuerung freiberuflicher Einkünfte, S. 122 f.; *Tipke*, StRO II, S. 1158 ff.; *Seer*, BB 2021, 1433 (1434); *Lüdemann/Wildfeuer*, BB 2000, 589 (591). Vereinzelt wird einer Abschaffung der gewerbesteuerlichen Freiberuflerprivilegierung allerdings auch kritisch entgegengeblickt, vgl. *Sarrazin*, in: Lenski/Steinberg, GewStG, § 2 Rn. 387 (Stand: September 2020); *Pfirrmann*, in: Kirchhof/Seer, EStG, § 18 Rn. 2.

1059 BVerfG v. 15.1.2008 – 1 BvL 2/04, BVerfGE 120, 1.

1060 *Seer*, FR 1998, 1022, honorierte mit diesen Worten bereits die unermüdlichen Bemühungen des FG Niedersachsen im Hinblick auf den zweiten Vorlagebeschluss v. 24.6.1998 – IV 317/91, EFG 1998, 1428, nach dem als unzulässig verworfenen Erstversuch v. 23.7.1994 – IV 317/91, EFG 1997, 1456, vgl. BVerfG v. 5.5.1998 – 1 BvL 23/97, HFR 1998, 680.

Zusammenfassende Thesen

Einführung und Grundlegung: Die freien Berufe und der duale Untersuchungsgegenstand

1. Einen einheitlichen Oberbegriff der freien Berufe gibt es nicht. Auch dem Fachschrifttum lässt sich keine einheitliche Freiberufler-Definition entnehmen, welche sich zur belastbaren Abgrenzung insbesondere gegenüber Einkünften aus Gewerbebetrieb hätte etablieren können.
2. Die weitere Suche nach einem generellen Freiberufler-Merkmal erübrigt sich insofern, als ein solches ohnehin nicht zur verfassungsrechtlichen Rechtfertigung der Freistellung der selbständig Tätigen von der Gewerbeertragsteuer taugen würde. Vielmehr erscheint die Anknüpfung an diese Auswahlgesichtspunkte bei der Ausnahme von der Gewerbesteuerpflicht willkürlich.
3. Zur Abgrenzung freiberuflicher von gewerblichen Tätigkeiten, die grundsätzlich kongruente Voraussetzungen aufweisen, ist stattdessen darauf abzustellen, ob die jeweils ausgeübte Tätigkeit der Enumeration in § 18 Abs. 1 Nr. 1 S. 2 EStG zugeordnet werden kann oder nicht. Während dabei eine typologische Rechtsanwendung anhand eines Supra-Typus „Freiberufler" nicht in Betracht kommt, weil es ihm an einer „Vollform" mangelt, die im Regelfall vorliegt und von der im Einzelfall nur in bestimmten Merkmalen abgewichen würde, kommt jedoch zumindest im Rahmen der einzelnen Nicht-Katalogberufe eine typologische Rechtsanwendung in Betracht (dazu unten Nr. 7 und 8).
4. Mit der umfassenden Digitalisierung der freien Berufe und der damit einhergehenden Andersartigkeit herkömmlicher Freiberuflertätigkeiten wird die Beantwortung der ohnehin bereits seit jeher problembehafteten Abgrenzungsfrage zunehmend erschwert. Dabei gilt es zu beachten, dass dem beharrlichen Festhalten an der Ungleichbehandlung zwischen Freiberufler und Gewerbetreibendem zumindest dadurch Rechnung getragen werden muss, dass die Abgrenzung in sich folgerichtig im Sinne einer verfassungskonformen Auslegung der Abgrenzungsmerkmale umgesetzt wird. Nur auf diesem Wege lässt sich jenseits der nicht unerheblichen Bedenken an der Verfassungskonformität des vorherrschenden Normengefüges das Vorliegen einer (weiteren) Verfassungswidrigkeit in Gestalt einer nicht gerechtfertigten Schlechterstellung des digitalisierten Freiberuflers zu seinem weiterhin traditionell tätigen Ebenbild vermeiden.

5. Aufgrund der Heterogenität der freien Berufe sowie in Ermangelung eines einheitlichen Oberbegriffs der freien Berufe bedürfte es daher grundsätzlich einer verfassungskonformen Auslegung der Tätigkeits- bzw. Abgrenzungsmerkmale eines jeden einzelnen freien Berufes, um darüber befinden zu können, ob die gewandelte Tätigkeit unter einen Tatbestand des § 18 Abs. 1 Nr. 1 S. 2 EStG subsumiert werden kann oder nicht.

Erster Teil: Unterrichtende Tätigkeiten im Zeitalter der Digitalisierung

6. Unterrichtende Tätigkeiten haben mit der Digitalisierung einen grundlegenden Wandel erfahren. Insbesondere findet Lehre nunmehr zunehmend über das Internet per Live-Unterricht oder als mediale Lehrkonserve statt. Dieser Wandel wurde durch die Covid-19-Pandemie erheblich verstärkt, als Online-Lehre abrupt zur zeitweisen einzig möglichen Variante des Lehrens und Lernens avanciert ist.
7. Bei der unterrichtenden Tätigkeit des § 18 Abs. 1 Nr. 1 S. 2 EStG handelt es sich um einen Typusbegriff, der aufgrund seiner gesetzlichen Unbestimmtheit im Wege der juristischen Auslegung durch die Erschließung von Untermerkmalen näher erläutert werden muss, dabei jedoch nicht abschließend definiert werden, sondern nur in Anlehnung an einzelne Erscheinungsformen von Unterricht umschrieben werden kann. Weil der ertragsteuerliche Unterrichtsbegriff nicht eigentlich steuerrechtlicher Herkunft ist, sondern aus anderen Rechts- und Lebensbereichen stammt, sind dabei neben der besonderen Zielsetzung des Gesetzes auch der Sprachgebrauch und tatsächliche Entwicklungen in anderen Bereichen zu berücksichtigen. Mit der nach allgemeinem Sprachverständnis und tatsächlichem Wandel gewachsenen Weite des Unterrichtsbegriffs sowie unter steuersystematischen und rechtshistorischen Gesichtspunkten ist eine tendenziell weite Auslegung des ertragsteuerlichen Unterrichtsbegriffs möglich.
8. In Folge der methodologischen Einordnung des Unterrichtbegriffs als Typus kann eine Tätigkeit grundsätzlich auch beim Fehlen einzelner Merkmale unter den Begriff der unterrichtenden Tätigkeit subsumiert werden, sofern sie dem Gesetzesbegriff entspricht. Wenn Rechtsprechung und Literatur gleichwohl in der Regel schlicht anhand der in Annäherung an den steuerrechtlichen Typus des Unterrichts gefundenen und gefestigten Tätigkeitsmerkmale prüfen, ob eine Tätigkeit als unterrichtend einzuordnen ist oder nicht, so ist dies gleichwohl nicht per se zu beanstanden. Denn die Rechtsprechung hat insofern zumindest eine definitions-ähnliche Umschreibung des gewöhnlichen Inhalts – der „Vollform“ – einer unterrichtenden Tätigkeit

gefunden, mithilfe derer in zahlreichen Fällen einer typologischen Rechtsanwendung entbehrt werden kann. Auf diesem Wege wird dem Rechtsanwender ermöglicht, eine typische unterrichtende Tätigkeit auch ohne vertiefte typologische Erwägungen mit hinlänglicher Sicherheit als solche identifizieren zu können. In Grenzbereichen und zur Verifikation zweifelhafter Abgrenzungsergebnisse jedoch ist der Typus unterrichtender Tätigkeiten als Prüfungsmaßstab heranzuziehen.

9. Im Hinblick auf die im Schrifttum derzeit überwiegende Ausgrenzung digitaler Lehre aus der Sphäre freiberuflich-unterrichtender Tätigkeiten haben sich die vorherrschenden Tätigkeitsmerkmale stellenweise insofern als ambivalent erwiesen, als sie auf der Kehrseite der vorbezeichneten Erleichterung der Rechtsanwendung in der Vergangenheit vermehrt zu Fehlinterpretationen geführt haben. So fußt die vorbenannte Ausgrenzung neuartiger Lehrfacetten im Wesentlichen auf dem Merkmal einer „für diese Tätigkeit charakteristische[n] persönliche[n] Beziehung des Unterrichtenden zum Schüler", insbesondere weil eine entsprechende Beziehung über ein digitales Lehrmedium nicht hergestellt werden könne. Richtig ist jedoch, dass dieses Merkmal entgegen eines eng am Wortlaut angelehnten Verständnisses gerade nicht in dem Sinne zu verstehen ist, dass Lehrer und Schüler in Echtzeit miteinander interagieren können oder einander kennen müssen. Als unmittelbare Ausprägung des § 18 Abs. 1 Nr. 1 S. 3 EStG soll insoweit lediglich sichergestellt werden, dass sich die Tätigkeit im Falle der Unterrichtung durch Dritte noch als eigenverantwortliche Unterrichtung durch den Betriebsinhaber darstellt.
10. Ebenfalls wurde vereinzelt aus dem Merkmal der „organisierten und institutionalisierten Form" der Unterrichtung irrigerweise das Postulat abgeleitet, dass die Lehre stets sowohl planmäßig, wiederholt und systematisch vorbereitet (organisiert) als auch innerhalb einer reglementierten, anerkannten und festen Form (institutionalisiert) erfolgen müsse. Das eigentliche Telos dieses Merkmals liegt allerdings weniger in der Vorgabe definiter Rahmenbedingungen der Unterrichtung als in der Abgrenzung zu beratenden Tätigkeiten, die dem Typus Unterricht in Ermangelung einer lehrtypischen Einwirkung durch den Lehrenden nicht zugeordnet werden können.
11. Trotz der vorbezeichneten Fehlinterpretationen der Tätigkeitsmerkmale soll im Hinblick auf die grundsätzliche Erforderlichkeit der Umschreibung des ertragsteuerlichen Unterrichtsbegriffs dem Grunde nach an der Idee einer merkmalsorientierten Umschreibung der unterrichtenden Tätigkeit festgehalten werden. Dies jedoch unter der Maßgabe, dass mit einer modifizierten Tätigkeitsumschreibung der im Hinblick auf die vorgefundene

Missverständlichkeit gebotenen Klarstellung des Gehalts einer unterrichtenden Tätigkeit wie folgt Rechnung getragen wird:
„Unterricht ist eine vorrangig auf die Vermittlung eines beliebigen, jedoch nicht im Rahmen individueller Beratung entwickelten, sondern allgemeingültigen Unterrichtsgegenstands ausgerichtete Tätigkeit. Bei der Mithilfe fachlich vorgebildeter Arbeitskräfte muss neben der erforderlichen Leitung insbesondere gewährleistet sein, dass der Betriebsinhaber weiterhin eigenverantwortlich tätig wird, mithin selber eine unterrichtstypische Lehrer-Schüler-Beziehung herstellt, indem er z.B. regelmäßig in den Unterricht eingreift (vgl. § 18 Abs. 1 Nr. 1 Satz 3 EStG). Eine eigenverantwortliche Unterrichtstätigkeit liegt dagegen – auch bei digitaler Unterrichtung – ohne Frage immer dann vor, wenn und soweit der Betriebsinhaber selber unterrichtet."

12. Im Zweifelsfalle gilt es auch, die mit der modifizierten Tätigkeitsumschreibung gewonnenen Ergebnisse im Wege einer typologischen Rechtsanwendung zu überprüfen. Dabei ist allerdings zwischen den Merkmalen der Tätigkeitsumschreibung einerseits und den Typusmerkmalen unterrichtender Tätigkeiten andererseits zu unterscheiden: Während im Rahmen typologischer Rechtsanwendung einzelne den Typus prägende Merkmale fehlen können, kommt nicht in Betracht, dass einzelne, der Tätigkeitsumschreibung immanente Voraussetzungen fehlen dürfen. Die Aufgabe der typologischen Rechtsanwendung liegt insofern in der Ermöglichung der Entscheidung darüber, ob eine Tätigkeit die einzelnen Tätigkeitsvoraussetzungen erfüllt, mithin insbesondere auf die Vermittlung eines allgemeingültigen Unterrichtsgegenstandes ausgerichtet ist.
13. Insgesamt haben sich mit der Digitalisierung zwar die Rahmenbedingungen geändert, innerhalb derer Lehren und Lernen nunmehr vermehrt stattfindet, nicht jedoch der eigentliche Kern einer unterrichtenden Tätigkeit. Mit der strikt tätigkeitsbezogenen Betrachtungsweise kann freiberufliche Unterrichtung daher ebenso digital erfolgen wie analog. In der Regel ist eine Tätigkeit, so sie im Rahmen einer Präsenzveranstaltung ohne besondere Schwierigkeiten als Unterrichtende eingeordnet werden kann, nicht minder unterrichtender Natur, wenn die nämliche Tätigkeit nunmehr in digitalen Sphären stattfindet. Sofern die Tätigkeit hierbei dem Typus „Unterricht" gerecht wird, mithin insbesondere lehrtypisch im Kern auf die Vermittlung eines allgemeingültigen Unterrichtsgegenstandes ausgerichtet ist und sich infolgedessen weder als beratende Tätigkeit noch als bloße Niederlegung von Wissen und Informationen ohne unterrichtstypische Einwirkung auf den Schüler darstellt, kommt es auch auf das zur Lehre eingesetzte Medium

(Liveübertragung, Video, Tonaufzeichnung, Textform) letzten Endes nicht an.

14. Damit können Anhaltspunkte dafür, dass die Schlechterstellung digitaler im Vergleich zu traditioneller Lehre durch die Ausgrenzung neuartiger Unterrichtsfacetten aus der Sphäre der freiberuflichen Unterrichtung im Lichte des Art. 3 Abs. 1 GG sachlich gerechtfertigt sein könnte, nicht ersehen werden. Im Hinblick auf das Gebot der verfassungskonformen Auslegung ist der Begriff der unterrichtenden Tätigkeit insbesondere unter zeitgemäßer Einbeziehung gewandelter Lehrumstände tendenziell großzügig auszulegen.

Zweiter Teil: Digitale Monetarisierung freiberuflicher Tätigkeiten

15. Tätigkeiten, die in ihrem Kern freiberuflicher Natur sind, können durch die Art und Weise ihrer Verwertung im Ergebnis zu gewerblichen Einkünften führen.
16. Im Hinblick auf die im Zuge der Digitalisierung hervorgekommenen und inzwischen weitreichend prädominanten neu- und andersartigen Einnahmeerzielungsmöglichkeiten ergibt sich damit ein zweistufiger Prüfungsaufbau für das Vorliegen von Einkünften im Sinne des § 18 EStG:
    a) Zuerst muss entlang der im ersten Teil der vorliegenden Arbeit am Beispiel unterrichtender Tätigkeiten derivierten Kriterien und Maßstäbe geprüft werden, ob der ausgeübten Tätigkeit in ihrem Kern eine Freiberuflichkeit innewohnt.
    b) Nur dann, wenn dies bejaht werden kann, stellt sich anschließend die im zweiten Teil der Untersuchung betrachtete Frage, ob auch die zur Monetarisierung vorgenommenen Handlungen der freiberuflichen Tätigkeit zugeordnet werden können.
17. Die Frage, ob eine Vermögensveränderung im Rahmen einer Erwerbstätigkeit angefallen ist, ist unter Anwendung des Veranlassungsprinzips zu beantworten. Namentlich setzt die Zurechnung einer Vermögensmehrung in die steuerbare Erwerbssphäre voraus, dass das die Zuwendung auslösende Moment in der Erwerbssphäre liegt. Damit stellt das Veranlassungsprinzip das Bindeglied zwischen der Erwerbstätigkeit des Steuerpflichtigen einerseits und der eingetretenen Vermögensveränderung andererseits dar.
18. Zu der Zurechnungsbasis einer freiberuflichen Tätigkeit gehören neben den eigentlichen Kernleistungen auch Annextätigkeiten, die bei isolierter Betrachtung zwar nicht freiberuflicher Natur sind, aufgrund ihrer Nähe zur freiberuflichen Kerntätigkeit jedoch von dieser mit umfasst werden. Hierzu

zählen insbesondere die Überlassung freiberuflich geschaffener Rechte und Werke, die Verwendung technischer Hilfsmittel sowie grundsätzlich auch die Erstellung einer eigenen Freiberufler-Webseite, über die freiberufliche Leistungen und Arbeitsergebnisse entgeltlich zum Abruf oder Download angeboten werden.

19. Die Sphäre untergeordneter Annextätigkeiten wird demgegenüber insbesondere dann verlassen, wenn typische gewerbliche Leistungen erbracht werden oder nach Art und Umfang der Verwertungshandlungen ein gewerblicher Verwertungsbetrieb entsteht. Derlei Handlungen sind in der Regel der gewerblichen Sphäre zuzuordnen, auch wenn sie Zusammenhänge mit einer freiberuflichen Tätigkeit aufweisen.
20. Verwirklicht ein Freiberufler durch seine Verwertungshandlungen eine gewerbliche Tätigkeit, ohne dass diese als Annex hinter die Freiberuflichkeit zurücktritt, so werden in der Person des Steuerpflichtigen zugleich mehrere Einkunftstatbestände verwirklicht. Dies erschwert die Einkünftequalifikation namentlich deshalb, weil die Tätigkeiten nicht ohne jedwede Berührungspunkte nebeneinander koexistieren, sondern sachliche und wirtschaftliche Zusammenhänge aufweisen. Insofern kommt es zum Vorliegen einer „gemischten Tätigkeit", die es zugunsten einer getrennten Erfassung der Einkünfte grundsätzlich zu entmischen gilt, so dies nach der Verkehrsanschauung ohne besondere Schwierigkeiten möglich ist. Da es zumeist jedoch gerade in Zweifelsfällen keine eindeutige Verkehrsanschauung gibt, haben Rechtsprechung und Literatur im Laufe der Zeit zahlreiche Indizien entwickelt, die für und gegen eine Trennbarkeit der Tätigkeitskomponenten sprechen. Dies sind insbesondere im Hinblick auf die vorliegend untersuchungsgegenständlichen Fallkonstellationen rund um Einnahmen aus Sponsoring, Marketing und Werbung im Internet:
    a) Interne Organisation: Eine freiberuflich-gewerblich gemischte Tätigkeit ist unabhängig davon einer Entflechtung zugänglich, ob der Steuerpflichtige die Tätigkeiten voneinander organisatorisch abtrennt oder als Einheit behandelt. Eine organisatorische Einheit wäre bei gebotener Trennung im Schätzungswege aufzuteilen.
    b) Wirtschaftliche Abhängigkeit: Die wirtschaftliche Abhängigkeit einer Tätigkeit von einer anderen steht einer Trennbarkeit nach der Verkehrsanschauung ebenso wenig im Wege wie eine bidirektionale Abhängigkeit beider Tätigkeiten. Insofern ist es grundsätzlich unschädlich, wenn ein Betrieb aus den Mitteln eines anderen finanziert wird oder ein Betrieb maßgeblich verantwortlich für den wirtschaftlichen Erfolg des anderen Betriebes ist.

c) Fehlende Einkünfteerzielungsabsicht: Die fehlende Gewinnerzielungsabsicht innerhalb einer betrieblichen Tätigkeit des Steuerpflichtigen liefert ebenfalls keinen Anhaltspunkt für eine (Un-)Trennbarkeit. Vielmehr setzt die Feststellung einer fehlenden Gewinnerzielungsabsicht überhaupt voraus, dass die zusammenhängenden Tätigkeiten keine unentflechtbare Einheit bilden, mithin in einem vorigen Schritt voneinander getrennt werden konnten.
d) Überlagernde Veranlassung: Das Vorliegen von Zurechnungskonkurrenzen zwischen mehreren Tätigkeiten hinsichtlich einzelner Vermögensveränderungen setzt ebenfalls voraus, dass die gemischte Tätigkeit zuvor in ihre Bestandteile zerlegt werden konnte. Dementsprechend lässt die (nachgelagerte) Beantwortung der Zurechnungsfrage keine Rückschlüsse auf die (bereits positiv überprüfte) Trennbarkeitsfrage zu.
e) Synergien: Synergieeffekte zwischen zwei Tätigkeiten, etwa indem diese sich im Bereich des Leistungsabsatzes gegenseitig fördern, sind grundsätzlich trennungsunschädlich. Dies gilt gleichermaßen für die Verwendung einheitlicher Ressourcen.
f) Einstellbarkeit der Tätigkeiten: Führt der Wegfall einer Tätigkeitskomponente dazu, dass die andere Tätigkeit nicht mehr in ihrer nämlichen Form ausgeübt werden kann, so spricht vieles für das Vorliegen einer betrieblichen Einheit. Umgekehrt ist eine Trennung in der Regel möglich, wenn die eine Tätigkeit eingestellt werden kann und eine nahezu unveränderte Ausübung der anderen Tätigkeit noch möglich ist. Die Frage des nämlichen Fortwährens ist dabei auf den Nukleus der Tätigkeit gerichtet, sodass insbesondere finanzielle Aspekte bei der Beurteilung außen vor zu lassen sind.
g) Einheitlicher Erfolg: Münden mehrere Tätigkeitskomponenten in einen einheitlichen Leistungserfolg, so ist eine Trennbarkeit in der Regel nicht möglich. Nimmt der Steuerpflichtige hingegen mit den unterschiedlichen Tätigkeiten mehrfach am allgemeinen wirtschaftlichen Verkehr teil, so ist eine Entflechtung grundsätzlich möglich. Eine solche Teilnahme liegt für Zwecke der „Entflechtbarkeitsprüfung" bereits dann vor, wenn die Tätigkeiten nach außen hin unterschiedlich in Erscheinung treten. Insofern steht einer Trennbarkeit nicht entgegen, wenn eine der Tätigkeiten unentgeltlich am Markt angeboten wird.
h) Leistungsvereinigung: Wird eine freiberufliche Tätigkeit A ganz überwiegend deshalb ausgeübt, um eine gewerbliche Tätigkeit B zu fördern, so kann die Tätigkeit A in ihrer Gesamtheit durch die Tätigkeit B veranlasst sein. Mit den grundsätzlich erhöhten Anforderungen des

freiberuflichen Einkünftetatbestandes besteht insoweit allerdings die widerlegbare Vermutung, dass die Freiberuflichkeit nicht einzig der Förderung der gewerblichen Tätigkeit dient, sondern auch beim Fehlen originärer Betriebseinnahmen einen Selbstzweck darstellt. Dies gilt erst recht, wenn der Steuerpflichtige solche Vermögensmehrungen erzielt, deren Veranlassung überwiegend in dem freiberuflichen Erwerbshandeln liegt.

i) Verkehrsanschauung: Die Verkehrsanschauung ist die gerichtsbekannte Anschauung, die urteilsfähige und unvoreingenommene Bürger haben, wenn sie mit der Sache befasst werden. Damit ist sie nicht statisch, sondern unterliegt einem fortwährenden Wandel. Da Werbemaßnahmen eines Steuerpflichtigen, selbst wenn sie unterschwellig erfolgen, regelmäßig ohne Weiteres als solche identifiziert werden können, erscheint (auch) insoweit keine untrennbare Verflechtung der Tätigkeiten vorzuliegen.

21. Die vorstehenden Indizien sind im Rahmen einer Gesamtwürdigung im Einzelfall heranzuziehen. Hiernach ist zu entscheiden, ob eine getrennte Erfassung der Einkünfte möglich ist oder eine betriebliche Einheit vorliegt, die nur einer Einkunftsart zugeordnet werden kann.
22. Ergibt sich anhand der vorstehenden Grundsätze, dass eine Trennung der unterschiedlichen Tätigkeitskomponenten nicht möglich ist, so ist die betriebliche Gesamtheit insgesamt nach der Tätigkeit zu qualifizieren, welche die Gesamttätigkeit prägt.
23. Lassen sich die zusammenhängenden Tätigkeiten hingegen voneinander trennen, so ist jede Tätigkeit für sich betrachtet einer der sieben Einkunftsarten zuzuordnen. Trotz etwaiger sachlicher und wirtschaftlicher Zusammenhänge der Tätigkeiten beeinflussen diese im Rahmen der ertragsteuerlichen Qualifikation einander grundsätzlich nicht. Gleichwohl kann es in derlei Fällen im Anschluss an die grundsätzliche Zuordnung der Erwerbstätigkeiten vermehrt zum Vorliegen von Zurechnungskonkurrenzen hinsichtlich einzelner Vermögensmehrungen kommen, zumal ein auslösendes Moment aufgrund der Zusammenhänge der Tätigkeiten regelmäßig auch in beiden Tätigkeiten erblickt werden kann. Derlei Zurechnungskonkurrenzen sind ebenfalls unter Anwendung des Veranlassungsprinzips aufzulösen. Dabei ist maßgeblich darauf abzustellen, welche Einkunftsart im Vordergrund steht und die Beziehungen zu den anderen Einkünften verdrängt.
24. Mit der Vielgestaltigkeit der neuartigen Verwertungspfade ist eine pauschalierte Beurteilung nicht möglich, sondern eine dezidierte Betrachtung des Einzelfalles zwingend erforderlich.

25. Generell gilt jedoch, dass die mit der Möglichkeit der Medialisierung freiberuflicher Tätigkeiten einhergehende unbegrenzte Wiederverwertbarkeit eines einmaligen Tätigwerdens der Freiberuflichkeit grundsätzlich nicht entgegensteht, solange der Freiberufler trotz der zunehmenden Verwendung technischer Hilfsmittel weiterhin leitend und eigenverantwortlich tätig wird. Diese Voraussetzung ist bei der autonomen Erstellung medialer Freiberufler-Werke stets erfüllt, weil es hierzu eines unmittelbaren und persönlichen Tätigwerdens des Freiberuflers bedarf. Eine Möglichkeit der Steigerung der Leistungsfähigkeit durch den zusätzlichen Einsatz von Kapital, wie sie typischerweise aufseiten eines Gewerbetreibenden auszumachen ist, liegt nicht vor.
26. Ebenso wenig steht der erhöhte Stellenwert technischer Ressourcen und Hilfsmittel im Zeitalter der Digitalisierung der Freiberuflichkeit per se entgegen. Solange die freiberuflichen Kerntätigkeiten nicht substituiert werden, bewegt sich die Verwendung technischer Hilfsmittel vielmehr in einem für die Freiberuflichkeit unschädlichen Rahmen. Weil das Ausmaß des Kapitaleinsatzes kein belastbares Abgrenzungskriterium zwischen Freiberufler und Gewerbetreibendem ist, kommt es hierbei auch nicht darauf an, ob die Anschaffung der Hilfsmittel im Einzelfall einen nicht unerheblichen Kapitaleinsatz erfordert.
27. Nimmt ein – z. B. unterrichtend tätiger – Freiberufler eine Monetarisierung seiner digitalen Werke über eine eigene Webseite vor, bewegen sich seine Verwertungshandlungen regelmäßig in einem vernachlässigbaren Rahmen. Denn weder bedarf die Einrichtung der Webseite eines nennenswerten Aufwandes noch erweist sich die Verwertung als kosten- und arbeitsintensiver Vorgang, insbesondere wenn und weil die freiberuflichen Werke im digitalen Zeitalter als herunterladbare Datei angeboten werden können, mithin es gerade keiner Produktion physischer Werke bedarf.
28. Stellt die Webseite hingegen nur die Vertriebsplattform für aufwendig vervielfältigte und vertriebene Produkte dar, so ist eine Unterordnung der gewerblichen Verwertungshandlungen unter die freiberufliche Tätigkeit nicht (mehr) möglich; die Einkünfte sind dann insgesamt gewerblich.
29. Die Verwertung freiberuflich geschaffener Werke oder Rechte über *Online-Verwertungsplattformen* führt zu freiberuflichen Einkünften, weil die hierzu erforderliche Überlassung des Verwertungsrechts als Annextätigkeit dem freiberuflichen Einkünftetatbestand zuzuordnen ist. Dies gilt auch dann, wenn der Freiberufler als Gegenleistung an Werbeeinnahmen der Plattform partizipiert, zumal er hierdurch nicht selber zum Werbetreibenden wird. Die Gewerblichkeit des Plattformbetreibers fällt insoweit nicht auf

den Freiberufler zurück. Damit können auch Einnahmen aus der Monetarisierung z. B. via YouTube zu freiberuflichen Betriebseinnahmen führen.

30. In allgemeiner Ausprägung des Veranlassungsprinzips kommt es hinsichtlich der Zurechnung von Vermögensmehrungen nicht darauf an, ob der Betriebsinhaber einen Rechtsanspruch auf die erhaltene Zuwendung hat. Damit können *freigebige Zuwendungen* ebenso zu freiberuflichen Betriebseinnahmen führen wie Vermögensmehrungen außerhalb eines synallagmatischen Leistungsverhältnisses. Derlei Zuwendungen sind in der betrieblichen Sphäre zu erfassen, soweit diese einen wirtschaftlichen Bezug zum freiberuflichen Betrieb aufweisen. Davon ist insbesondere dann auszugehen, wenn der Freiberufler mit seinem finalen (freiberuflichen) Erwerbshandeln die nötige Grundlage geschaffen hat, um aufseiten des Zuwendenden das Bedürfnis oder die empfundene Verpflichtung einer freiwilligen Gegen- bzw. Unterstützungsleistung auszulösen. Unerheblich ist insoweit, wenn eine Mitveranlassung durch in der Persönlichkeit des Steuerpflichtigen liegender Gegebenheiten nicht ausgeschlossen werden kann, weil sie einerseits größtenteils einen wesentlichen Bestandteil eines (erfolgreichen) finalen Erwerbshandelns darstellen und andererseits generell ausreichend ist, wenn die Veranlassung der Vermögensmehrung in signifikantem Ausmaß in der betrieblichen Sphäre liegt.
31. *Websponsoring* zwischen Wirtschaftsunternehmen und natürlichen Einzelpersonen beruht – anders als bei gemeinnützigen Körperschaften – grundsätzlich auf dem Prinzip der Gleichwertigkeit von Förderung und aktiver werblicher Gegenleistung. Mit der Zuordnung der Werbetätigkeit in die gewerbliche Sphäre kommt eine Freiberuflichkeit der erzielten Vermögensmehrungen nicht in Betracht. Im Hinblick darauf, dass für eine Billigkeitsregelung, wie sie im Bereich gemeinnütziger Körperschaften praktiziert wird, bei natürlichen Einzelsteuerpflichtigen kein Raum ist, gilt dies unterschiedslos auch für etwaig geringfügig anmutende Werbetätigkeiten.
32. Gestattet ein z. B. unterrichtend tätiger Freiberufler einem Wirtschaftsunternehmen die *Nutzung seines Namens und seines Bildes für Werbezwecke*, so bewegt er sich mit dieser Tätigkeit in der gewerblichen Sphäre, wenn er zusätzlich an der Werbemaßnahme mitwirkt. Beschränkt sich die Tätigkeit hingegen auf eine bloße Gestattung, so sind die erzielten Einkünfte solche aus § 21 Abs. 1 S. 1 Nr. 3 EstG, sofern sie nicht durch die Rolle des Steuerpflichtigen *als Freiberufler* veranlasst sind. Denn in letztgenanntem Fall wären die erzielten Vermögensmehrungen den freiberuflichen Einkünften zuzurechnen.

33. Wird ein – z. B. unterrichtend tätiger – Freiberufler als *Affiliate* tätig, verwirklicht er damit zugleich den Tatbestand einer gewerblichen Tätigkeit. Trotz regelmäßig vorliegender Synergien und wirtschaftlicher Zusammenhänge mit der freiberuflichen Tätigkeit ist eine getrennte Erfassung beider Tätigkeiten grundsätzlich möglich.
34. Auch die *Monetarisierung digitaler Werbeflächen* (z. B. per Werbebanner, Pop-Ups, Interstitials) stellt eine gewerbliche Tätigkeit dar, insbesondere weil sich die Tätigkeit trotz Überlassung einer Substanz nicht in einer Fruchtziehung aus zu erhaltenden Substanzwerten erschöpft, sondern ein zusätzliches – z. B. freiberuflich-unterrichtendes – Tätigwerden des Steuerpflichtigen erforderlich ist, durch das der Wert der Werbefläche signifikant gebildet wird. Damit ist die Tätigkeit – anders als etwa die Verpachtung einer schlicht werbewirksam belegenen Hauswand – auf Risikotragung gerichtet und in Folge dessen unternehmerischer Natur. Eine Separierung der freiberuflich-gewerblich gemischten Tätigkeit ist in der Regel möglich, zumal auch virtuelle Werbung „anlässlich" einer den Werbewert signifikant beeinflussenden Tätigkeit eine eigenständige Leistung darstellt, die neben der freiberuflichen Tätigkeit erbracht wird und somit auch einer eigenständigen Zuordnung zu dem entsprechenden Einkunftstatbestand zugänglich ist.
35. Ein *Influencer* ist im Wesentlichen eine Person, die im Internet über eine große Reichweite verfügt und diese zur Äußerung von Meinungen nutzt. Das bedeutet allerdings nicht, dass die Beeinflussung stets auch zu Erwerbszwecken erfolgt. Denn die Äußerung von z. B. Produkt- und Markenvorlieben sowie die damit gerade bei angesehenen Personen als Automatismus einhergehende Beeinflussung kann auch ohne kommerzielle Motive erfolgen. Erhält der Influencer für seine Tätigkeit allerdings eine monetäre Entlohnung oder anderweitige Vorteilsgewährungen, so ist die Tätigkeit in der Regel der Erwerbssphäre zuzuordnen. Die Influencer-Tätigkeit ist dann grundsätzlich eine gewerbliche. Denkbar ist zwar, dass in einer Influencer-Tätigkeit auch freiberufliche Leistungselemente z. B. dergestalt erblickt werden können, dass die Werbetätigkeit eine künstlerische Gestaltungshöhe erreicht oder sie unter schriftlicher Niederlegung eigener Gedanken für die Öffentlichkeit erfolgt, sodass der Tatbestand einer künstlerischen oder schriftstellerischen Tätigkeit verwirklicht würde. Mit der Besonderheit jedoch, dass der Influencer zugleich *selbst* den Tatbestand einer gewerblichen Werbetätigkeit verwirklicht, mithin nicht lediglich an der Erstellung eines Werbemittels zur Verwendung durch den Auftraggeber mitwirkt, sondern selber als gewerblicher Werbetreibender auftritt, stellen

die freiberuflichen Leistungselemente nur Annex- bzw. Vorleistungen dar, die in die gewerbliche Hauptleistung („Werbung") einfließen. Da eine Trennung insoweit nicht möglich ist und das werbliche Element der Tätigkeit im Vordergrund steht, ist die Tätigkeit insgesamt als gewerblich einzustufen.

36. Nichtsdestotrotz können originär freiberufliche Tätigkeiten und Influencer-Tätigkeiten in derselben natürlichen Person nebeneinander vorliegen und getrennt zu erfassen sein. Dies wäre etwa dann der Fall, wenn ein Steuerpflichtiger lediglich *anlässlich* einer originär z. B. freiberuflich-unterrichtenden Tätigkeit *synergetisch* als Influencer tätig wird, indem er inhaltlich losgelöst von den freiberuflichen Leistungselementen Produktplatzierungen oder aktive Produktanpreisungen vornimmt. Da insoweit weder die freiberufliche in die gewerbliche Tätigkeit einfließt noch freiberufliche und gewerbliche Tätigkeit in einen einheitlichen Leistungserfolg münden, ist eine Trennbarkeit trotz vorbenannter Zusammenhänge in der Regel möglich. Dies gilt insbesondere unter dem Aspekt der (vertikalen) Leistungsvereinigung nur ausnahmsweise dann nicht, wenn das freiberufliche Tätigwerden nicht unter eigenständigen Erwerbsmotiven erfolgt, sondern ausschließlich oder ganz überwiegend zur Förderung der Influencer-Tätigkeit. Denn insofern läge die (gesamte) Veranlassung des freiberuflichen Tuns überwiegend in der gewerblichen Tätigkeit begründet.
37. *Verpachtet* ein Freiberufler die ihm obliegenden *Werberechte* insbesondere an den ihm zur Verfügung stehenden virtuellen Werbeflächen (ganz oder teilweise) an einen Werbeunternehmer, anstatt selber als Werbetreibender tätig zu werden, so verwirklicht er damit gleichwohl ebenso eine gewerbliche Tätigkeit wie bei der eigenständigen Verpachtung einzelner virtueller Werbeflächen. Freiberufliche und gewerbliche Tätigkeit sind dabei einer gleichermaßen Trennung zugänglich wie bei der unmittelbaren Verwertung der einzelnen Werbeflächen.

Schlussfolgerungen

38. Durch eine regelmäßige kritische Würdigung der vorherrschenden Abgrenzungsgrundsätze kann zumindest eine im Lichte des Art. 3 Abs. 1 GG zu rechtfertigende Ungleichbehandlung zwischen dem *traditionellen* und dem *gewandelten* Freiberufler vermieden werden.
39. Gleichwohl steht die Verfassungskonformität der Ungleichbehandlung zwischen *Freiberufler und Gewerbetreibendem* mehr infrage denn je. So zeigt bereits der zur zeitgemäßen Abgrenzung innerhalb nur eines der freien Berufe erforderliche Untersuchungsumfang, dass es selbst auf Grundlage

des Axioms der Verfassungsmäßigkeit der Ungleichbehandlung zwischen Freiberufler und Gewerbetreibendem schwerfällt, die Abgrenzung zwischen den beiden Einkunftsarten überhaupt noch in einem logischen System unterzubringen. Insbesondere mit Blick auf die Nuancen, von denen die Abgrenzung zwischen Freiberufler und Gewerbetreibendem immer wieder entscheidend abhängt, verstärkt sich daher der Anfangsverdacht einer willkürlichen Auswahl des Steuergegenstandes.

40. Wenn das BVerfG die Sonderbehandlung der Freiberufler zuletzt im Jahre 2008 erneut unter argumentativer Bezugnahme auf das *Äquivalenzprinzip* toleriert hat, so war dies schon damals abzulehnen. Spätestens jedoch mit der zunehmenden Verlagerung von freiberuflichen und gewerblichen Tätigkeiten in digitale Sphären dürfte selbst dem BVerfG insoweit die argumentative Grundlage entzogen sein.
41. Mit der Digitalisierung auch freiberuflicher Tätigkeiten steht dem Anwendungsbereich der freien Berufe ein zunehmender Leerlauf bevor, weil die meisten der neuartigen Einnahmeerzielungswege sowie die zu antizipierende Vollautomatisierung freiberuflicher Tätigkeitsbereiche dem Anwendungsbereich des § 18 Abs. 1 Nr. 1 EStG nicht zugeordnet werden können. Dies ließe sich allenfalls durch eine erzwungene Einbeziehung derlei Tätigkeiten in die Sonderbehandlung des Freiberuflers vermeiden, die sich allerdings unter verfassungsrechtlichen Gesichtspunkten im Vergleich zum Gewerbetreibenden keinesfalls rechtfertigen ließe. Zu bemerken ist, dass es sich hierbei zwar auch, aber nicht ausschließlich um einen Missstand handelt, welcher speziell aufseiten eines unterrichtend tätigen Freiberuflers vorzufinden ist. Vielmehr werden die alternativen Einnahmeerzielungswege grundsätzlich auch durch unzählige andere Freiberufler bestritten, wie etwa durch selbständige Schriftsteller oder Journalisten, die ihre Tätigkeit vorwiegend über das Internet verbreiten.
42. Statt einer Abschaffung der Unterscheidung zwischen gewerblicher und freiberuflicher Tätigkeit auf kaltem Wege, sollte die seit jeher streitanfällige und verfassungsrechtlich äußerst fragwürdige Ungleichbehandlung zwischen Freiberufler und Gewerbetreibendem durch den Gesetzgeber alsbald *ad acta* gelegt werden. Dies sollte verbunden werden mit der seit Langem überfälligen Reform, wenn nicht gar Abschaffung der Gewerbesteuer.

Literaturverzeichnis

Van Ackeren, Isabell/Kerres, Michael/Heinrich, Sabrina (Hrsg.): Flexibles Lernen mit digitalen Medien ermöglichen, Münster, 2017 (zit.: *Bearbeiter*, in: Flexibles Lernen mit digitalen Medien, S. ...).

Ahrens, Hans-Jürgen: Influencer Marketing – Regulierungsrahmen und Konsequenzen seiner Anwendung (Teil 1), GRUR 2018, 1211–1218.

Alberti, Elisabeth: Sponsoring im Steuerrecht, Diss., Frankfurt am Main, 2001.

Alberts, Carolin Felicitas: Die rechtliche Bewertung der Tätigkeit von Influencern unter besonderer Berücksichtigung werberechtlicher Problemstellungen, Diss., Baden-Baden, 2021 (zit.: *Alberts*, Tätigkeit von Influencern, S. ...).

Alexander, Christian: Werbeblocker und Medienfinanzierung – Besprechung von BGH, Urt. v. 19.4.2018 – I ZR 154/16, NJW 2018, 3640 – Werbeblocker II, NJW 2018, 3620–3622.

Apitz, Wilfried: Anmerkung zu BFH v. 19.12.2007 – I R 19/06, EStB 2008, 130–131.

Auer-Reinsdorff, Astrid/Conrad, Isabell (Hrsg.): Handbuch IT- und Datenschutzrecht, 3. Auflage, München, 2019 (zit.: *Bearbeiter*, in: Auer-Reinsdorff/Conrad, IT-Recht, § ... Rn. ...).

Bauhaus, Gerald: Die „ähnlichen Berufe" im Steuerrecht, Diss., Aachen, 1995.

Beierl, Otto: Die Einkünftequalifikation bei gemeinsamer wirtschaftlicher Betätigung im Einkommensteuerrecht, Diss., Berlin, 1987 (zit.: *Beierl*, Einkünftequalifikation im Einkommensteuerrecht, S. ...).

Beurskens, Michael: Neue Spielräume durch Digitalisierung? E-Learning in der deutschen Rechtslehre, ZDRW 2016, 2016, 1–17.

Blaufus, Kay/Hechtner, Frank/Hundsdoerfer, Jochen: Die Gewerbesteuerkompensation nach § 35 EStG im Jahressteuergesetz 2008, BB 2008, 80–88.

Bloehs, Joachim: Die Abgrenzung privater Vermögensverwaltung von gewerblichen Grundstücks- und Wertpapiergeschäften, Diss., Berlin, 2001.

Brandis, Peter/Heuermann, Bernd (Hrsg.): Kommentar, EStG, KStG, GewStG, Loseblatt, 159. Ergänzungslieferung, München, 2021 (zit.: *Bearbeiter*, in: Brandis/Heuermann, EStG, § ... Rz. ... [Stand: ...]).

Böhler, Christian: Notwendigkeit einer Rundfunklizenz beim Betrieb von Video-Streaming-Portalen – Was für die rundfunkrechtliche Behandlung von Streaming-Diensten von Webradios gelernt werden kann, CR 2017, 541–546.

Bordewin, Arne/Brandt, Jürgen (Hrsg.): Kommentar, Einkommensteuergesetz, Loseblatt, 442. Ergänzungslieferung, Heidelberg, 2021 (zit.: *Bearbeiter*, in: Bordewin/Brandt, EStG, § … Rn. … [Stand: …]).

Bös, Sylvia/Schmieszek, Hans-Peter (Hrsg.): 360° GewStG eKommentar, Online-Kommentar abrufbar unter www.stotax-portal.de, Stand 14.12.2021 (zit. *Bearbeiter*, in: Bös/Schmieszek, GewStG, § … Rz. … [Stand: …]).

Böse, Matthias: Influencer-Marketing – Die lauterrechtlichen Kennzeichnungspflichten von Werbebotschaften, MDR 2019, 769–774.

Brandt, Jürgen: Die Entwicklung der Besteuerung der Einkünfte aus selbständiger Arbeit seit der Gründung des Reichsfinanzhofs vor 100 Jahren, BB 2018, 2334–2340.

Broer, Michael: Ist eine Anpassung der Gewerbesteueranrechnung bei der Einkommensteuer notwendig?, DStZ 2016, 208–212.

Bruhn, Manfred/Mehlinger, Rudolf: Rechtliche Gestaltung des Sponsoring, 2. Auflage, München, 1995.

Brunckhorst, Andreas/Sterzinger, Christian: Ertragsteuerliche Beurteilung von Bloggern, Podcastern und YouTubern, DStR 2018, 1689–1694.

Buchna, Johannes/Seeger, Andreas/Wilhelm Brox: Gemeinnützigkeit im Steuerrecht, 11. Auflage, Achim, 2015.

Burgi, Martin (Hrsg.): Sponsoring der öffentlichen Hand, Baden-Baden, 2010 (zit.: *Bearbeiter*, in: Burgi, S. …).

Busch, Thomas: Zur urheberrechtlichen Einordnung der Nutzung von Streamingangeboten, GRUR 2011, 496–503.

Büscher, Mareile/Müller, Judith: Urheberrechtliche Fragestellungen des Audio-Video-Streamings, GRUR 2009, 558–560.

Busemann, David/Gilson, Gert: Unsicherheiten über Abzugsteuern nach § 50a EStG bei der Zusammenarbeit mit Influencern, DStR 2019, 2178–2183.

Bydlinski, Franz: Juristische Methodenlehre und Rechtsbegriff, 2. Auflage, Wien, 1991 (zit.: *Bydlinski*, Methodenlehre, S. …).

Caspers, Anne: Die Besteuerung freiberuflicher Einkünfte, Diss., Köln, 1999.

Creifelds, Carl: Rechtswörterbuch, hrsg. v. *Weber, Klaus*, 26. Auflage, München, 2021 (zit.: *Bearbeiter*, in: Creifelds, Rechtswörterbuch, Stichwort …).

Datta, Amit/Klein, Urs Albrecht: Kostenlose Apps – eine vertragsrechtliche Analyse, CR 2017, 174–181.

Diffring, Philipp/Saft, Alexander: Der Steuerabzug bei Online-Werbung am Beispiel von Google Ads, DB 2019, 387–394.

Dißars, Ulf-Christian/Berssenbrügge, Johannes: Ausgleich von Verlusten aus einem wirtschaftlichen Geschäftsbetrieb und bei Vermögensanlagen gemeinnütziger Vereine, BB 1999, 1411–1415.

Dorgerloh, Stephan Wolf, Karsten D.: Lehren und Lernen mit Tutorials und Erklärvideos, 1. Auflage, Weinheim, 2020.

Dreier, Thomas: Die Schlacht ist geschlagen – ein Überblick – Zum Ergebnis des Copyright Package der EU-Kommission, GRUR 2019, 771–779.

Dreier, Thomas/Schulze, Gernot (Hrsg.): Kommentar, Urheberrechtsgesetz, 6. Auflage, München, 2018 (zit.: *Bearbeiter*, in: Dreier/Schulze, UrhG, § … Rn. …).

Drüen, Klaus Dieter: Digitalisierung im Steuerrecht – Eröffnung der Jahrestagung, in: Digitalisierung im Steuerrecht, DStJG 42 (2019), Köln, S. 1–14 (zit.: *Drüen*, DStJG 42, S. …).

Drüen, Klaus Dieter: Haushaltsvorbehalt bei der Verwerfung verfassungswidriger Steuergesetze? – Budgetärer Dispositionsschutz durch Aussetzung der Vollziehung nach den Beschlüssen des BVerfG zum Kinderleistungsausgleich, FR 1999, 289–294.

Drüen, Klaus-Dieter: Typus und Typisierung im Steuerrecht, StuW 1997, 261–274.

Duchêne, Josef Matthias: Sponsoring der Unternehmen im Einkommen- und Körperschaftsteuerrecht, Diss., Köln, 1994 (zit.: *Duchêne*, Sponsoring der Unternehmen, S. …).

Dürr, Christiane: Erbringung von Dienstleistungen über die Internetplattform „YouTube" – Umsatzsteuerrechtliche Konsequenzen der Monetarisierung von Videos, NWB 2016, 2420–2423.

Eirich, Karsten: Computergestützte Lehre in der Jurisprudenz, Diss., Würzburg, 2008.

Emde, Raimond/Valdini, Daniel: Online-Hotelportale als Handelsvertreter, BB 2016, 899–903.

Engels, Stefan/Giebel, Torsten: Das neue Fernsehwerberecht, ZUM 2000, 265–284.

Engelsing, Lutz/Rohde, Andreas: Ertrag- und umsatzsteuerliche Folgen des Sponsorings bei Berufsverbänden sowie gemeinnützigen Organisationen, NWB 2004, 1371–1374.

Engisch, Karl: Die Idee der Konkretisierung in Recht und Rechtswissenschaft unserer Zeit, 2. Auflage, Heidelberg, 1968 (zit.: *Engisch*, Konkretisierung in Recht und Rechtswissenschaft, S. …).

Engisch, Karl: Einführung in das juristische Denken, 12. Auflage, Stuttgart, 2018.

Englisch, Joachim: „Kostenlose“ Online-Dienstleistungen: tauschähnlicher Umsatz?, UR 2017, 875–885.

Erman: Kommentar, Bürgerliches Gesetzbuch, hrsg. v. *Grunewald, Barbara/ Maier-Reimer, Georg/Westermann, Harm Peter*, 16. Auflage, Köln, 2020 (zit.: *Bearbeiter*, in: Erman, BGB, § … Rn. …).

Ernst, Stefan: Anmerkung zu LG Köln v. 6.10.2005 - 31 O 8/05, CR 2006, 66–68.

Fezer, Karl-Heinz/Büscher, Wolfgang/Obergfell Eva Inés (Hrsg.): Lauterkeitsrecht, Kommentar zum Gesetz gegen den unlauteren Wettbewerb (UWG), Band 1, 3. Auflage, München 2016 (zit.: *Bearbeiter*, in: Fezer/Büscher/Obergfell, UWG, Abschnitt, Rn. …).

Fiand, Andreas: Affiliate-Systeme im Lichte der Gemeinnützigkeit und des Spendenrechts – Steuerliche Auswirkungen für die involvierten Akteure, NWB 2019, 3345–3350.

Fischer, Peter: Unternehmereigenschaft einer Gemeinde bei Einsatz eines mit Werbeaufdrucken versehenen Fahrzeugs, jurisPR-SteuerR 48/2010 Anm. 4.

Fleischmann, Eugen: Die freien Berufe im Rechtsstaat, Diss., Berlin, 1970.

Flisek, Christian: Datenschutzrechtliche Fragen des E-Learning an Hochschulen – Lernplattformen im Spannungsfeld zwischen didaktischem Nutzen und datenschutzrechtlichen Risiken, CR 2004, 62–69.

Florstedt, Tim: Typusbegriffe im Steuerrecht – Analyse einer unzeitgemäßen Methodenfigur, StuW 2007, 314–323.

Förster, Ursula: Anrechnung der Gewerbesteuer auf die Einkommensteuer – eine Bestandsaufnahme, in: Festschrift für Wolfgang Kessler, hrsg. v. *Herzig, Norbert/Förster, Guido/Schnitger, Arne/Levedag, Christian*, München, 2021, S. 267–278 (zit.: *U. Förster*, in: FS Kessler, S. …).

Frick, Jörg/Spatscheck, Rainer: Werden die Steuerberater gewerbesteuerpflichtig? Das Urteil des Finanzgerichts Düsseldorf vom 17.3.1993 als Anlaß für eine Bestandsaufnahme, DB 1995, 239–242.

Fries, Martin: PayPal Law und Legal Tech – Was macht die Digitalisierung mit dem Privatrecht?, NJW 2016, 2860–2865.

Frotscher, Gerrit/Geurts, Matthias (Hrsg.): Einkommensteuergesetz Kommentar, Loseblatt, 223. Ergänzungslieferung, Freiburg, 2021 (zit.: *Bearbeiter*, in: Frotscher/Geurts, EStG, § … Rz. … [Stand: …]).

Fuchs, Thomas/Hahn, Caroline: Erkennbarkeit und Kennzeichnung von Werbung im Internet – Rechtliche Einordnung und Vorschläge für Werbefragen in sozialen Medien, MMR 2016, 503–507.

Führer, Christian: Die Abgrenzung der privaten Vermögensverwaltung vom Gewerbebetrieb, Diss., Herne, 1996 (zit.: *Führer*, Abgrenzung der privaten Vermögensverwaltung, S. …).

Fuhrmann, Claas/Kraeusel, Körg/Schiffers, Joachim (Hrsg.): 360° EStG eKommentar, Online-Kommentar abrufbar unter www.stotax-portal.de, Stand 9.12.2021 (zit. *Bearbeiter*, in: Fuhrmann/Kraeusel/Schiffers, EStG, § … Rz. … [Stand: …]).

Gerecke, Martin: Kennzeichnung von werblichen Beiträgen im Online-Marketing, GRUR 2018, 153–159.

Gerstenberg, Tim: Ausgewählte Fragestellungen zu Kunst und Künstlern im nationalen und internationalen Steuerrecht, FR 2015, 984–991.

Giesberts, Franz J.: Zur Qualifizierung des Unternehmerbegriffs i. S. d. § 2 UStG als Typusbegriff – Versuch einer Konkretisierung, UR 1993, 279–284.

Glanegger, Peter/Güroff, Georg: Gewerbesteuergesetz Kommentar, 10. Auflage, München, 2021 (zit.: *Bearbeiter*, in: Glanegger/Güroff, GewStG, § … Rn. …).

Gosch, Dietmar: Einige aktuelle und zugleich grundsätzliche Bemerkungen zur Gewerbesteuer, DStZ 1998, 327–334.

Gosch, Dietmar (Hrsg.): Kommentar, Abgabenordnung/Finanzgerichtsordnung, Loseblatt, 164. Ergänzungslieferung, Bonn, 2021 (zit.: *Bearbeiter*, in: Gosch, AO/FGO, § … Rz. … [Stand: …]).

Gosch, Dietmar (Hrsg.): Kommentar, Körperschaftsteuergesetz, 4. Auflage, München, 2020 (zit.: *Bearbeiter*, in: Gosch, KStG, § … Rz. …).

Grambeck, Hans-Martin: Keine Umsatzsteuerpflicht bei kostenlosen Internetdiensten und Smartphone-Apps – Erwiderung auf den Beitrag von Melan/Wecke, DStR 2015, 2267–2032.

Grebe, Christian: Besteuerung elektronischer Dienstleistungen im Umsatzsteuerrecht – Teil II, UStB 2017, 247–251.

Grotherr, Siegfried/Hardeck, Inga: Zur Steuerpflicht von Preisgeldern für Wissenschaftspreise, StuW 2014, 3–15.

Grube, Georg: Zum Unternehmensberater als Freiberufler – Über ein Dauerproblem bei der Abgrenzung zwischen freiem Beruf und Gewerbebetrieb, StuW 1981, 34–47.

Grune, Jörg: Im Brennpunkt: Gemischte Tätigkeiten bei Einzelunternehmen und Personengesellschaften – Zur steuerlichen Auswirkung der Abfärbewirkung und der Geprägetheorie, BB 1998, 1081–1084.

Grüttemeier, Tim: Arme Gemeinden: Gemeindesteuern in Deutschland – Ansätze zur Reform, Diss., Margburg, 2012 (zit.: *Grüttemeier*, Gemeindesteuern, S. …).

Gummert, Heinke/Trapp, Stephan (Hrsg.): Neue Medien im Steuerrecht: Steuerliche Behandlung neuartiger Geschäftsmodelle in der Informationstechnologie, München, 2001 (zit.: *Bearbeiter*, in: Gummert/Trapp, Neue Medien im Steuerrecht, Rz. …).

Günther, Tim: Digitalisierung in der Steuerberatung – Legal Tech als berufsrechtliche Herausforderung?!, NWB 2017, 3365–3370.

Haase, Florian: Online-Werbung im Fokus der Betriebsprüfung – Replik zu Hruschka DStR 2019, 88, DStR 2019, 761–766.

Haberer, Anno: Anforderungen an Cookie-Banner, MMR 2020, 810–815.

Hage, Bernd/Hoffmann, Peter: Trinkgelder an Unternehmer und deren Arbeitnehmer, Stbg 2017, 217.

Hallerbach, Dorothee: Aktuelle Probleme bei der Besteuerung von Freiberuflern – Einkünftequalifikation und Einkünfteermittlung, StuB 2011, 250–255.

Härting, Niko: Die Gewährleistungspflichten von Internet-Dienstleistern, CR 2001, 37–43.

Hartmann, Bernhard/Walter, Norbert: Auslegung und Anwendung von Steuergesetzen – Grundlagen der Rechtsanwendung im Steuerrecht, Berlin, 1984 (zit.: *Hartmann/Walter*, Auslegung von Steuergesetzen, S. …).

Hartmann, Rainer: Bestandsschutz für die Gewerbesteuer – Kritische Gedanken aus Anlass des BVerfG-Beschlusses vom 15.1.2008 und der Unternehmenssteuerreform 2008, BB 2008, 2490–2496.

Hartmann, Timo: Anmerkung zu BFH v. 9.5.2017 – VIII R 11/15, EStB 2017, 345–346.

Hartung, Markus/Bues, Micha-Manuel/Halbleib, Gernot (Hrsg.): Legal Tech – Die Digitalisierung des Rechtsmarkts, München, 2018 (zit.: *Bearbeiter*, in: Hartung/Bues/Halbleib, Legal Tech, S. …).

Hawking, Stephen: Kurze Antworten auf große Fragen, deutschsprachige Ausgabe, 3. Auflage, Stuttgart, 2020.

Heckmann, Dirk (Hrsg.): juris PraxisKommentar Internetrecht, 7. Auflage, Online-Kommentar, 2021 (zit.: *Bearbeiter*, in: Heckmann, jurisPK-Internetrecht, Kap. …, Rn. … [Stand: …]).

Heermann, Peter W./Schlingloff, Jochen (Hrsg.): Münchener Kommentar zum Lauterkeitsrecht, Band 1, 3. Auflage, München, 2021 (zit.: *Bearbeiter*, in: Münchener Kommentar zum Lauterkeitsrecht, UWG, § … Rn. …).

Heil, Svetlana/Pupeter, Alexander: Google-Tax: Gibt es sie schon? Zur Abzugsteuer auf Online-Werbung nach § 50a EStG, BB 2019, 604–611.

Henning-Bodewig, Frauke: Influencer-Marketing – der “Wilde Westen des Werbens”?, WRP 2017, 1415–1421.

Herkens, Jens: Betrieb einer Hunde-„Schule": § 15 oder § 18 EStG? – Abgrenzungskriterien für die „Unterrichtung", EStB 2017, 453–456.

Hermann, Heiner: Die freien Berufe – Herkunft, Wandel und heutiger Inhalt des Begriffs, Diss., Frankfurt, 1971 (zit.: *Hermann*, Die freien Berufe, S. …).

Herrmann, Carl/Heuer, Gerhard/Raupach, Arndt (Hrsg.): Kommentar, EStG, KStG, Loseblatt, 308. Ergänzungslieferung, Köln, 2021 (zit.: *Bearbeiter*, in: H/H/R, EStG, § … Rz. … [Stand: …]).

Herzig, Norbert/Lochmann, Uwe: Unternehmensteuerreform 2008 – Wirkung des neuen Systems zur Entlastung gewerblicher Personenunternehmen von der Gewerbesteuer, DB 2007, 1037–1044.

Heßler, Armin: Social Media – nur ein vergänglicher Hype?, Stbg 2012, 469–474.

Heuer, Carl-Heinz: Die Besteuerung der Kunst, Diss., Köln, 1983.

Heun, Werner: Richtervorlagen in der Rechtsprechung des Bundesverfassungsgerichts, AöR 122 (1997), 610–628.

Hey, Johanna: Gewerbesteuerwettbewerb – BEPS-Aktionsplan für Kommunen?, in: Festschrift für Wolfgang Kessler, hrsg. v. *Herzig, Norbert/Förster, Guido/Schnitger, Arne/Levedag, Christian*, München, 2021, S. 3–18 (zit.: *Hey*, in: FS Kessler, S. …).

Hey, Johanna: Kommunale Einkommen- und Körperschaftsteuer – Zugleich ein Beitrag zur Bedeutung des Äquivalenzprinzips für die Ausgestaltung kommunaler Steuern, StuW 2002, 314–325.

Hey, Johanna: Vom Nutzen des Nutzenprinzips für die Gestaltung der Steuerrechtsordnung, in: Festschrift für Joachim Lang, hrsg. v. *Tipke, Klaus/Seer, Roman/Hey, Johanna/Englisch, Joachim*, Köln, 2010, S. 133–165 (zit.: *Hey*, in: FS Lang, S. …).

Hey, Johanna: Von der Verlegenheitslösung des § 35 EStG zur Reform der Gewerbesteuer? – Wie die Mängel der pauschalen Gewerbesteueranrechnung den Gesetzgeber zum Handeln zwingen, FR 2001, 870–880.

Hoenike, Mark/Hülsdunk, Lutz: Leistungskomponenten und Vertragsbeziehungen bei kommerziellen Musik-Download-Plattformen im Internet, MMR 2004, 59–66.

Hoeren, Thomas/Sieber, Ulrich/Holznagel, Bernd (Hrsg.): Handbuch Multimedia-Recht, Loseblatt, 56. Ergänzungslieferung, München, 2021 (zit.: *Bearbeiter*, in: Hoeren/Sieber/Holznagel, Multimedia-Recht, Teil … Rz. … [Stand: …]).

Holzmüller, Tobias: Anmerkungen zur urheberrechtlichen Verantwortlichkeit strukturierter Content-Plattformen, ZUM 2017, 301–304.

Homuth, Ralph: Einkünfte X.0: Blogger, Influencer, YouTuber & Co. – Steuerliche Aspekte des Social-Media-Bereichs, NWB 2018, 1891–1902.

Höppner, Dino: Instagram, Facebook, YouTube: Zur Besteuerung von Influencern in Inbound-Sachverhalten, PIStB 2021, 22–30.

Hörmann, Rafael: Spende oder Sponsoring – Abgrenzung aus ertrag- und umsatzsteuerlicher Sicht, npoR 2016, 153–156.

Hruschka, Franz: Onlinewerbung im Fokus der Betriebsprüfung, DStR 2019, 88–92.

Hübschmann, Walter/Hepp, Ernst/Spitaler, Armin (alle Begr.): Kommentar, Abgabenordnung/Finanzgerichtsordnung, Loseblatt, 265. Ergänzungslieferung, Köln 2021 (zit.: *Bearbeiter*, in: H/H/Sp, AO/FGO, § …, Rz. … [Stand: …]).

Hummes, Wolfgang: Die rechtliche Sonderstellung der freien Berufe im Vergleich zum Gewerbe, Diss., Göttingen, 1979 (zit.: *Hummes*, Sonderstellung der freien Berufe, S. …).

Hüttemann, Rainer: Gemeinnützigkeits- und Spendenrecht, 5. Auflage 2021, Köln, 2018.

Hüttemann, Rainer: Wirtschaftliche Betätigung und steuerliche Gemeinnützigkeit, Diss., Köln, 1991 (zit.: *Hüttemann*, Wirtschaftliche Betätigung, S. …).

Hüttemann, Rainer: Wissenschaft und Forschung als steuerrechtliche Begriffe, in: Festschrift für Wolfgang Kessler, hrsg. v. *Herzig, Norbert/Förster, Guido/Schnitger, Arne/Levedag, Christian*, München, 2021, S. 521–539 (zit.: *Hüttemann*, in: FS Kessler, S. …).

IWW Institut für Wissen in der Wirtschaft GmbH: Einkommensteuer: Steuerliche Besonderheiten bei der Besteuerung von Influencern, AStW 2020, 639–644.

Jachmann, Monika: Ansätze zu einer gleichheitsgerechten Ersetzung der Gewerbesteuer, BB 2000, 1432–1442.

Jahn, Ralf: Überblick zur steuerlichen Abgrenzung zwischen freiberuflicher und gewerblicher Tätigkeit, DB 2005, 692–694.

Jahn, Ralf: Steuerliche Abgrenzung gewerblicher Tätigkeit von freiberuflicher und sonstiger Tätigkeit, DB 2015, 641–648.

Jakob, Wolfgang/Jüptner, Roland: Steuerfragen der mittelbaren Parteienfinanzierung über Organisationen, Stuttgart, 1986 (zit.: *Jakob/Jüptner*, Mittelbare Parteienfinanzierung, S. …).

Janisch, Fabian/Lachenmann, Matthias: Konvertierung von Musikvideo-Streams in Audiodateien – Eine Analyse aus Sicht des deutschen Urheberrechts, MMR 2013, 213–217.

Jansen, Rudolf: Einzelfragen zur Besteuerung von Sportvereinen – Kritische Stellungnahme zu den Bemerkungen des Bundesrechnungshofs 1991 zur Haushalts- und Wirtschaftsführung, DStR 1992, 133–136.

Jochum, Heike: Das Bundesverfassungsgericht als Hüter der Gewerbesteuer? – Zur Gewerbesteuerpflicht nach Mindesthebesätzen und der Bedeutung des Äquivalenzprinzips als Rechtfertigungsgrund der Gewerbesteuer, StB 2005, 254 261.

Kanzler, Hans-Joachim: Anmerkung zu BFH v. 16.7.2014 - VIII R 41/12, FR 2015, 619.

Kanzler, Hans-Joachim: Anmerkung zu BFH v. 16.9.2014 – VIII R 5/12, FR 2015, 290–291.

Kasper, Andreas: Sponsoring im Steuerrecht, DStZ 2005, 397–403.

Kathstede, Gerd: Die Verfassungsmäßigkeit der Gewerbesteuer und das Modell der kommunalen Einkommen- und Gewinnsteuer (BDI/VCI-Modell), Diss., Berlin, 2008 (zit.: *Kathstede*, Die Verfassungsmäßigkeit der Gewerbesteuer, S. …)

Kartheuser, Ingemar: Anmerkung zu LG Hamburg v. 21.4.2015 – 416 HKO 159/ 14, ITRB 2015, 283.

Kaufmann, Arthur: Analogie und Natur der Sache – Zugleich ein Beitrag zur Lehre vom Typus, 2. Auflage, Heidelberg, 1982 (zit.: *Kaufmann*, Analogie und Natur der Sache, S. …).

Kellersmann, Dietrich: Die Abgrenzung der Einkünfte aus selbständiger Arbeit von den Einkünften aus Gewerbebetrieb, Diss., Frankfurt am Main, 1994 (zit.: *Kellersmann*, Die Abgrenzung der Einkünfte, S. …).

Kempermann, Michael: Katalogberufler als Gewerbetreibende – Zur leitenden und eigenverantwortlichen Tätigkeit, FR 1996, 514–515.

Kempermann, Michael: Kunst, Gewerbe, Kunstgewerbe, FR 1992, 250–255.

Keß, Thomas: Unternehmenssteuerreform: Ohne Reform der Gewerbesteuer?, FR 2000, 695–705.

Keß, Thomas: Entwicklungen und Kritik der geplanten Gemeindewirtschaftssteuer – Erste Überlegungen zum Entwurf eines Gesetzes zur Reform der Gewerbesteuer, FR 2003, 959–963.

Keß, Thomas: Anmerkung zu BVerfG v. 15.1.2008 – 1 BvL 2/04, FR 2008, 829–831.

Kilian, Matthias: Die Zukunft der Juristen – Weniger, anders, weiblicher, spezialisierter, alternativer – und entbehrlicher?, NJW 2017, 3043–3050.

Kirchhof, Gregor/Kulosa, Egmont/Ratschow, Eckart (Hrsg.): Beck'scher Online Kommentar EStG, 11. Edition, München, Stand: 01.10.2021 (zit.: *Bearbeiter*, in: BeckOK EStG, § … Rn. …).

Kirchhof, Paul: Die Erneuerung der Gemeindesteuer, FR 2010, 961–965.

Kirchhof, Paul/Seer, Roman (Hrsg.): Kommentar, Einkommensteuergesetz, 20. Auflage, Köln, 2021 (zit.: *Bearbeiter*, in: Kirchhof/Seer, EStG, § … Rn. …).

Kirchhof, Paul/Söhn, Hartmut/Mellinghoff, Rudolf (Hrsg.): Kommentar, Einkommensteuergesetz, Loseblatt, 318. Ergänzungslieferung, Heidelberg, 2021 (zit.: *Bearbeiter*, in: K/S/M, EStG, § … Rn. … [Stand: …]).

Kirchhof, Paul: Die Steuerrechtsordnung als Wertordnung, StuW 1996, 3–11.

Kirchhof, Paul: Verfassungsrechtliche Maßstäbe für die Auslegung von Steuergesetzen, in: Festschrift 75 Jahre Reichsfinanzhof, hrsg. v. dem Präsidenten des Bundesfinanzhofs, Bonn, 1993, S. 285–302 (zit.: *Kirchhof*, in: FS Reichsfinanzhof, S. …).

Klein, Franz (Begr.): Kommentar, Abgabenordnung, 15. Auflage, München, 2020 (zit.: *Bearbeiter*, in: Klein, AO, § … Rz. …).

Koch, Karl/Scholtz, Rolf-Detlev (Hrsg.): Abgabenordnung, 5. Auflage, Köln/Berlin/Bonn/München, 1996 (zit.: *Bearbeiter*, in: Koch/Scholtz, AO, § … Rz. …).

Koller, Andreas: Abgrenzung von Einkunftstatbeständen im Einkommensteuerrecht, Diss., München/Wien, 1993 (zit.: *Koller*, Abgrenzung von Einkunftstatbeständen, S. …).

Koppe, Christina/Zagouras, Georgios: Rechtsprobleme der Testwerbung, WRP 2008, 1035–1045.

Korn, Christian: Das Zweite Corona-Steuerhilfegesetz im Überblick, DStR 2020, 1345–1350.

Korn, Klaus: Probleme bei der ertragsteuerlichen Abgrenzung zwischen freier Berufstätigkeit und Gewerbe, DStR 1995, 1249–1256.

Korn, Klaus/Carlé, Dieter/Stahl, Rudolf/Strahl, Martin (Hrsg.): Einkommensteuergesetz, Kommentar, Band II (§§ 7–34b), Loseblatt, 133. Ergänzungslieferung, 2021 (zit.: *Bearbeiter*, in: Korn, EStG, § … Rn. … [Stand: …]).

Köstler, Bernhard: Gewinnermittlung: Ertragsteuerliche Betrachtung für Influencer & Co., MBP 2019, 207–210.

Kröger, Horst: Zum Veranlassungsprinzip im Einkommensteuerrecht, StuW 1978, 289–294.

Krumm, Marcel: Zur Einkommensteuerbarkeit von Forschungspreisgeldern, FR 2015, 639–645.

Krüper, Julian: Juristische Mediendidaktik – Skizze eines Forschungsfeldes juristischer Fachdidaktik, ZDRW 2017, 22–39.

Kühling, Jürgen/Gauß, Nicolas: Expansionslust von Google als Herausforderung für das Kartellrecht, MMR 2007, 751–757.

Kulosa, Egmont: Anmerkung zu BFH v. 12.6.2019 – X R 20/17, HFR 2019, 1052.

Kurth, Hans/Prinz, Ulrich: Die steuerliche Qualifikation der Tätigkeit eines Arztes für Laboratoriumsmedizin, Stuttgart, 1981.

Lademann, Fritz (Hrsg.): Kommentar, Einkommensteuergesetz, Loseblatt, 265. Ergänzungslieferung, Stuttgart, 2021 (zit.: *Bearbeiter*, in: Lademann, EStG, § … Rz. … [Stand: …]).

Lang, Joachim: Die Bemessungsgrundlage der Einkommensteuer – Rechtssystematische Grundlagen steuerlicher Leistungsfähigkeit im deutschen Einkommensteuerrecht, Habil., Köln, 1988 (zit.: *Lang*, Bemessungsgrundlage, S. …).

Lang, Joachim/Seer, Roman: Der Betriebsausgabenabzug im Rahmen eines wirtschaftlichen Geschäftsbetriebes gemeinnütziger Körperschaften, FR 1994, 521–535.

Langohr, Thomas: Das Veranlassungsprinzip im Einkommensteuerrecht – dargestellt am Beispiel von Vermögensverlusten, Diss., Münster/New York, 1990 (zit.: *Langohr*, Das Veranlassungsprinzip im Einkommensteuerrecht).

Larenz, Karl: Methodenlehre der Rechtswissenschaft, 6. Auflage, Berlin, 1991.

Leeb, Christina-Maria/Maisch, Marc: Social-Media-Stars und -Sternchen im rechtsfreien Raum?, ZUM 2019, 29–40.

Lehmann, Philipp: Lauterkeitsrechtliche Risiken beim Influencer Marketing, WRP 2017, 772–775.

Lehr, Helmut: E-Commerce: Umsatzsteuer-Falle Werbebanner, DStR 2022, 988–990.

Lenski, Edgar/Steinberg, Wilhelm (Hrsg.): Gewerbesteuergesetz Kommentar, 9. Auflage, 139. Ergänzungslieferung, Köln, 2021 (zit.: *Bearbeiter*, in: Lenski/Steinberg, GewStG, § … Rn. … [Stand: …]).

Lettmann, Sabine: Schleichwerbung durch Influencer Marketing – Das Erscheinungsbild der Influencer, GRUR 2018, 1206–1211.

Leupold, Andreas/Bräutigam, Peter/Pfeiffer, Markus: Von der Werbung zur kommerziellen Kommunikation: Die Vermarktung von Waren und Dienstleistungen im Internet, WRP 2000, 575–598.

Levedag, Christian: Gewerbliche Einkünfte von Rechtsanwaltssozietäten durch Abfärbung – Neue Risiken und aktuelle Entwicklungen, DStR 2018, 2094–2100.

Lichtnecker, Florian: Neues aus dem Social Media-Marketing – Aktuelle wettbewerbs-, urheber- und markenrechtliche Problemstellungen, MMR 2018, 512–517.

Linn, Alexander: Keine Steuerabzugsverpflichtung für Aufwendungen für Online-Marketing – Replik auf Hruschka DStR 2019, 88, DStR 2019, 418–422.

Lippross, Otto-Gerd/Seibel, Wolfgang (Hrsg.): Basiskommentar Steuerrecht, Loseblatt, 128. Ergänzungslieferung, Köln, 2021 (zit.: *Bearbeiter*, in: Lippross/ Seibel, EStG, § ... Rz. ...).

Littmann, Eberhard/Bitz, Horst/Hellwig, Peter (Hrsg.): Kommentar, Einkommensteuerrecht, Loseblatt, 15. Ergänzungslieferung, Stuttgart, 1995 (zit.: *Bearbeiter*, in: Littmann/Bitz/Hellwig, EStG, § ... Rz. ... [Stand: ...]).

Littmann, Eberhard/Bitz, Horst/Pust, Hartmut (Hrsg.): Kommentar, Einkommensteuerrecht, Loseblatt, 155. Ergänzungslieferung, Stuttgart, 2021 (zit.: *Bearbeiter*, in: L/B/P, EStG, § ... Rz. ... [Stand: ...]).

Luch, Anika D./Schulz, Sönke E.: Die digitale Dimension der Grundrechte – Die Bedeutung der speziellen Grundrechte im Internet, MMR 2013, 88–93.

Lüdemann, Peter/Wildfeuer, Isabel: Einkünftequalifizierung bei Laborarztpraxen – Der Laborarzt im Spannungsfeld zwischen gewerblichen und freiberuflichen Einkünften, BB 2000, 589–595.

Lüders, Manfred: Der Unterrichtsbegriff in pädagogischen Nachschlagewerken. Ein empirischer Beitrag zur disziplinären Entwicklung der Schulpädagogik, Zeitschrift für Pädagogik 58 (2012) 1, 109–129.

Ludyga, Hannes: Die EU-Urheberrechtsreform: „Digitales Update", jM 2019, 442–447.

Mach, Stefanie: Influencer-Marketing: „Raus aus der Grauzone – hinein in die rechtliche Problemzone", WRP 2018, 1166–1171.

Madl, Roland: Die Sonderstellung der Sportvereine im Steuerrecht, BB 1997, 1126–1131.

Mallick, Rani/Weller, David: Aktuelle Entwicklungen im Influencer Marketing – Ein Blick aus der Praxis, WRP 2018, 155–161.

Marfels, Michael: Anmerkung zu BFH v. 12.6.2019 – X R 20/17, EStB 2019, 438.

Marfels, Michael: Das Unternehmer-Sponsoring im Ertragssteuerrecht, EStB 2019, 321–330.

Marhofer-Ferlan, Helga: Veräußerung von Privatvermögen und § 15 EStG, Diss., Konstanz, 1990.

Martens, Jörg: Die Besteuerung wirtschaftlicher Aktivitäten im Amateursport, Diss., Berlin, 1988.

Martini, Mario: Transformation der Verwaltung durch Digitalisierung, DÖV 2017, 443–455.

Maßbaum, Michael: Werbetätigkeit populärer Künstler als künstlerische Tätigkeit? – Zugleich eine Besprechung der Urteile des BFH v. 11.7.1991, BB 1992, 1763–1772.

Meier, Norbert: Zur Einkommensteuerpflicht von Preisgeldern aus Turnierpokerspielen, FR 2016, 359–365.

Mentzel, Wolfgang: Vom Präsenzlernen zum Distanzlernen, SPA 2016, 36–39.

Metzler, Eberhard: Zur Problematik der Sätze „in dubio pro fisco" und „in dubio contra fiscum", Diss., o. O., 1959 (zit.: *Metzler*, in dubio pro ficso, S. …).

Meyers Enzyklopädisches Lexikon: Band 24, 9. Auflage, Mannheim, 1979.

MK: Anmerkung zu BFH v. 18.4.1996 – IV R 35/95, DStR 1996, 1478.

Mohl, Helmut/Brand, Thomas: Zur Verfassungsmäßigkeit der Gewerbesteuer, KStZ 1998, 181–185

Mössner, Jörg Manfred: Typusbegriffe im Steuerrecht, in: Festschrift für Heinrich Wilhelm Kruse, hrsg. v. *Drenseck, Walter/Seer, Roman*, Köln, 2001, S. 161–181 (zit.: *Mössner*, in: FS Kruse, S. …).

Müller-Gatermann, Gert: Notwendige strukturelle Steuergesetzgebung in dieser Legislaturperiode bei den direkten Steuern, FR 2018, 389–407.

Mutz, Samantha: Was kann KI (künstliche Intelligenz) für den Steuerberater leisten?, StB 2019, 111–112.

Neugebauer, Claudia: Digitalisierung – Old Economy im neuen Outfit?, UR 2020, 104–113.

Neuhoff, Klaus: Drei, vier oder fünf steuerliche Sphären, insbesondere bei Stiftungen?, DStZ 2005, 191–196.

Nickel, Jörg: Abgrenzung und Konkurrenz von Einkünftetatbeständen im Einkommensteurrecht, Diss., Bielefeld, 1998 (zit.: *Nickel*, Abgrenzung von Einkunftstatbeständen, S. …).

Nürnberg, Philip: „Digitalsteuer" über § 49 i. V. m. § 50a EStG, Ubg 2019, 219–224.

Oestreicher, Andreas: Die Reform der kommunalen Steuerfinanzierung, FR 2010, 965–975.

Offerhaus, Klaus: Anmerkung zu BFH v. 14.3.1989 – I R 83/85, StBp 1989, 189–190.

Orth, Manfred: Art 3 Abs. 1 GG und die Gewerbesteuerpflicht – Zum Beschluß des Bundesverfassungsgerichts 1977-10-25 – 1 BvR 15/75, StuW 1979, 77–83.

Ory, Stephan/Weth, Stephan (Hrsg.): juris PraxisKommentar Elektronischer Rechtsverkehr, Band 1, 1. Auflage, Online-Kommentar, 2020 (zit.: *Bearbeiter*, in: Ory/Weth, jurisPK-ERV, Kap. …, Rn. … [Stand: …]).

Ott, Stephan: Haftung für Embedded Videos von YouTube und anderen Videoplattformen im Internet, ZUM 2008, 556–564.

Pahlke, Armin: Typusbegriff und Typisierung, DStR-Beihefter 2011, 66–71.

Paus, Bernhard: Gewerblicher Grundstückshandel durch Beteiligung an Personengesellschaften: Einschränkungen der Einheitstheorie – Anmerkungen zu dem Beschluß des Großen Senats vom 3.7.1995 GrS 1/93, DStR 1996, 172–176.

Pinkernell, Reimar: Gewerbesteuerliche Hinzurechnung von Aufwendungen für die Nutzung von Internet-Plattformen und Software (FG Köln v. 16.6.2016 - 13 K 1014/13), FR 2017, 20–24.

Pinkernell, Reimar/Schlotter, Carsten: Ausgewählte Streitfragen des Steuerabzugs gem. § 50a Abs. 1 Nr. 3 EStG, FR 2020, 681–692.

Pfirrmann, Volker: Einkünftequalifikation bei IT-Freiberuflern, FR 2014, 162–167.

Poll, Günter: Vom Broadcast zum Podcast – Urheberrechtliche Einordnung neuer Internetgeschäftsmodelle, MMR 2011, 226–231.

Rätke, Bernd: Finanzverwaltung äußert sich zur Besteuerung der sog. Influencer, NWB AAAAH-49488.

Rau, Günter/Dürrwächter, Erich (Hrsg.): Kommentar, Umsatzsteuergesetz, Loseblatt, 196. Ergänzungslieferung, Köln, 2021 (zit.: *Bearbeiter*, in: Rau/Dürrwächter, UStG, § ... Rn. ... [Stand: ...]).

Redeker, Helmut: IT-Recht, 7. Auflage, München, 2020 (zit.: *Redeker*, IT-Recht, Rn. ...).

Redeker, Helmut (Hrsg.): Handbuch der IT-Verträge, Loseblatt, 45. Ergänzungslieferung, Köln, 2021 (zit.: *Bearbeiter*, in: Redeker, Handbuch der IT-Verträge, Abschnitt, Rn. ... [Stand: ...]).

Reichl, Alexander/Wiedmann, Benedikt: Besteuerung von Online-Marketingleistungen mit dem Steuerabzug nach § 50a EStG, FR 2019, 201–207.

Reinmann, Susanne/Remmertz, Frank: Urheberrechte an User-generated Content, ZUM 2012, 216–227.

Remmertz, Frank: Aktuelle Entwicklungen im Social Media-Recht – Überblick der relevanten Themen aus Unternehmenssicht, MMR 2018, 507–512.

Rittner, Fritz: Zur Gewerbesteuerfreiheit bestimmter Berufsgruppen, insbesondere bei den freien Berufen, JZ 2008, 998–999.

Rogge, Stefan: Online-Games und Umsatzsteuer, BB 2015, 1045–1052.

Rose, Gerd: Zur Bestimmung der Einkunftsart bei gemischten wirtschaftlichen Aktivitäten von Einzelpersonen, DB 1980, 2464–2475.

Roßnagel, Alexander: Datenschutz im E-Learning – Die neuen Datenschutzregelungen im Lehrbetrieb von Hochschulen, ZD 2020, 296–302.

Rückert, Susanne: Die ertragsteuerliche Behandlung des Sponsoring, Diss., Köln, 1999.

Ruß, Julia/Ismer, Roland/Margolf, Juliane: Digitalisierung des Steuerrechts: Eine Herausforderung für die Ausgestaltung von materiellen Steuergesetzen, DStR 2019, 409–418.

Schach, Annika/Lommatzsch, Timo (Hrsg.): Influencer Relations – Marketing und PR mit digitalen Meinungsführern, Wiesbaden, 2018 (zit.: *Bearbeiter*, in: Schach/Lommatzsch, Influencer Relations, S. …).

Schäfer, Michael: Die Besteuerung von Social-Media-Berufen in der Ertragsteuer, StB 2019, 209–207.

Schauhoff, Stephan: Schenkungsteuer auf Sponsorenzahlungen an die Profimannschaft? Zur Abgrenzung von Ertragsteuern, Umsatzsteuer und Schenkungsteuer bei Sponsorenzahlungen an gemeinnützige Körperschaften, DStR 2004, 1465–1469.

Schärtl, Christoph: Das enhanced inverted classroom-Modell (EICM) als didaktischer Grundpfeiler eines modernen Rechtsunterrichts, ZDRW 2016, 18–43.

Schärtl, Christoph: Die fortschreitende Digitalisierung als Herausforderung für die moderne Hochschullehre, ZDRW 2018, 336–348.

Schauhoff, Stephan: Große Aufregung um das Sponsoring, DB 1998, 494–496.

Scheiter, Katharina/Riecke-Baulecke, Thomas (Hrsg.): Schule 4.0 – Zukunftstrends, Rahmenbedingungen, Praxisbeispiele, Band 165, München, 2018 (zit.: *Bearbeiter*, in: Schule 4.0, S. …).

Schettler, Karl Herwig: Abgrenzung zwischen gewerblicher und freiberuflicher Tätigkeit im Einkommen- und Gewerbesteuerrecht, Diss., München, 1972 (zit.: *Schettler*, Abgrenzung, S. …).

Schick, Walter: Die freien Berufe im Steuerrecht, Diss., Köln, 1973.

Schirmbacher, Martin/Ihmor, Markus: Affiliate-Werbung – Geschäftsmodell, Vertragsgestaltung und Haftung, CR 2009, 245–251.

Schmidt, Ludwig: Einkommensteuergesetz Kommentar, 9. Auflage, München, 1990 (zit.: *Bearbeiter*, in: Schmidt^9, EStG, § … Rz. …).

Schmidt, Ludwig: Einkommensteuergesetz Kommentar, 40. Auflage, München, 2021 (zit.: *Bearbeiter*, in: Schmidt, EStG, § … Rz. …).

Schmidt, Sebastian/Kollmann, Sinja/Karl, Florian: Rasanter Aufstieg der Influencer – Neue Berufsgruppe im Fokus der Finanzverwaltung, DStR 2021, 765–772.

Schmidt-Liebig, Axel: Einkommensteuerliche Einordnung von Einnahmen aus einer Fahrgemeinschaft – Anmerkungen zum Urteil des BFH vom 15.3.1994, FR 1995, 100–104.

Schmidt-Liebig, Axel: Gewerbebetrieb, Vermögensverwaltung und Nutzwertanalyse im Einkommensteuerrecht, BB 2002, 2577–2582.

Schmidt-Liebig, Axel: Die ‚neuere Rechtsprechung' des Bundesfinanzhofs zum umsatzsteuerlichen Unternehmer, BB-Beilage 1994, Nr. 20, 1–23.

Schnapp, Friedrich E.: Was können wir über das Sozialstaatsprinzip wissen?, JuS 1998, 873–877.

Schneider, Stefan: Der Tatbestand der privaten Vermögensverwaltung im Einkommensteuerrecht, Diss., Heidelberg, 1995 (zit.: *Schneider*, Vermögensverwaltung im Einkommensteuerrecht, S. …).

Schneider, Ulrich: Werbetätigkeit von Schauspielern und Gewerbesteuer – Zugleich Anmerkung zu FG Hamburg V 342/87, BFH IV R 102/90 und FG Hamburg V 11/92, DStR 1993, 301–307.

Schnittker, Helder/Welling, Berthold: 7. Berliner Steuergespräch: „Reform der Gemeindefinanzen – die Gewerbesteuer auf dem Prüfstand", FR 2003, 990–995.

Scholz, Uwe/Garthoff, Nina: Sponsoring von Sportvereinen jetzt steuerpflichtig?, BB 2008, 1148–1152.

Schricker, Gerhard/Loewenheim, Ulrich (Hrsg.): Kommentar, Urheberrecht, 6. Auflage, München, 2020 (zit.: *Bearbeiter*, in: Schricker/Loewenheim, UrhG, § … Rn. …).

Schulz, Julia/Ayar, Zuhal: Rechtliche Fragestellungen und Probleme rund um das E-Book – Betrachtung der rechtlichen Beziehung zwischen Autor und Verleger, MMR 2012, 652–655.

Schwarz, Bernard/Pahlke, Armin (Hrsg.): Kommentar, Abgabenordnung/Finanzgerichtsordnung, Loseblatt, 203. Ergänzungslieferung, Freiburg, 2021 (zit.: *Bearbeiter*, in: Schwarz/Pahlke, AO/FGO, § … Rz. … [Stand: …]).

Schwendy, Klaus: Sind die Gewerbeertragsteuer und die „Abfärbe-Regelung" verfassungswidrig? – Anmerkung zum Vorlagebeschluß des Niedersächsischen FG vom 23.7.1997, IV 317/91, INF 1998, 33–36.

Seeger, Siegbert F.: Anmerkung zu BFH v. 25.4.2002 – IV R 4/01, FR 2002, 889.

Seer, Roman: Die umsatzsteuerliche Behandlung des Verwaltungssponsoring, in: Festschrift für Wolfram Reiß, hrsg. v. *Nieskens, Hans/Kirchhof, Paul*, Köln, 2008, S. 157–167 (zit.: *Seer*, in: FS Reiß, S. …).

Seer, Roman: Gemeinwohlzweck und steuerliche Entlastung, in: Gemeinnützigkeit, DStJG 26 (2003), Köln, S. 11–48 (zit.: *Seer*, DStJG 26, S. …).

Seer, Roman: Gewerbesteuer im Visier des Verfassungsrechts – Anmerkungen zu dem Vorlagebeschluß des FG Niedersachsen vom 24.6.1998, FR 1998, 1022–1024.

Seer, Roman: Inhalt und Funktion des Begriffs „Betrieb gewerblicher Art" für die Besteuerung der öffentlichen Hand (Teil I), DStR 1992, 1751–1756.

Seer, Roman: Kommunalsteuern und -abgaben – Einführung und Rechtfertigung des Themas, in: Kommunalsteuern und -abgaben, DStJG 35 (2012), Köln, S. 1–9 (zit.: *Seer*, DStJG 35, S. …).

Seer, Roman: Steuervereinfachung – Postulat des Rechts, BB 2021, 1433–1439.

Seer, Roman/Drüen, Klaus-Dieter: Ausgliederung gewerblicher Tätigkeiten zur Vermeidung der Gewerbesteuerpflicht freiberuflicher Sozietäten, BB 2000, 2176–2183.

Selder, Johannes: Verfassungsrechtliche Aspekte der Gewerbesteuer als Objektsteuer, FR 2014, 174–179.

Söhn, Hartmut: Der Dualismus der Einkunftsarten im geltenden Recht, in: Einkommen aus Kapital, DStJG 30 (2007), Köln, S. 13–37 (zit.: *Söhn*, DStJG 30, S. …).

Solms, Hermann Otto: Die Ersetzung der Gewerbesteuer – (K)eine überwindbare Hürde für eine große Steuerreform?, in: Festschrift für Joachim Lang, hrsg. v. *Tipke, Klaus/Seer, Roman/Hey, Johanna/Englisch, Joachim*, Köln, 2010, S. 439–448 (zit.: *Solms*, in: FS Lang, S. …).

Sommer, Michael: Einkünfte von Sportlern aus Werbeverträgen, BB 1981, 177–181.

Sommer, Ulrich: Personalentwicklung in Zeiten der Corona-Krise, DStR 2020, 1397–1399.

Sommer, Ulrich: Systematische Fortbildung im Rahmen des Qualitätsmanagements von Steuerberatern und Wirtschaftsprüfern, DStR 2004, 745–748.

Sommer, Ulrich/Beyer, Ines: E-Learning in der Steuerberatung – Eine Alternative zur herkömmlichen Fortbildung?, DStR 2002, 1782–1784.

Specht, Louisa: Zum Verhältnis von (Urheber-)Recht und Technik – Erfordernis eines Dualismus von techniksensitivem Recht und rechtssensitiven technischen Durchsetzungsbefugnissen, GRUR 2019, 253–259.

Spiegel, Harald: Wohin mit den Sponsoring-Einnahmen?, DStR 1997, 1800–1801.

Spieker, Oliver: Haftungsrechtliche Aspekte für Unternehmen und ihre Internet-Werbepartner (Affiliates), GRUR 2006, 903–908.

Spindler, Gerald/Schuster, Fabian (Hrsg.): Recht der elektronischen Medien, Kommentar, 4. Auflage, München, 2019 (zit.: *Bearbeiter*, in: Spindler/Schuster, UWG/TMG, § … Rn. …).

Stang, Felix Laurin: Zur Haftung von YouTube nach § 816 Abs. 1 S. 2 BGB, ZUM 2017, 380–390.

Staudinger, Julis von (Begr.): Kommentar zum Bürgerlichen Gesetzbuch mit Einführungsgesetz und Nebengesetzen, Buch 2: Recht der Schuldverhältnisse: §§ 631–651 (Werkvertragsrecht), Neubearbeitung, Berlin, 2019 (zit.: *Bearbeiter*, in: Staudinger, BGB, § … Rn. …).

Stieper, Malte: Rezeptiver Werkgenuss als rechtmäßige Nutzung – Urheberrechtliche Bewertung des Streaming vor dem Hintergrund des EuGH-Urteils in Sachen FAPL/Murphy, MMR 2012, 12–17.

Stobbe, Ludwig: Die Zuordnung von Einnahmen und Ausgaben steuerbegünstigter Körperschafen, DStZ 1996, 757–760.

Stolz, Walter: Die Vermietung der Fassade zu Werbezwecken durch einen nichtbilanzierenden Hauseigentümer, FR 1983, 235–236.

Strahl, Martin: Die typisierende Betrachtungsweise im Steuerrecht, Diss., Köln, 1996.

Strahl, Martin: Überblick zur steuerlichen Jahresendgesetzgebung 2016, kösdi 2017, 20170–20184.

Streck, Michael: Gewerbebetrieb, Mitunternehmerschaft, Bilanzbündeltheorie – Zur methodischen Präzisierung bei aktuellen Problemen, FR 1973, 301–207.

Suwelack, Felix: Schleichwerbung als Boombranche?, MMR 2017, 661–665.

Taupitz, Jochen: Die Standesordnungen der freien Berufe – Geschichtliche Entwicklung, Funktionen, Stellung im Rechtssystem, Habil., Berlin, 1991 (zit.: *Taupitz*, Die Standesordnungen der freien Berufe, S. …).

Theisen, Manuel R./Raßhofer, Martin: Die Erzielung nichtsteuerbarer Einnahmen – systematisiert am Beispiel von Preis- und Fördergeldern, in: Festschrift für Wolfgang Spindler, Steuerrecht im Rechtsstaat, hrsg. v. *Mellinghoff, Rudolf/ Schön, Wolfgang/Viskorf, Hermann-Ulrich*, Köln, 2011, S. 819–832 (zit.: *Theisen/Raßhofer*, in: FS Spindler, S. …).

Thiel, Jochen: Sponsoring im Steuerrecht, DB 1998, 842–848.

Tipke, Klaus: Die Steuerrechtsordnung, Bd. II, 2. Auflage, Köln, 2003 (zit.: *Tipke*, StRO II, S. …).

Tipke, Klaus: Grundstücksveräußerungen im Steuerrecht – Gewerbebetrieb oder Vermögensverwaltung?, Köln, 1974 (zit.: *Tipke*, Grundstücksveräußerungen im Steuerrecht, S. …).

Tipke, Klaus/Kruse, Heinrich Wilhelm (beide Begr.): Kommentar, Abgabenordnung/Finanzgerichtsordnung, Loseblatt, 168. Ergänzungslieferung, Köln, 2021 (zit.: *Bearbeiter*, in: Tipke/Kruse, AO/FGO, § … Rz. … [Stand: …]).

Tipke, Klaus/Lang, Joachim (beide Begr.): Steuerrecht, hrsg. von *Hey, Johanna/ Seer, Roman*, 24. Auflage, Köln, 2021 (zit.: *Bearbeiter*, in: Tipke/Lang, Steuerrecht, § … Rz. …).

Tipke, Klaus/Paus, Bernhard: Anmerkungen zu BVerfG v. 17.11.1998 – 1 BvL 10/ 98, FR 1999, 528–535.

Trachte, Willi/Helios, Marcus: Einkünfte aus schriftstellerischer Tätigkeit (i. S. des § 18 Abs. 1 Nr. 1 S. 2 EStG) im Zeitalter des Internet und der E-Books, BB 2001, 909–913.

Vogelsang, Stephanie/Krüger, Jochen: Legal Tech und die Justiz – ein Zukunftsmodell?, jM 2019, 398–404.

Wagner, Jens: Legal Tech und Legal Robots in Unternehmen und den diese beratenden Kanzleien – Teil 1: Einsatzbereiche und praktische Folgen, BB 2017, 898–905.

Wagner, Jens: Legal Tech und Legal Robots – Der Wandel im Rechtsmarkt durch neue Technologien und künstliche Intelligenz, Wiesbaden, 2018 (zit.: *Wagner*, Legal Tech, S. …).

Wallenhorst, Rolf: Jenseits des Sponsoring – Die Situation nach dem Urteil des BFH vom 2.8.2012, IV R 25/09, DStR 2012, 2212–2215.

Wandtke, Artur-Axel/Bullinger, Winfried (Hrsg.): Praxiskommentar zum Urheberrecht, 5. Auflage, München, 2019 (zit.: *Bearbeiter*, in: Wandtke/Bullinger, UrhG, § … Rn. …).

Wanner, Eva: Der einkommensteuerrechtliche Zurechnungszusammenhang steuerbarer Wertabgänge – Ein Beitrag zu einer kausalen Veranlassungstheorie im (Einkommen-)Steuerrecht, StuW 1987, 302–318.

Wassermeyer, Franz: Das Erfordernis objektiver und subjektiver Tatbestandsmerkmale in der ertragsteuerlichen Rechtsprechung des BFH – Ein Beitrag zu der im Ertragsteuerrecht maßgeblichen „Kausalitäts"lehre, StuW 1982, 352–364.

Wassermeyer, Franz: Die Abgrenzung des Betriebsvermögens vom Privatvermögen, DStJG 3 (1980), Köln, S. 315–337 (zit.: *Wassermeyer*, DStJG 3, S. …).

Weber-Grellet, Heinrich: Der Typus des Typus, in: Festschrift für Heinrich Beisse, Handelsbilanzen und Steuerbilanzen, hrsg. v. *Budde, Wolfgang D./Moxter, Adolf/Offerhaus, Klaus*, Düsseldorf, 1997, 551–569 (zit.: *Weber-Grellet*, in: FS Beisse, S. …).

Wendt, Michael/Suchanek, Markus/Möllmann, Peter/Heinemann, Peter: Kommentar, Gewerbesteuergesetz, 1. Auflage, Köln, 2019 (zit.: Bearbeiter, in: W/ S/M/H, GewStG, § … Rn. …).

Wesche, Steffen: Influencer – ein neues Berufsbild im Fokus des Rechts, jM 2020, 2–7.

Wendt, Michael: Muß ein Schriftsteller schreiben? – Schriftstellerische Tätigkeit im Multimedia-Zeitalter, FR 1999, 128–131.

Wendt, Rudolf: Zur Vereinbarkeit der Gewerbesteuer mit dem Gleichheitssatz und dem Prinzip der Besteuerung nach der Leistungsfähigkeit, BB 1987, 1257–1265.

Wendt, Rudolf/Elicker, Michael: Für die volle Einbeziehung der kommunalen Finanzkraft in den Länderfinanzausgleich, DÖV 2001, 762–771.

Wernsmann, Rainer: Typisierung und Typusbegriff, DStR-Beihefter 2011, 72–76.

Wesche, Steffen: Influencer – ein neues Berufsbild im Fokus des Rechts, jM 2020, 2–7.

Wiese, Götz Tobias/Klass, Tobias: Der Gesetzentwurf zur Ablösung der Gewerbesteuer durch die neue Gemeindewirtschaftssteuer, GmbHR 2003, 1101–1105.

Willems, Constantin: Influencer als Unternehmer – Überlegungen zu § 2 Abs. 1 Nr. 6 UWG und §§ 14, 112 BGB, MMR 2018, 707–711

Wolf, Karsten D.: Bildungspotenziale von Erklärvideos und Tutorials auf YouTube: Audio-Visuelle Enzyklopädie, adressatengerechtes Bildungsfernsehen, Lehr-Lern-Strategie oder partizipative Peer Education?, merz 59 (2015), 30–36.

Wolff, Hans Julius: Typen im Recht und in der Rechtswissenschaft, Studium Generale, Berlin/Göttingen/Heidelberg, 1952 (zit.: *Wolff*, Studium generale, S. …).

Wübbelsmann, Stephan: Preisgelder im Anwendungsbereich des § 18 EstG – Zugleich Anmerkung zu BFH v. 23.4.2009, VI R 39/08, DStR 2009, 1744–1745.

Zaumseil, Peter: Abgrenzungsmerkmale der den Katalogberufen ähnlichen freien Berufe nach jüngster BFH-Rechtsprechung, FR 2010, 353–360.

Zitzelsberger, Heribert: Grundlagen der Gewerbesteuer: eine steuergeschichtliche, rechtsvergleichende, steuersystematische und verfassungsrechtliche Untersuchung, Habil., Köln, 1990.

Zugmaier, Oliver: Der Begriff des Gewerbebetriebs in § 15 Abs. 2 S. 1 EstG – kein Merkmalsbegriff sondern Typusbegriff, FR 1999, 997–1000.

Zugmaier, Oliver: Einkünftequalifikation im Einkommensteuerrecht – Die Abgrenzung der Einkunftsarten bei einzelwirtschaftlicher Betätigung, Diss., Augsburg, 1998 (zit.: *Zugmaier*, Einkünftequalifikation im Einkommensteuerrecht, S. …).

Zugmaier, Oliver/Streit, Thomas: Umsatzsteuerpflicht für die Erstellung von Lehrbriefen ab 1.1.2018? – Handlungsempfehlungen für Fernlehrinstitute und Lehrbriefersteller, NWB 2017, 3933–3938.

Zwickel, Martin: Jurastudium 4.0? – Die Digitalisierung des juristischen Lehrens und Lernens, JA 2018, 881–888.

Zwickel, Martin: Juristische Lehre in Zeiten von Corona – Ein Griff in die digitale Trickkiste, ZDRW 2020, 128–141.

Anhang

Anhang I: FG Hamburg v. 10.4.1992 – VI 331/90 (n. v.)

63

Finanzgericht Hamburg

EFG : ja / nein

M. VI. Senat

VI 331/90

V 23/4.92

Urteil

Im Namen des Volkes

Zugestellt
an Kläger am: 13.05.92
an Beklagte am: 06.05.92
[redacted]
Urkundsbeamter der Geschäftsstelle

In dem [redacted], [redacted] Hamburg [redacted]

– Kläger –

Prozeßbevollmächtigte(r) :
Steuerberater [redacted], [redacted] Hamburg [redacted]

gegen
Finanzamt Hamburg-[redacted], [redacted] Hamburg [redacted]

– Beklagter –

wegen Gewerbesteuer 1987 und 1988

hat das Finanzgericht Hamburg, VI .Senat, auf die mündliche Verhandlung ~~/ in der Sitzung /~~

vom 10. April 1992

durch

~~den~~

die Richter am Finanzgericht Sterlack und Kuhr und die Richterin am Landgericht Dunke
sowie
~~und~~ die ehrenamtlichen Richter Deistler und Engelken

für Recht erkannt:

Die Klage wird abgewiesen.

FG 32 – 2.83 –
Urteilsentwurf

– 2 –

– 2 –

Die Kosten des Verfahrens ~~fallen~~ trägt der Kläger.
~~de / / / Kläger / / / / / zu / / / / / und~~
~~dem Beklagten zu~~
~~zur Last~~
Das Urteil ist wegen der Kosten vorläufig vollstreckbar.
Der Beklagte darf die Vollstreckung durch Sicherheitsleistung oder Hinterlegung
in Höhe der festzusetzenden Kosten
in Höhe von DM
abwenden, wenn nicht der Kläger vor der Vollstreckung Sicherheit in gleicher Höhe leistet.
Die Revision wird – ~~nicht~~ – zugelassen.

☐ Rechtsmittelbelehrung FG ______

64

RECHTSMITTELBELEHRUNG

Gegen das Urteil steht den Beteiligten die Revision zu,

- wenn das Gericht sie zugelassen hat
  oder
- wenn wesentliche Verfahrensmängel im Sinne von § 116 Abs. 1 Finanzgerichtsordnung (FGO) gerügt werden
  oder
- soweit sie sich gegen die Entscheidung über eine Zolltariffrage richtet (§ 116 Abs. 2 FGO).

Die Revision ist beim Finanzgericht Hamburg innerhalb eines Monats nach Zustellung des vollständigen Urteils schriftlich einzulegen und spätestens innerhalb eines weiteren Monats zu begründen. Die Revision muß das angefochtene Urteil angeben. Die Revisionsbegründung oder die Revision muß einen bestimmten Antrag enthalten, die verletzte Rechtsnorm und – soweit Verfahrensmängel gerügt werden – die Tatsachen bezeichnen, die den Mangel ergeben. Auf § 120 FGO und auf das Gesetz zur Entlastung des Bundesfinanzhofs wird hingewiesen.

Hat das Gericht die Revision nicht zugelassen, so kann die Nichtzulassung der Revision selbständig durch Beschwerde innerhalb eines Monats nach Zustellung des vollständigen Urteils angefochten werden. Die Beschwerde ist beim Finanzgericht Hamburg schriftlich einzulegen. In der Beschwerdeschrift muß die grundsätzliche Bedeutung der Rechtssache dargelegt oder die Entscheidung des Bundesfinanzhofs, von der das Urteil abweicht, oder ein etwaiger Verfahrensmangel, auf dem die angefochtene Entscheidung beruhen kann, bezeichnet werden. Auf § 115 FGO wird hingewiesen. Wird der Beschwerde stattgegeben, so ist die Revision innerhalb eines Monats nach Zustellung des Beschwerdebescheids beim Finanzgericht Hamburg einzulegen. Revision und Revisionsbegründung müssen den im vorhergehenden Absatz genannten Anforderungen entsprechen.

Im Verfahren vor dem Bundesfinanzhof muß sich jeder Beteiligte durch einen Rechtsanwalt, Steuerberater oder Wirtschaftsprüfer als Bevollmächtigten vertreten lassen. Dies gilt auch für die Einlegung der Revision sowie der Beschwerde. Juristische Personen des öffentlichen Rechts und Behörden können sich auch durch Beamte oder Angestellte, welche die Befähigung zum Richteramt besitzen, vertreten lassen.

Anschrift: Finanzgericht Hamburg, Oberstraße 18 d I., 2000 Hamburg 13.

FG 61 – 2.86 –
Rechtsmittelbelehrung (Urteil)

65

- 3 -

T a t b e s t a n d

Streitig ist, ob der Betrieb eines Sport- und Fitness-Centers als gewerbliche Tätigkeit oder als selbständige Tätigkeit im Sinne von § 18 EStG zu beurteilen ist.

Der Kläger betreibt unter der Bezeichnung [redacted] ein Sport- und Fitness-Center für Frauen. Nach zweieinhalbjähriger Ausbildung aufgrund des Gesetzes über die Ausübung der Berufe des Masseurs, des Masseurs und medizinischen Bademeisters und des Krankengymnasten vom 21. Dezember 1958 (BGBl I, Seite 985) hat er die Erlaubnis erhalten, eine Tätigkeit unter der Berufsbezeichnung Masseur und medizinischer Bademeister auszuüben. Im Rahmen einer Tätigkeit am Klinikum des Universitätskrankenhauses Eppendorf hat der Kläger eine Ausbildung in der Sportphysiotherapie beendet und die Abschlußprüfung mit Erfolg bestanden. Ihm wurde das Prädikat "Sportphysiotherapeut des Verbandes physikalischer Therapie (VPT)" verliehen.

Das Fitness-Center bietet u. a. Gymnastik, Aerobic-dance, Stretching, Jazz-dance und Body-styling an. Weiter werden Programme für Herz-Kreislauftraining und Sportphysiotherapie angeboten. ~~Das Fitness-Center hält~~ Solarien sowie Sauna und Dampfbad vor. Mit den Kundinnen werden in der Regel Zeitverträge geschlossen, die zunächst auf sechs Monate oder ein Jahr befristet sind. Bei der Anmeldung wird der gesundheitliche Zustand der Kundin aus sportphysiotherapeutischer Sicht geprüft, ~~und~~ Aufgrund des Befunds und der Bedürfnisse der Kundin ein Trainingsplan entworfen. Zu Beginn des Trainings erfolgt eine Einweisung in die Handhabung von Hanteln und Maschinen und - soweit erforderlich - auch das Einüben spezieller krankengymnastischer Bewegungsabläufe. Die Überwachung des

- 4 -

60

- 4 -

Trainings geschieht nach Bedarf der einzelnen Kundin. Das Ausmaß der Überwachung und Betreuung hängt vom körperlichen Zustand und der sportlichen Fähigkeit der Kundin ab. Nach Angaben des Klägers sind etwa 75 % seiner Kundinnen auf intensive Betreuung angewiesen, um die in den Trainingsplänen erarbeiteten Übungen zu absolvieren. Bei Kundinnen, die das Studio des Klägers im wesentlichen deshalb besuchen, um ihre körperliche Fitness zu erhalten, erfolgt keine ~~intensive~~ Betreuung. Der Kläger setzt in seinem Studio Geräte ein, die sowohl die Funktion eines Sportgeräts als auch die Funktion eines Therapiegeräts erfüllen, insbesondere um Beschwerden nach Bandscheibenvorfällen zu begegnen. Daneben werden spezielle Gymnastikprogramme (z. B. spezielle Wirbelsäulengymnastik) ausgeführt, bei denen keine Maschinen zum Einsatz kommen.

Nach den mit den Kundinnen abgeschlossenen Trainings-Verträgen sind diese berechtigt, sämtliche dem Training dienenden Einrichtungen uneingeschränkt zu benutzen. Die Kundin bestätigt schriftlich, daß sie sportgesund ist. Im streitigen Zeitraum beschäftigte der Kläger zeitweise zwei Arbeitnehmerinnen als Fitnesstrainerinnen.

Auf Anforderung des Beklagten gab der Kläger für die Streitjahre Gewerbesteuererklärungen ab. Der Beklagte setzte für 1987 den einheitlichen Steuermeßbetrag auf [redacted] DM und für 1988 auf [redacted] DM fest. Auf der Grundlage des maßgeblichen Hebesatzes wurde die Gewerbesteuer 1987 auf [redacted] DM und 1988 auf [redacted] DM festgesetzt.

Die Einsprüche des Klägers blieben erfolglos. Die Einspruchsentscheidung vom 23. Oktober 1990 wurde am 24. Oktober 1990 zugestellt.

Mit der fristgerecht erhobenen Klage wendet sich der Kläger gegen die Annahme eines Gewerbebetriebs. Nach seiner Auffassung handelt es sich um eine unterrichtende Tätig-

- 5 -

- 5 -

keit, die unter die Katalogberufe des § 18 Einkommensteuergesetz (EStG) falle. Bei seiner Tätigkeit verwende er die im Zuge seiner Ausbildung gewonnenen speziellen Kenntnisse und Fähigkeiten. Seine Tätigkeit bestehe vorrangig in der Anleitung und Überwachung der sportlichen Betätigung der Kundinnen auf der Grundlage des Trainingsplans sowie die Beratung in Diät- und Ernährungsfragen. Die Nutzung der Geräte und sonstigen Einrichtungen trete demgegenüber in den Hintergrund. Die unterrichtende und beratende Tätigkeit des Klägers überwiege diese Leistungen bei weitem. ~~Als ausgebildeter Masseur und medizinischer Bademeister~~ sei er berechtigt, eine Tätigkeit auszuüben, die steuerlich ~~zweifelsfrei~~ als freiberufliche Tätigkeit zu beurteilen sei. Durch das Betreiben ~~eines~~ Fitness-Studios könne er effizienter und vor allem vorbeugender einen Beitrag zur Verbesserung der Gesundheit seiner Kundinnen leisten. Aufgrund seiner Ausbildung als Sportphysiotherapeut sei er in der Lage, die Kundinnen auch in speziellen gesundheitlichen Gelenk- oder Rückproblemen zu beraten. Die Veräußerung von Getränken und Erfrischungsmitteln sowie das Betreiben einer Sauna sei im Rahmen der gesamten angebotenen Leistungen von untergeordnetem und unerheblichem Gewicht.

Der Kläger beantragt,

> den Bescheid über den Gewerbesteuermeßbetrag 1987 vom 12. April 1989 und den Bescheid über den Gewerbesteuermeßbetrag 1988 vom 27. Februar 1990, beide in Gestalt der Einspruchsentscheidung vom 19. Oktober 1990, aufzuheben.

Der Beklagte beantragt,

> die Klage abzuweisen.

Nach seiner Auffassung erbringt der Kläger ein einheitliche Leistung, die nach dem Gesamtbild der Verhältnisse

- 6 -

68

- 6 -

als gewerblich anzusehen ist. Die Tätigkeit des Klägers sei den im Katalog des § 18 Abs. 1 genannten Tätigkeiten nicht vergleichbar. Er sei weder als Masseur noch als medizinischer Bademeister tätig. Die von ihm eingebrachten Fachkenntnisse bergen zwar beratende und unterrichtende Elemente in sich, zugleich werde den Kundinnen jedoch auch die Benutzung der Geräte und die Inanspruchnahme der Sauna angeboten. Den Kundinnen stehe es frei, mit welchem Einsatz sie ihr Training gestalten wollen. Die durch die Mitgliedsbeiträge abgegoltenen Leistungen hätten sowohl freiberuflichen Charakter (unterrichtende Tätigkeit) als auch gewerblichen Charakter (Zurverfügungstellung der Räumlichkeiten sowie die Bereitstellung der Trainingsgeräte). Die Leistungen seien nicht aufteilbar. Von den Kundinnen werden derartige Leistungen in ihrer Gesamtheit erwartet und in Anspruch genommen. Die Leistungen des Klägers stellten damit eine untrennbare Einheit dar, bei denen die Kundin selbst bestimme, welche der ihr angebotenen Leistungen sie wann und wie häufig in Anspruch nehme.

Für das weitere Vorbringen der Beteiligten wird ergänzend auf den Schriftsatz des Klägers vom 4. Januar 1991 und die Einspruchsentscheidung sowie die Niederschriften des Erörterungstermins und der mündlichen Verhandlung Bezug genommen.

Die Gewerbesteuer- und Einkommensteuerakten (St.-Nr.: [redacted]) haben vorgelegen.

Entscheidungsgründe

Die zulässige Klage ist unbegründet. Der Kläger ist durch die angefochtenen Verwaltungsakte nicht in seinen Rechten

- 7 -

69

- 7 -

verletzt (§ 100 Abs. 1 FGO). Zu Recht ist der Beklagte davon ausgegangen, daß der Kläger einen Gewerbebetrieb unterhält, der gemäß § 2 Abs. 1 Gewerbesteuergesetz (GewStG) der Gewerbesteuer unterliegt.

1. Unter Gewerbebetrieb ist ein gewerbliches Unternehmen im Sinne des EStG zu verstehen (§ 2 Abs. 1 Satz 2 GewStG). Einkommensteuerrechtlich ist Gewerbebetrieb eine selbständige nachhaltige Betätigung, die mit Gewinnabsicht betrieben wird und sich als Beteiligung am allgemeinen wirtschaftlichen Verkehr darstellt, wenn die Betätigung weder als Ausübung von Land- und Forstwirtschaft noch als Ausübung eines freien Berufs noch als eine andere selbständige Arbeit im Sinne des Einkommensteuerrechts anzusehen ist (§ 15 Abs. 2 EStG). Die Tätigkeit des Klägers kann in den Streitjahren nicht als Ausübung eines freien Berufs angesehen werden; denn insbesondere hat er im Streitjahr keinen Beruf ausgeübt, der einem der in § 18 Abs. 1 Nr. 1 EStG genannten Katalogberufe ähnlich ist. Insbesondere hat der Kläger keine ganz überwiegend unterrichtende oder unterrichtsähnliche Tätigkeit ausgeübt.

2. Unterricht ist eine auf das Vermitteln von Kenntnissen und Fähigkeiten gerichtete Tätigkeit. Sie setzt voraus, daß der Steuerpflichtige die sein Unterrichtsgebiet betreffenden Kenntnisse und Fertigkeiten und ferner die Befähigung besitzt, diese Kenntnisse und Fertigkeiten seinen Schülern zu vermitteln. Auf den Gegenstand des Unterrichts kommt es nicht an (vgl. zu alledem BFH-Urteil vom 1. April 1982 IV R 120/78, BStBl II 1982, 589). Der Begriff des Unterrichts ist weit auszulegen. Auch sportliche Disziplinen wie Turnen und Tanzen können Gegenstand des Unterrichts sein. Unterricht setzt keine wissenschaftlich ausgerichtete und entsprechend qualifizierte Tätigkeit voraus (vgl. BFH-Urteil vom 27. September 1956 IV 601/55 U, BStBl III 1956, 334). Entscheidend für die Abgrenzung einer freiberuflichen von einer gewerblichen Tätigkeit ist daher nicht in erster

- 8 -

70

- 8 -

Linie die Vorbildung des Unterrichtenden und eine staatlich vorgeschriebene bzw. anerkannte Prüfung, sondern ob im Zusammenhang mit der Unterrichtstätigkeit noch andere Leistungen geboten werden, die nach Art und Umfang insgesamt eine gewerbliche Tätigkeit indizieren. In diesem Fall liegt eine untrennbare gemischte Tätigkeit vor, so daß die Einkünfte insgesamt als gewerbliche zu beurteilen sind.

Freiberufliche Tätigkeit wird eigenverantwortlich ausgeübt. Sie unterscheidet sich von der Einkünfteerzielung aus Gewerbebetrieb dadurch, daß die persönliche Leistung des Steuerpflichtigen im Vordergrund steht. Die Mithilfe fachlich vorgebildeter Arbeitskräfte führt so lange nicht zur Beurteilung der Berufstätigkeit als gewerblich, wie der Berufsträger weiterhin persönlich freiberufliche Tätigkeit ausübt und dabei aufgrund eigener Fachkenntnisse leitend und eigenverantwortlich tätig ist (vgl. BFH-Urteil vom 10. Juni 1988 III R 118/85, BStBl II 1988, 782).

auch soweit er sich nicht um den Verkauf von Getränken kümmerte

3. Nach diesen rechtlichen Grundsätzen, denen der Senat folgt, kann im Streitfall eine selbständige freiberufliche Tätigkeit des Klägers nicht angenommen werden.

Nach dem Inhalt der von ihm vorgelegten Trainings-Anmeldung, die in den Streitjahren vertragliche Grundlage für die Kundinnen des Fitness-Centers dargestellt hat, haben die Kundinnen keine Ansprüche auf persönliche Dienstleistungen - Unterrichtsleistungen - des Klägers erworben. Die ihnen vertraglich eingeräumten Rechte, für die sie das Entgelt zu entrichten hatten, haben darin bestanden, sämtliche dem Training dienende Einrichtungen während der offiziellen Öffnungszeiten uneingeschränkt zu benutzen. Zwar geht der Senat aufgrund der persönlichen Anhörung des Klägers davon aus, daß er in nachgefragten Fällen seinen Kundinnen Trainingspläne zur Erreichung gesundheitsfördernder Ziele bzw. zur Steigerung der allgemeinen

- 9 -

- 9 -

Fitness entworfen hat und auch den Umgang mit den Geräten und die Handhabung spezieller Bewegungsabläufe im Wege eines Einführungsunterrichts vermittelt hat. Diese Leistungen mögen auch Anlaß für viele Kundinnen sein, die Leistungen des Fitness-Centers in Anspruch zu nehmen. Sie prägen die vom Kläger in der Gesamtheit erbrachten Leistungen jedoch nicht derart überwiegend, daß seine Tätigkeit insgesamt als unterrichtende und damit freiberufliche Tätigkeit anzusehen wäre. Denn die Leistungen bestehen aus Sicht der Kundinnen auf der Grundlage der mit ihnen abgeschlossenen Verträge im wesentlichen die Möglichkeit, nach Anweisung und erfolgter Anleitung eine sinnvolle, der körperlichen Gesundheit und Fitness dienende Freizeitbeschäftigung entfalten zu können. Dabei kommt es nach der anfänglichen Einleitung und den erforderlichen Hilfestellungen maßgeblich auf die im Fitness-Center zur Verfügung stehenden gesamten Betätigungsmöglichkeiten an, die nicht von der persönlichen Leistung des Klägers abhängen. Sie bestehen im wesentlichen darin, daß die Geräte und Hilfsmittel in Anspruch genommen werden können und in einer anregenden Umgebung körperliche Aktivität entfaltet wird. Die Mischung von Trainingselementen mit der Bereitstellung von Geräten und Hilfsmitteln zur Selbstbetätigung erfolgt auch aus Sicht des Klägers, wie aus dem zur Akte gereichten Prospekt (Bl. 34 GewStAkten) deutlich hervorgeht. Danach und unter Berücksichtigung der mit den Kundinnen abgeschlossenen Verträge kann der Senat nicht davon ausgehen, daß der Kläger seinen Kundinnen einen kontinuierlichen Sportunterricht angeboten und erteilt hat. Die Anleitung in die Handhabung der Geräte und Hilfsmittel und die Überprüfung von Trainingserfolgen reicht hierzu nicht aus, zumal die Kundinnen gerade hierauf keinen Rechtsanspruch erworben haben. Wenn der Kläger seinen Kundinnen aber nicht einmal einklagbare Ansprüche auf Unterweisung und persönliche Unterrichtung einräumt, kann nicht davon ausgegangen werden, daß seine Tätigkeit in weitaus überwiegendem Maße unterrichtender Art und Weise gewesen ist.

- 10 -

72

- 10 -

Für einen anteilsmäßig nicht unerheblichen Teil von ca. 25 % seiner Kundinnen sind persönliche Leistungen auch nach der glaubhaften Darstellung des Klägers nicht erbracht worden, weil diese sich nicht zur Behebung bestimmter körperlicher Mängel angemeldet haben, sondern das Fitness-Center ganz allgemein zur Steigerung ihrer persönlichen körperlichen Leistungsfähigkeit aufgesucht und ganz überwiegend von der Bereitstellung der vorhandenen Maschinen und Geräte Gebrauch gemacht haben. Bereits dies würde - ohne daß es im Streitfall entscheidend darauf ankommt - die Einordnung der Tätigkeit als selbständige freiberufliche im Sinne von § 18 EStG ausschließen.

Es ist auch nicht möglich, die Tätigkeit des Klägers teilweise als freiberuflich zu beurteilen. Denn die auf einheitlicher vertraglicher Grundlage erbrachten Leistungen gegenüber allen Kundinnen lassen sich nicht in unterrichtende und gewerbliche Tätigkeit aufteilen. Die Leistungen des Klägers, die aus persönlicher Anleitung und Überwachung sowie aus der Bereitstellungen von Räumlichkeiten, Sauna und Geräten bestehen, bilden gegenüber allen Kundinnen eine untrennbare Einheit, die einer rechtlich unterschiedlichen Betrachtung nicht zugänglich ist.

Die Kostenentscheidung folgt aus § 135 FGO.
Der Senat hat die Revision wegen grundsätzlicher Bedeutung zugelassen, da die aufgeworfene Rechtsfrage höchstrichterlich noch nicht entschieden worden ist und für eine Vielzahl ähnlich gelagerter Fälle von Bedeutung sein kann.

Anhang II: Anlage V zur Einkommensteuererklärung 2020

(Quelle: www.finanzamt.bayern.de/Informationen/Formulare/Steuererklaerung/Einkommensteuer/2020)

2020

Anlage V
zur Einkommensteuererklärung
zur Feststellungserklärung

Diese Anlage ist bei Zusammenveranlagung von Ehegatten / Lebenspartnern gemeinsam auszufüllen.

1 Name / Gemeinschaft
2 Vorname
3 **Steuernummer** lfd. Nr. der Anlage

Einkünfte aus Vermietung und Verpachtung
(Bei ausländischen Einkünften: Anlage AUS beachten)

Einkünfte aus dem bebauten Grundstück 25

Lage des Grundstücks / der Eigentumswohnung

4 Straße, Hausnummer — Angeschafft am
5 Postleitzahl, Ort — Fertig gestellt am
6 00 Einheitswert-Aktenzeichen (ohne Sonderzeichen) — Veräußert / Übertragen am 53

Das in Zeile 4 bezeichnete Objekt wird ganz oder teilweise
7 als Ferienwohnung genutzt 61 (1 = Ja, 2 = Nein) — kurzfristig vermietet 63 (1 = Ja, 2 = Nein) — an Angehörige zu Wohnzwecken vermietet 62 (1 = Ja, 2 = Nein)

8 Gesamtwohnfläche 54 m² — davon eigengenutzter oder unentgeltlich an Dritte überlassener Wohnraum 55 m² — davon als Ferienwohnung genutzter Wohnraum 56 m²

		Erdgeschoss	1. Obergeschoss	2. Obergeschoss	weitere Geschosse	EUR
9	**Mieteinnahmen für Wohnungen** (ohne Umlagen)	€	€	€	€	01 ,–
10		Anzahl / Wohnfläche m²	Anzahl / Wohnfläche m²	Anzahl / Wohnfläche m²	Anzahl / Wohnfläche m²	
11	**für andere Räume** (ohne Umlagen / Umsatzsteuer)	€	€	€	€	02 ,–
12	**Einnahmen für an Angehörige vermietete Wohnungen** (ohne Umlagen)				Anzahl / Wohnfläche m²	03 ,–

Umlagen, verrechnet mit Erstattungen (z. B. Wassergeld, Flur- u. Kellerbeleuchtung, Müllabfuhr, Zentralheizung usw.)

13 auf die Zeilen 9 und 11 entfallen — 04 ,–
14 auf die Zeile 12 entfallen — 05 ,–
15 Vereinnahmte Mieten für frühere Jahre / verrechnete Mietkautionen / auf das Kalenderjahr entfallende Mietvorauszahlungen aus Baukostenzuschüssen — 06 ,–
16 Einnahmen aus Vermietung von Garagen, Werbeflächen, Grund und Boden für Kioske usw. — 07 ,–
17 Vereinnahmte Umsatzsteuer — 09 ,–
18 Vom Finanzamt erstattete und ggf. verrechnete Umsatzsteuer — 10 ,–
19 Öffentliche Zuschüsse nach dem Wohnraumförderungsgesetz oder zu Erhaltungsaufwendungen, Aufwendungszuschüsse, Guthabenzinsen aus Bausparverträgen und sonstige Einnahmen — Gesamtbetrag €
20 davon entfallen auf eigengenutzte oder unentgeltlich an Dritte überlassene Wohnungen lt. Zeile 8 — – € = 08 ,–
21 **Summe der Einnahmen** — ,–
22 **Summe der Werbungskosten** (Übertrag aus Zeile 51) — – ,–
23 **Überschuss** (zu übertragen nach Zeile 24) — = ,–

		stpfl. Person / Ehemann / Person A / Gesellschaft EUR	Ehefrau / Person B EUR
24	**Zurechnung des Betrags aus Zeile 23**	20 ,–	21 ,–

Die Eintragungen in den Zeilen 25 bis 32 sind nur in der ersten Anlage V vorzunehmen.

	Anteile an Einkünften aus (Gemeinschaft, Finanzamt und Steuernummer)	stpfl. Person / Ehemann / Person A / Gesellschaft EUR	Ehefrau / Person B EUR
25	1. Grundstücksgemeinschaft	856 ,–	857 ,–
26	2. Grundstücksgemeinschaft	858 ,–	859 ,–
27	allen weiteren Grundstücksgemeinschaften	854 ,–	855 ,–
28	geschlossenen Immobilienfonds	874 ,–	875 ,–
29	Gesellschaften / Gemeinschaften / ähnlichen Modellen i. S. d. § 15b EStG	,–	,–

2020AnlV101NET – Juli 2020 – 2020AnlV101NET

www.ingramcontent.com/pod-product-compliance
Ingram Content Group UK Ltd.
Pitfield, Milton Keynes, MK11 3LW, UK
UKHW021838290926
8980IPUK00004B/536

9 783631 895450